# 강원랜드

NCS + 한국사 + 영어 + 모의고사 4회

시대에듀

# 2025 최신판 시대에듀 강원랜드
# NCS + 한국사 + 영어 + 모의고사 4회 + 무료NCS특강

## Always **with you**

사람의 인연은 길에서 우연하게 만나거나 함께 살아가는 것만을 의미하지는 않습니다.
책을 펴내는 출판사와 그 책을 읽는 독자의 만남도 소중한 인연입니다.
**시대에듀**는 항상 독자의 마음을 헤아리기 위해 노력하고 있습니다. 늘 독자와 함께하겠습니다.

# 머리말 PREFACE

폐광지역개발지원에 관한 특별법을 근거로 설립된 강원랜드는 2025년에 신입직원을 채용할 예정이다. 강원랜드의 채용절차는 「입사지원서 접수 → 서류전형 → 필기전형 → 면접전형 → 채용신체검사 → 성범죄경력 및 비위면직자 조회 → 최종 합격자 발표」 순서로 이루어진다. 필기전형은 직업기초능력평가와 직무수행능력평가로 진행한다. 그중 직업기초능력평가는 공통으로 의사소통능력, 문제해결능력, 직업윤리 3개의 영역을, 분야별로 수리능력, 조직이해능력, 대인관계능력, 기술능력, 정보능력, 자원관리능력 중 2개의 영역을 평가한다. 2024년에는 피듈형으로 출제되었으며, 직무수행능력평가는 공통으로 한국사와 영어를, 분야별로 관련 전공을 평가하므로 반드시 확정된 채용공고를 확인해야 한다. 따라서 필기전형에서 고득점을 받기 위해 다양한 유형에 대한 폭넓은 학습과 문제풀이능력을 높이는 등 철저한 준비가 필요하다.

강원랜드 합격을 위해 시대에듀에서는 강원랜드 판매량 1위의 출간 경험을 토대로 다음과 같은 특징을 가진 도서를 출간하였다.

## 도서의 특징

**❶ 기출복원문제를 통한 출제경향 파악!**
- 2024년 주요 공기업 NCS 기출문제를 복원하여 공기업별 NCS 출제경향을 파악할 수 있도록 하였다.

**❷ 강원랜드 필기전형 출제 영역 맞춤 문제를 통한 실력 상승!**
- 직업기초능력평가 대표기출유형&기출응용문제를 수록하여 유형별로 학습할 수 있도록 하였다.
- 직무수행능력평가(한국사 · 영어) 적중예상문제를 수록하여 공통 전공까지 빈틈없이 학습할 수 있도록 하였다.

**❸ 최종점검 모의고사를 통한 완벽한 실전 대비!**
- 철저한 분석을 통해 실제 유형과 유사한 최종점검 모의고사를 수록하여 자신의 실력을 점검할 수 있도록 하였다.

**❹ 다양한 콘텐츠로 최종 합격까지!**
- 강원랜드 채용 가이드와 면접 기출질문을 수록하여 채용을 준비하는 데 부족함이 없도록 하였다.
- 온라인 모의고사를 무료로 제공하여 필기전형에 대비할 수 있도록 하였다.

끝으로 본 도서를 통해 강원랜드 채용을 준비하는 모든 수험생 여러분이 합격의 기쁨을 누리기를 진심으로 기원한다.

**SDC**(Sidae Data Center) 씀

# 강원랜드 이야기 INTRODUCE

◇ **미션**

> 폐광지역의 경제를 진흥시켜 지역 발전과 주민생활 향상을 도모하고,
> 여가문화 선도를 통해 국민행복 증진에 기여한다.

◇ **비전**

> 즐거운 삶과 더 나은 세상을 만드는 행복쉼터

◇ **핵심가치**

> 존중 / 윤리 / 안전 / 효율 / 도전

◇ **경영방침**

> 효율경영 / 상생추구 / 변화선도

◇ **경영목표**

> 전사 매출 2조 원(영업이익 6,000억 원)
>
> 이용객 1,000만 명(외국인 15만 명)
>
> KL-지역경제 기여도 S등급
>
> KL-ESG A+등급

## ◇ 전략방향

| 카지노 | 리조트 | 폐광지역 | 경영관리 |
|---|---|---|---|
| 건전한 엔터테인먼트형 카지노 실현 | 아시아 최고 웰니스 복합리조트 조성 | 폐광지역 경제 활성화 견인 | 지속 성장을 위한 기업 가치 제고 |

## ◇ 전략과제

| | | | |
|---|---|---|---|
| 카지노 운영 경쟁력 강화 | 리조트 운영 경쟁력 향상 | 지역 소득 증대 지원 | 경영 리스크 관리 고도화 |
| 카지노 미래 경쟁력 확보 | 차별화된 웰니스 리조트 조성 | 지역 성장 기반 조성 | 환경 · 사회적 책임 경영 강화 |
| 예방 중심 중독관리 강화 | 마케팅 · 홍보 고도화 | 지역 특화 기반 조성 | 기업 생산성 혁신 |

## ◇ 인재상

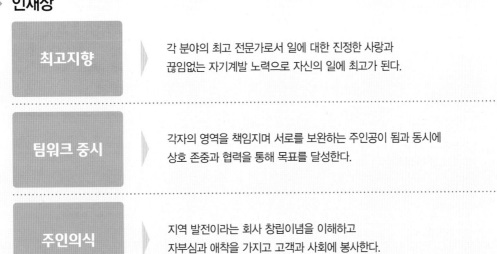

**최고지향** ▶ 각 분야의 최고 전문가로서 일에 대한 진정한 사랑과 끊임없는 자기계발 노력으로 자신의 일에 최고가 된다.

**팀워크 중시** ▶ 각자의 영역을 책임지며 서로를 보완하는 주인공이 됨과 동시에 상호 존중과 협력을 통해 목표를 달성한다.

**주인의식** ▶ 지역 발전이라는 회사 창립이념을 이해하고 자부심과 애착을 가지고 고객과 사회에 봉사한다.

# 신입 채용 안내 INFORMATION

## ◇ 지원자격(공통)

1. 연령 · 학력 : 제한 없음(단, 강원랜드 정년에 의거 만 60세 미만인 자)
2. 병역필 또는 면제자
3. 병역법 제76조에서 정한 병역의무 불이행 사실이 없는 자
4. 지정된 입사일로부터 즉시 근무 가능한 자
5. 강원랜드 인사규정상 채용 결격사유에 해당되지 않는 자

## ◇ 필기전형

| 구분 | 분야 | | 내용 |
|---|---|---|---|
| 직업기초능력평가 | 전 분야 공통 | | 의사소통능력, 문제해결능력, 직업윤리 |
| | 개별 분야 | 사무행정 | 수리능력, 조직이해능력 |
| | | 카지노 딜러 | 수리능력, 대인관계능력 |
| | | 객실/식음 서비스, 조리 | 기술능력, 대인관계능력 |
| | | IT(공통) | 수리능력, 정보능력 |
| | | 시각 디자인 | 기술능력, 정보능력 |
| | | 기계 | 기술능력, 자원관리능력 |
| 직무수행능력평가 | 전 분야 공통 | | 한국사, 영어 |
| | 개별 분야 | | 분야별 상이 |

## ◇ 면접전형

| 구분 | 방식 | 내용 |
|---|---|---|
| 과제 기반 면접(토론) | 多 대 多 방식 (한 조 3~5명 이내) | 의사소통, 문제해결, 대인관계, 적극성 등 평가 |
| 경험 기반 면접(종합) | | 직업윤리, 조직이해, 자기개발, 조직적합 등 평가 |

❖ 위 채용 안내는 2024년 상반기 및 2023년 하반기 채용공고를 기준으로 작성하였으므로 세부내용은 반드시 확정된 채용공고를 확인하기 바랍니다.

**총평**

강원랜드의 필기전형은 NCS의 경우 모듈형의 비중이 있는 피듈형으로 출제되었다. 분야별 5개 영역의 총 50문항을 50분 내에 풀어야 했으나, 난이도는 무난했다는 후기가 다수였다. 또한, 전공은 분야별 전공과 기존 공통 전공이던 한국사에 영어까지 추가되어 총 60문항을 60분 내에 풀어야 했다. 특히 영어의 경우 독해 문제가 대부분이었다는 후기가 많았으므로 마지막 순간까지 집중력을 잃지 않는 연습이 필요해 보인다.

◇ **영역별 출제 비중**

| 구분 | | 출제 키워드 |
|---|---|---|
| **직업기초능력평가** | **의사소통능력** | • 개수하다, 휘두르다 등 |
| | **문제해결능력** | • 명제 추론, 참/거짓 등 |
| | **직업윤리** | • 근면의 종류, 직업의 속성, 직업윤리의 특수성 등 |
| | **수리능력** | • 응용 수리 등 |
| | **조직이해능력** | • 내부경영활동, 워크플로 시트, 집단의사결정, 조직의 유형, 조직체제, 애자일 조직, 경영의 구성요소, 조직의 정의 등 |
| **직무수행능력평가** | **한국사** | • 형조/예조/병조, 6·25전쟁, 태조 왕건, 가야, 박지원, 문화통치, 김대중 대통령 등 |
| | **영어** | • 이메일 등 |

## PSAT형

| 수리능력

**04** 다음은 신용등급에 따른 아파트 보증률에 대한 사항이다. 자료와 상황에 근거할 때, 갑(甲)과 을(乙)의 보증료의 차이는 얼마인가?(단, 두 명 모두 대지비 보증금액은 5억 원, 건축비 보증금액은 3억 원이며, 보증서 발급일로부터 입주자 모집공고 안에 기재된 입주 예정 월의 다음 달 말일까지의 해당 일수는 365일이다)

---

- (신용등급별 보증료)=(대지비 부분 보증료)+(건축비 부분 보증료)
- 신용평가 등급별 보증료율

| 구분 | 대지비 부분 | 건축비 부분 | | | | |
|---|---|---|---|---|---|---|
| | | 1등급 | 2등급 | 3등급 | 4등급 | 5등급 |
| AAA, AA | 0.138% | 0.178% | 0.185% | 0.192% | 0.203% | 0.221% |
| A$^+$ | | 0.194% | 0.208% | 0.215% | 0.226% | 0.236% |
| A$^-$, BBB$^+$ | | 0.216% | 0.225% | 0.231% | 0.242% | 0.261% |
| BBB$^-$ | | 0.232% | 0.247% | 0.255% | 0.267% | 0.301% |
| BB$^+$ ~ CC | | 0.254% | 0.276% | 0.296% | 0.314% | 0.335% |
| C, D | | 0.404% | 0.427% | 0.461% | 0.495% | 0.531% |

※ (대지비 부분 보증료)=(대지비 부분 보증금액)×(대지비 부분 보증료율)×(보증서 발급일로부터 입주자 모집공고 안에 기재된 입주 예정 월의 다음 달 말일까지의 해당 일수)÷365

※ (건축비 부분 보증료)=(건축비 부분 보증금액)×(건축비 부분 보증료율)×(보증서 발급일로부터 입주자 모집공고 안에 기재된 입주 예정 월의 다음 달 말일까지의 해당 일수)÷365

- 기여고객 할인율 : 보증료, 거래기간 등을 기준으로 기여도에 따라 6개 군으로 분류하며, 건축비 부분 요율에서 할인 가능

| 구분 | 1군 | 2군 | 3군 | 4군 | 5군 | 6군 |
|---|---|---|---|---|---|---|
| 차감률 | 0.058% | 0.050% | 0.042% | 0.033% | 0.025% | 0.017% |

**〈상황〉**

- 갑 : 신용등급은 A$^+$이며, 3등급 아파트 보증금을 내야 한다. 기여고객 할인율에서는 2군으로 선정되었다.
- 을 : 신용등급은 C이며, 1등급 아파트 보증금을 내야 한다. 기여고객 할인율은 3군으로 선정되었다.

① 554,000원
② 566,000원
③ 582,000원
④ 591,000원
⑤ 623,000원

---

**특징**
▶ 대부분 의사소통능력, 수리능력, 문제해결능력을 중심으로 출제(일부 기업의 경우 자원관리능력, 조직이해능력을 출제)
▶ 자료에 대한 추론 및 해석 능력을 요구

**대행사**
▶ 엑스퍼트컨설팅, 커리어넷, 태드솔루션, 한국행동과학연구소(행과연), 휴노 등

## 모듈형

| 문제해결능력

**41** 문제해결절차의 문제 도출 단계는 (가)와 (나)의 절차를 거쳐 수행된다. 다음 중 (가)에 대한 설명으로 적절하지 않은 것은?

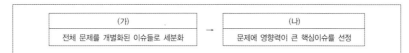

① 문제의 내용 및 영향 등을 파악하여 문제의 구조를 도출한다.
② 본래 문제가 발생한 배경이나 문제를 일으키는 메커니즘을 분명히 해야 한다.
③ 현상에 얽매이지 말고 문제의 본질과 실제를 봐야 한다.
④ 눈앞의 결과를 중심으로 문제를 바라봐야 한다.
⑤ 문제 구조 파악을 위해서 Logic Tree 방법이 주로 사용된다.

**특징**
▶ 이론 및 개념을 활용하여 푸는 유형
▶ 채용 기업 및 직무에 따라 NCS 직업기초능력평가 10개 영역 중 선발하여 출제
▶ 기업의 특성을 고려한 직무 관련 문제를 출제
▶ 주어진 상황에 대한 판단 및 이론 적용을 요구

**대행사**
▶ 인트로맨, 휴스테이션, ORP연구소 등

## 피듈형(PSAT형 + 모듈형)

| 자원관리능력

**07** 다음 자료를 근거로 판단할 때, 연구모임 A ~ E 중 세 번째로 많은 지원금을 받는 모임은?

〈지원계획〉

• 지원을 받기 위해서는 한 모임당 5명 이상 9명 미만으로 구성되어야 한다.
• 기본지원금은 모임당 1,500천 원을 기본으로 지원한다. 단, 상품개발을 위한 모임의 경우는 2,000천 원을 지원한다.
• 추가지원금

| 등급 | 상 | 중 | 하 |
|---|---|---|---|
| 추가지원금(천 원/명) | 120 | 100 | 70 |

※ 추가지원금은 연구 계획 사전평가결과에 따라 달라진다.
• 협업 장려를 위해 협업이 인정되는 모임에는 위의 두 지원금을 합한 금액의 30%를 별도로 지원한다.

〈연구모임 현황 및 평가결과〉

**특징**
▶ 기초 및 응용 모듈을 구분하여 푸는 유형
▶ 기초인지모듈과 응용업무모듈로 구분하여 출제
▶ PSAT형보다 난도가 낮은 편
▶ 유형이 정형화되어 있고, 유사한 유형의 문제를 세트로 출제

**대행사**
▶ 사람인, 스카우트, 인크루트, 커리어케어, 트리피, 한국사회능력개발원 등

## 강원랜드

### 비슷한 어휘 ▶ 유형

**02** 다음 중 밑줄 친 단어와 바꿔 사용할 수 있는 것은?

> 국가대표팀을 이끌었던 감독이 경기를 마친 뒤 선수들을 향한 애정을 드러내 눈길을 끌었다. 감독은 결승 경기 이후 진행된 인터뷰에서 "선수들이 여기까지 올라온 건 충분히 자긍심을 가질 만한 결과이다."라고 이야기했다. 이어 감독은 동고동락한 선수들과의 일을 떠올리다 감정이 벅차 말을 잇지 못하기도 했다. 한편 경기에서 최선을 다한 선수들을 향한 뜨거운 응원은 계속 이어지고 있다.

① 회상하다      ② 연상하다
③ 상상하다      ④ 남고하다
⑤ 예상하다

### 근면의 종류 ▶ 유형

**01** 근면에는 외부로부터 강요당한 근면과 스스로 자진해서 하는 근면 두 가지가 있다. 다음 〈보기〉 중 스스로 자진해서 하는 근면을 모두 고르면?

> **보기**
> ㉠ 생계를 유지하기 위해 기계적으로 작업장에서 하는 일
> ㉡ 승진을 위해 외국어를 열심히 공부하는 일
> ㉢ 상사의 명령에 의해 하는 야근
> ㉣ 영업사원이 실적향상을 위해 노력하는 일

① ㉠, ㉡      ② ㉠, ㉢
③ ㉡, ㉢      ④ ㉡, ㉣
⑤ ㉠, ㉡, ㉢

### 집단의사결정 ▶ 키워드

**04** 다음 중 집단의사결정의 특징으로 적절하지 않은 것은?

① 구성원 각자의 시각으로 문제를 바라보기 때문에 다양한 견해를 가지고 접근할 수 있다.
② 의사를 결정하는 과정에서 구성원 간 갈등은 불가피하다.
③ 의견이 불일치하는 경우 오히려 특정 구성원에 의해 의사 결정이 독점될 가능성이 있다.
④ 한 사람이 가진 지식보다 집단의 지식과 정보가 더 많기 때문에 보다 효과적인 결정을 할 확률이 높다.
⑤ 여럿의 의견을 일련의 과정을 거쳐 모은 것이기 때문에 결과는 얻을 수 있는 것 중 최선이다.

한국관광공사

여행 ▶ 키워드

**04** 다음 글의 제목으로 가장 적절한 것은?

> 주어진 개념에 포섭시킬 수 없는 대상(의 표상)을 만난 경우, 상상력은 처음에는 기지의 보편에 포섭시킬 수 있도록 직관의 다양을 종합할 것이다. 말하자면 뉴턴의 절대 공간, 역학의 법칙 등의 개념(보편)과 자신이 가지고 있는 특수(빛의 휘어짐)가 일치하는가, 조화로운가를 비교할 것이다. 하지만 일치되는 것이 없으므로, 상상력은 또 다시 여행을 떠난다. 즉, 새로운 형태의 다양한 종합 활동을 수행해 볼 것이다. 이것은 미지의 세계로 향하는 여행이다. 그리고 이 여행에는 주어진 목적지가 없기 때문에 자유롭다.
>
> 이런 자유로운 여행을 통해 예들 들어 상대 공간, 상대 시간, 공간의 만곡, 상대성 이론이라는 새로운 개념들을 가능하게 하는 새로운 도식들을 산출한다면, 그 여행은 종결될 것이다. 여기서 우리는 왜 칸트가 상상력의 자유로운 유희라는 표현을 사용하는지 이해할 수 있게 된다. '상상력의 자유로운 유희'란 이렇게 정해진 개념이나 목적이 없는 상황에서 상상력이 그 개념이나 목적을 찾는 과정을 의미한다고 볼 수 있다. 이는 게임이다. 그리고 그 게임에 있어서 반드시 성취해야 할 그 어떤 것이 없다면, 순수한 놀이(유희)가 성립할 수 있을 것이다.
>
> – 칸트, 『판단력비판』

① 상상력의 재발견
② 인식능력으로서의 상상력
③ 목적 없는 상상력의 활동
④ 자유로운 유희로서의 상상력의 역할

확률 ▶ 유형

**05** 30명의 남학생 중에서 16명, 20명의 여학생 중에서 14명이 수학여행으로 국외를 선호하였다. 전체 50명의 학생 중 임의로 선택한 한 명이 국내 여행을 선호하는 학생일 때, 이 학생이 남학생일 확률은?

① $\dfrac{3}{5}$

② $\dfrac{7}{10}$

③ $\dfrac{4}{5}$

④ $\dfrac{9}{10}$

# 주요 공기업 적중 문제 TEST CHECK

## 코레일 한국철도공사

### 참 거짓 ▶ 유형

2024년 적중

**18** A~D는 한 판의 가위바위보를 한 후 그 결과에 대해 각각 두 가지의 진술을 하였다. 두 가지의 진술 중 하나는 반드시 참이고, 하나는 반드시 거짓이라고 할 때, 다음 중 항상 참인 것은?

> A : C는 B를 이길 수 있는 것을 냈고, B는 가위를 냈다.
> B : A는 C와 같은 것을 냈지만, A가 편 손가락의 수는 나보다 적었다.
> C : B는 바위를 냈고, 그 누구도 같은 것을 내지 않았다.
> D : A, B, C 모두 참 또는 거짓을 말한 순서가 동일하다. 이 판은 승자가 나온 판이었다.

① B와 같은 것을 낸 사람이 있다.
② 보를 낸 사람은 1명이다.
③ D는 혼자 가위를 냈다.
④ B가 기권했다면 가위를 낸 사람이 지는 판이다.
⑤ 바위를 낸 사람은 2명이다.

## 국민건강보험공단

### 빅데이터 ▶ 키워드

2024년 적중

**01** 다음 중 '녹내장' 질환에 대한 설명으로 적절하지 않은 것은?

> 국민건강보험공단이 건강보험 빅데이터를 분석한 내용에 따르면 '녹내장 질환'으로 진료를 받은 환자가 2010년 44만 4천 명에서 2015년 76만 8천 명으로 5년간 73.1% 증가했으며, 성별에 따른 진료인원을 비교해 보면 여성이 남성보다 많은 것으로 나타났다. 남성은 2010년 20만 7천 명에서 2015년 35만 3천 명으로 5년간 70.1%(14만 6천 명), 여성은 2010년 23만 6천 명에서 2015년 41만 6천 명으로 75.8%(18만 명) 증가한 것으로 나타났다.
> 2015년 기준 '녹내장' 진료인원 분포를 연령대별로 살펴보면, 70대 이상이 26.2%를, 50대 이상이 68.6%를 차지했다. 2015년 기준 인구 10만 명당 '녹내장'으로 진료 받은 인원수가 60대에서 급격히 증가 70대 이상이 4,853명으로 가장 많았다. 특히, 9세 이하와 70대 이상을 제외한 모든 연령대에서 여성보다 남성 환자가 많은 것으로 나타났다. 국민건강보험 일산병원 안과 박종운 교수는 60대 이상 노인 환자가 많은 이유에 대해 "녹내장은 특성상 40세 이후에 주로 발병한다. 그런데 최근장비와 약물의 발달로 조기 치료가 많은 데다가 관리도 많고 관리도 잘돼 나이가 들어서까지 시력이 보존되는 경우가 늘어났다. 그래서 60대 이후 노인 환자가 많은 것으로 보인다."고 설명했다.
> 2015년 남녀기준 전체 진료환자의 월별 추이를 살펴보면, 12월에 168,202명으로 진료인원이 가장 많은 것으로 나타났다. 2015년 기준 성별 진료인원이 가장 많은 달은 남성은 12월(80,302명)인 반면, 여성은 7월(88,119명)로 나타났다.
> 박종운 교수는 안과질환 녹내장 환자가 많은 이유에 대해 "녹내장은 노년층에 주로 발생하지만, 젊은 층에서도 스마트폰 등 IT기기 사용의 증가로 인해 최근 많이 나타나고 있다. 따라서 가족력이나 고혈압, 당뇨, 비만이 있는 경우 정밀검사를 통해 안압이 정상인지 자주 체크하여야 한다. 또 녹내장 환자이면서 고혈압이 있다면 겨울에 안압이 높아지는 경향이 있으니 특히 조심해야 한다. 높은 안압을 지속적으로 방치할 경우 녹내장이 진행되면서 시신경이 손상돼 시야가 더욱 좁아지고 실명에 이를 수 있기 때문이다. 안과적 정기검진을 소홀히 하지 말아야 한다."고 강조했다.

## 서울교통공사 9호선

**지하철 ▶ 키워드**

**01** 경기도의 S지점에 다니는 U대리는 중요한 서류를 전달하기 위해 서울에 위치한 본사에 방문하려고 한다. U대리는 오전 9시에 출발해서 오전 11시에 있는 행사가 시작하기 전까지 본사에 도착해야 할 때, 다음 중 시간 안에 가장 빨리 도착할 수 있는 방법은 무엇인가?(단, 환승 시간은 무시한다)

〈이동 시 이용가능 교통편 현황〉

| 경기도 S지점 – 고속터미널 | | | 고속터미널 – 본사 | | |
|---|---|---|---|---|---|
| 교통편 | 운행시간 | 소요시간 | 교통편 | 운행시간 | 소요시간 |
| 버스 | 매시 5분 출발 후 10분 간격 | 1시간 | 지하철 | 매시 10분, 50분 | 15분 |
| 지하철 | 매시 10분 출발 후 20분 간격 | 45분 | 택시 | 제한 없음 | 30분 |
| 자가용 | 제한 없음 | 1시간 20분 | 버스 | 매시 20분, 40분 | 25분 |

① 버스 – 택시　　　　　　　　　② 지하철 – 버스

③ 자가용 – 지하철　　　　　　　④ 버스 – 버스

⑤ 지하철 – 택시

## 한국전력공사

**도서코드 ▶ 키워드**

**10** 다음은 도서코드(ISBN)에 대한 자료이다. 주문한 도서에 대한 설명으로 옳은 것은?

〈[예시] 도서코드(ISBN)〉

| 국제표준도서번호 | | | | | 부가기호 | | |
|---|---|---|---|---|---|---|---|
| 접두부 | 국가번호 | 발행자번호 | 서명식별번호 | 체크기호 | 독자대상 | 발행형태 | 내용분류 |
| 123 | 12 | 1234567 | | 1 | 1 | 1 | 123 |

※ 국제표준도서번호는 5개의 군으로 나누어지고 군마다 '-'로 구분한다.

〈도서코드(ISBN) 세부사항〉

| 접두부 | 국가번호 | 발행자번호 | 서명식별번호 | 체크기호 |
|---|---|---|---|---|
| 978 또는 979 | 한국 89<br>미국 05<br>중국 72<br>일본 40<br>프랑스 22 | 발행자번호 – 서명식별번호<br>7자리 숫자<br>예 8491 – 208 : 발행자번호가 8491번인 출판사에서 208번째 발행한 책 | | 0 ~ 9 |

| 독자대상 | 발행형태 | 내용분류 |
|---|---|---|
| 0 교양 | 0 문고본 | 030 백과사전 |
| 1 실용 | 1 사전 | 100 철학 |
| 2 여성 | 2 신서판 | 170 심리학 |
| 3 (예비) | 3 단행본 | 200 종교 |
| 4 청소년 | 4 전집 | 360 법학 |
| 5 중고등 학습참고서 | 5 (예비) | 470 생명과학 |

# 도서 200% 활용하기 STRUCTURES

## 1  기출복원문제로 출제경향 파악

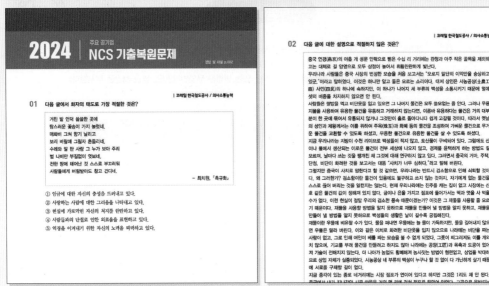

▶ 2024년 주요 공기업 NCS 기출문제를 복원하여 공기업별 NCS 출제경향을 파악할 수 있도록 하였다.

## 2  대표기출유형 + 기출응용문제로 NCS 완벽 대비

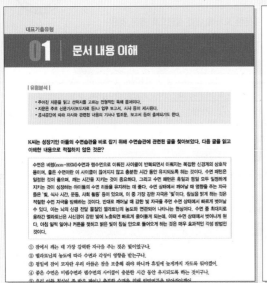

▶ NCS 출제 영역에 대한 대표기출유형&기출응용문제를 수록하여 유형별로 학습할 수 있도록 하였다.

# 3 적중예상문제로 공통 전공까지 완벽 대비

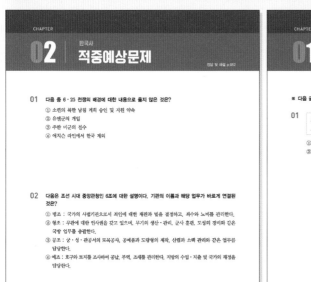

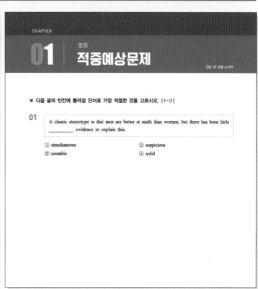

▶ 한국사 핵심이론&적중예상문제를 수록하여 한국사 또한 빈틈없이 학습할 수 있도록 하였다.
▶ 영어 적중예상문제를 수록하여 영어까지 효과적으로 학습할 수 있도록 하였다.

# 4 최종점검 모의고사 + OMR을 활용한 실전 연습

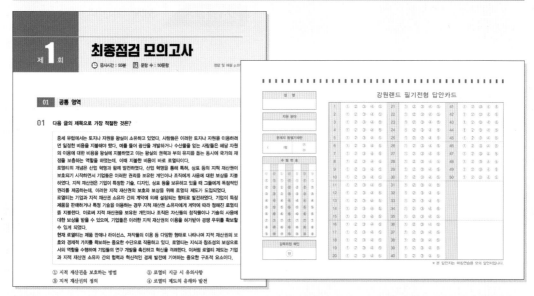

▶ 철저한 분석을 통해 실제 유형과 유사한 최종점검 모의고사를 수록하여 자신의 실력을 점검할 수 있도록 하였다.
▶ 모바일 OMR 답안채점/성적분석 서비스를 제공하여 자동으로 점수를 채점하고 확인할 수 있도록 하였다.

# 이 책의 차례 CONTENTS

# Add+

# 2024년 주요 공기업
# NCS 기출복원문제

| 코레일 한국철도공사 / 의사소통능력

**01** 다음 글에서 화자의 태도로 가장 적절한 것은?

> 거친 밭 언덕 쓸쓸한 곳에
> 탐스러운 꽃송이 가지 눌렀네.
> 매화비 그쳐 향기 날리고
> 보리 바람에 그림자 흔들리네.
> 수레와 말 탄 사람 그 누가 보아 주리
> 벌 나비만 부질없이 엿보네.
> 천한 땅에 태어난 것 스스로 부끄러워
> 사람들에게 버림받아도 참고 견디네.
>
> — 최치원, 『촉규화』

① 임금에 대한 자신의 충성을 드러내고 있다.
② 사랑하는 사람에 대한 그리움을 나타내고 있다.
③ 현실에 가로막힌 자신의 처지를 한탄하고 있다.
④ 사람들과의 단절로 인한 외로움을 표현하고 있다.
⑤ 역경을 이겨내기 위한 자신의 노력을 피력하고 있다.

**02** 다음 글에 대한 설명으로 적절하지 않은 것은?

> 중국 연경(燕京)의 아홉 개 성문 안팎으로 뻗은 수십 리 거리에는 관청과 아주 작은 골목을 제외하고는 대체로 길 양옆으로 모두 상점이 늘어서 휘황찬란하게 빛난다.
>
> 우리나라 사람들은 중국 시장의 번성한 모습을 처음 보고서는 "오로지 말단의 이익만을 숭상하고 있군."이라고 말하였다. 이것은 하나만 알고 둘은 모르는 소리이다. 대저 상인은 사농공상(士農工商) 사민(四民)의 하나에 속하지만, 이 하나가 나머지 세 부류의 백성을 소통시키기 때문에 열에 셋의 비중을 차지하지 않으면 안 된다.
>
> 사람들은 쌀밥을 먹고 비단옷을 입고 있으면 그 나머지 물건은 모두 쓸모없는 줄 안다. 그러나 무용지물을 사용하여 유용한 물건을 유통하고 거래하지 않는다면, 이른바 유용하다는 물건은 거의 대부분이 한 곳에 묶여서 유통되지 않거나 그것만이 홀로 돌아다니다 쉽게 고갈될 것이다. 따라서 옛날의 성인과 제왕께서는 이를 위하여 주옥(珠玉)과 화폐 등의 물건을 조성하여 가벼운 물건으로 무거운 물건을 교환할 수 있도록 하셨고, 무용한 물건으로 유용한 물건을 살 수 있도록 하셨다.
>
> 지금 우리나라는 지방이 수천 리이므로 백성들이 적지 않고, 토산품이 구비되어 있다. 그럼에도 산이나 물에서 생산되는 이로운 물건이 전부 세상에 나오지 않고, 경제를 윤택하게 하는 방법도 잘 모르며, 날마다 쓰는 것을 팽개친 채 그것에 대해 연구하지 않고 있다. 그러면서 중국의 거마, 주택, 단청, 비단이 화려한 것을 보고서는 대뜸 "사치가 너무 심하다."라고 말해 버린다.
>
> 그렇지만 중국이 사치로 망한다고 할 것 같으면, 우리나라는 반드시 검소함으로 인해 쇠퇴할 것이다. 왜 그러한가? 검소함이란 물건이 있음에도 불구하고 쓰지 않는 것이지, 자기에게 없는 물건을 스스로 끊어 버리는 것을 일컫지는 않는다. 현재 우리나라에는 진주를 캐는 집이 없고 시장에는 산호 같은 물건의 값이 정해져 있지 않다. 금이나 은을 가지고 점포에 들어가서는 떡과 엿을 사 먹을 수가 없다. 이런 현실이 정말 우리의 검소한 풍속 때문이겠는가? 이것은 그 재물을 사용할 줄 모르기 때문이다. 재물을 사용할 방법을 알지 못하므로 재물을 만들어 낼 방법을 알지 못하고, 재물을 만들어 낼 방법을 알지 못하므로 백성들의 생활은 날이 갈수록 궁핍해진다.
>
> 재물이란 우물에 비유할 수가 있다. 물을 퍼내면 우물에는 늘 물이 가득하지만, 물을 길어내지 않으면 우물은 말라 버린다. 이와 같은 이치로 화려한 비단옷을 입지 않으므로 나라에는 비단을 짜는 사람이 없고, 그로 인해 여인이 베를 짜는 모습을 볼 수 없게 되었다. 그릇이 찌그러져도 이를 개의치 않으며, 기교를 부려 물건을 만들려고 하지도 않아 나라에는 공장(工匠)과 목축과 도공이 없어져 기술이 전해지지 않는다. 더 나아가 농업도 황폐해져 농사짓는 방법이 형편없고, 상업을 박대하므로 상업 자체가 실종되었다. 사농공상 네 부류의 백성이 누구나 할 것 없이 다 가난하게 살기 때문에 서로를 구제할 길이 없다.
>
> 지금 종각이 있는 종로 네거리에는 시장 점포가 연이어 있다고 하지만 그것은 1리도 채 안 된다. 중국에서 내가 지나갔던 시골 마을은 거의 몇 리에 걸쳐 점포로 뒤덮여 있었다. 그곳으로 운반되는 물건의 양이 우리나라 곳곳에서 유통되는 것보다 많았는데, 이는 그곳 가게가 우리나라보다 더 부유해서 그러한 것이 아니고 재물이 유통되느냐 유통되지 못하느냐에 따른 결과인 것이다.
>
> – 박제가, 『시장과 우물』

① 재물이 적절하게 유통되지 않는 현실을 비판하고 있다.

② 재물을 유통하기 위한 성현들의 노력을 근거로 제시하고 있다.

③ 경제의 규모를 늘리기 위한 소비의 중요성을 강조하고 있다.

④ 조선의 경제가 윤택하지 못한 이유를 생산량의 부족에서 찾고 있다.

⑤ 산업의 발전을 위해 적당한 사치가 있어야 함을 제시하고 있다.

**03** 다음 중 한자성어와 그 뜻이 바르게 연결되지 않은 것은?

① 水魚之交 : 아주 친밀하여 떨어질 수 없는 사이
② 結草報恩 : 죽은 뒤에라도 은혜를 잊지 않고 갚음
③ 靑出於藍 : 제자나 후배가 스승이나 선배보다 나음
④ 指鹿爲馬 : 윗사람을 농락하여 권세를 마음대로 함
⑤ 刻舟求劍 : 말로는 친한 듯 하나 속으로는 해칠 생각이 있음

**04** 다음 중 밑줄 친 부분의 띄어쓰기가 옳지 않은 것은?

① 운전을 어떻게 해야 <u>하는지</u> 알려 주었다.
② 오랫동안 <u>애쓴 만큼</u> 좋은 결과가 나왔다.
③ 모두가 떠나가고 남은 사람은 고작 <u>셋 뿐이다</u>.
④ 참가한 사람들은 누구의 키가 <u>큰지 작은지</u> 비교해 보았다.
⑤ 민족의 큰 명절에는 온 나라 방방곡곡에서 <u>씨름판이</u> 열렸다.

**05** 다음 중 밑줄 친 부분의 표기가 옳지 않은 것은?

① 늦게 온다던 친구가 <u>금세</u> 도착했다.
② 변명할 틈도 없이 그에게 일방적으로 <u>채였다</u>.
③ 못 본 사이에 그의 얼굴은 <u>핼쑥하게</u> 변했다.
④ 빠르게 변해버린 고향이 <u>낯설게</u> 느껴졌다.
⑤ 문제의 정답을 찾기 위해 <u>곰곰이</u> 생각해 보았다.

**06** 다음 중 단어와 그 발음법이 바르게 연결되지 않은 것은?

① 결단력 – [결딴녁]

② 옷맵시 – [온맵씨]

③ 몰상식 – [몰상씩]

④ 물난리 – [물랄리]

⑤ 땀받이 – [땀바지]

**07** 다음 식을 계산하여 나온 수의 백의 자리, 십의 자리, 일의 자리를 순서대로 바르게 나열한 것은?

$$865 \times 865 + 865 \times 270 + 135 \times 138 - 405$$

① 0, 0, 0            ② 0, 2, 0

③ 2, 5, 0            ④ 5, 5, 0

⑤ 8, 8, 0

**08** 길이가 200m인 A열차가 어떤 터널을 60km/h의 속력으로 통과하였다. 잠시 후 길이가 300m인 B열차가 같은 터널을 90km/h의 속력으로 통과하였다. A열차와 B열차가 이 터널을 완전히 통과할 때 걸린 시간의 비가 10 : 7일 때, 이 터널의 길이는?

① 1,200m            ② 1,500m

③ 1,800m            ④ 2,100m

⑤ 2,400m

※ 다음과 같이 일정한 규칙으로 수를 나열할 때, 빈칸에 들어갈 수를 고르시오. [9~10]

**09**

┃ 코레일 한국철도공사 / 수리능력

| | | | |
|---|---|---|---|
| • 7 | 13 | 4 | 63 |
| • 9 | 16 | 9 | ( ) |

① 45        ② 51

③ 57        ④ 63

⑤ 69

**10**

┃ 코레일 한국철도공사 / 수리능력

$$-2 \quad 1 \quad 6 \quad 13 \quad 22 \quad 33 \quad 46 \quad 61 \quad 78 \quad 97 \quad ( \quad )$$

① 102        ② 106

③ 110        ④ 114

⑤ 118

┃ 코레일 한국철도공사 / 수리능력

**11** K중학교 2학년 A ~ F 6개의 학급이 체육대회에서 줄다리기 경기를 다음과 같은 토너먼트로 진행하려고 한다. 이때, A반과 B반이 모두 두 번의 경기를 거쳐 결승에서 만나게 되는 경우의 수는?

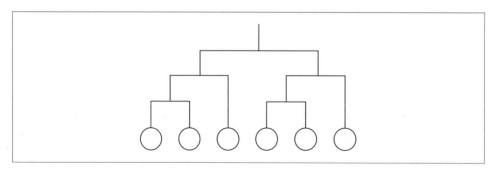

① 6가지        ② 24가지

③ 120가지        ④ 180가지

⑤ 720가지

**12** 다음은 연령대별로 도시와 농촌에서의 여가생활 만족도 평가 점수를 조사한 자료이다. 〈조건〉에 따라 빈칸 ㄱ ~ ㄹ에 들어갈 수를 순서대로 바르게 짝지은 것은?

〈연령대별 도시 · 농촌 여가생활 만족도 평가〉

(단위 : 점)

| 구분 | 10대 미만 | 10대 | 20대 | 30대 | 40대 | 50대 | 60대 | 70대 이상 |
|------|-----------|------|------|------|------|------|------|-----------|
| 도시 | 1.6 | ㄱ | 3.5 | ㄴ | 3.9 | 3.8 | 3.3 | 1.7 |
| 농촌 | 1.3 | 1.8 | 2.2 | 2.1 | 2.1 | ㄷ | 2.1 | ㄹ |

※ 매우 만족 : 5점, 만족 : 4점, 보통 : 3점, 불만 : 2점, 매우 불만 : 1점

**조건**

• 도시에서 여가생활 만족도는 모든 연령대에서 같은 연령대의 농촌보다 높았다.
• 도시에서 10대의 여가생활 만족도는 농촌에서 10대의 2배보다 높았다.
• 도시에서 여가생활 만족도가 가장 높은 연령대는 40대였다.
• 농촌에서 여가생활 만족도가 가장 높은 연령대는 50대지만, 3점을 넘기지 못했다.

|   | ㄱ | ㄴ | ㄷ | ㄹ |
|---|-----|-----|-----|-----|
| ① | 3.8 | 3.3 | 2.8 | 3.5 |
| ② | 3.5 | 3.3 | 3.2 | 3.5 |
| ③ | 3.8 | 3.3 | 2.8 | 1.5 |
| ④ | 3.5 | 4.0 | 3.2 | 1.5 |
| ⑤ | 3.8 | 4.0 | 2.8 | 1.5 |

**13** 가격이 500,000원일 때 10,000개가 판매되는 K제품이 있다. 이 제품의 가격을 10,000원 인상할 때마다 판매량은 160개 감소하고, 10,000원 인하할 때마다 판매량은 160개 증가한다. 이때, 총 판매금액이 최대가 되는 제품의 가격은?(단, 가격은 10,000원 단위로만 인상 또는 인하할 수 있다)

① 520,000원      ② 540,000원

③ 560,000원      ④ 580,000원

⑤ 600,000원

**14** 다음은 전자제품 판매업체 3사를 다섯 가지 항목으로 나누어 평가한 자료이다. 이를 토대로 3사의 항목별 비교 및 균형을 쉽게 파악할 수 있도록 나타낸 그래프로 옳은 것은?

〈전자제품 판매업체 3사 평가표〉

(단위 : 점)

| 구분 | 디자인 | 가격 | 광고 노출도 | 브랜드 선호도 | 성능 |
|------|--------|------|-----------|-------------|------|
| A사 | 4.1 | 4.0 | 2.5 | 2.1 | 4.6 |
| B사 | 4.5 | 1.5 | 4.9 | 4.0 | 2.0 |
| C사 | 2.5 | 4.5 | 0.6 | 1.5 | 4.0 |

①

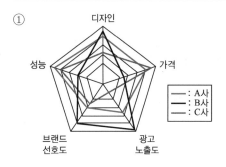

②

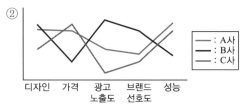

③

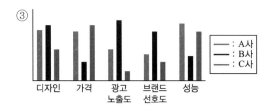

④

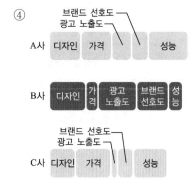

⑤

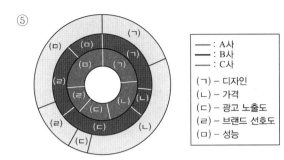

| | A사 |
|---|---|
| | B사 |
| | C사 |

(ㄱ) – 디자인
(ㄴ) – 가격
(ㄷ) – 광고 노출도
(ㄹ) – 브랜드 선호도
(ㅁ) – 성능

**15**  다음은 2023년 K톨게이트를 통과한 차량에 대한 자료이다. 이에 대한 설명으로 옳지 않은 것은?

<2023년 K톨게이트 통과 차량>

(단위 : 천 대)

| 구분 | 승용차 | | | 승합차 | | | 대형차 | | |
|---|---|---|---|---|---|---|---|---|---|
| | 영업용 | 비영업용 | 합계 | 영업용 | 비영업용 | 합계 | 영업용 | 비영업용 | 합계 |
| 1월 | 152 | 3,655 | 3,807 | 244 | 2,881 | 3,125 | 95 | 574 | 669 |
| 2월 | 174 | 3,381 | 3,555 | 222 | 2,486 | 2,708 | 101 | 657 | 758 |
| 3월 | 154 | 3,909 | 4,063 | 229 | 2,744 | 2,973 | 139 | 837 | 976 |
| 4월 | 165 | 3,852 | 4,017 | 265 | 3,043 | 3,308 | 113 | 705 | 818 |
| 5월 | 135 | 4,093 | 4,228 | 211 | 2,459 | 2,670 | 113 | 709 | 822 |
| 6월 | 142 | 3,911 | 4,053 | 231 | 2,662 | 2,893 | 107 | 731 | 838 |
| 7월 | 164 | 3,744 | 3,908 | 237 | 2,721 | 2,958 | 117 | 745 | 862 |
| 8월 | 218 | 3,975 | 4,193 | 256 | 2,867 | 3,123 | 115 | 741 | 856 |
| 9월 | 140 | 4,105 | 4,245 | 257 | 2,913 | 3,170 | 106 | 703 | 809 |
| 10월 | 135 | 3,842 | 3,977 | 261 | 2,812 | 3,073 | 107 | 695 | 802 |
| 11월 | 170 | 3,783 | 3,953 | 227 | 2,766 | 2,993 | 117 | 761 | 878 |
| 12월 | 147 | 3,730 | 3,877 | 243 | 2,797 | 3,040 | 114 | 697 | 811 |

① 전체 승용차 수와 전체 승합차 수의 합이 가장 많은 달은 9월이고, 가장 적은 달은 2월이다.

② 4월을 제외하고 K톨게이트를 통과한 비영업용 승합차 수는 월별 300만 대 미만이었다.

③ 전체 대형차 수 중 영업용 대형차 수의 비율은 모든 달에서 10% 이상이다.

④ 영업용 승합차 수는 모든 달에서 영업용 대형차 수의 2배 이상이다.

⑤ 승용차가 가장 많이 통과한 달의 전체 승용차 수에 대한 영업용 승용차 수의 비율은 3% 이상이다.

※ 서울역 근처 K공사에 근무하는 A과장은 1월 10일에 팀원 4명과 함께 부산에 있는 출장지에 열차를 타고 가려고 한다. 다음 자료를 보고 이어지는 질문에 답하시오. [16~17]

### 〈서울역 → 부산역 열차 시간표〉

| 구분 | 출발시각 | 정차역 | 다음 정차역까지 소요시간 | 총주행시간 | 성인 1인당 요금 |
|------|---------|--------|------------------------|-----------|---------------|
| KTX | 8:00 | – | – | 2시간 30분 | 59,800원 |
| ITX-청춘 | 7:20 | 대전 | 40분 | 3시간 30분 | 48,800원 |
| ITX-마음 | 6:40 | 대전, 울산 | 40분 | 3시간 50분 | 42,600원 |
| 새마을호 | 6:30 | 대전, 울산, 동대구 | 60분 | 4시간 30분 | 40,600원 |
| 무궁화호 | 5:30 | 대전, 울산, 동대구 | 80분 | 5시간 40분 | 28,600원 |

※ 위의 열차 시간표는 1월 10일 운행하는 열차 종류별로 승차권 구입이 가능한 가장 빠른 시간표이다.
※ 총주행시간은 정차・대기시간을 제외한 열차가 실제로 달리는 시간이다.

### 〈운행 조건〉

• 정차역에 도착할 때마다 대기시간 15분을 소요한다.
• 정차역에 먼저 도착한 열차가 출발하기 전까지 뒤에 도착한 열차는 정차역에 들어오지 않고 대기한다.
• 정차역에 먼저 도착한 열차가 정차역을 출발한 후, 5분 뒤에 대기 중인 열차가 정차역에 들어온다.
• 정차역에 2종류 이상의 열차가 동시에 도착하였다면, ITX-청춘 → ITX-마음 → 새마을호 → 무궁화호 순으로 정차역에 들어온다.
• 목적지인 부산역은 먼저 도착한 열차로 인한 대기 없이 바로 역에 들어온다.

코레일 한국철도공사 / 문제해결능력

**16** 다음 중 자료에 대한 설명으로 옳지 않은 것은?

① ITX-청춘보다 ITX-마음이 목적지에 더 빨리 도착한다.
② 부산역에 가장 늦게 도착하는 열차는 12시에 도착한다.
③ ITX-마음은 먼저 도착한 열차로 인한 대기시간이 없다.
④ 부산역에 가장 빨리 도착하는 열차는 10시 30분에 도착한다.
⑤ 무궁화호는 울산역, 동대구역에서 다른 열차로 인해 대기한다.

**17** 다음 〈조건〉에 따라 승차권을 구입할 때, A과장과 팀원 4명의 총요금은?

> **조건**
> • A과장과 팀원 1명은 7시 30분까지 K공사에서 사전 회의를 가진 후 출발하며, 출장 인원 모두
>   같이 이동할 필요는 없다.
> • 목적지인 부산역에는 11시 30분까지 도착해야 한다.
> • 열차 요금은 가능한 한 저렴하게 한다.

① 247,400원        ② 281,800원
③ 312,800원        ④ 326,400원
⑤ 347,200원

**18** 다음 글에서 알 수 있는 논리적 사고의 구성요소로 가장 적절한 것은?

> A는 동업자 B와 함께 신규 사업을 시작하기 위해 기획안을 작성하여 논의하였다. 그러나 B는 신규
> 기획안을 읽고 시기나 적절성에 대해 부정적인 입장을 보였다. A가 B를 설득하기 위해 B의 의견들
> 을 정리하여 생각해 보니 B는 신규 사업을 시작하는 데 있어 다른 경쟁사보다 늦게 출발하여 경쟁력
> 이 부족하는 점 때문에 신규 사업에 부정적이라는 것을 알게 되었다. 이에 A는 경쟁력을 높이기 위
> 한 다양한 아이디어를 추가로 제시하여 B를 다시 설득하였다.

① 설득
② 구체적인 생각
③ 생각하는 습관
④ 타인에 대한 이해
⑤ 상대 논리의 구조화

**19** 면접 참가자 A ~ E 5명은 〈조건〉과 같이 면접장에 도착했다. 동시에 도착한 사람은 없다고 할 때, 다음 중 항상 참인 것은?

> **조건**
> • B는 A 바로 다음에 도착했다.
> • D는 E보다 늦게 도착했다.
> • C보다 먼저 도착한 사람이 1명 있다.

① E는 가장 먼저 도착했다.

② B는 가장 늦게 도착했다.

③ A는 네 번째로 도착했다.

④ D는 가장 먼저 도착했다.

⑤ D는 A보다 먼저 도착했다.

**20** 다음 논리에서 나타난 형식적 오류로 옳은 것은?

> • 전제 1 : TV를 오래 보면 눈이 나빠진다.
> • 전제 2 : 철수는 TV를 오래 보지 않는다.
> • 결론 : 그러므로 철수는 눈이 나빠지지 않는다.

① 사개명사의 오류

② 전건 부정의 오류

③ 후건 긍정의 오류

④ 선언지 긍정의 오류

⑤ 매개념 부주연의 오류

**21** 다음 글의 내용으로 적절하지 않은 것은?

> K공단은 의사와 약사가 협력하여 지역주민의 안전한 약물 사용을 돕는 의·약사 협업 다제약물 관리사업을 6월 26일부터 서울 도봉구에서 시작했다고 밝혔다.
>
> 지난 2018년부터 K공단이 진행 중인 다제약물 관리사업은 10종 이상의 약을 복용하는 만성질환자를 대상으로 약물의 중복 복용과 부작용 등을 예방하기 위해 의약전문가가 약물관리 서비스를 제공하는 사업이다. 지역사회에서는 K공단에서 위촉한 자문 약사가 가정을 방문하여 대상자가 먹고 있는 일반 약을 포함한 전체 약을 대상으로 약물의 복용상태, 부작용, 중복 등을 종합적으로 검토하고 그 결과를 바탕으로 상담, 교육 및 처방조정 안내를 실시함으로써 약물관리가 이루어지고, 병원에서는 입원 및 외래환자를 대상으로 의사, 약사 등으로 구성된 다학제팀(전인적인 돌봄을 위해 의사, 간호사, 약사, 사회복지사 등 다양한 전문가들로 이루어진 팀)이 약물관리 서비스를 제공한다.
>
> 다제약물 관리사업 효과를 평가한 결과, 지역사회에서는 약물관리를 받은 사람의 복약순응도가 56.3% 개선되었고, 효능이 유사한 약물을 중복해서 복용하는 환자가 40.2% 감소되었다. 또한, 병원에서 제공된 다제약물 관리사업으로 응급실 방문 위험이 47%, 재입원 위험이 18% 감소되는 등의 효과를 확인하였다.
>
> 다만, 지역사회에서는 약사의 약물 상담결과가 의사의 처방조정에까지 반영되는 다학제 협업 시스템이 미흡하다는 의견이 제기되었다. 이러한 문제점의 개선을 위해 K공단은 도봉구 의사회와 약사회, 전문가로 구성된 지역협의체를 구성하고, 지난 4월부터 3회에 걸친 논의를 통해 의·약사 협업 모형을 개발하고, 사업 참여 의·약사 선정, 서비스 제공 대상자 모집 및 정보공유 방법 등의 현장 적용방안을 마련했다. 의사나 K공단이 선정한 약물관리 대상자는 자문 약사의 약물점검(필요시 의사 동행)을 받게 되며, 그 결과가 K공단의 정보 시스템을 통해 대상자의 단골 병원 의사에게 전달되어 처방 시 반영될 수 있도록 하는 것이 주요 골자이다. 지역 의·약사 협업 모형은 2023년 12월까지 도봉구 지역의 일차의료 만성질환관리 시범사업에 참여하는 의원과 자문 약사를 중심으로 우선 실시한다. 이후 사업의 효과성을 평가하고 부족한 점은 보완하여 다른 지역에도 확대 적용할 예정이다.

① K공단에서 위촉한 자문 약사는 환자가 먹는 약물을 조사하여 직접 처방할 수 있다.

② 다제약물 관리사업으로 인해 환자는 복용하는 약물의 수를 줄일 수 있다.

③ 다제약물 관리사업의 주요 대상자는 10종 이상의 약을 복용하는 만성질환자이다.

④ 다제약물 관리사업은 지역사회보다 병원에서 더 활발히 이루어지고 있다.

**22** 다음 문단 뒤에 이어질 내용을 논리적 순서대로 바르게 나열한 것은?

아토피 피부염은 만성적으로 재발하는 양상을 보이며 심한 가려움증을 동반하는 염증성 피부 질환으로, 연령에 따라 특징적인 병변의 분포와 양상을 보인다.

(가) 이와 같이 아토피 피부염은 원인을 정확히 파악할 수 없기 때문에 아토피 피부염의 진단을 위한 특이한 검사소견은 없으며, 임상 증상을 종합하여 진단한다. 기존에 몇 가지 국외의 진단기준이 있었으며, 2005년 대한아토피피부염학회에서는 한국인 아토피 피부염에서 특징적으로 관찰되는 세 가지 주진단 기준과 14가지 보조진단 기준으로 구성된 한국인 아토피 피부염 진단기준을 정하였다.

(나) 아토피 피부염 환자는 정상 피부에 비해 민감한 피부를 가지고 있으며 다양한 자극원에 의해 악화될 수 있으므로 앞의 약물치료와 더불어 일상생활에서도 이를 피할 수 있도록 노력해야 한다. 비누와 세제, 화학약품, 모직과 나일론 의류, 비정상적인 기온이나 습도에 대한 노출 등이 대표적인 피부 자극 요인들이다. 면제품 속옷을 입도록 하고, 세탁 후 세제가 남지 않도록 물로 여러 번 헹구도록 한다. 또한 평소 실내 온도, 습도를 쾌적하게 유지하는 것도 중요하다. 땀이나 자극성 물질을 제거하는 목적으로 미지근한 물에 샤워를 하는 것이 좋으며, 샤워 후에는 3분 이내에 보습제를 바르는 것이 좋다.

(다) 아토피 피부염을 진단받아 치료하기 위해서는 보습이 가장 중요하고, 피부 증상을 악화시킬 수 있는 자극원, 알레르겐 등을 피하는 것이 필요하다. 국소 치료제로는 국소 스테로이드제가 가장 기본적인 치료제이다. 국소 칼시뉴린 억제제도 효과적으로 사용되는 약제이며, 국소 스테로이드제 사용으로 발생 가능한 피부 위축 등의 부작용이 없다. 아직 국내에 들어오지는 않았으나 국소 포스포디에스테라제 억제제도 있다. 이 외에는 전신치료로 가려움증 완화를 위해 사용할 수 있는 항히스타민제가 있고, 필요시 경구 스테로이드제를 사용할 수 있다. 심한 아토피 피부염 환자에서는 면역 억제제가 사용된다. 광선치료(자외선치료)도 아토피 피부염 치료로 이용된다. 최근에는 아토피 피부염을 유발하는 특정한 사이토카인 신호 전달을 차단할 수 있는 생물학적제제인 두필루맙(Dupilumab)이 만성 중증 아토피 피부염 환자를 대상으로 사용되고 있으며, 치료 효과가 뛰어나다고 알려져 있다.

(라) 많은 연구에도 불구하고 아토피 피부염의 정확한 원인은 아직 밝혀지지 않았다. 현재까지는 피부 보호막 역할을 하는 피부장벽 기능의 이상, 면역체계의 이상, 유전적 및 환경적 요인 등이 복합적으로 상호작용한 결과 발생하는 것으로 보고 있다.

① (다) – (가) – (라) – (나)

② (다) – (나) – (라) – (가)

③ (라) – (가) – (나) – (다)

④ (라) – (가) – (다) – (나)

**23** 다음 글의 주제로 가장 적절한 것은?

한국인의 주요 사망 원인 중 하나인 뇌경색은 뇌혈관이 갑자기 폐쇄됨으로써 뇌가 손상되어 신경학적 이상이 발생하는 질병이다.

뇌경색의 발생 원인은 크게 분류하면 2가지가 있는데, 그중 첫 번째는 동맥경화증이다. 동맥경화증은 혈관의 중간층에 퇴행성 변화가 일어나서 섬유화가 진행되고 혈관의 탄성이 줄어드는 노화현상의 일종으로, 뇌로 혈류를 공급하는 큰 혈관이 폐쇄되거나 뇌 안의 작은 혈관이 폐쇄되어 발생하는 것이다. 두 번째는 심인성 색전으로, 심장에서 형성된 혈전이 혈관을 타고 흐르다 갑자기 뇌혈관을 폐쇄시켜 발생하는 것이다.

뇌경색이 발생하여 환자가 응급실에 내원한 경우, 폐쇄된 뇌혈관을 확인하기 위한 뇌혈관 조영 CT를 촬영하거나 손상된 뇌경색 부위를 좀 더 정확하게 확인해야 하는 경우에는 뇌 자기공명 영상(Brain MRI) 검사를 한다. 이렇게 시행한 검사에서 큰 혈관의 폐쇄가 확인되면 정맥 내에 혈전용해제를 투여하거나 동맥 내부의 혈전제거술을 시행하게 된다. 시술이 필요하지 않은 경우라면, 뇌경색의 악화를 방지하기 위하여 뇌경색 기전에 따라 항혈소판제나 항응고제 약물 치료를 하게 된다. 뇌경색의 원인 중 동맥경화증의 경우 여러 가지 위험 요인에 의하여 장시간 동안 서서히 진행된다. 고혈압, 당뇨, 이상지질혈증, 흡연, 과도한 음주, 비만 등이 위험 요인이며, 평소 이러한 원인이 있는 사람은 약물 치료 및 생활 습관 개선으로 위험 요인을 줄여야 한다. 특히 뇌경색이 한번 발병했던 사람은 재발 방지를 위한 약물을 지속적으로 복용하는 것이 필요하다.

① 뇌경색의 주요 증상
② 뇌경색 환자의 약물치료 방법
③ 뇌경색의 발병 원인과 치료 방법
④ 뇌경색이 발생했을 때의 조치사항

**24** 다음은 2019 ~ 2023년 건강보험료 부과 금액 및 1인당 건강보험 급여비에 대한 자료이다. 이에 대한 설명으로 옳지 않은 것은?

〈건강보험료 부과 금액 및 1인당 건강보험 급여비〉

| 구분 | 2019년 | 2020년 | 2021년 | 2022년 | 2023년 |
|---|---|---|---|---|---|
| 건강보험료 부과 금액 (십억 원) | 59,130 | 63,120 | 69,480 | 76,775 | 82,840 |
| 1인당 건강보험 급여비(원) | 1,300,000 | 1,400,000 | 1,550,000 | 1,700,000 | 1,900,000 |

① 건강보험료 부과 금액과 1인당 건강보험 급여비는 모두 매년 증가하였다.
② 2020 ~ 2023년 동안 전년 대비 1인당 건강보험 급여비가 가장 크게 증가한 해는 2023년이다.
③ 2020 ~ 2023년 동안 전년 대비 건강보험료 부과 금액의 증가율은 항상 10% 미만이었다.
④ 2019년 대비 2023년의 1인당 건강보험 급여비는 40% 이상 증가하였다.

※ 다음 명제가 모두 참일 때, 빈칸에 들어갈 명제로 가장 적절한 것을 고르시오. [25~27]

**25**

- 잎이 넓은 나무는 키가 크다.
- 잎이 넓지 않은 나무는 덥지 않은 지방에서 자란다.
- _____
- 따라서 더운 지방에서 자라는 나무는 열매가 많이 맺힌다.

① 잎이 넓지 않은 나무는 열매가 많이 맺힌다.
② 열매가 많이 맺히지 않는 나무는 키가 작다.
③ 벌레가 많은 지역은 열매가 많이 맺히지 않는다.
④ 키가 작은 나무는 덥지 않은 지방에서 자란다.

**26**

- 풀을 먹는 동물은 몸집이 크다.
- 사막에서 사는 동물은 물속에서 살지 않는다.
- _____
- 따라서 물속에서 사는 동물은 몸집이 크다.

① 몸집이 큰 동물은 물속에서 산다.
② 물이 있으면 사막이 아니다.
③ 사막에 사는 동물은 몸집이 크다.
④ 풀을 먹지 않는 동물은 사막에 산다.

**27**

- 모든 1과 사원은 가장 실적이 많은 2과 사원보다 실적이 많다.
- 가장 실적이 많은 4과 사원은 모든 3과 사원보다 실적이 적다.
- 3과 사원 중 일부는 가장 실적이 많은 2과 사원보다 실적이 적다.
- 따라서 _____

① 모든 2과 사원은 4과 사원 중 일부보다 실적이 적다.
② 어떤 1과 사원은 가장 실적이 많은 3과 사원보다 실적이 적다.
③ 어떤 3과 사원은 가장 실적이 적은 1과 사원보다 실적이 적다.
④ 1과 사원 중 가장 적은 실적을 올린 사원과 같은 실적을 올린 사원이 4과에 있다.

**28** 다음은 대한민국 입국 목적별 비자 종류의 일부이다. 외국인 A ~ D씨가 피초청자로서 입국할 때, 초청 목적에 따라 발급받아야 하는 비자의 종류를 바르게 짝지은 것은?(단, 비자면제 협정은 없는 것으로 가정한다)

---

〈대한민국 입국 목적별 비자 종류〉

• 외교・공무
- 외교(A-1) : 대한민국 정부가 접수한 외국 정부의 외교사절단이나 영사기관의 구성원, 조약 또는 국제관행에 따라 외교사절과 동등한 특권과 면제를 받는 사람과 그 가족
- 공무(A-2) : 대한민국 정부가 승인한 외국 정부 또는 국제기구의 공무를 수행하는 사람과 그 가족
• 유학・어학연수
- 학사유학(D-2-2) : (전문)대학, 대학원 또는 특별법의 규정에 의하여 설립된 전문대학 이상의 학술기관에서 정규과정(학사)의 교육을 받고자 하는 자
- 교환학생(D-2-6) : 대학 간 학사교류 협정에 의해 정규과정 중 일정 기간 동안 교육을 받고자 하는 교환학생
• 비전문직 취업
- 제조업(E-9-1) : 외국인근로자의 고용에 관한 법률의 규정에 의한 국내 취업요건을 갖추어 제조업체에 취업하고자 하는 자
- 농업(E-9-3) : 외국인근로자의 고용에 관한 법률의 규정에 의한 국내 취업요건을 갖추어 농업, 축산업 등에 취업하고자 하는 자
• 결혼이민
- 결혼이민(F-6-1) : 한국에서 혼인이 유효하게 성립되어 있고, 우리 국민과 결혼생활을 지속하기 위해 국내 체류를 하고자 하는 외국인
- 자녀양육(F-6-2) : 국민의 배우자(F-6-1) 자격에 해당하지 않으나 출생한 미성년 자녀(사실혼 관계 포함)를 국내에서 양육하거나 양육하려는 부 또는 모
• 치료요양
- 의료관광(C-3-3) : 국내 의료기관에서 진료 또는 요양할 목적으로 입국하는 외국인 환자와 간병 등을 위해 동반입국이 필요한 동반가족 및 간병인(90일 이내)
- 치료요양(G-1-10) : 국내 의료기관에서 진료 또는 요양할 목적으로 입국하는 외국인 환자와 간병 등을 위해 동반입국이 필요한 동반가족 및 간병인(1년 이내)

---

〈피초청자 초청 목적〉

| 피초청자 | 국적 | 초청 목적 |
|---|---|---|
| A | 말레이시아 | 부산에서 6개월가량 입원 치료가 필요한 아들의 간병(아들의 국적 또한 같음) |
| B | 베트남 | 경기도 소재 O제조공장 취업(국내 취업요건을 모두 갖춤) |
| C | 사우디아라비아 | 서울 소재 K대학교 교환학생 |
| D | 인도네시아 | 대한민국 개최 APEC 국제기구 정상회의 참석 |

| | A | B | C | D |
|---|---|---|---|---|
| ① | C-3-3 | D-2-2 | F-6-1 | A-2 |
| ② | G-1-10 | E-9-1 | D-2-6 | A-2 |
| ③ | G-1-10 | D-2-2 | F-6-1 | A-1 |
| ④ | C-3-3 | E-9-1 | D-2-6 | A-1 |

**29** 다음과 같이 일정한 규칙으로 수를 나열할 때 빈칸에 들어갈 수로 옳은 것은?

| | | | | |
|---|---|---|---|---|
| • 6 | 13 | 8 | 8 | 144 |
| • 7 | 11 | 7 | 4 | 122 |
| • 8 | 9 | 6 | 2 | 100 |
| • 9 | 7 | 5 | 1 | ( ) |

① 75

② 79

③ 83

④ 87

**30** 두 주사위 A, B를 던져 나온 수를 각각 $a$, $b$라고 할 때, $a \neq b$일 확률은?

① $\dfrac{2}{3}$

② $\dfrac{13}{18}$

③ $\dfrac{7}{9}$

④ $\dfrac{5}{6}$

**31** 어떤 상자 안에 빨간색 공 2개와 노란색 공 3개가 들어 있다. 이 상자에서 공 3개를 꺼낼 때, 빨간색 공 1개와 노란색 공 2개를 꺼낼 확률은?(단, 꺼낸 공은 다시 넣지 않는다)

① $\dfrac{1}{2}$

② $\dfrac{3}{5}$

③ $\dfrac{2}{3}$

④ $\dfrac{3}{4}$

**32** 다음과 같이 둘레의 길이가 2,000m인 원형 산책로에서 오후 5시 정각에 A씨가 3km/h의 속력으로 산책로를 따라 걷기 시작했다. 30분 후 B씨는 A씨가 걸어간 반대 방향으로 7km/h의 속력으로 같은 산책로를 따라 달리기 시작했을 때, A씨와 B씨가 두 번째로 만날 때의 시각은?

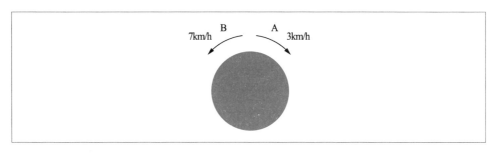

① 오후 6시 30분

② 오후 6시 15분

③ 오후 6시

④ 오후 5시 45분

**33** 폴더 여러 개가 열려 있는 상태에서 다음과 같이 폴더를 나란히 보기 위해 화면을 분할하고자 할 때, 입력해야 할 단축키로 옳은 것은?

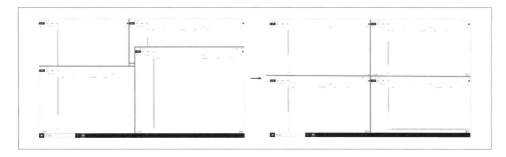

① 〈Shift〉＋〈화살표 키〉

② 〈Ctrl〉＋〈화살표 키〉

③ 〈Window 로고 키〉＋〈화살표 키〉

④ 〈Alt〉＋〈화살표 키〉

**34** 다음 중 파일 여러 개가 열려 있는 상태에서 즉시 바탕화면으로 돌아가고자 할 때, 입력해야 할 단축키로 옳은 것은?

① 〈Window 로고 키〉+〈R〉

② 〈Window 로고 키〉+〈I〉

③ 〈Window 로고 키〉+〈L〉

④ 〈Window 로고 키〉+〈D〉

**35** 엑셀 프로그램에서 "서울특별시 영등포구 홍제동"으로 입력된 텍스트를 "서울특별시 서대문구 홍제동"으로 수정하여 입력하고자 할 때, 입력해야 할 함수식으로 옳은 것은?

① =SUBSTITUTE("서울특별시 영등포구 홍제동","영등포","서대문")

② =IF("서울특별시 영등포구 홍제동"="영등포","서대문"," ")

③ =MOD("서울특별시 영등포구 홍제동","영등포","서대문")

④ =NOT("서울특별시 영등포구 홍제동","영등포","서대문")

※ 다음은 중학생 15명을 대상으로 한 달 용돈 금액을 조사한 자료이다. 이어지는 질문에 답하시오.
[36~37]

| | A | B |
|---|---|---|
| 1 | 이름 | 금액(원) |
| 2 | 강○○ | 30,000 |
| 3 | 권○○ | 50,000 |
| 4 | 고○○ | 100,000 |
| 5 | 김○○ | 30,000 |
| 6 | 김△△ | 25,000 |
| 7 | 류○○ | 75,000 |
| 8 | 오○○ | 40,000 |
| 9 | 윤○○ | 100,000 |
| 10 | 이○○ | 150,000 |
| 11 | 임○○ | 75,000 |
| 12 | 장○○ | 50,000 |
| 13 | 전○○ | 60,000 |
| 14 | 정○○ | 45,000 |
| 15 | 황○○ | 50,000 |
| 16 | 황△△ | 100,000 |

┃ 건강보험심사평가원 / 정보능력

**36** 다음 중 한 달 용돈이 50,000원 이상인 학생 수를 구하고자 할 때, 입력해야 할 함수식으로 옳은 것은?

① =MODE(B2:B16)

② =COUNTIF(B2:B16, "> =50000")

③ =MATCH(50000,B2:B16,0)

④ =VLOOKUP(50000,$B$1:$B$16,1,0)

┃ 건강보험심사평가원 / 정보능력

**37** 다음 중 학생들이 받는 한 달 평균 용돈을 백 원 미만은 버림하여 구하고자 할 때, 입력해야 할 함수식으로 옳은 것은?

① =LEFT((AVERAGE(B2:B16)),2)

② =RIGHT((AVERAGE(B2:B16)),2)

③ =ROUNDUP((AVERAGE(B2:B16)),−2)

④ =ROUNDDOWN((AVERAGE(B2:B16)),−2)

**38** S편의점을 운영하는 P씨는 개인사정으로 이번 주 토요일 하루만 오전 10시부터 오후 8시까지 직원들을 대타로 고용할 예정이다. 직원 A ~ D의 시급과 근무 가능 시간이 다음과 같을 때, 가장 적은 인건비는 얼마인가?

〈S편의점 직원 시급 및 근무 가능 시간〉

| 직원 | 시급 | 근무 가능 시간 |
|---|---|---|
| A | 10,000원 | 오후 12:00 ~ 오후 5:00 |
| B | 10,500원 | 오전 10:00 ~ 오후 3:00 |
| C | 10,500원 | 오후 12:00 ~ 오후 6:00 |
| D | 11,000원 | 오후 12:00 ~ 오후 8:00 |

※ 추가 수당으로 시급의 1.5배를 지급한다.
※ 직원 1명당 근무시간은 최소 2시간 이상이어야 한다.

① 153,750원
② 155,250원
③ 156,000원
④ 157,500원
⑤ 159,000원

**39** 다음은 S마트에 진열된 과일 7종의 판매량에 대한 자료이다. 30개 이상 팔린 과일의 개수를 구하기 위해 [C9] 셀에 입력해야 할 함수식으로 옳은 것은?

〈S마트 진열 과일 판매량〉

|  | A | B | C |
|---|---|---|---|
| 1 | 번호 | 과일 | 판매량(개) |
| 2 | 1 | 바나나 | 50 |
| 3 | 2 | 사과 | 25 |
| 4 | 3 | 참외 | 15 |
| 5 | 4 | 배 | 23 |
| 6 | 5 | 수박 | 14 |
| 7 | 6 | 포도 | 27 |
| 8 | 7 | 키위 | 32 |
| 9 |  |  |  |

① = MID(C2:C8)
② = COUNTIF(C2:C8, "> = 30")
③ = MEDIAN(C2:C8)
④ = AVERAGEIF(C2:C8, "> = 30")
⑤ = MIN(C2:C8)

**40** 다음 〈보기〉 중 실무형 팔로워십을 가진 사람의 자아상으로 옳은 것을 모두 고르면?

> **보기**
>
> ㄱ. 기쁜 마음으로 과업을 수행             ㄴ. 판단과 사고를 리더에 의존
> ㄷ. 조직의 운영 방침에 민감               ㄹ. 일부러 반대의견을 제시
> ㅁ. 규정과 규칙에 따라 행동               ㅂ. 지시가 있어야 행동

① ㄱ, ㄴ                              ② ㄴ, ㄷ
③ ㄷ, ㅁ                              ④ ㄹ, ㅁ
⑤ ㅁ, ㅂ

**41** 다음 중 갈등의 과정 단계를 순서대로 바르게 나열한 것은?

> ㄱ. 이성과 이해의 상태로 돌아가며 협상과정을 통해 쟁점이 되는 주제를 논의하고, 새로운 제안을
>    하고, 대안을 모색한다.
> ㄴ. 설득보다는 강압적·위협적인 방법 등 극단적인 모습을 보이며 상대방의 생각이나 의견, 제안
>    을 부정하고, 상대방은 그에 대한 반격으로 대응함으로써 자신들의 반격을 정당하게 생각한다.
> ㄷ. 의견 불일치가 해소되지 않아 감정이 개입되어 상대방의 주장에 대한 문제점을 찾기 시작하고,
>    상대방의 입장은 부정하면서 자기주장만 하려고 한다.
> ㄹ. 서로 간의 생각이나 신념, 가치관 차이로 인해 의견 불일치가 생겨난다.
> ㅁ. 회피, 경쟁, 수용, 타협, 통합의 방법으로 서로 간의 견해를 일치하려 한다.

① ㄹ - ㄱ - ㄴ - ㄷ - ㅁ                 ② ㄹ - ㄴ - ㄷ - ㄱ - ㅁ
③ ㄹ - ㄷ - ㄴ - ㄱ - ㅁ                 ④ ㅁ - ㄱ - ㄴ - ㄷ - ㄹ
⑤ ㅁ - ㄹ - ㄴ - ㄷ - ㄱ

**42** 다음 〈보기〉 중 근로윤리의 덕목과 공동체윤리의 덕목을 바르게 구분한 것은?

> **보기**
>
> ㉠ 근면 ㉡ 봉사와 책임 의식
> ㉢ 준법 ㉣ 예절과 존중
> ㉤ 정직 ㉥ 성실

|  | 근로윤리 | 공동체윤리 |
|---|---|---|
| ① | ㉠, ㉡, ㉥ | ㉢, ㉣, ㉤ |
| ② | ㉠, ㉢, ㉤ | ㉡, ㉣, ㉥ |
| ③ | ㉠, ㉤, ㉥ | ㉡, ㉢, ㉣ |
| ④ | ㉡, ㉣, ㉤ | ㉠, ㉢, ㉥ |
| ⑤ | ㉡, ㉤, ㉥ | ㉠, ㉢, ㉣ |

**43** 다음 중 B에 대한 A의 행동이 직장 내 괴롭힘에 해당하지 않는 것은?

① A대표는 B사원에게 본래 업무에 더해 개인적인 용무를 자주 지시하였고, B사원은 과중한 업무로 인해 근무환경이 악화되었다.

② A팀장은 업무처리 속도가 늦은 B사원만 업무에서 배제시키고 청소나 잡일만을 지시하였다. 이에 B사원은 고의적인 업무배제에 정신적 고통을 호소하였다.

③ A팀장은 기획의도와 맞지 않는다는 이유로 B사원에게 수차례 보완을 요구하였다. 계속해서 보완을 명령받은 B사원은 늘어난 업무량으로 인해 스트레스를 받아 휴직을 신청하였다.

④ A대리는 육아휴직 후 복직한 동기인 B대리를 다른 직원과 함께 조롱하고 무시하며 따돌렸다. 이에 B대리는 우울증을 앓았고 결국 퇴사하였다.

⑤ A대표는 실적이 부진하다는 이유로 B과장을 다른 직원이 보는 앞에서 욕설 등의 모욕감을 주었고 이에 B과장은 정신적 고통을 호소하였다.

**44** 다음 중 S의 사례에서 볼 수 있는 직업윤리 의식으로 옳은 것은?

> 어릴 적부터 각종 기계를 분해하고 다시 조립하는 취미가 있던 S는 공대를 졸업한 뒤 로봇 엔지니어로 활동하고 있다. S는 자신의 직업이 적성에 꼭 맞는다고 생각하여 더 높은 성취를 위해 성실히 노력하고 있다.

① 소명 의식
② 봉사 의식
③ 책임 의식
④ 직분 의식
⑤ 천직 의식

**45** 다음 중 경력개발의 단계별 내용으로 적절하지 않은 것은?

① 직업 선택 : 외부 교육 등 필요한 교육을 이수함
② 조직 입사 : 조직의 규칙과 규범에 대해 배움
③ 경력 초기 : 역량을 증대시키고 꿈을 추구해 나감
④ 경력 중기 : 이전 단계를 재평가하고 더 업그레이드된 꿈으로 수정함
⑤ 경력 말기 : 지속적으로 열심히 일함

**46** 다음 10개의 수의 중앙값이 8일 때, 빈칸에 들어갈 수로 옳은 것은?

| 10 | ( ) | 6 | 9 | 9 | 7 | 8 | 7 | 10 | 7 |
|----|-----|---|---|---|---|---|---|----|---|

① 6
② 7
③ 8
④ 9

**47** 1 ~ 200의 자연수 중에서 2, 3, 5 중 어느 것으로도 나누어떨어지지 않는 수는 모두 몇 개인가?

① 50개          ② 54개

③ 58개          ④ 62개

**48** 다음 그림과 같은 길의 A지점에서 출발하여 최단거리로 이동하여 B지점에 도착하는 경우의 수는?

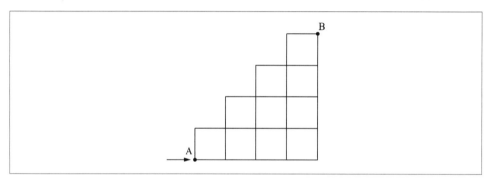

① 36가지          ② 42가지

③ 48가지          ④ 54가지

**49** 어떤 원형 시계가 4시 30분을 가리키고 있다. 이 시계의 시침과 분침이 만드는 작은 부채꼴의 넓이와 전체 원의 넓이의 비는 얼마인가?

① $\dfrac{1}{8}$          ② $\dfrac{1}{6}$

③ $\dfrac{1}{4}$          ④ $\dfrac{1}{2}$

**50** 다음은 2019 ~ 2023년 발전설비별 발전량에 대한 자료이다. 이에 대한 설명으로 옳은 것은?

〈발전설비별 발전량〉

(단위 : GWh)

| 구분 | 수력 | 기력 | 원자력 | 신재생 | 기타 | 합계 |
|---|---|---|---|---|---|---|
| 2019년 | 7,270 | 248,584 | 133,505 | 28,070 | 153,218 | 570,647 |
| 2020년 | 6,247 | 232,128 | 145,910 | 33,500 | 145,255 | 563,040 |
| 2021년 | 7,148 | 200,895 | 160,184 | 38,224 | 145,711 | 552,162 |
| 2022년 | 6,737 | 202,657 | 158,015 | 41,886 | 167,515 | 576,810 |
| 2023년 | 7,256 | 199,031 | 176,054 | 49,285 | 162,774 | 594,400 |

① 2020 ~ 2023년 동안 기력 설비 발전량과 전체 설비 발전량의 전년 대비 증감 추이는 같다.

② 2019 ~ 2023년 동안 수력 설비 발전량은 항상 전체 설비 발전량의 1% 미만이다.

③ 2019 ~ 2023년 동안 신재생 설비 발전량은 항상 전체 설비 발전량의 5% 이상이다.

④ 2019 ~ 2023년 동안 원자력 설비 발전량과 신재생 설비의 발전량은 전년 대비 꾸준히 증가하였다.

⑤ 2020 ~ 2023년 동안 전년 대비 전체 설비 발전량의 증가량이 가장 많은 해와 신재생 설비 발전량의 증가량이 가장 적은 해는 같다.

아이들이 답이 있는 질문을 하기 시작하면 그들이 성장하고 있음을 알 수 있다.

– 존 J. 플롬프 –

# PART 1

# 직업기초능력평가

# 의사소통능력

## 합격 Cheat Key

의사소통능력은 평가하지 않는 공사·공단이 없을 만큼 필기시험에서 중요도가 높은 영역으로, 세부 유형은 문서 이해, 문서 작성, 의사 표현, 경청, 기초 외국어로 나눌 수 있다. 문서 이해·문서 작성과 같은 지문에 대한 주제 찾기, 내용 일치 문제의 출제 비중이 높으며, 문서의 특성을 파악하는 문제도 출제되고 있다.

### 1  문제에서 요구하는 바를 먼저 파악하라!

의사소통능력에서 가장 중요한 것은 제한된 시간 안에 빠르고 정확하게 답을 찾아내는 것이다. 의사소통능력에서는 지문이 아니라 문제가 주인공이므로 지문을 보기 전에 문제를 먼저 파악해야 하며, 문제에 따라 전략적으로 빠르게 풀어내는 연습을 해야 한다.

### 2  잠재되어 있는 언어 능력을 발휘하라!

세상에 글은 많고 우리가 학습할 수 있는 시간은 한정적이다. 이를 극복할 수 있는 방법은 다양한 글을 접하는 것이다. 실제 시험장에서 어떤 내용의 지문이 나올지 아무도 예측할 수 없으므로 평소에 신문, 소설, 보고서 등 여러 글을 접하는 것이 필요하다.

## 3 상황을 가정하라!

업무 수행에 있어 상황에 따른 언어 표현은 중요하다. 같은 말이라도 상황에 따라 다르게 해석될 수 있기 때문이다. 그런 의미에서 자신의 의견을 효과적으로 전달할 수 있는 능력을 평가하는 것이다. 업무를 수행하면서 발생할 수 있는 여러 상황을 가정하고 그에 따른 올바른 언어표현을 정리하는 것이 필요하다.

## 4 말하는 이의 입장에서 생각하라!

잘 듣는 것 또한 하나의 능력이다. 상대방의 이야기에 귀 기울이고 공감하는 태도는 업무를 수행하는 관계 속에서 필요한 요소이다. 그런 의미에서 다양한 상황에서 듣는 능력을 평가하는 것이다. 말하는 이가 요구하는 듣는 이의 태도를 파악하고, 이에 따른 판단을 할 수 있도록 언제나 말하는 사람의 입장이 되는 연습이 필요하다.

# 01 | 문서 내용 이해

## | 유형분석 |

- 주어진 지문을 읽고 선택지를 고르는 전형적인 독해 문제이다.
- 지문은 주로 신문기사(보도자료 등)나 업무 보고서, 시사 등이 제시된다.
- 공사공단에 따라 자사와 관련된 내용의 기사나 법조문, 보고서 등이 출제되기도 한다.

K씨는 성장기인 아들의 수면습관을 바로 잡기 위해 수면습관에 관련된 글을 찾아보았다. 다음 글을 읽고 이해한 내용으로 적절하지 않은 것은?

수면은 비렘(non-REM)수면과 렘수면으로 이뤄진 사이클이 반복되면서 이뤄지는 복잡한 신경계의 상호작용이며, 좋은 수면이란 이 사이클이 끊어지지 않고 충분한 시간 동안 유지되도록 하는 것이다. 수면 패턴은 일정한 것이 좋으며, 깨는 시간을 지키는 것이 중요하다. 그리고 수면 패턴은 휴일과 평일 모두 일정하게 지키는 것이 성장하는 아이들의 수면 리듬을 유지하는 데 좋다. 수면 상태에서 깨어날 때 영향을 주는 자극들은 '빛, 식사 시간, 운동, 사회 활동' 등이 있으며, 이 중 가장 강한 자극은 '빛'이다. 침실을 밝게 하는 것은 적절한 수면 자극을 방해하는 것이다. 반대로 깨어날 때 강한 빛 자극을 주면 수면 상태에서 빠르게 벗어날 수 있다. 이는 뇌의 신경 전달 물질인 멜라토닌의 농도와 연관되어 나타나는 현상이다. 수면 중 최대치로 올라간 멜라토닌은 시신경이 강한 빛에 노출되면 빠르게 줄어들게 되는데, 이때 수면 상태에서 벗어나게 된다. 아침 일찍 일어나 커튼을 젖히고 밝은 빛이 침실 안으로 들어오게 하는 것은 매우 효과적인 각성 방법인 것이다.

① 잠에서 깨는 데 가장 강력한 자극을 주는 것은 빛이었구나.
② 멜라토닌의 농도에 따라 수면과 각성이 영향을 받는구나.
③ 평일에 잠이 모자란 우리 아들은 잠을 보충해 줘야 하니까 휴일에 늦게까지 자도록 둬야겠어.
④ 좋은 수면은 비렘수면과 렘수면의 사이클이 충분한 시간 동안 유지되도록 하는 것이구나.
⑤ 우리 아들 침실이 좀 밝은 편이니 충분한 수면을 위해 암막커튼을 달아줘야겠어.

정답 ③

수면 패턴은 휴일과 평일 모두 일정하게 지키는 것이 성장하는 아이들의 수면 리듬을 유지하는 데 좋다. 따라서 휴일에 늦잠을 자는 것은 적절하지 않다.

### 풀이 전략!

주어진 선택지에서 키워드를 체크한 후, 지문의 내용과 비교해 가면서 내용의 일치 유무를 빠르게 판단한다.

PART 1

※ 다음 글의 내용으로 적절하지 않은 것을 고르시오. [1~2]

**01**

> VOD(Video On Demand)서비스는 기존의 공중파 방송과 무엇이 다른가? 그것은 바로 방송국이 아닌 시청자 본인의 시간을 중심으로 방송 매체를 볼 수 있다는 점이다. 기존 공중파 방송의 정규 편성 프로그램을 시청하기 위해서 시청자는 특정한 시간에 텔레비전 앞에서 기다려야만 했다. 하지만 VOD서비스의 등장으로 시청자는 아침 일찍 혹은 야근이 끝난 늦은 오후에도 방송 매체를 스트리밍 혹은 다운로드 방식으로 전송하여 시청할 수 있게 되었다.
>
> VOD서비스의 등장은 기존에 방송국이 편성권을 지니던 시대와는 다른 양상을 초래하고 있다. 과거에는 시청률이 가장 높은 오후 7시에서 9시까지의 황금시간대에 편성된 프로그램이 큰 인기를 차지했으며 광고비 또한 가장 높았던 반면, VOD서비스는 순수하게 방송 매체의 인기가 높을수록 시청률이 늘어나기 때문에 방송국에서 프로그램의 순수한 재미와 완성도에 더 집중하게 되는 것이다.

① VOD서비스는 방송 매체의 편성권을 시청자에게 쥐어주었다.
② VOD서비스 때문에 시청자는 방송 편성 시간의 제약에서 자유로워졌다.
③ VOD서비스의 등장으로 방송국은 과도한 광고유치 경쟁에 뛰어들게 되었다.
④ VOD서비스는 방송 매체의 수준 향상에 기여하게 될 것이다.
⑤ VOD서비스는 방송 매체를 다운로드 혹은 스트리밍하여 시청할 수 있도록 한다.

**02**

> 우리 민족은 고유한 주거문화로 바닥 난방 기술인 구들을 발전시켜 왔는데, 구들은 우리 민족에 다양한 영향을 주었다. 우선 오랜 구들 생활은 우리 민족의 인체에 적지 않은 변화를 초래하였다. 태어나면서부터 따뜻한 구들에 누워 자는 것이 습관이 된 우리 아이들은 사지의 활동량이 적어 발육이 늦어졌다. 구들에서 자란 우리 아이들은 다른 어떤 민족의 아이들보다 따뜻한 곳에서 안정감을 느꼈으며, 우리 민족은 아이들에게 따뜻함을 만들어주기 위해 여러 가지를 고안하여 발전시켰다.
>
> 구들은 농경을 주업으로 하는 우리 민족의 생산도구의 제작과 사용에 많은 영향을 주었다. 구들에 앉아 오랫동안 활동하는 습관은 하반신보다 상반신의 작업량을 증가시켰고 상반신의 움직임이 상대적으로 정교하게 되었다. 구들 생활에 익숙해진 우리 민족은 방 안에서의 작업뿐만 아니라 농사를 비롯한 야외의 많은 작업에서도 앉아서 하는 습관을 갖게 되었는데 이는 큰 농기구를 이용하여 서서 작업을 하는 서양과는 완전히 다른 방식이었다.

① 구들의 영향으로 우리 민족은 앉아서 하는 작업방식이 일반화되었다.
② 구들은 실내뿐만 아니라 실외활동에도 영향을 끼쳤다.
③ 우리 민족은 앉아서 작업하는 습관이 있다.
④ 구들은 아이들의 체온을 높여 발육을 방해한다.
⑤ 우리 민족은 하반신 활동보다 상반신 활동이 많은 대신 상반신 작업이 정교한 특징이 있다.

※ 다음 글의 내용으로 가장 적절한 것을 고르시오. [3~4]

**03**

조선 후기의 대표적인 관료 선발 제도 개혁론인 유형원의 공거제 구상은 능력주의적, 결과주의적 인재 선발의 약점을 극복하려는 의도와 함께 신분적 세습의 문제점도 의식한 것이었다. 중국에서는 17세기 무렵 관료 선발에서 세습과 같은 봉건적인 요소를 부분적으로 재도입하려는 개혁론이 등장했다. 고염무는 관료제의 상층에는 능력주의적 제도를 유지하되, 지방관인 지현들은 어느 정도의 검증 기간을 거친 이후 그 지위를 평생 유지시켜 주고 세습의 길까지 열어 놓는 방안을 제안했다. 황종희는 지방의 관료가 자체적으로 관리를 초빙해서 시험한 후에 추천하는 '벽소'와 같은 옛 제도를 되살리는 방법으로 과거제를 보완하자고 주장했다.

이러한 개혁론은 갑작스럽게 등장한 것이 아니었다. 과거제를 시행했던 국가들에서는 수백 년에 걸쳐 과거제를 개선하라는 압력이 있었다. 시험 방식이 가져오는 부작용들은 과거제의 중요한 문제였다. 치열한 경쟁은 학문에 대한 깊이 있는 학습이 아니라 합격만을 목적으로 하는 형식적 학습을 하게 만들었고, 많은 인재들이 수험 생활에 장기간 매달리면서 재능을 낭비하는 현상도 낳았다. 또한 학습 능력 이외의 인성이나 실무 능력을 평가할 수 없다는 이유로 시험의 익명성에 대한 회의도 있었다.

과거제의 부작용에 대한 인식은 과거제를 통해 임용된 관리들의 활동에 대한 비판적 시각으로 연결되었다. 능력주의적 태도는 시험뿐 아니라 관리의 업무에 대한 평가에도 적용되었다. 세습적이지 않으면서 몇 년의 임기마다 다른 지역으로 이동하는 관리들은 승진을 위해서 빨리 성과를 낼 필요가 있었기에, 지역 사회를 위해 장기적인 전망을 가지고 정책을 추진하기보다 가시적이고 단기적인 결과만을 중시하는 부작용을 가져왔다. 개인적 동기가 공공성과 상충되는 현상이 나타났던 것이다. 공동체 의식의 약화 역시 과거제의 부정적 결과로 인식되었다. 과거제 출신의 관리들이 공동체에 대한 소속감이 낮고 출세 지향적이기 때문에 세습엘리트나 지역에서 천거된 관리에 비해 공동체에 대한 충성심이 약했던 것이다.

① 과거제 출신의 관리들은 공동체에 대한 소속감이 낮고 출세 지향적이었다.
② 과거제를 통해 임용된 관리들은 지역 사회를 위해 장기적인 전망을 가지고 정책을 추진하였다.
③ '벽소'는 과거제를 없애고자 등장한 새로운 제도이다.
④ 과거제는 학습 능력 이외의 인성이나 실무 능력까지 정확하게 평가할 수 있는 제도였다.
⑤ 고염무는 관료제의 상층에는 세습제를 실시하고, 지방관에게는 능력주의적 제도를 실시하자는 방안을 제안했다.

**04**

우리는 '재활용'이라고 하면 생활 속에서 자주 접하는 종이, 플라스틱, 유리 등을 다시 활용하는 것만을 생각한다. 하지만 에너지도 재활용이 가능하다고 한다.

에너지는 우리가 인지하지 못하는 일상생활 속 움직임을 통해 매 순간 만들어지고 사라진다. 문제는 이렇게 생산되고 사라지는 에너지의 양이 적지 않다는 것이다. 이처럼 버려지는 에너지를 수집해 우리가 사용할 수 있도록 하는 기술이 에너지 하베스팅이다.

에너지 하베스팅은 열, 빛, 운동, 바람, 진동, 전자기 등 주변에서 버려지는 에너지를 모아 전기를 얻는 기술을 의미한다. 이처럼 우리 주위 자연에 존재하는 청정에너지를 반영구적으로 사용하기 때문에 공급의 안정성, 보안성 및 지속 가능성이 높고, 이산화탄소를 배출하는 화석연료를 사용하지 않기 때문에 환경공해를 줄일 수 있어 친환경 에너지 활용 기술로도 각광받고 있다.

이처럼 에너지원의 종류가 많은 만큼, 에너지 하베스팅의 유형도 매우 다양하다. 체온, 정전기 등 신체의 움직임을 이용하는 신체 에너지 하베스팅, 태양광을 이용하는 광 에너지 하베스팅, 진동이나 압력을 가해 이용하는 진동 에너지 하베스팅, 산업 현장에서 발생하는 수많은 폐열을 이용하는 열에너지 하베스팅, 방송전파나 휴대전화 전파 등의 전자파 에너지를 이용하는 전자파 에너지 하베스팅 등이 폭넓게 개발되고 있다.

영국의 어느 에너지기업은 사람의 운동 에너지를 전기 에너지로 바꾸는 기술을 개발했다. 사람이 많이 다니는 인도 위에 버튼식 패드를 설치하여 사람이 밟을 때마다 전기가 생산되도록 하는 것이다. 이 장치는 2012년 런던올림픽에서 테스트를 한 이후 영국의 12개 학교 및 미국 뉴욕의 일부 학교에서 설치하여 활용 중이다.

이처럼 전 세계적으로 화석 연료에서 신재생 에너지로 전환하려는 노력이 계속되고 있는 만큼, 에너지 전환 기술인 에너지 하베스팅에 대한 관심은 계속될 것이며 다양한 분야에 적용될 것으로 예상되고 있다.

① 재활용은 유체물만 가능하다.
② 에너지 하베스팅은 버려진 에너지를 또 다른 에너지로 만드는 것이다.
③ 에너지 하베스팅을 통해 열, 빛, 전기 등 여러 에너지를 얻을 수 있다.
④ 태양광과 폐열은 같은 에너지원에 속한다.
⑤ 사람의 운동 에너지를 전기 에너지로 바꾸는 기술은 사람의 체온을 이용한 신체 에너지 하베스팅 기술이다.

# 02 | 글의 주제 · 제목

## | 유형분석 |

- 주어진 지문을 파악하여 전달하고자 하는 핵심 주제를 고르는 문제이다.
- 정보를 종합하고 중요한 내용을 구별하는 능력이 필요하다.
- 설명문부터 주장, 반박문까지 다양한 성격의 지문이 제시되므로 글의 성격별 특징을 알아두는 것이 좋다.

**다음 글의 주제로 가장 적절한 것은?**

> 표준화된 언어는 의사소통을 효과적으로 하기 위하여 의도적으로 선택해야 할 공용어로서의 가치가 있다. 반면에 방언은 지역이나 계층의 언어와 문화를 보존하고 드러냄으로써 국가 전체의 언어와 문화를 다양하게 발전시키는 토대로서의 가치가 있다. 이러한 의미에서 표준화된 언어와 방언은 상호 보완적인 관계에 있다. 표준화된 언어가 있기에 정확한 의사소통이 가능하며, 방언이 있기에 개인의 언어생활에서나 언어 예술 활동에서 자유롭고 창의적인 표현이 가능하다. 결국 우리는 표준화된 언어와 방언 둘 다의 가치를 인정해야 하며, 발화(發話) 상황(狀況)을 잘 고려해서 표준화된 언어와 방언을 잘 가려서 사용할 줄 아는 능력을 길러야 한다.

① 창의적인 예술 활동에서는 방언의 기능이 중요하다.
② 표준화된 언어와 방언에는 각각 독자적인 가치와 역할이 있다.
③ 정확한 의사소통을 위해서는 표준화된 언어가 꼭 필요하다.
④ 표준화된 언어와 방언을 구분할 줄 아는 능력을 길러야 한다.
⑤ 표준화된 언어는 방언보다 효용가치가 있다.

**정답** ②

마지막 문장의 '표준화된 언어와 방언 둘 다의 가치를 인정'하고, '잘 가려서 사용할 줄 아는 능력을 길러야 한다.'는 내용을 바탕으로 ②와 같은 주제를 이끌어낼 수 있다.

### 풀이 전략!

'결국', '즉', '그런데', '그러나', '그러므로' 등의 접속어 뒤에 주제가 드러나는 경우가 많다는 것에 주의하면서 지문을 읽는다.

**01  다음 글의 제목으로 가장 적절한 것은?**

맥주의 주원료는 양조용수·보리·홉 등이다. 맥주를 양조하기 위해서는 일반적으로 맥주 생산량의 10 ~ 20배 정도 되는 물이 필요하며, 이것을 양조용수라고 한다. 양조용수는 맥주의 종류와 품질을 좌우하며, 무색·무취·투명해야 한다. 또한, 보리를 싹틔워 맥아로 만든 것을 사용하여 맥주를 제조하는데, 맥주용 보리로는 곡립이 고르고 녹말질이 많으며 단백질이 적은 것, 그리고 곡피(穀皮)가 얇으며 발아력이 왕성한 것이 좋다. 홉은 맥주 특유의 쌉쌀한 향과 쓴맛을 만들어 내는 주요 첨가물이며, 맥주를 맑게 하고 잡균의 번식을 막아주는 역할을 한다.

맥주의 제조공정을 살펴보면 맥아제조, 담금, 발효, 저장, 여과의 다섯 단계로 나눌 수 있다. 이 중 발효공정은 맥즙이 발효되어 술이 되는 과정을 말하는데, 효모가 발효탱크 속에서 맥즙에 있는 당분을 알코올과 탄산가스로 분해한다. 이 공정은 1주일간 이어지며, 그동안 맥즙 안에 있던 당분은 점점 줄어들고 알코올과 탄산가스가 늘어나 맥주가 되는 것이다. 이때 발효 중 맥즙의 온도 상승을 막기 위해 탱크를 냉각 코일로 감고 그 표면을 하얀 폴리우레탄으로 단열시키는데, 그 모습이 마치 남극의 이글루처럼 보이기도 한다.

맥주는 발효의 방법에 따라 하면발효 맥주와 상면발효 맥주로 구분되는데, 이는 어떤 온도에서 발효시키느냐에 달려있다. 세계 맥주 생산량의 70%를 차지하는 하면발효 맥주는 발효 중 밑으로 가라앉는 효모를 사용해 저온에서 발효시킨 맥주를 말한다. 요즘 유행하는 드래프트 비어가 바로 여기에 속한다. 반면, 상면발효 맥주는 주로 영국, 미국, 캐나다, 벨기에 등에서 생산되며 발효 중 표면에 떠오르는 효모로 비교적 높은 온도에서 발효시킨 맥주를 말한다. 에일, 스타우트 등이 상면발효 맥주에 포함된다.

① 홉과 발효 방법의 종류에 따른 맥주 구분법
② 주원료에 따른 맥주의 발효 방법 분류
③ 맥주의 주원료와 발효 방법에 따른 맥주의 종류
④ 맥주의 제조공정
⑤ 맥주의 발효 과정

**02** 다음 글에서 필자가 주장하는 핵심 내용으로 가장 적절한 것은?

> 현대 사회는 대중 매체의 영향을 많이 받는 사회이며, 그중에서도 텔레비전의 영향은 거의 절대적입니다. 언어 또한 텔레비전의 영향을 많이 받습니다. 그런데 텔레비전의 언어는 우리의 언어 습관을 부정적인 방향으로 흐르게 하고 있습니다.
>
> 텔레비전은 시청자들의 깊이 있는 사고보다는 감각적 자극에 호소하는 전달 방식을 사용하고 있습니다. 또한, 현대 자본주의 사회에서의 텔레비전 방송은 상업주의에 편승하여 대중을 붙잡기 위한 방편으로 쾌락과 흥미 위주의 언어를 무분별하게 사용합니다. 결국 텔레비전은 대중의 이성적 사고 과정을 마비시켜 오염된 언어 습관을 무비판적으로 수용하게 합니다. 그렇기 때문에 언어 사용을 통해 발전시킬 수 있는 상상적 사고를 기대하기 어렵게 하며, 창조적인 언어 습관보다는 단편적인 언어 습관을 갖게 만듭니다.
>
> 따라서 좋은 말 습관의 형성을 위해서는 또 다른 문화 매체가 필요합니다. 이러한 문제의 대안으로 문학 작품의 독서를 제시하려고 합니다. 문학은 작가적 현실을 언어를 매개로 형상화한 예술입니다. 작가적 현실을 작품으로 형상화하기 위해서는 작가의 복잡한 사고 과정을 거치듯이, 작품을 바르게 이해·해석·평가하기 위해서는 독자의 상상적 사고를 거치게 됩니다. 또한, 문학은 아름다움을 지향하는 언어 예술로서 정제된 언어를 사용하므로 문학 작품의 감상을 통해 습득된 언어 습관은 아름답고 건전하리라 믿습니다.

① 쾌락과 흥미 위주의 언어 습관을 지양하고 사고 능력을 기를 수 있는 언어 습관을 길러야 한다.

② 사고 능력을 기르고 건전한 언어 습관을 길들이기 위해서 문학 작품의 독서가 필요하다.

③ 바른 언어 습관의 형성과 건전하고 창의적인 사고를 위해 텔레비전을 멀리 해야 한다.

④ 언어는 자신의 사상을 표현하는 매체일 뿐만 아니라 그것을 사용하는 사람의 인격을 가늠하는 척도이므로 바른 언어 습관이 중요하다.

⑤ 대중 매체가 개인의 언어 습관과 사고 과정에 미치는 영향이 절대적이므로 대중 매체에서 문학작품을 다뤄야 한다.

**03** 다음 글의 주제로 가장 적절한 것은?

최근에 사이버공동체를 중심으로 한 시민의 자발적 정치 참여 현상이 많은 관심을 끌고 있다. 이러한 현상과 관련하여 A의 연구가 새삼 주목받고 있다. A의 연구에 따르면 공동체의 구성원이 됨으로써 얻게 되는 '사회적 자본'이 시민사회의 성숙과 민주주의 발전을 가져오는 원동력이다. A의 이론에서는 공동체에 대한 자발적 참여를 통해 사회 구성원 간의 상호 의무감과 신뢰, 구성원들이 공유하는 규칙과 관행, 사회적 유대 관계와 같은 사회적 자본이 늘어나면 사회 구성원 간의 협조적인 행위가 가능하게 된다고 보았다. 더 나아가 A는 자원봉사자와 같이 공동체 참여도가 높은 사람이 투표할 가능성이 높고 정부 정책에 대한 의견 개진도 활발해지는 등 정치 참여도가 높아진다고 주장하였다.

몇몇 학자들은 A의 이론을 적용하여 면대면 접촉에 따른 인간관계의 산물인 사회적 자본이 사이버공동체에서도 충분히 형성될 수 있다고 보았다. 그리고 사이버공동체에서 사회적 자본의 증가가 정치 참여도 활성화시킬 것으로 기대했다. 하지만 이러한 기대와는 달리 정치 참여는 활성화되지 않았다. 요즘 젊은이들을 보면 각종 사이버공동체에 자발적으로 참여하는 수준은 높지만, 투표나 다른 정치 활동에는 무관심하거나 심지어 정치를 혐오하기도 한다. 이런 측면에서 A의 주장은 사이버공동체가 활성화된 오늘날에는 잘 맞지 않는다.

이러한 이유 때문에 오늘날 사이버공동체를 중심으로 한 정치 참여를 더 잘 이해하기 위해서 '정치적 자본' 개념의 도입이 필요하다. 정치적 자본은 사회적 자본의 구성 요소와는 달리 정치 정보의 습득과 이용, 정치적 토론과 대화, 정치적 효능감 등으로 구성된다. 정치적 자본은 사회적 자본과 마찬가지로 공동체 참여를 통해서 획득되지만, 정치 과정에의 관여를 촉진한다는 점에서 사회적 자본과는 구분될 필요가 있다. 사회적 자본만으로는 정치 참여를 기대하기 어렵고, 사회적 자본과 정치 참여 사이를 정치적 자본이 매개할 때 비로소 정치 참여가 활성화된다.

① 사이버공동체를 통해 축적된 사회적 자본에 정치적 자본이 더해질 때 정치 참여가 활성화된다.
② 사회적 자본은 정치적 자본을 포함하기 때문에 그 자체로 정치 참여의 활성화를 가져온다.
③ 사회적 자본이 많은 사회는 정치 참여가 활발하기 때문에 민주주의가 실현된다.
④ 사이버공동체의 특수성으로 인해 시민들의 정치 참여가 어렵게 되었다.
⑤ 사이버공동체에의 자발적 참여 증가는 정치 참여를 활성화시킨다.

# 03 | 문단 나열

## | 유형분석 |

- 각 문단의 내용을 파악하고 논리적 순서에 맞게 배열하는 복합적인 문제이다.
- 전체적인 글의 흐름을 이해하는 것이 중요하며, 각 문장의 지시어나 접속어에 주의한다.

**다음 문단을 논리적 순서대로 바르게 나열한 것은?**

(가) 상품의 가격은 기본적으로 수요와 공급의 힘으로 결정된다. 시장에 참여하고 있는 경제 주체들은 자신이 가진 정보를 기초로 하여 수요와 공급을 결정한다.

(나) 이런 경우에는 상품의 가격이 우리의 상식으로는 도저히 이해하기 힘든 수준까지 일시적으로 뛰어오르는 현상이 나타날 가능성이 있다. 이런 현상은 특히 투기의 대상이 되는 자산의 경우 자주 나타나는데, 우리는 이를 '거품 현상'이라고 부른다.

(다) 그러나 현실에서는 사람들이 서로 다른 정보를 갖고 시장에 참여하는 경우가 많다. 어떤 사람은 특정한 정보를 갖고 있는데 거래 상대방은 그 정보를 갖고 있지 못한 경우도 있다.

(라) 일반적으로 거품 현상이란 것은 어떤 상품, 자산의 가격이 지속해서 급격히 상승하는 현상을 가리킨다. 이와 같은 지속적인 가격 상승이 일어나는 이유는 애초에 발생한 가격 상승이 추가적인 가격 상승의 기대로 이어져 투기 바람이 형성되기 때문이다.

(마) 이들이 똑같은 정보를 함께 갖고 있으며 이 정보가 아주 틀린 것이 아닌 한, 상품의 가격은 어떤 기본적인 수준에서 크게 벗어나지 않을 것이라고 예상할 수 있다.

① (가) - (다) - (나) - (라) - (마)
② (가) - (마) - (다) - (나) - (라)
③ (라) - (가) - (다) - (나) - (마)
④ (라) - (다) - (가) - (나) - (마)
⑤ (마) - (가) - (다) - (라) - (나)

**정답** ②

제시문은 가격을 결정하는 요인과 이를 통해 일반적으로 할 수 있는 예상을 언급하고, 현실적인 여러 요인으로 인해 '거품 현상'이 나타나기도 하며 '거품 현상'이란 구체적으로 무엇인지를 설명하는 글이다. 따라서 (가) 수요와 공급에 의해 결정되는 가격 → (마) 상품의 가격에 대한 일반적인 예상 → (다) 현실적인 가격 결정 요인 → (나) 이로 인해 예상치 못하게 나타나는 '거품 현상' → (라) '거품 현상'에 대한 구체적인 설명의 순서로 나열해야 한다.

**풀이 전략!**

상대적으로 시간이 부족하다고 느낄 때는 선택지를 참고하여 문장의 순서를 생각해 본다.

※ 다음 문단을 논리적 순서대로 바르게 나열한 것을 고르시오. [1~2]

**01**

(가) 친환경 농업은 최소한의 농약과 화학비료만을 사용하거나 전혀 사용하지 않은 농산물을 일컫는다. 친환경 농산물이 각광받는 이유는 우리가 먹고 마시는 것들이 우리네 건강과 직결되기 때문이다.

(나) 사실상 병충해를 막고 수확량을 늘리는 데 있어, 농약은 전 세계에 걸쳐 관행적으로 사용됐다. 깨끗이 씻어도 쌀에 남아있는 잔류농약을 완전히 제거하기는 어렵다. 잔류농약은 아토피와 각종 알레르기를 유발한다. 또한 출산율을 저하하고 유전자 변이의 원인이 되기도 한다. 특히 제초제 성분이 체내에 들어올 경우, 면역체계에 치명적인 손상을 일으킨다.

(다) 미국 환경보호청은 제초제 성분의 60%를 발암물질로 규정했다. 결국 더 많은 농산물을 재배하기 위한 농약과 제초제 사용이 오히려 인체에 치명적인 피해를 줄지 모를 '잠재적 위험요인'으로 자리매김한 셈이다.

① (가) - (나) - (다)  　　　　② (가) - (다) - (나)
③ (나) - (다) - (가)  　　　　④ (다) - (가) - (나)
⑤ (다) - (나) - (가)

**02**

(가) 환경부 국장은 "급식인원이 하루 50만 명에 이르는 K놀이공원이 음식문화 개선에 앞장서는 것은 큰 의미가 있다."라면서 "이번 협약을 계기로 대기업 중심의 범국민적인 음식문화 개선 운동이 빠르게 확산될 것으로 기대한다."라고 말했다.

(나) K놀이공원은 하루 평균 15,000여 톤에 이르는 과도한 음식물쓰레기 발생으로 연간 20조 원의 경제적인 낭비가 초래되고 있는 심각성을 인지하고, 환경부와 상호협력하여 음식물쓰레기를 줄이기 위한 방안을 적극 추진하기로 했다.

(다) 이날 체결한 협약에 따라 K놀이공원에서 운영하는 전국 500여 곳의 단체급식 사업장과 외식 사업장에서는 구매, 조리, 배식 등 단계별로 음식물쓰레기 줄이기 활동을 전개하고, 사업장별 특성에 맞는 감량 활동 및 다양한 홍보 캠페인 실시하며, 인센티브 제공을 통해 이용 고객들의 적극적인 참여를 유도할 계획이다.

(라) 이에 환경부 국장과 K놀이공원 사업부장은 지난 26일, 환경부, 환경연구소 및 K놀이공원 관계자 등이 참석한 가운데 음식문화 개선대책에 관한 자발적 협약을 체결하였다.

① (나) - (라) - (가) - (다)  　　② (나) - (라) - (다) - (가)
③ (라) - (나) - (다) - (가)  　　④ (라) - (다) - (가) - (나)
⑤ (라) - (다) - (나) - (가)

# 04 | 내용 추론

## | 유형분석 |

- 주어진 지문을 바탕으로 도출할 수 있는 내용을 찾는 문제이다.
- 선택지의 내용을 정확하게 확인하고 지문의 정보와 비교하여 추론하는 능력이 필요하다.

### 다음 글을 통해 추론할 수 없는 것은?

제약 연구원이란 제약 회사에서 약을 만드는 과정에 참여하는 사람을 말한다. 제약 연구원은 이러한 모든 단계에 참여하지만, 특히 신약 개발 단계와 임상 시험 단계에서 가장 중점적인 역할을 한다. 일반적으로 약을 만드는 과정은 새로운 약품을 개발하는 신약 개발 단계, 임상 시험을 통해 개발된 신약의 약효를 확인하는 임상 시험 단계, 식약처에 신약이 판매될 수 있도록 허가를 요청하는 약품 허가 요청 단계, 마지막으로 의료진과 환자를 대상으로 신약에 대해 홍보하는 영업 및 마케팅의 단계로 나눈다.

제약 연구원이 되기 위해서는 일반적으로 약학을 전공해야 한다고 생각하기 쉽지만, 약학 전공자 이외에도 생명 공학, 화학 공학, 유전 공학 전공자들이 제약 연구원으로 활발하게 참여하고 있다. 만일 신약 개발의 전문가가 되고 싶다면 해당 분야에서 오랫동안 연구한 경험이 필요하기 때문에 대학원에서 석사나 박사 학위를 취득하는 것이 유리하다.

제약 연구원이 되기 위해서는 전문적인 지식도 중요하지만, 사람의 생명과 관련된 일인 만큼, 무엇보다도 꼼꼼함과 신중함, 책임 의식이 필요하다. 또한 제약 회사라는 공동체 안에서 일을 하는 것이므로 원만한 일의 진행을 위해서 의사소통 능력도 필수적으로 요구된다. 오늘날 제약 분야가 빠르게 성장하고 있다는 점을 고려할 때, 일에 대한 도전 의식, 호기심과 탐구심 등도 제약 연구원에게 필요한 능력으로 꼽을 수 있다.

① 제약 연구원은 약품 허가 요청 단계에 참여한다.
② 오늘날 제약 연구원에게 요구되는 능력이 많아졌다.
③ 생명이나 유전 공학 전공자도 제약 연구원으로 일할 수 있다.
④ 신약 개발 전문가가 되려면 반드시 석사나 박사를 취득해야 한다.

**정답** ④

제시문에 따르면 신약 개발의 전문가가 되기 위해서는 해당 분야에서 오랫동안 연구한 경험이 필요하므로 석사나 박사 학위를 취득하는 것이 유리하다고 하였다. 그러나 석사나 박사 학위가 신약 개발 전문가가 되는 데 도움을 준다는 것일 뿐이므로 반드시 필요한 필수 조건인지는 알 수 없다. 따라서 ④는 제시문을 통해 추론할 수 없다.

**풀이 전략!**

주어진 지문이 어떠한 내용을 다루고 있는지 파악한 후 선택지의 키워드를 확실하게 체크하고, 지문의 정보에서 도출할 수 있는 내용을 찾는다.

**01** 다음 글의 필자가 가장 중요하게 생각하는 것은?

사람은 타고난 용모가 추한 것을 바꾸어 곱게 할 수도 없고, 또 타고난 힘이 약한 것을 바꾸어 강하게 할 수도 없으며, 키가 작은 것을 바꾸어 크게 할 수도 없다. 왜 그런 것일까? 그 이유는 사람은 저마다 이미 정해진 분수가 있어서 그것을 고치지 못하기 때문이다.

그러나 오직 한 가지 변할 수 있는 것이 있으니, 그것은 마음과 뜻이다. 마음과 뜻은 어리석은 것을 바꾸어 지혜롭게 할 수가 있고, 모진 것을 바꾸어 어질게 만들 수도 있다. 그것은 무슨 이유인가? 사람의 마음이란 비어 있고 차 있고 한 것이 본래 타고난 것에 구애되지 않기 때문이다. 그렇다. 사람에게 지혜로운 것보다 더 아름다운 것은 없다. 어진 것보다 더 귀한 것이 없다. 그런데 어째서 나는 어질고 지혜로운 사람이 되지 못하고 하늘에서 타고난 본성을 깎아 낸단 말인가? 사람마다 이런 뜻을 마음속에 두고 이것을 견고하게 가져서 조금도 물러서지 않는다면 누구나 거의 올바른 사람의 지경에 들어갈 수가 있다.

그러나 사람들은 혼자서 자칭 내가 뜻을 세웠노라고 하면서도, 이것을 가지고 애써 앞으로 나아가려 하지 않고, 그대로 우두커니 서서 어떤 효력이 나타나기만을 기다린다. 명목으로는 뜻을 세웠노라고 말하지만, 그 실상은 학문을 하려는 정성이 없기 때문이다. 그렇지 않고 만일 내 뜻의 정성이 정말로 학문에 있다고 하면 어진 사람이 될 것은 정한 이치이고, 또 내가 하고자 하는 올바른 일을 행하면 그 효력이 나타날 것인데, 왜 이것을 남에게서 구하고 다음에 하자고 기다린단 말인가?

① 자연의 순리대로 살아가는 일
② 천하의 영재를 얻어 교육하는 일
③ 뜻을 세우고 그것을 실천하는 일
④ 세상과 적절히 타협하며 살아가는 일
⑤ 다른 사람들에게 선행을 널리 베푸는 일

**02** 다음 글을 읽고 보인 반응으로 가장 적절한 것은?

> 캔 음료의 대부분은 원기둥 모양과 함께 밑바닥이 오목한 아치 형태를 이루고 있다는 것을 우리는 잘 알고 있다. 삼각기둥도 있고, 사각기둥도 있는데 왜 굳이 원기둥 모양에 밑면이 오목한 아치 형태를 고집하는 것일까? 그 이유는 수학과 과학으로 설명할 수 있다.
> 먼저 삼각형, 사각형, 원이 있을 때 각각의 둘레의 길이가 같다면 어느 도형의 넓이가 가장 넓을까? 바로 원의 넓이다. 즉, 같은 높이의 삼각기둥, 사각기둥, 원기둥이 있다면 이 중 원기둥의 부피가 가장 크다는 것이다. 이것은 원기둥이 음료를 많이 담을 수 있으면서도, 캔을 만들 때 사용되는 재료인 알루미늄은 가장 적게 사용된다는 것이고, 이는 생산 비용을 절감시키는 효과로 이어진다.
> 다음으로 캔의 밑바닥을 살펴보면, 같은 원기둥 모양의 캔이라도 음료 캔과 달리 참치 통조림의 경우는 밑면이 평평하다. 이 두 캔의 밑면이 다른 이유는 내용물에 '기체가 포함되느냐, 아니냐?'와 관련이 있다. 탄산음료의 경우, 이산화탄소가 팽창하면 캔 내부의 압력이 커져 폭발할 우려가 있는데, 이것을 막기 위해 캔의 밑바닥을 아치형으로 만드는 것이다. 밑바닥이 안쪽으로 오목하게 들어가면 캔의 내용물이 팽창하여 위에서 누르는 힘을 보다 효과적으로 견딜 수 있기 때문이다.

① 교량을 평평하게 만들면 차량의 하중을 보다 잘 견딜 수 있을 거야.
② 집에서 사용하는 살충제 캔의 바닥이 오목하게 들어간 것은 과학적인 이유가 있었던 거야.
③ 원기둥 모양의 음료 캔은 과학적으로 제작해서 경제성과는 관련이 없구나.
④ 우리의 갈비뼈는 체내의 압력을 견디기 위해서 활처럼 둥글게 생겼구나.
⑤ 삼각기둥 모양의 캔을 만들면 생산 비용은 원기둥보다 낮아지겠구나.

**03** 다음 중 (가)와 (나)의 예시로 적절하지 않은 것은?

> 사회적 관계에 있어서 상호주의란 '행위자 갑이 을에게 베푼 바와 같이 을도 갑에게 똑같이 행하라.'라는 행위 준칙을 의미한다. 상호주의의 원형은 '눈에는 눈, 이에는 이'로 표현되는 탈리오의 법칙에서 발견된다. 그것은 일견 피해자의 손실에 상응하는 가해자의 처벌을 정당화한다는 점에서 가혹하고 엄격한 성격을 드러낸다. 만약 상대방의 밥그릇을 빼앗았다면 자신의 밥그릇도 미련 없이 내주어야 하는 것이다. 그러나 탈리오 법칙은 온건하고도 합리적인 속성을 동시에 함축하고 있다. 왜냐하면 누가 자신의 밥그릇을 발로 찼을 경우 보복의 대상은 밥그릇으로 제한되어야지 밥상 전체를 뒤엎는 것으로 확대될 수 없기 때문이다. 이러한 일대일 방식의 상호주의를 (가) 대칭적 상호주의라 부른다. 하지만 엄밀한 의미의 대칭적 상호주의는 우리의 실제 일상생활에서 별로 흔하지 않다. 오히려 '되로 주고 말로 받거나, 말로 주고 되로 받는' 교환 관계가 더 일반적이다. 이를 대칭적 상호주의와 대비하여 (나) 비대칭적 상호주의라 일컫는다.
>
> 그렇다면 교환되는 내용이 양과 질의 측면에서 정확한 대등성을 결여하고 있음에도 불구하고, 교환에 참여하는 당사자들 사이에 비대칭적 상호주의가 성행하는 이유는 무엇인가? 그것은 셈에 밝은 이른바 '경제적 인간(Homo Economicus)'들에게 있어서 선호나 기호 및 자원이 다양하기 때문이다. 말하자면 교환에 임하는 행위자들이 각인각색인 까닭에 비대칭적 상호주의가 현실적으로 통용될 수밖에 없으며, 어떤 의미에서는 그것만이 그들에게 상호 이익을 보장할 수 있는 것이다.

① (가) : A국과 B국 군대는 접경지역에서 포로를 5명씩 맞교환했다.
② (가) : 오늘 우리 아이를 옆집에서 맡아주는 대신 다음에 옆집 아이를 하루 맡아주기로 했다.
③ (가) : 동생이 내 발을 밟아서 볼을 꼬집어 주었다.
④ (나) : 필기노트를 빌려준 친구에게 고맙다고 밥을 샀다.
⑤ (나) : 옆집 사람이 우리 집 대문을 막고 차를 세웠기 때문에 타이어에 펑크를 냈다.

# 05 | 빈칸 삽입

## | 유형분석 |

- 주어진 지문을 바탕으로 빈칸에 들어갈 내용을 찾는 문제이다.
- 선택지의 내용을 정확하게 확인하고 빈칸 앞뒤 문맥을 파악하는 능력이 필요하다.

**다음 글의 빈칸에 들어갈 내용으로 가장 적절한 것은?**

미세먼지와 황사는 여러모로 비슷하면서도 뚜렷한 차이점을 지니고 있다. 삼국사기에도 기록되어 있는 황사는 중국 내륙 내몽골 사막에 강풍이 불면서 날아오는 모래와 흙먼지를 일컫는데, 장단점이 존재했던 과거와 달리 중국 공업지대를 지난 황사에 미세먼지와 중금속 물질이 더해지며 심각한 환경문제로 대두되었다. 이와 달리 미세먼지는 일반적으로는 대기오염물질이 공기 중에 반응하여 형성된 황산염이나 질산염 등 이온 성분, 석탄·석유 등에서 발생한 탄소화합물과 검댕, 흙먼지 등 금속화합물의 유해성분으로 구성된다.

미세먼지의 경우 통념적으로는 먼지를 미세먼지와 초미세먼지로 구분하고 있지만, 대기환경과 환경 보전을 목적으로 하는 환경정책기본법에서는 미세먼지를 PM(Particulate Matter)이라는 단위로 구분한다. 즉, 미세먼지($PM_{10}$)의 경우 입자의 크기가 $10\mu m$ 이하인 먼지이고, 미세먼지($PM_{2.5}$)는 입자의 크기가 $2.5\mu m$ 이하인 먼지로 정의하고 있다. 이에 비해 황사는 통념적으로는 입자 크기로 구분하지 않으나 주로 지름 $20\mu m$ 이하의 모래로 구분하고 있다. 때문에 _____

① 황사 문제를 해결하기 위해서는 근본적으로 황사의 발생 자체를 억제할 필요가 있다.
② 황사와 미세먼지의 차이를 입자의 크기만으로 구분 짓긴 어렵다.
③ 미세먼지의 역할 또한 분명히 존재함을 기억해야 할 것이다.
④ 황사와 미세먼지의 근본적인 구별법은 그 역할에서 찾아야 할 것이다.
⑤ 초미세먼지를 차단할 수 있는 마스크라 해도 황사와 초미세먼지를 동시에 차단하긴 어렵다.

**정답** ②

미세먼지의 경우 최소 $10\mu m$ 이하의 먼지로 정의되고 있지만, 황사의 경우 주로 지름 $20\mu m$ 이하의 모래로 구분하되 통념적으로는 입자 크기로 구분하지 않는다. 따라서 $10\mu m$ 이하의 황사의 입자의 크기만으로 미세먼지와 구분 짓기는 어렵다.

**오답분석**

①·⑤ 제시문을 통해서 알 수 없는 내용이다.
③ 미세먼지의 역할에 대한 설명을 찾을 수 없다.
④ 제시문에서 설명하는 황사와 미세먼지의 근본적인 구별법은 구성성분의 차이다.

**풀이 전략!**

빈칸 앞뒤의 문맥을 파악한 후 선택지에서 가장 어울리는 내용을 찾는다. 빈칸 앞에 접속사가 있다면 이를 활용한다.

**01** 다음 글의 빈칸에 들어갈 접속사를 순서대로 바르게 나열한 것은?

> 각 시대에는 그 시대의 특징을 나타내는 문학이 있다고 한다. 우리나라도 무릇 사천 살이 넘는 생활
> 의 역사를 가진 만큼 그 발전 시기마다 각각 특색을 가진 문학이 없을 수 없고, 문학이 있었다면
> 그 중추가 되는 것은 아무래도 시가문학이라고 볼 수밖에 없다. _____ 대개 어느 민족을 막론
> 하고 인간 사회가 성립하는 동시에 벌써 각자의 감정과 의사를 표시하려는 욕망이 생겼을 것이며,
> 삼라만상의 대자연은 자연 그 자체가 율동적이고 음악적이라고 할 수 있기 때문이다. 다시 말하면
> 인간이 생활하는 곳에는 자연적으로 시가가 발생하였다고 할 수 있다. _____ 사람의 지혜가
> 트이고 비교적 언어의 사용이 능란해짐에 따라 종합 예술체의 한 부분으로 있었던 서정문학적 요소
> 가 분화·독립되어 제요나 노동요 따위의 시가의 원형을 이루고 다시 이 집단적 가요는 개인적 서정
> 시로 발전하여 갔으리라 추측된다. _____ 다른 나라도 마찬가지이겠지만, 우리 문학사상에서
> 시가의 지위는 상당히 중요한 몫을 지니고 있다.

① 왜냐하면 – 그리고 – 그러므로

② 그리고 – 왜냐하면 – 그러므로

③ 그러므로 – 그리고 – 왜냐하면

④ 왜냐하면 – 그러나 – 그럼에도 불구하고

⑤ 그러므로 – 그래서 – 그러나

**02**  다음 글의 빈칸에 들어갈 문장을 〈보기〉에서 찾아 순서대로 바르게 나열한 것은?

요즘에는 낯선 곳을 찾아갈 때 지도를 해석하며 어렵게 길을 찾지 않아도 된다. 이는 기술력의 발달에 따라 제공되는 공간 정보를 바탕으로 최적의 경로를 탐색할 수 있게 되었기 때문이다. _____ 이처럼 공간 정보가 시간에 따른 변화를 반영할 수 있게 된 것은 정보를 수집하고 분석하는 정보 통신 기술의 발전과 밀접한 관련이 있다.

공간 정보의 활용은 '위치정보시스템(GPS)'과 '지리정보시스템(GIS)' 등의 기술적 발전과 휴대전화나 태블릿 PC 등 정보 통신 기기의 보급을 기반으로 한다. 위치정보시스템은 공간에 대한 정보를 수집하고, 지리정보시스템은 정보를 저장, 분류, 분석한다. 이렇게 분석된 정보는 사용자의 요구에 따라 휴대전화나 태블릿 PC 등을 통해 최적화되어 전달된다.

길 찾기를 예로 들어 이 과정을 살펴보자. 휴대전화 애플리케이션을 이용해 사용자가 가려는 목적지를 입력하고 이동 수단으로 버스를 선택하였다면, 우선 사용자의 현재 위치가 위치정보시스템에 의해 실시간으로 수집된다. 그리고 목적지와 이동 수단 등 사용자의 요구와 실시간으로 수집된 정보에 따라 지리정보시스템은 탑승할 버스 정류장의 위치, 다양한 버스 노선, 최단 시간 등을 분석하여 제공한다. _____

_____ 예를 들어 여행지와 관련한 공간 정보는 여행자의 요구와 선호에 따라 선별적으로 분석되어 활용된다. 나아가 유동 인구를 고려한 상권 분석과 교통의 흐름을 고려한 도시 계획 수립에도 공간 정보 활용이 가능하게 되었다. 획기적으로 발전되고 있는 첨단 기술이 적용된 공간 정보가 국가 차원의 자연재해 예측 시스템에도 활발히 활용된다면 한층 정밀한 재해 예방 및 대비가 가능해질 것이다. 이로 인해 우리의 삶도 더 편리하고 안전해질 것으로 기대된다.

> **보기**
>
> ㉠ 어떤 곳의 위치 좌표나 지리적 형상에 대한 정보뿐만 아니라 시간에 따른 공간의 변화를 포함한 공간 정보를 이용할 수 있게 되면서 가능해진 것이다.
> ㉡ 더 나아가 교통 정체와 같은 돌발 상황과 목적지에 이르는 경로의 주변 정보까지 분석하여 제공한다.
> ㉢ 공간 정보의 활용 범위는 계속 확대되고 있다.

① ㉠, ㉡, ㉢                    ② ㉠, ㉢, ㉡
③ ㉡, ㉠, ㉢                    ④ ㉡, ㉢, ㉠
⑤ ㉢, ㉠, ㉡

탁월함은 어떻게 습득되는가, 그것을 가르칠 수 있는가? 이 물음에 대하여 아리스토텔레스는 지성의 탁월함은 가르칠 수 있지만, 성품의 탁월함은 비이성적인 것이어서 가르칠 수 없고, 훈련을 통해서 얻을 수 있다고 대답한다.

그는 좋은 성품을 얻는 것을 기술을 습득하는 것에 비유한다. 그에 따르면, 리라(Lyra)를 켬으로써 리라를 켜는 법을 배우며 말을 탐으로써 말을 타는 법을 배운다. 어떤 기술을 얻고자 할 때 처음에는 교사의 지시대로 행동한다. 그리고 반복 연습을 통하여 그 행동이 점점 더 하기 쉽게 되고 마침내 제2의 천성이 된다. 이와 마찬가지로 어린아이는 어떤 상황에서 어떻게 행동해야 진실되고 관대하며 예의를 차리게 되는지 일일이 배워야 한다. 훈련과 반복을 통하여 그런 행위들을 연마하다 보면 그것들을 점점 더 쉽게 하게 되고, 결국에는 스스로 판단할 수 있게 된다.

그는 올바른 훈련이란 강제가 아니고 그 자체가 즐거움이 되어야 한다고 지적한다. 또한 그렇게 훈련받은 사람은 일을 바르게 처리하는 것을 즐기게 되고, 일을 바르게 처리하고 싶어하게 되며, 올바른 일을 하는 것을 어려워하지 않게 된다. 이처럼 성품의 탁월함이란 사람들이 '하는 것'만이 아니라 사람들이 '하고 싶어 하는 것'과도 관련된다. 그리고 한두 번 관대한 행동을 한 것으로 충분하지 않으며, 늘 관대한 행동을 하고 그런 행동에 감정적으로 끌리는 성향을 갖고 있어야 비로소 관대함에 관하여 성품의 탁월함을 갖고 있다고 할 수 있다.

다음과 같은 예를 통해 아리스토텔레스의 견해를 생각해 보자. 갑돌이는 성품이 곧고 자신감이 충만하다. 그가 한 모임에 참석하였는데, 거기서 다수의 사람들이 옳지 않은 행동을 한다고 생각했을 때, 그는 다수의 행동에 대하여 비판의 목소리를 낼 것이며 그렇게 하는 데 별 어려움을 느끼지 않을 것이다. 한편, 수줍어하고 우유부단한 병식이도 한 모임에 참석하였는데, 그 역시 다수의 행동이 잘못되었다는 판단을 했다고 하자. 이런 경우에 병식이는 일어나서 다수의 행동이 잘못되었다고 말할 수 있겠지만, 그렇게 하려면 엄청난 의지를 발휘해야 할 것이고 자신과 힘든 싸움도 해야 할 것이다. 그런데도 병식이가 그렇게 행동했다면 우리는 병식이가 용기 있게 행동하였다고 칭찬할 것이다. 그러나 아리스토텔레스의 입장에서 성품의 탁월함을 가진 사람은 갑돌이다. 왜냐하면 _____ 우리가 어떠한 사람을 존경할 것인가가 아니라, 우리 아이를 어떤 사람으로 키우고 싶은가라는 질문을 받는다면 우리는 아리스토텔레스의 견해에 가까워질 것이다. 왜냐하면 우리는 우리 아이들을 갑돌이와 같은 사람으로 키우고 싶어 할 것이기 때문이다.

① 그는 내적인 갈등 없이 옳은 일을 하기 때문이다.
② 그는 옳은 일을 하는 천성을 타고났기 때문이다.
③ 그는 주체적 판단에 따라 옳은 일을 하기 때문이다.
④ 그는 자신이 옳다는 확신을 가지고 옳은 일을 하기 때문이다.
⑤ 그는 다른 사람들의 칭찬을 의식하지 않고 옳은 일을 하기 때문이다.

# 06 | 맞춤법 · 어휘

## | 유형분석 |

- 맞춤법에 맞는 단어를 찾거나 주어진 지문의 내용에 어울리는 단어를 찾는 문제가 주로 출제된다.
- 단어 사이의 관계에 대한 문제가 출제되므로 뜻이 비슷하거나 반대되는 단어를 함께 학습하는 것이 좋다.
- 자주 출제되는 단어나 헷갈리는 단어에 대한 학습을 꾸준히 하는 것이 좋다.

### 다음 중 밑줄 친 부분의 맞춤법이 옳은 것은?

① 그는 손가락으로 북쪽을 <u>가르켰다</u>.
② <u>뚝배기</u>에 담겨 나와서 시간이 지나도 식지 않았다.
③ 열심히 하는 것은 좋은데 <u>촛점</u>이 틀렸다.
④ 세영이는 몸이 너무 약해서 보약을 <u>다려</u> 먹어야겠다.
⑤ 벽을 가득 덮고 있는 <u>덩쿨</u> 덕에 여름 분위기가 난다.

정답 ②

'찌개 따위를 끓이거나 설렁탕 따위를 담을 때 쓰는 그릇'을 뜻하는 어휘는 '뚝배기'이다.

오답분석

① '손가락 따위로 어떤 방향이나 대상을 집어서 보이거나 말하거나 알리다.'의 의미를 가진 어휘는 '가리키다'이다.
③ '사람들의 관심이나 주의가 집중되는 사물의 중심 부분'의 의미를 가진 어휘는 '초점'이다.
④ '액체 따위를 끓여서 진하게 만들거나 약재 따위에 물을 부어 우러나도록 끓이다.'의 의미를 가진 어휘는 '달이다'이다(다려
→ 달여).
⑤ '길게 뻗어 나가면서 다른 물건을 감기도 하고 땅바닥에 퍼지기도 하는 식물의 줄기'의 의미를 가진 어휘는 '넝쿨' 또는 '덩굴'이다.

풀이 전략!

문제에서 물어보는 단어를 정확히 확인해야 하고, 문제에서 다루고 있는 단어의 앞뒤 내용을 읽고 글의 전체적 흐름을 생각하며
문제에 접근해야 한다.

**01** 다음 중 밑줄 친 부분의 맞춤법이 옳지 않은 것은?

① 바리스타로서 자부심을 가지고 커피를 내렸다.

② 어제는 왠지 피곤한 하루였다.

③ 용감한 시민의 제보로 진실이 드러났다.

④ 점심을 먹은 뒤 바로 설겆이를 했다.

⑤ 그 나무는 밑동만 남아 있었다.

**02** 다음 중 빈칸에 들어갈 단어로 적절하지 않은 것은?

> • 학생은 선생님의 지시가 잘못되었다고 생각했지만, 그에게 _____하기로 했다.
> • 그는 부하를 자신에게 _____시키기 위해 폭력을 휘두르기도 했다.
> • 우리 조상은 자연의 섭리에 _____하며 그와 조화를 이루는 삶을 영위했다.
> • 그는 현실의 모순을 외면하고 체제에 _____하며 살았다.
> • 신도들은 사이비 교주에게 _____하여 그의 말이라면 무엇이든 믿고 따랐다.

① 순응                ② 순종

③ 복종                ④ 맹종

⑤ 체청

**03** 다음 글의 밑줄 친 ㉠~㉤ 중 쓰임이 적절하지 않은 것은?

> 현행 수입화물의 프로세스는 ㉠ 적하(積荷) 목록 제출, 입항, 하선, 보세운송, 보세구역 반입, 수입신고, 수입신고 수리, ㉡ 반출(搬出)의 절차를 이행하고 있다. 입항 전 수입신고는 5% 내외에 머무르고, 대부분의 수입신고가 보세구역 반입 후에 행해짐에 따라 보세운송 절차와 보세구역 반입 절차가 반드시 ㉢ 인도(引導)되어야 했다. 하지만 새로운 제도가 도입되면 해상화물의 적하 목록 제출 시기가 ㉣ 적재(積載) 24시간 전(근거리 출항 전)으로 앞당겨져 입항 전 수입신고가 일반화될 수 있는 여건이 조성될 것이다. 따라서 수입화물 프로세스가 적하 목록 제출, 수입신고, 수입신고 수리, 입항, 반출의 절차를 거침에 따라 화물반출을 위한 세관 절차가 입항 전에 종료되므로 보세운송, 보세구역 반입이 생략되어 수입화물을 신속하게 ㉤ 화주(貨主)에게 인도할 수 있게 된다.

① ㉠ 적하(積荷)           ② ㉡ 반출(搬出)

③ ㉢ 인도(引導)           ④ ㉣ 적재(積載)

⑤ ㉤ 화주(貨主)

# 07 | 한자성어 · 속담

## | 유형분석 |

- 실생활에서 활용되는 한자성어나 속담을 이해할 수 있는지 평가한다.
- 제시된 상황과 일치하는 사자성어 또는 속담을 고르거나 한자의 훈음·독음을 맞히는 등 다양한 유형이 출제된다.

### 다음 상황에 어울리는 속담으로 가장 적절한 것은?

얼마 전 반장 민수는 실수로 칠판을 늦게 지운 주번 상우에게 벌점을 부과하였고, 이로 인해 벌점이 초과된 상우는 방과 후 학교에 남아 반성문을 쓰게 되었다. 이처럼 민수는 사소한 잘못을 저지른 학급 친구에게도 가차 없이 벌점을 부여하여 학급 친구들의 원망을 샀고, 결국에는 민수를 반장으로 추천했던 친구들 모두 민수에게 등을 돌렸다.

① 원님 덕에 나팔 분다.
② 듣기 좋은 꽃노래도 한두 번이지.
③ 집 태우고 바늘 줍는다.
④ 맑은 물에 고기 안 논다.
⑤ 찬물도 위아래가 있다.

정답 ④
④는 사람이 지나치게 결백하면 남이 따르지 않음을 비유적으로 이르는 말로, 지나치게 원리·원칙을 지키다 친구들의 신뢰를 잃게 된 반장 민수의 상황에 적절하다.

오답분석
① 남의 덕으로 대접을 받고 우쭐댄다.
② 아무리 좋은 일이라도 여러 번 되풀이하여 대하게 되면 싫어진다.
③ 큰 것을 잃은 후에 작은 것을 아끼려고 한다.
⑤ 무엇에나 순서가 있으니 그 차례를 따라 하여야 한다.

### 풀이 전략!

- 한자성어나 속담 관련 문제의 경우 일정 수준 이상의 사전지식을 요구하므로, 지원 기업 관련 기사 및 이슈를 틈틈이 찾아보며 한자성어나 속담에 대입하는 연습을 하면 효과적으로 대처할 수 있다.
- 문제에 제시된 한자성어의 의미를 파악하기 어렵다면, 먼저 알고 있는 한자가 있는지 확인한 후 글의 문맥과 상황에 대입하며 선택지를 하나씩 소거해 나가는 것이 효율적이다.

**01** 다음 글과 가장 관련 있는 한자성어는?

> 우리나라의 200만 개 일자리를 창출 중인 건설업에서 매년 400여 명이 목숨을 잃고 있는 것으로 나타났다. 이에 고용노동부 장관은 최근 희생자가 발생한 8개의 건설사 대표이사들을 불러 이 문제에 대한 간담회를 가졌다.
> 간담회에서 이 장관은 단순히 안전 구호를 외치며 안전 체조를 하던 과거 방식은 더 이상 사망사고를 막을 수 없다며, 사망사고를 예방하기 위해서는 각 작업장에서의 위험 요소를 파악하고 이에 대한 안전조치를 파악해 현장 자체를 변화시켜야 한다고 주장했다. 또한 특정 건설사에서 계속하여 사망사고가 발생하는 것은 경영자와 본사의 노력이 현장에 미치지 못하고 형식적인 데서만 그치고 있는 것이라며 안전경영 리더십을 글이 아닌 직접 행동으로 보여줄 것을 촉구하였다.

① 각주구검(刻舟求劍)　　　　　　　② 수주대토(守株待兔)
③ 자강불식(自強不息)　　　　　　　④ 오하아몽(吳下阿蒙)
⑤ 일취월장(日就月將)

**02** 다음 글과 가장 관련 있는 속담은?

> 한국을 방문한 외국인들을 대상으로 한 설문조사에서 인상 깊은 한국의 '빨리빨리' 문화로 '자판기에 손 넣고 기다리기, 웹사이트가 3초 안에 안 나오면 창 닫기, 엘리베이터 닫힘 버튼 계속 누르기' 등이 뽑혔다. 외국인들에게 가장 큰 충격을 준 것은 바로 '가게 주인의 대리 서명'이었다. 외국인들은 가게 주인이 카드 모서리로 대충 사인을 하는 것을 보고 큰 충격을 받았다고 하였다. 외국에서는 서명을 대조하여 확인하기 때문에 대리 서명은 상상도 할 수 없다는 것이다.

① 가재는 게 편이다.
② 우물에 가 숭늉 찾는다.
③ 봇짐 내어 주며 앉으라 한다.
④ 하나를 듣고 열을 안다.
⑤ 낙숫물이 댓돌을 뚫는다.

# CHAPTER 02

# 문제해결능력

## 합격 Cheat Key

문제해결능력은 업무를 수행하면서 여러 가지 문제 상황이 발생하였을 때, 창의적이고 논리적인 사고를 통하여 이를 올바르게 인식하고 적절히 해결하는 능력으로, 하위 능력에는 사고력과 문제처리능력이 있다.

문제해결능력은 NCS 기반 채용을 진행하는 대다수의 공사 · 공단에서 채택하고 있으며, 다양한 자료와 함께 출제되는 경우가 많아 어렵게 느껴질 수 있다. 특히, 난이도가 높은 문제로 자주 출제되기 때문에 다른 영역보다 더 많은 노력이 필요할 수는 있지만 그렇기에 차별화를 할 수 있는 득점 영역이므로 포기하지 말고 꾸준하게 노력해야 한다.

### 1  질문의 의도를 정확하게 파악하라!

문제해결능력은 문제에서 무엇을 묻고 있는지 정확하게 파악하여 먼저 풀이 방향을 설정하는 것이 가장 효율적인 방법이다. 특히, 조건이 주어지고 답을 찾는 창의적 · 분석적인 문제가 주로 출제되고 있기 때문에 처음에 정확한 풀이 방향이 설정되지 않는다면 문제를 제대로 풀지 못하게 되므로 첫 번째로 출제 의도 파악에 집중해야 한다.

## 2 중요한 정보는 반드시 표시하라!

출제 의도를 정확히 파악하기 위해서는 문제의 중요한 정보를 반드시 표시하거나 메모하여 하나의 조건, 단서도 잊고 넘어가는 일이 없도록 해야 한다. 실제 시험에서는 시간의 압박과 긴장감으로 정보를 잘못 적용하거나 잊어버리는 실수가 많이 발생하므로 사전에 충분한 연습이 필요하다.

## 3 반복 풀이를 통해 취약 유형을 파악하라!

문제해결능력은 특히 시간관리가 중요한 영역이다. 따라서 정해진 시간 안에 고득점을 할 수 있는 효율적인 문제 풀이 방법을 찾아야 한다. 이때, 반복적인 문제 풀이를 통해 자신이 취약한 유형을 파악하는 것이 중요하다. 정확하게 풀 수 있는 문제부터 빠르게 풀고 취약한 유형은 나중에 푸는 효율적인 문제 풀이를 통해 최대한 고득점을 맞는 것이 중요하다.

# 01 | 명제 추론

## | 유형분석 |

- 주어진 문장을 토대로 논리적으로 추론하여 참 또는 거짓을 구분하는 문제이다.
- 대체로 연역추론을 활용한 명제 문제가 출제된다.
- 자료를 제시하고 새로운 결과나 자료에 주어지지 않은 내용을 추론해 가는 형식의 문제가 출제된다.

어느 도시에 있는 병원의 공휴일 진료 현황은 다음 〈조건〉과 같다. 공휴일에 진료하는 병원의 수는?

### 조건

- B병원이 진료를 하지 않으면 A병원은 진료를 한다.
- B병원이 진료를 하면 D병원은 진료를 하지 않는다.
- A병원이 진료를 하면 C병원은 진료를 하지 않는다.
- C병원이 진료를 하지 않으면 E병원이 진료를 한다.
- E병원은 공휴일에 진료를 하지 않는다.

① 1곳  ② 2곳
③ 3곳  ④ 4곳
⑤ 5곳

### 정답 ②

제시된 조건을 각각의 명제로 보고 이들을 수식으로 설명하면 다음과 같다(단, 명제가 참일 경우 그 대우도 참이다).
- B병원이 진료를 하지 않으면 A병원이 진료한다(~B → A / ~A → B).
- B병원이 진료를 하면 D병원은 진료를 하지 않는다(B → ~D / D → ~B).
- A병원이 진료를 하면 C병원은 진료를 하지 않는다(A → ~C / C → ~A).
- C병원이 진료를 하지 않으면 E병원이 진료한다(~C → E / ~E → C).
이를 하나로 연결하면 D병원이 진료를 하면 B병원이 진료를 하지 않고, B병원이 진료를 하지 않으면 A병원은 진료를 한다. A병원이
진료를 하면 C병원은 진료를 하지 않고, C병원이 진료를 하지 않으면 E병원은 진료를 한다(D → ~B → A → ~C → E).
명제가 참일 경우 그 대우도 참이므로 ~E → C → ~A → B → ~D가 된다. E병원은 공휴일에 진료를 하지 않으므로 위의 명제를
참고하면 C와 B병원만이 진료를 하는 경우가 된다. 따라서 공휴일에 진료를 하는 병원은 2곳이다.

### 풀이 전략!

명제와 관련한 기본적인 논법에 대해서는 미리 학습해 두며, 이를 바탕으로 각 문장에 있는 핵심단어 또는 문구를 기호화하여
정리한 후, 선택지와 비교하여 참 또는 거짓을 판단한다.

01　A ~ D는 한 판의 가위바위보를 한 후 그 결과에 대해 각각 두 가지의 진술을 하였다. 두 가지의
　　진술 중 하나는 반드시 참이고, 하나는 반드시 거짓이라고 할 때, 다음 중 항상 참인 것은?

　　　A : C는 B를 이길 수 있는 것을 냈고, B는 가위를 냈다.
　　　B : A는 C와 같은 것을 냈지만, A가 편 손가락의 수는 나보다 적었다.
　　　C : B는 바위를 냈고, 그 누구도 같은 것을 내지 않았다.
　　　D : A, B, C 모두 참 또는 거짓을 말한 순서가 동일하다. 이 판은 승자가 나온 판이었다.

　　① B와 같은 것을 낸 사람이 있다.
　　② 보를 낸 사람은 1명이다.
　　③ D는 혼자 가위를 냈다.
　　④ B가 기권했다면 가위를 낸 사람이 지는 판이다.
　　⑤ 바위를 낸 사람은 2명이다.

02　오늘 K씨는 종합병원에 방문하여 A ~ C과 진료를 모두 받아야 한다. 〈조건〉이 다음과 같을 때,
　　가장 빠르게 진료를 받을 수 있는 경로는?(단, 주어진 조건 외에는 고려하지 않는다)

　　　**조건**
　　　• 모든 과의 진료와 예약은 오전 9시 시작이다.
　　　• 모든 과의 점심시간은 오후 12시 30분부터 오후 1시 30분이다.
　　　• A과와 C과는 본관에 있고 B과는 별관동에 있다. 본관과 별관동 이동에는 셔틀로 약 30분이 소요
　　　　되며, 점심시간에는 셔틀이 운행하지 않는다.
　　　• A과는 오전 10시부터 오후 3시까지만 진료를 한다.
　　　• B과는 점심시간 후에 사람이 몰려 약 1시간의 대기시간이 필요하다.
　　　• A과 진료는 단순 진료로 30분 정도 소요될 예정이다.
　　　• B과 진료는 치료가 필요하여 1시간 정도 소요될 예정이다.
　　　• C과 진료는 정밀 검사가 필요하여 2시간 정도 소요될 예정이다.

　　① A - B - C　　　　　　　　　　② B - A - C
　　③ B - C - A　　　　　　　　　　④ C - A - B
　　⑤ C - B - A

**03** 이벤트에 당첨된 A ~ C에게 〈조건〉에 따라 경품을 지급하였다. 다음 〈보기〉 중 옳은 것을 모두 고르면?

---

**조건**

• 지급된 경품은 냉장고, 세탁기, 에어컨, 청소기가 각각 프리미엄형과 일반형 1대씩이었고, 전자레인지는 1대였다.
• 당첨자 중 1등은 A, 2등은 B, 3등은 C였으며, 이 순서대로 경품을 각각 3개씩 가져갔다.
• A는 프리미엄형 경품을 총 2개 골랐는데, 청소기 프리미엄형은 가져가지 않았다.
• B는 청소기를 고르지 않았다.
• C가 가져간 경품 중 A와 겹치는 종류가 1개 있다.
• B와 C가 가져간 경품 중 겹치는 종류가 1개 있다.
• 한 사람이 같은 종류의 경품을 2개 이상 가져가지 않았다.

---

**보기**

㉠ C는 반드시 전자레인지를 가져갔을 것이다.
㉡ A는 청소기를 가져갔을 수도, 그렇지 않을 수도 있다.
㉢ B가 가져간 프리미엄형 가전은 최대 1개이다.
㉣ C는 프리미엄형 가전을 가져가지 못했을 것이다.

---

① ㉠, ㉢                      ② ㉠, ㉣
③ ㉡, ㉢                      ④ ㉡, ㉣
⑤ ㉢, ㉣

**04** K기업의 가대리, 나사원, 다사원, 라사원, 마대리 중 1명이 어제 출근하지 않았다. 이와 관련하여 5명의 직원이 다음과 같이 말했다. 이들 중 2명이 거짓말을 한다고 할 때, 출근하지 않은 직원은 누구인가?(단, 출근을 하였어도, 결근 사유를 듣지 못할 수도 있다)

---

가대리 : 나는 출근했고, 마대리도 출근했다. 누가 왜 출근하지 않았는지는 알지 못한다.
나사원 : 다사원은 출근하였다. 가대리님의 말은 모두 사실이다.
다사원 : 라사원은 출근하지 않았다.
라사원 : 나사원의 말은 모두 사실이다.
마대리 : 출근하지 않은 사람은 라사원이다. 라사원이 개인 사정으로 인해 출석하지 못한다고 가대리님에게 전했다.

---

① 가대리                      ② 나사원
③ 다사원                      ④ 라사원
⑤ 마대리

**05** 다음 〈조건〉에 따라 K기업의 부장, 과장, 대리, 주임, 사원이 농구, 축구, 야구, 테니스, 자전거, 영화 동호회에 참여할 때, 직급과 성별 및 동호회가 바르게 찍지어지지 않은 것은?(단, 모든 직원은 반드시 동호회 1곳에 참여한다)

---
**조건**

- 남직원은 3명, 여직원은 2명이다.
- 모든 동호회의 참여 가능 인원은 팀내 최대 2명이다.
- 모든 여직원은 자전거 동호회에 참여하지 않았다.
- 여직원 중 1명은 농구, 축구, 야구, 테니스 동호회 중 하나에 참여하였다.
- 대리, 주임, 사원은 자전거 동호회 또는 영화 동호회에 참여하지 않았다.
- 참여 직원이 없는 동호회는 2개이다.
- 야구, 자전거, 영화 동호회에 참여한 직원은 각각 1명이다.
- 주임은 야구 동호회에 참여하였고, 부장은 영화 동호회에 참여하였다.
- 축구 동호회에 참석한 직원은 남성뿐이다.

---

|  | 직급 | 성별 | 참여 동호회 |
|---|---|---|---|
| ① | 부장 | 여자 | 영화 |
| ② | 과장 | 남자 | 자전거 |
| ③ | 대리 | 남자 | 축구 |
| ④ | 주임 | 여자 | 야구 |
| ⑤ | 사원 | 남자 | 테니스 |


**06** 미국, 영국, 중국, 프랑스에 파견된 외교관 A ~ D는 1년의 파견기간이 지나면 다시 새로운 국가로 파견된다. 다음 〈조건〉을 참고할 때, 반드시 참인 것은?

---
**조건**

- 두 번 연속 같은 국가에 파견될 수는 없다.
- A는 작년에 영국에 파견되어 있었다.
- C와 D는 올해에 프랑스에 파견되지는 않는다.
- D는 작년에 중국에 파견되어 있었다.
- C가 작년에 파견된 나라는 미국이다.
- B가 올해에 파견된 국가는 중국이다.

---

① A가 올해에 파견된 국가는 영국이다.
② C가 올해에 파견된 국가는 미국이다.
③ D가 올해에 파견된 국가는 프랑스이다.
④ B가 작년에 파견된 국가는 프랑스일 것이다.
⑤ A는 올해에 영국 또는 미국에 파견되었을 것이다.

# 02 | SWOT 분석

## | 유형분석 |

- 상황에 대한 환경 분석 결과를 통해 주요 과제를 도출하는 문제이다.
- 주로 3C 분석 또는 SWOT 분석을 활용한 문제들이 출제되고 있으므로 해당 분석도구에 대한 사전 학습이 요구된다.

**다음 글을 참고하여 B자동차가 취할 수 있는 전략으로 옳은 것은?**

'SWOT'는 Strength(강점), Weakness(약점), Opportunity(기회), Threat(위협)의 머리글자를 따서 만든 단어로, 경영 전략을 세우는 방법론이다. SWOT로 도출된 조직의 내·외부 환경을 분석하고, 이 결과를 통해 대응전략을 구상할 수 있다. 'SO전략'은 기회를 활용하기 위해 강점을 사용하는 전략이고, 'WO전략'은 약점을 보완 또는 극복하여 시장의 기회를 활용하는 전략이다. 'ST전략'은 위협을 피하기 위해 강점을 활용하는 방법이며, 'WT전략'은 위협요인을 피하기 위해 약점을 보완하는 전략이다.

- 새로운 정권의 탄생으로 자동차 업계 내 새로운 바람이 불 것으로 예상된다. A당선인이 이번 선거에서 친환경차 보급 확대를 주요 공약으로 내세웠고, 공약에 따라 공공기관용 친환경차 비율을 70%로 상향시키기로 하고, 친환경차 보조금 확대 등을 통해 친환경차 보급률을 높이겠다는 계획을 세웠다. 또한 최근 환경을 생각하는 국민 의식의 향상과 친환경차의 연비 절감 부분이 친환경차 구매 욕구 상승에 기여하고 있다.
- B자동차는 기존에 전기자동차 모델들을 꾸준히 출시하여 성장세가 두드러지고 있는데다 고객들의 다양한 구매 욕구를 충족시킬 만한 전기자동차 상품의 다양성을 확보하였다. 또한, B자동차의 전기자동차 미국 수출이 증가하고 있는 만큼 앞으로의 전망도 밝을 것으로 예상된다.

① SO전략
② WO전략
③ ST전략
④ WT전략

**정답** ①

- Strength(강점) : B자동차는 전기자동차 모델들을 꾸준히 출시하여 성장세가 두드러지고 있는데다 고객들의 다양한 구매 욕구를 충족시킬 만한 전기자동차 상품의 다양성을 확보하였다.
- Opportunity(기회) : 새로운 정권에서 친환경차 보급 확대에 적극 나설 것으로 보인다는 점과 환경을 생각하는 국민 의식의 향상과 친환경차의 연비 절감 부분이 친환경차 구매 욕구 상승에 기여하고 있으며 B자동차의 미국 수출이 증가하고 있다.
따라서 해당 기사를 분석하면 SO전략이 적절하다.

**풀이 전략!**

문제에 제시된 분석도구를 확인한 후, 분석 결과를 종합적으로 판단하여 각 선택지의 전략 과제와 일치 여부를 판단한다.

**01** 다음은 K은행에 대한 SWOT 분석 결과이다. 위협 요인에 들어갈 내용으로 옳지 않은 것은?

〈K은행의 SWOT 분석 결과〉

| 강점(Strength) | 약점(Weakness) |
|---|---|
| • 지속적 혁신에 대한 경영자의 긍정적 마인드<br>• 고객만족도 1위의 높은 고객 충성도<br>• 다양한 투자 상품 개발 | • 해외 투자 경험 부족으로 취약한 글로벌 경쟁력<br>• 소매 금융에 비해 부족한 기업 금융 |
| 기회(Opportunity) | 위협(Threat) |
| • 국내 유동자금의 증가<br>• 해외 금융시장 진출 확대<br>• 정부의 규제 완화 정책 | |

① 정부의 정책 혼란으로 인한 시장의 불확실성

② 경기 침체 장기화

③ 부족한 리스크 관리 능력

④ 금융업의 경계 파괴에 따른 경쟁 심화

⑤ 글로벌 금융사의 국내 시장 진출

**02** 다음은 국내 화장품 제조 회사에 대한 SWOT 분석 결과이다. 〈보기〉 중 분석에 따른 대응 전략으로 옳은 것을 모두 고르면?

〈국내 화장품 제조 회사에 대한 SWOT 분석 결과〉

| 강점(Strength) | 약점(Weakness) |
|---|---|
| • 신속한 제품 개발 시스템<br>• 차별화된 제조 기술 보유 | • 신규 생산 설비 투자 미흡<br>• 낮은 브랜드 인지도 |
| 기회(Opportunity) | 위협(Threat) |
| • 해외시장에서의 한국 제품 선호 증가<br>• 새로운 해외시장의 출현 | • 해외 저가 제품의 공격적 마케팅<br>• 저임금의 개발도상국과 경쟁 심화 |

> **보기**
>
> ㄱ. 새로운 해외시장의 소비자 기호를 반영한 제품을 개발하여 출시한다.
> ㄴ. 국내에 화장품 생산 공장을 추가로 건설하여 제품 생산량을 획기적으로 증가시킨다.
> ㄷ. 차별화된 제조 기술을 통해 품질 향상과 고급화 전략을 추구한다.
> ㄹ. 브랜드 인지도가 낮으므로 해외 현지 기업과의 인수·합병을 통해 해당 회사의 브랜드로 제품을 출시한다.

① ㄱ, ㄴ        ② ㄱ, ㄷ

③ ㄴ, ㄷ        ④ ㄴ, ㄹ

⑤ ㄷ, ㄹ

# 03 | 자료 해석

## | 유형분석 |

- 주어진 자료를 해석하고 활용하여 풀어가는 문제이다.
- 꼼꼼하고 분석적인 접근이 필요한 다양한 자료들이 출제된다.

K씨는 자신의 생활을 참고하여 신용카드를 발급받고자 한다. 다음 중 K씨에게 가장 적합한 것은?

### 〈K씨의 생활〉

K씨는 아침에 일어나 간단하게 끼니를 챙기고 출근을 한다. 자가용을 타고 가는 길이 항상 막혀 짜증이 날 법도 하지만, K씨는 라디오 뉴스로 주요 이슈를 확인하느라 정신이 없다. 출퇴근 중에는 차에서 보내는 시간이 많아 주유비가 상당히 많이 나온다. 그나마 기름 값이 싸져서 부담은 덜하다. 보조석에는 공과금 용지가 펼쳐져 있다. 혼자 살기 때문에 많은 요금이 나오지 않아 납부하는 것을 신경 쓰지 못하고 있다. 이제 곧 겨울이 올 것을 대비하여 오늘 오후에 차량 점검을 맡기려고 예약을 해두었다. 아직 사고는 난 적이 없지만 혹시나 하는 마음에 점검을 받으려고 한다.

### 〈신용카드 종류〉

| A카드 | B카드 | C카드 | D카드 |
|---|---|---|---|
| • 놀이공원 할인<br>• 커피 할인<br>• Kids카페 할인 | • 포인트 두 배 적립<br>• 6개월간 무이자 할인 | • 공과금 할인<br>• 온라인 쇼핑몰 할인<br>• 병원 / 약국 할인 | • 주유비 할인<br>• 차량 소모품 할인<br>• 상해보험 무료 가입 |

① A카드

② B카드

③ C카드

④ D카드

**정답** ④

K씨의 생활을 살펴보면 출퇴근길에 자가용을 사용하고 있고 주유비에 대해서 부담을 가지고 있다. 그리고 곧 겨울이 올 것을 대비해 차량 점검을 할 예정이다. 따라서 K씨는 자동차와 관련된 혜택을 받을 수 있는 D카드를 선택하는 것이 가장 적절하다.

**풀이 전략!**

문제 해결을 위해 필요한 정보가 무엇인지 먼저 파악한 후, 제시된 자료를 분석적으로 읽고 해석한다.

**01** K기업 총무팀, 개발팀, 영업팀, 홍보팀, 고객지원팀 각각의 탕비실에는 이온음료, 탄산음료, 에너지음료, 커피가 구비되어 있다. 각 팀의 탕비실 내 음료 구비 현황은 다음과 같으며, 〈조건〉에 따라 각 팀의 탕비실에 채워 넣을 음료를 일괄적으로 구매하고자 한다. 음료별로 주문해야 할 최소 개수를 바르게 짝지은 것은?

### 〈K기업 각 팀의 탕비실 내 음료 구비 현황〉

(단위 : 캔)

| 구분 | 총무팀 | 개발팀 | 영업팀 | 홍보팀 | 고객지원팀 |
| --- | --- | --- | --- | --- | --- |
| 이온음료 | 3 | 10 | 10 | 10 | 8 |
| 탄산음료 | 10 | 2 | 16 | 7 | 8 |
| 에너지음료 | 10 | 1 | 12 | 8 | 7 |
| 커피 | 2 | 3 | 1 | 10 | 12 |

**조건**

- 각 팀은 구매 시 각 음료의 최소 구비 수량의 1.5배를 구매한다.
- 모든 음료는 낱개로 구매할 수 없으며 묶음 단위로 구매해야 한다.
- 이온음료, 탄산음료, 에너지음료, 커피 각각 6캔, 6캔, 6캔, 30캔을 묶음으로 판매하고 있다.
- 이온음료, 탄산음료, 에너지음료, 커피는 각각 최소 6캔, 12병, 10캔, 30캔이 구비되어 있어야 하며, 최소 수량 미달 시 음료를 구매한다.

| | 이온음료 | 탄산음료 | 에너지음료 | 커피 |
| --- | --- | --- | --- | --- |
| ① | 12캔 | 72캔 | 48캔 | 240캔 |
| ② | 12캔 | 72캔 | 42캔 | 240캔 |
| ③ | 12캔 | 66캔 | 42캔 | 210캔 |
| ④ | 18캔 | 66캔 | 48캔 | 210캔 |
| ⑤ | 18캔 | 66캔 | 42캔 | 210캔 |

**02** K사원은 자기계발을 위해 집 근처 학원들의 정보를 정리하였다. 다음 중 K사원이 배우려는 프로그램에 대한 설명으로 옳지 않은 것은?(단, 시간이 겹치는 프로그램은 수강할 수 없다)

〈프로그램 시간표〉

| 프로그램 | 수강료 | 횟수 | 강좌시간 |
|---|---|---|---|
| 필라테스 | 300,000원 | 24회 | 09:00 ~ 10:10 |
|  |  |  | 10:30 ~ 11:40 |
|  |  |  | 13:00 ~ 14:10 |
| 플라잉 요가 | 330,000원 | 20회 | 09:00 ~ 10:10 |
|  |  |  | 10:30 ~ 11:40 |
|  |  |  | 13:00 ~ 14:10 |
| 액세서리 공방 | 260,000원 | 10회 | 13:00 ~ 15:00 |
| 가방 공방 | 360,000원 | 12회 | 13:30 ~ 16:00 |
| 복싱 | 320,000원 | 30회 | 10:00 ~ 11:20 |
|  |  |  | 14:00 ~ 15:20 |

※ 강좌시간이 2개 이상인 프로그램은 그중 원하는 시간에 수강이 가능하다.

① K사원은 오전에 운동을 하고, 오후에 공방에 가는 스케줄이 가능하다.
② 가방 공방의 강좌시간이 액세서리 공방 강좌시간보다 길다.
③ 공방 프로그램 중 하나를 들으면, 최대 두 프로그램을 더 들을 수 있다.
④ 프로그램을 최대로 수강할 시 가방 공방을 수강해야 총 수강료가 가장 비싸다.
⑤ 강좌 1회당 수강료는 플라잉 요가가 가방 공방보다 15,000원 이상 저렴하다.

**03** 같은 해에 입사한 동기 A ~ E는 모두 K기업 소속으로 서로 다른 부서에서 일하고 있다. 이들이 근무하는 부서와 해당 부서의 성과급은 다음과 같을 때, 항상 옳은 것은?

〈부서별 성과급〉

| 비서실 | 영업부 | 인사부 | 총무부 | 홍보부 |
|--------|--------|--------|--------|--------|
| 60만 원 | 20만 원 | 40만 원 | 60만 원 | 60만 원 |

※ 각 사원은 모두 각 부서의 성과급을 동일하게 받는다.

〈부서배치 조건〉

• A는 성과급이 평균보다 적은 부서에서 일한다.
• B와 D의 성과급을 더하면 나머지 세 명의 성과급 합과 같다.
• C의 성과급은 총무부보다는 적지만 A보다는 많다.
• C와 D 중 한 사람은 비서실에서 일한다.
• E는 홍보부에서 일한다.

〈휴가 조건〉

• 영업부 직원은 비서실 직원보다 늦게 휴가를 가야 한다.
• 인사부 직원은 첫 번째 또는 제일 마지막으로 휴가를 가야 한다.
• B의 휴가 순서는 이들 중 세 번째이다.
• E는 휴가를 반납하고 성과급을 두 배로 받는다.

① A의 3개월 치 성과급은 C의 2개월 치 성과급보다 많다.
② C가 맨 먼저 휴가를 갈 경우, B가 맨 마지막으로 휴가를 가게 된다.
③ D가 C보다 성과급이 많다.
④ 휴가철이 끝난 직후, D와 E의 성과급 차이는 세 배이다.
⑤ B는 A보다 휴가를 먼저 출발한다.

# 04 | 규칙 적용

## | 유형분석 |

- 주어진 상황과 규칙을 종합적으로 활용하여 풀어가는 문제이다.
- 일정, 비용, 순서 등 다양한 내용을 다루고 있어 유형을 한 가지로 단일화하기 어렵다.

갑은 다음 규칙을 참고하여 알파벳 단어를 숫자로 변환하고자 한다. 규칙을 적용한 〈보기〉의 알파벳 Z에 해당하는 자연수들을 모두 더한 값은?

〈규칙〉

① 알파벳 'A'부터 'Z'까지 순서대로 자연수를 부여한다.

　　예 A=2라고 하면 B=3, C=4, D=5이다.

② 단어의 음절에 같은 알파벳이 연속되는 경우 ①에서 부여한 숫자를 알파벳이 연속되는 횟수만큼 거듭제곱한다.

　　예 A=2이고 단어가 'AABB'이면 AA는 '$2^2$'이고, BB는 '$3^2$'이므로 '49'로 적는다.

보기

㉠ AAABBCC는 10000001020110404로 변환된다.

㉡ CDFE는 3465로 변환된다.

㉢ PJJYZZ는 1712126729로 변환된다.

㉣ QQTSR은 625282726으로 변환된다.

① 154　　　　　　　　　　　　② 176

③ 199　　　　　　　　　　　　④ 212

⑤ 234

정답 ④

㉠ A=100, B=101, C=102이다. 따라서 Z=125이다.

㉡ C=3, D=4, E=5, F=6이다. 따라서 Z=26이다.

㉢ P가 17임을 볼 때, J=11, Y=26, Z=27이다.

㉣ Q=25, R=26, S=27, T=28이다. 따라서 Z=34이다.

따라서 해당하는 Z값을 모두 더하면 125+26+27+34=212이다.

### 풀이 전략!

문제에 제시된 조건이나 규칙을 정확히 파악한 후, 선택지나 상황에 적용하여 문제를 풀어 나간다.

**01** 다음은 도서코드(ISBN)에 대한 자료이다. 주문도서에 대한 설명으로 옳은 것은?

⟨[예시] 도서코드(ISBN)⟩

| 국제표준도서번호 | | | | | 부가기호 | | |
|---|---|---|---|---|---|---|---|
| 접두부 | 국가번호 | 발행자번호 | 서명식별번호 | 체크기호 | 독자대상 | 발행형태 | 내용분류 |
| 123 | 12 | 1234567 | | 1 | 1 | 1 | 123 |

※ 국제표준도서번호는 5개의 군으로 나누어지고 군마다 '-'로 구분한다.

⟨도서코드(ISBN) 세부사항⟩

| 접두부 | 국가번호 | 발행자번호 | 서명식별번호 | 체크기호 |
|---|---|---|---|---|
| 978 또는 979 | 한국 89<br>미국 05<br>중국 72<br>일본 40<br>프랑스 22 | 발행자번호 – 서명식별번호<br>7자리 숫자<br>예 8491 – 208 : 발행자번호가 8491번인 출판사에서 208번째 발행한 책 | | 0 ~ 9 |

| 독자대상 | 발행형태 | 내용분류 |
|---|---|---|
| 0 교양<br>1 실용<br>2 여성<br>3 (예비)<br>4 청소년<br>5 중고등 학습참고서<br>6 초등 학습참고서<br>7 아동<br>8 (예비)<br>9 전문 | 0 문고본<br>1 사전<br>2 신서판<br>3 단행본<br>4 전집<br>5 (예비)<br>6 도감<br>7 그림책, 만화<br>8 혼합자료, 점자자료, 전자책, 마이크로자료<br>9 (예비) | 030 백과사전<br>100 철학<br>170 심리학<br>200 종교<br>360 법학<br>470 생명과학<br>680 연극<br>710 한국어<br>770 스페인어<br>740 영미문학<br>720 유럽사 |

⟨주문도서⟩

978 – 05 – 441 – 1011 – 3  14710

① 한국에서 출판한 도서이다.

② 441번째 발행된 도서이다.

③ 발행자번호는 총 7자리이다.

④ 한 권으로만 출판되지는 않았다.

⑤ 한국어로 되어 있다.

### 〈블랙박스 시리얼 번호 체계〉

| 개발사 | | 제품 | | 메모리 용량 | | 제조연월 | | | | 일련번호 | PCB버전 |
|---|---|---|---|---|---|---|---|---|---|---|---|
| 값 | 의미 | 값 | 의미 | 값 | 의미 | 값 | 의미 | 값 | 의미 | 값 | 값 |
| A | 아리스 | BD | 블랙박스 | 1 | 4GB | A | 2019년 | 1~9 | 1~9월 | 00001 | 1 |
| S | 성진 | BL | LCD 블랙박스 | 2 | 8GB | B | 2020년 | O | 10월 | 00002 | 2 |
| B | 백경 | BP | IPS 블랙박스 | 3 | 16GB | C | 2021년 | N | 11월 | … | 3 |
| C | 천호 | BE | LED 블랙박스 | 4 | 32GB | D | 2022년 | D | 12월 | 09999 | 9999 |
| M | 미강테크 | – | – | – | – | E | 2023년 | – | – | – | – |

※ 예시 : ABD2E6000101 → 아리스 블랙박스, 8GB, 2023년 6월 생산, 10번째 모델, PCB 1번째 버전

### 〈A/S 접수 현황〉

| 분류 1 | 분류 2 | 분류 3 | 분류 4 |
|---|---|---|---|
| ABD1A2001092 | MBE2E3001243 | SBP3CD012083 | ABD4B3007042 |
| BBD1DD000132 | MBP2CO120202 | CBE3C4000643 | SBE4D5101483 |
| SBD1D9000082 | ABE2D0001063 | BBD3B6000761 | MBP4C6000263 |
| ABE1C6100121 | CBL2C3010213 | ABP3D8010063 | BBE4DN020473 |
| CBP1C6001202 | SBD2B9001501 | CBL3S8005402 | BBL4C5020163 |
| CBL1BN000192 | SBP2C5000843 | SBD3B1004803 | CBP4D6100023 |
| MBD1A2012081 | BBL2BO010012 | MBE3E4010803 | SBE4E4001613 |
| MBE1DB001403 | CBD2B3000183 | MBL3C1010203 | ABE4DO010843 |

**02** A/S가 접수되면 수리를 위해 각 제품을 해당 제조사로 전달한다. 그런데 제품 시리얼 번호를 확인하는 과정에서 조회되지 않는 번호가 있다는 것을 발견하였다. 다음 중 모두 몇 개의 시리얼 번호가 잘못 기록되었는가?

① 6개  
② 7개  
③ 8개  
④ 9개  
⑤ 10개

**03** A/S가 접수된 제품 중 2019 ~ 2020년에 생산된 제품에 대해 무상으로 블루투스 기능을 추가해 주는 이벤트를 진행하고 있다. A/S 접수가 된 블랙박스 중에서 이벤트에 해당하는 제품은 모두 몇 개인가?

① 6개  
② 7개  
③ 8개  
④ 9개  
⑤ 10개

**04** 당사의 제품을 구매한 고객이 A/S를 접수하면, 상담원은 제품 시리얼 번호를 확인하여 기록해 두고 있다. 제품 시리얼 번호는 특정 기준에 의해 분류하여 기록하고 있는데, 다음 중 그 기준은 무엇인가?

① 개발사                      ② 제품
③ 메모리 용량             ④ 제조년월
⑤ PCB버전

---

**05** K회사는 신제품의 품번을 다음 규칙에 따라 정한다고 한다. 제품에 설정된 임의의 영단어가 'INTELLECTUAL'이라면 이 제품의 품번으로 옳은 것은?

| 〈규칙〉 |
| --- |
| • 1단계 : 알파벳 A ~ Z를 숫자 1, 2, 3, …으로 변환하여 계산한다. |
| • 2단계 : 제품에 설정된 임의의 영단어를 숫자로 변환한 값의 합을 구한다. |
| • 3단계 : 임의의 영단어 속 자음의 합에서 모음의 합을 뺀 값의 절댓값을 구한다. |
| • 4단계 : 2단계와 3단계의 값을 더한 다음 4로 나누어 2단계의 값에 더한다. |
| • 5단계 : 4단계의 값이 정수가 아닐 경우에는 소수점 첫째 자리에서 버림한다. |

① 120                      ② 140
③ 160                      ④ 180
⑤ 200

# 05 | 창의적 사고

## | 유형분석 |

- 창의적 사고에 대한 개념을 묻는 문제가 출제된다.
- 창의적 사고 개발 방법에 대한 암기가 필요한 문제가 출제되기도 한다.

**다음 글에서 설명하고 있는 사고력은 무엇인가?**

정보에는 주변에서 발견할 수 있는 지식인 내적 정보와 책이나 밖에서 본 현상인 외부 정보의 두 종류가
있다. 이러한 정보를 조합하고 그 조합을 최종적인 해답으로 통합해야 한다.

① 분석적 사고                    ② 논리적 사고
③ 비판적 사고                    ④ 창의적 사고
⑤ 개발적 사고

**정답** ④

창의적 사고란 정보와 정보의 조합이다. 여기에서 말하는 정보에는 주변에서 발견할 수 있는 지식(내적 정보)과 책이나 밖에서
본 현상(외부 정보)의 두 종류가 있다. 이러한 정보를 조합하고 그 조합을 최종적인 해답으로 통합해야 하는 것이 창의적 사고의
첫걸음이다.

**풀이 전략!**

모듈이론에 대한 전반적인 학습을 미리 해두어야 하며, 이를 주어진 문제에 적용하여 빠르게 풀이한다.

**01**    다음 사례 속 최대리에게 해 줄 수 있는 조언으로 적절하지 않은 것은?

> 최대리는 오늘도 기분이 별로다. 오전부터 팀장에게 싫은 소리를 들었기 때문이다. 늘 하던 일을 하던 방식으로 처리한 것이 빌미였다. 관행에 매몰되지 말고 창의적이고 발전적인 모습을 보여 달라는 게 팀장의 주문이었다. '창의적인 일처리'라는 말을 들을 때마다 주눅이 드는 자신을 발견할 때면 더욱 의기소침해지고 자신감이 없어진다. 어떻게 해야 창의적인 인재가 될 수 있을까 고민해 보지만 뾰족한 수가 보이지 않는다. 자기만 뒤처지는 것 같아 불안하기도 하고 남들은 어떤지 궁금하기도 하다.

① 창의적인 사람은 새로운 경험을 찾아 나서는 사람을 말하는 것 같아.
② 창의적인 사람의 독특하고 기발한 재능은 선천적으로 타고나는 것이라 할 수 있어.
③ 창의적인 사고는 후천적 노력에 의해서도 개발이 가능하다고 생각해.
④ 창의력은 본인 스스로 자신의 틀에서 벗어나도록 노력해야 한다고 생각해.
⑤ 창의적 사고는 전문지식이 필요하지 않으니 자신의 경험을 바탕으로 생각해 봐.

**02**    다음 글에서 설명하는 창의적 사고를 개발하는 방법으로 가장 적절한 것은?

> '신차 출시'라는 같은 주제에 대해서 판매방법, 판매대상 등의 힌트를 통해 사고 방향을 미리 정해서 발상한다. 이때, 판매방법이라는 힌트에 대해서는 '신규 해외 수출 지역을 물색한다.'라는 아이디어를 떠올릴 수 있을 것이다.

① 자유 연상법                    ② 강제 연상법
③ 비교 발상법                    ④ 비교 연상법
⑤ 자유 발상법

**03**  다음과 같은 특징을 가지고 있는 창의적 사고의 개발 방법은?

> 일정한 주제에 관하여 회의를 하고, 참가하는 인원이 자유발언을 통해 아이디어를 제시하는 것으로, 다른 사람의 발언에 비판하지 않는다.

① 스캠퍼 기법                    ② 여섯 가지 색깔 모자
③ 브레인스토밍                   ④ TRIZ
⑤ Logic Tree

**04**  다음 중 최근에 많이 사용되고 있는 퍼실리테이션의 문제해결에 대한 설명으로 옳지 않은 것은?

① 어떤 그룹이나 집단이 의사결정을 잘하도록 도와주는 일을 의미한다.
② 주제에 대한 공감을 이룰 수 있도록 능숙하게 도와주는 역할을 한다.
③ 구성원의 동기뿐만 아니라 팀워크도 한층 강화되는 특징을 보인다.
④ 제3자가 합의점이나 줄거리를 준비해놓고 예정대로 결론을 도출한다.
⑤ 깊이 있는 커뮤니케이션을 통해 서로의 문제점을 이해하고 공감함으로써 창조적인 문제해결을 도모한다.

**05** 다음 중 문제를 해결할 때 필요한 분석적 사고에 대한 설명으로 옳은 것은?

① 전체를 각각의 요소로 나누어 그 요소의 의미를 도출한 다음 우선순위를 부여하고 구체적인 문제해결 방법을 실행하는 것이 요구된다.

② 성과 지향의 문제는 일상업무에서 일어나는 상식, 편견을 타파하여 사고와 행동을 객관적 사실로부터 시작해야 한다.

③ 가설 지향의 문제는 기대하는 결과를 명시하고 효과적인 달성 방법을 사전에 구상하고 실행에 옮겨야 한다.

④ 사실 지향의 문제는 현상 및 원인분석 전에 지식과 경험을 바탕으로 일의 과정이나 결과, 결론을 가정한 다음 검증 후 사실일 경우 다음 단계의 일을 수행해야 한다.

⑤ 개별 요소가 나타나는 문제의 해결보다는 조직의 분위기에 부합하는 방향으로만 문제해결 방안을 수립해야 한다.

**06** 다음 중 문제해결절차에 따라 사용되는 문제해결 방법을 〈보기〉에서 골라 순서대로 바르게 나열한 것은?

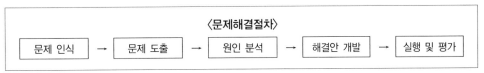

〈문제해결절차〉

문제 인식 → 문제 도출 → 원인 분석 → 해결안 개발 → 실행 및 평가

**보기**

㉠ 주요 과제를 나무 모양으로 분해 · 정리한다.
㉡ 자사, 경쟁사, 고객사에 대해 체계적으로 분석한다.
㉢ 부분을 대상으로 먼저 실행한 후 전체로 확대하여 실행한다.
㉣ 전체적 관점에서 방향과 방법이 같은 해결안을 그룹화한다.

① ㉠ - ㉡ - ㉢ - ㉣         ② ㉠ - ㉡ - ㉣ - ㉢
③ ㉡ - ㉠ - ㉢ - ㉣         ④ ㉡ - ㉠ - ㉣ - ㉢
⑤ ㉣ - ㉠ - ㉡ - ㉢

# CHAPTER 03

# 직업윤리

## 합격 Cheat Key

직업윤리는 업무를 수행함에 있어 원만한 직업생활을 위해 필요한 태도, 매너, 올바른 직업관이다. 직업윤리는 필기시험뿐만 아니라 서류를 제출하면서 자기소개서를 작성할 때와 면접을 시행할 때도 포함되는 항목으로 들어가지 않는 공사·공단이 없을 정도로 필수 능력으로 꼽힌다.

직업윤리의 세부 능력은 근로 윤리·공동체 윤리로 나눌 수 있다. 구체적인 문제 상황을 제시하여 해결하기 위해 어떤 대안을 선택해야 할지에 관한 문제들이 출제된다.

### 1  오답을 통해 대비하라!

이론을 따로 정리하는 것보다는 문제에서 본인이 생각하는 모범답안을 선택하고 틀렸을 경우 그 이유를 정리하는 방식으로 학습하는 것이 효율적이다. 암기하기보다는 이해에 중점을 두고 자신의 상식으로 문제를 푸는 것이 아니라 해당 문제가 어느 영역 어떤 하위 능력의 문제인지 파악하는 훈련을 한다면 답이 보일 것이다.

### 2  직업윤리와 일반윤리를 구분하라!

일반윤리와 구분되는 직업윤리의 특징을 이해해야 한다. 통념상 비윤리적이라고 일컬어지는 행동도 특정한 직업에서는 허용되는 경우가 있다. 그러므로 문제에서 주어진 상황을 판단할 때는 우선 직업의 특성을 고려해야 한다.

**3** 직업윤리의 하위능력을 파악해 두어라!

직업윤리의 경우 직장생활 경험이 없는 수험생들은 조직에서 일어날 수 있는 구체적인 직업윤리와 관련된 내용에 흥미가 없고 이를 이해하는 데 어려움이 있을 수 있다. 그러나 문제에서는 구체적인 상황·사례를 제시하는 문제가 나오기 때문에 직장에서의 예절을 정리하고 문제 상황에서 적절한 대처를 선택하는 연습을 하는 것이 중요하다.

**4** 면접에서도 유리하다!

많은 공사·공단에서 면접 시 직업윤리에 관련된 질문을 하는 경우가 많다. 직업윤리 이론 학습을 미리 해 두면 본인의 가치관을 세우는 데 도움이 되고 이는 곧 기업의 인재상과도 연결되기 때문에 미리 준비해 두면 필기시험에서 합격하고 면접을 준비할 때도 수월할 것이다.

# 01 | 윤리·근면

## | 유형분석 |

- 주어진 제시문 속의 비윤리적인 상황에 대하여 원인이나 대처법을 고르는 문제가 출제된다.
- 근면한 자세의 사례를 고르는 문제 또한 종종 출제된다.
- 직장생활 내에서 필요한 윤리적이고 근면한 태도에 대한 문제가 자주 출제된다.

## 다음 중 A ~ C의 비윤리적 행위에 대한 원인을 바르게 짝지은 것은?

- A는 영화관 내 촬영이 금지된 것을 모르고 영화 관람 중 스크린을 동영상으로 촬영하였고, 이를 인터넷에 올렸다가 저작권 위반으로 벌금이 부과되었다.
- B는 얼마 전 친구에게 인터넷 도박 사이트를 함께 운영하자는 제안을 받았고, 그러한 행위가 불법인 줄 알았음에도 불구하고 많은 돈을 벌 수 있다는 친구의 말에 제안을 바로 수락했다.
- 평소에 화를 잘 내지 않는 C는 만취한 상태로 편의점에 들어가 물건을 구매하는 과정에서 직원과 말다툼을 하다가 화를 주체하지 못하고 주먹을 휘둘렀다.

|   | A | B | C |
|---|---|---|---|
| ① | 무절제 | 무지 | 무관심 |
| ② | 무관심 | 무지 | 무절제 |
| ③ | 무관심 | 무절제 | 무지 |
| ④ | 무지 | 무관심 | 무절제 |
| ⑤ | 무지 | 무절제 | 무관심 |

**정답** ④

- A : 영화관 내 촬영이 불법인 줄 모르고 영상을 촬영하였으므로 무지로 인한 비윤리적 행위를 저질렀다.
- B : 불법 도박 사이트 운영이 불법임을 알고 있었지만, 이를 중요하게 여기지 않는 무관심으로 인한 비윤리적 행위를 저질렀다.
- C : 만취한 상태에서 자신을 스스로 통제하지 못하고 폭력을 행사하였으므로 무절제로 인한 비윤리적 행위를 저질렀다.

**비윤리적 행위의 원인**
- 무지 : 사람들은 무엇이 옳고, 무엇이 그른지 모르기 때문에 비윤리적 행위를 저지른다.
- 무관심 : 자신의 행위가 비윤리적이라는 것을 알고 있지만, 윤리적인 기준에 따라 행동해야 한다는 것을 중요하게 여기지 않는다.
- 무절제 : 자신의 행위가 잘못이라는 것을 알고 그러한 행위를 하지 않으려고 함에도 불구하고 자신의 통제를 벗어나는 어떤 요인으로 인하여 비윤리적 행위를 저지른다.

**풀이 전략!**

근로윤리는 우리 사회가 요구하는 도덕상에 기초하고 있다는 점을 유념하고, 다양한 사례를 익혀 문제에 적응한다.

**01** 다음 중 직장 내의 성실한 태도에 대한 사례로 옳지 않은 것은?

① 청결을 위해 아침에 사무실을 청소하는 A씨

② 많은 업무를 차근차근 해결해 나가는 B씨

③ 약속 장소에 10분 일찍 나오는 C씨

④ 먼저 나서서 솔선수범하는 D씨

⑤ 단기간에 많은 돈을 벌고자 하는 E씨

**02** 다음 중 근면에 대한 설명으로 옳지 않은 것은?

① 자아실현을 위해 자발적으로 능동적인 근무태도를 보이는 것은 근면에 해당된다.

② 직업에 귀천이 없다는 점은 근면한 태도를 유지해야 하는 근거로 볼 수 있다.

③ 근면은 게으르지 않고 부지런한 것을 의미한다.

④ 근면은 직업인으로서 마땅히 지녀야 할 태도이다.

⑤ 생계를 위해 어쩔 수 없이 기계적인 노동을 하며 부지런함을 유지하는 것은 근면에 해당되지 않는다.

**03** 다음 〈보기〉 중 비윤리적 행위인 거짓말에 대한 설명으로 옳지 않은 것을 모두 고르면?

> **보기**
>
> ㄱ. 침묵은 거짓말에 해당하지 않는다.
> ㄴ. 한국 사회에서는 자신의 입장을 보호하기 위한 거짓말보다 타인에게 피해를 주기 위한 거짓말의 유형이 더 많다.
> ㄷ. 거짓말에서 보호하려는 대상은 자신에게만 한정되지 않으며, 우호적 관계를 맺고 있는 제3자까지 확대될 수 있다.
> ㄹ. 타성적 거짓말의 경우 잘못된 자기신념으로 악화되기도 한다.

① ㄱ, ㄴ            ② ㄱ, ㄷ

③ ㄴ, ㄷ            ④ ㄴ, ㄹ

⑤ ㄷ, ㄹ

**04** 근면에는 외부로부터 강요당한 근면과 스스로 자진해서 하는 근면 두 가지가 있다. 다음 〈보기〉 중 스스로 자진해서 하는 근면을 모두 고르면?

> **보기**
> ㉠ 생계를 유지하기 위해 기계적으로 작업장에서 하는 일
> ㉡ 승진을 위해 외국어를 열심히 공부하는 일
> ㉢ 상사의 명령에 의해 하는 야근
> ㉣ 영업사원이 실적향상을 위해 노력하는 일

① ㉠, ㉡                                    ② ㉠, ㉢
③ ㉡, ㉢                                    ④ ㉡, ㉣
⑤ ㉠, ㉡, ㉢

**05** 다음 중 (가)의 입장에서 (나)의 문제점을 해결하기 위해 제시할 수 있는 자세를 〈보기〉에서 모두 고르면?

> (가) 모든 사회구성원이 공정하게 대우받는 정의로운 공동체를 만들기 위해서는 부패 행위를 방지해야 한다. 우리 조상들은 전통적으로 청렴 의식을 중요하게 여겨, 청렴 의식을 강조하는 전통 윤리를 지켜왔다.
> (나) 부패 인식 지수는 공무원과 정치인이 얼마나 부패해 있는지에 대한 정도를 비교하여 국가별로 순위를 매긴 것이다. 100점 만점을 기준으로 점수가 높을수록 청렴하다. 2023년 조사한 결과 우리나라의 부패 인식 지수는 100점 만점에 63점으로, 조사대상국 180개국 중 32위를 기록했다.

> **보기**
> ㉠ 공동체와 국가의 공사(公事)를 넘어서 개인의 일을 우선하는 정신을 기른다.
> ㉡ 공직자들은 개인적 이익과 출세만을 추구하지 않고 바른 마음과 정성을 가진다.
> ㉢ 부당한 방법으로 공익을 추구하려 하지 않고 개인의 이익을 가장 중요하게 여긴다.
> ㉣ 공직자들은 청빈한 생활 태도를 유지하면서 국가의 일에 충심을 다하려는 정신을 지닌다.

① ㉠, ㉡                                    ② ㉠, ㉢
③ ㉡, ㉢                                    ④ ㉡, ㉣
⑤ ㉢, ㉣

**06** 다음 중 정직에 대한 설명으로 옳지 않은 것은?

① 부정직한 관행은 인정하지 않음으로써 신용을 구축할 수 있다.

② 정직을 추구하기 위해서는 스스로가 잘못한 것도 정직하게 밝혀내야 한다.

③ 정직이란 신뢰를 형성하고 유지하는 데 가장 기본적이고 필수적인 규범이다.

④ 국가경쟁력을 제고하기 위해서는 개개인뿐만 아니라 사회 시스템 전반의 정직성이 확보되어야 한다.

⑤ 피해가 없음에도 정직하지 못하다는 이유로 부정직한 모든 행위를 지적하는 것은 사회융합을 저해할 수 있다.

**07** 다음 사례에서 알 수 있는 김과장의 가장 큰 문제점은 무엇인가?

> 수석팀장인 김과장은 맡은 업무는 뒷전이고 늘 재테크에만 관심을 기울인다. 자신이 다니고 있는 회사보다 주식 투자한 회사 상황을 더 잘 알고 있을 정도다. 오늘은 김과장이 투자한 회사의 주식이 갑자기 하한가를 쳤는지, 하루 종일 업무에 집중을 못하고 밖에서 담배만 피운다.

① 업무시간에 개인적인 용무를 하고 있다.

② 회사업무 외에 부수입으로 많은 돈을 벌길 원하고 있다.

③ 시간과 비용 대비 쉽게 돈을 벌기 위해 재테크를 하고 있다.

④ 자신의 회사보다 남의 회사에 관한 정보를 더 많이 알고 있다.

⑤ 저축과 같은 보수적인 재테크보다 주식과 같은 투기적인 재테크를 하고 있다.

**08** 다음 대화를 읽고 K대리에게 필요한 직업윤리로 가장 적절한 것은?

> K대리는 늦잠을 자서 약속시간 지키기가 빠듯했고, 과속으로 주행하다 결국 경찰에 단속되었다.
> 경찰 : 안녕하세요. 제한속도 60km 이상 과속하셨습니다.
> K대리 : 어머님이 위독하다는 연락을 받고 경황이 없어서 그랬습니다.
> 경찰 : 그래도 과속하셨습니다. 벌점 15점에 벌금 6만 원입니다.
> K대리 : 이번에 벌점을 받으면 면허정지 됩니다. 한번만 봐주세요.

① 창의력                    ② 협동심
③ 근면                      ④ 자주
⑤ 준법

# 02 | 봉사 · 책임 의식

## | 유형분석 |

- 개인이 가져야 하는 책임의식과 기업의 사회적 책임으로 양분되는 문제이다.
- 봉사의 의미를 묻는 문제가 종종 출제된다.

**다음은 봉사에 대한 글이다. 영문 철자에서 봉사가 함유한 의미로 옳지 않은 것은?**

봉사란 나라나 사회 혹은 타인을 위하여 자신의 이해를 돌보지 아니하고 몸과 마음을 다하여 일하는 것을 가리키며, 영문으로는 'Service'에 해당된다. 'Service'의 각 철자에서 봉사가 함유한 7가지 의미를 도출할 수 있다.

① S : Smile & Speed        ② E : Emotion

③ R : Repeat        ④ V : Value

⑤ C : Courtesy

---

**정답** ③

'R'은 반복하여 제공한다는 'Repeat'이 아니라 'Respect'로서 고객을 존중하는 것을 가리킨다.

**오답분석**

① 미소와 함께 신속한 도움을 제공하는 의미이다.
② 고객에게 감동을 주는 의미이다.
④ 고객에게 가치를 제공하는 의미이다.
⑤ 고객에게 예의를 갖추고 정중하게 대하는 의미한다.

**풀이 전략!**

직업인으로서 요구되는 봉사정신과 책임의식에 관해 숙지하도록 한다.

**01**    다음 중 책임감이 결여된 경우는 무엇인가?

① 건우 : 회사에 입사한 이후로 정해진 퇴근시간을 넘긴 경우는 있어도 출근시간을 넘긴 적은 없어.

② 미선 : 업무 완성을 위해서는 야근을 할 수 있어.

③ 윤희 : 자신의 일은 자신이 해결해야 하기 때문에 옆 동료의 일에 간여하지 않아.

④ 예현 : 지난번 나 혼자 해결하기 힘든 업무를 동료의 도움을 받아 해결해서 감사의 뜻을 표했어.

⑤ 경오 : 오전 내로 빠르게 해야 될 일이 있다면 일찍 출근해서 일할 수 있어.

**02**    다음 사례에서 알 수 있는 A와 B의 입장에 대한 설명으로 가장 적절한 것은?

> A : 기업에게 이윤극대화 외에 사회적 책임을 강조하게 되면, 기업의 소유주나 주주들의 권익을 침해할 수 있어.
> B : 기업은 이윤 추구 외에도 윤리경영, 환경보호활동 등 사회 전체의 행복을 증진시키는 일에 힘써야 하지.

① B는 기업의 목적이 이윤 추구에 있음을 부정한다.

② B는 기업이 공공선 실현에 기여해야 한다고 본다.

③ A는 기업이 공익사업에 적극 참여할 것을 강조한다.

④ A는 기업이 이윤 추구에만 몰두하는 것을 비효율적이라고 본다.

⑤ A와 B 모두 기업의 이윤 추구에 대해 부정적인 시각을 갖고 있다.

**03** 직장인 K씨는 일을 벌이기는 잘 하는데, 마무리를 잘하지 못하여 주변의 동료들에게 피해를 주고 있다. 자신이 벌인 일에도 불구하고 어려운 상황에 부딪힐 경우 회피하기에 급급하기 때문이다. 다음 중 K씨에게 해 줄 수 있는 조언으로 가장 적절한 것은?

① 봉사하는 마음을 가지도록 노력해 봐.
② 업무에는 책임감이 필요해.
③ 준법정신은 조직생활의 기본이야.
④ 직장예절은 원만한 조직생활에 있어 꼭 필요하지.
⑤ 정직은 신뢰 형성에 필수적인 규범이야.

**04** 다음 중 직장에서 책임 있는 생활을 하고 있지 않은 사람은?

① A사원은 몸이 아파도 맡은 임무는 다하려고 한다.
② B과장은 자신이 맡은 일이라면 개인적인 일을 포기하고 그 일을 먼저 한다.
③ C대리는 자신과 상황을 최대한 객관적으로 판단한 뒤 책임질 수 있는 범위의 일을 맡는다.
④ D부장은 나쁜 상황이 일어났을 때 왜 그런 일이 일어났는지에 대해서만 끊임없이 분석한다.
⑤ E대리는 자신의 업무뿐만 아니라 자신이 속한 부서의 일은 자신의 일이라고 생각하고 다른 사원들을 적극적으로 돕는다.

**05** 다음 중 직업윤리에 따른 직업인의 기본자세로 옳지 않은 것은?

① 대체 불가능한 희소성을 갖추어야 한다.
② 봉사 정신과 협동 정신이 있어야 한다.
③ 소명 의식과 천직 의식을 가져야 한다.
④ 공평무사한 자세가 필요하다.
⑤ 책임 의식과 전문 의식이 있어야 한다.

**06** 다음은 K사 사보에 올라온 영국 처칠 수상의 일화이다. 이에 나타난 직장생활의 교훈으로 가장 적절한 것은?

> 어느 날 영국의 처칠 수상은 급한 업무 때문에 그의 운전기사에게 차를 빠르게 몰 것을 지시하였다. 그때 교통 경찰관은 속도를 위반한 처칠 수상의 차량을 발견하고 차를 멈춰 세웠다. 처칠 수상은 경찰관에게 말했다. "이봐. 내가 누군지 알아?" 그러자 경찰관이 대답했다. "얼굴은 우리 수상 각하와 비슷하지만, 법을 지키지 않는 것을 보니 수상 각하가 아닌 것 같습니다." 경찰관의 답변에 부끄러움을 느낀 처칠은 결국 벌금을 지불했고, 교통 경찰관의 근무 자세에 감명을 받았다고 한다.

① 무엇보다 고객의 가치를 최우선으로 생각해야 한다.
② 업무에 대해서는 스스로 자진해서 성실하게 임해야 한다.
③ 모든 결과는 나의 선택으로 일어난 것으로 여긴다.
④ 조직의 운영을 위해서는 지켜야 하는 의무가 있다.
⑤ 직장동료와 신뢰를 형성하고 유지해야 한다.

PART 1

**07** 다음 〈보기〉 중 서비스(Service)의 7가지 의미에 해당하는 것은 모두 몇 개인가?

> **보기**
> ㄱ. 고객에게 효과적인 도움을 제공할 수 있어야 한다.
> ㄴ. 고객에게 예의를 갖추고 서비스를 제공하여야 한다.
> ㄷ. 고객에게 좋은 이미지를 심어주어야 한다.
> ㄹ. 고객에게 정서적 감동을 제공할 수 있어야 한다.
> ㅁ. 고객에게 탁월한 수준으로 지원이 제공되어야 한다.

① 1개                    ② 2개
③ 3개                    ④ 4개
⑤ 5개

# 수리능력

## 합격 Cheat Key

수리능력은 사칙 연산·통계·확률의 의미를 정확하게 이해하고 이를 업무에 적용하는 능력으로, 기초 연산과 기초 통계, 도표 분석 및 작성의 문제 유형으로 출제된다. 수리능력 역시 채택하지 않는 공사·공단이 거의 없을 만큼 필기시험에서 중요도가 높은 영역이다.

특히, 난이도가 높은 공사·공단의 시험에서는 도표 분석, 즉 자료 해석 유형의 문제가 많이 출제되고 있고, 응용 수리 역시 꾸준히 출제하는 공사·공단이 많기 때문에 기초 연산과 기초 통계에 대한 공식의 암기와 자료 해석 능력을 기를 수 있는 꾸준한 연습이 필요하다.

### 1 응용 수리의 공식은 반드시 암기하라!

응용 수리는 공사·공단마다 출제되는 문제는 다르지만, 사용되는 공식은 비슷한 경우가 많으므로 자주 출제되는 공식을 반드시 암기하여야 한다. 문제에서 묻는 것을 정확하게 파악하여 그에 맞는 공식을 적절하게 적용하는 꾸준한 노력과 공식을 암기하는 연습이 필요하다.

**2** 자료의 해석은 자료에서 즉시 확인할 수 있는 지문부터 확인하라!

수리능력 중 도표 분석, 즉 자료 해석 능력은 많은 시간을 필요로 하는 문제가 출제되므로, 증가·감소 추이와 같이 눈으로 확인이 가능한 지문을 먼저 확인한 후 복잡한 계산이 필요한 지문을 확인하는 방법으로 문제를 풀이한다면 시간을 조금이라도 아낄 수 있다. 또한, 여러 가지 보기가 주어진 문제 역시 지문을 잘 확인하고 문제를 풀이한다면 불필요한 계산을 생략할 수 있으므로 항상 지문부터 확인하는 습관을 들여야 한다.

**3** 도표 작성에서 지문에 작성된 도표의 제목을 반드시 확인하라!

도표 작성은 하나의 자료 혹은 보고서와 같은 수치가 표현된 자료를 도표로 작성하는 형식으로 출제되는데, 대체로 표보다는 그래프를 작성하는 형태로 많이 출제된다. 지문을 살펴보면 각 지문에서 주어진 도표에도 소제목이 있는 경우가 대부분이다. 이때, 자료의 수치와 도표의 제목이 일치하지 않는 경우 함정이 존재하는 문제일 가능성이 높으므로 도표의 제목을 반드시 확인하는 것이 중요하다.

# 01 | 응용 수리

## | 유형분석 |

- 문제에서 제공하는 정보를 파악한 뒤, 사칙연산을 활용하여 계산하는 전형적인 수리문제이다.
- 문제를 풀기 위한 정보가 산재되어 있는 경우가 많으므로 주어진 조건 등을 꼼꼼히 확인해야 한다.

대학 서적을 도서관에서 빌리면 10일간 무료이고, 그 이상은 하루에 100원의 연체료가 부과되며 한 달 단위로 연체료는 두 배로 늘어난다. 1학기 동안 대학 서적을 도서관에서 빌려 사용하는 데 얼마의 비용이 드는가?(단, 1학기의 기간은 15주이고, 한 달은 30일로 정한다)

① 18,000원
② 20,000원
③ 23,000원
④ 25,000원
⑤ 28,000원

**정답** ④

- 1학기의 기간 : 15×7=105일
- 연체료가 부과되는 기간 : 105-10=95일
- 연체료가 부과되는 시점에서부터 한 달 동안의 연체료 : 30×100=3,000원
- 첫 번째 달부터 두 번째 달까지의 연체료 : 30×100×2=6,000원
- 두 번째 달부터 세 번째 달까지의 연체료 : 30×100×2×2=12,000원
- 95일(3개월 5일) 연체료 : 3,000+6,000+12,000+5×(100×2×2×2)=25,000원

따라서 1학기 동안 대학 서적을 도서관에서 빌려 사용한다면 25,000원의 비용이 든다.

**풀이 전략!**

문제에서 묻는 바를 정확하게 확인한 후, 필요한 조건 또는 정보를 구분하여 신속하게 풀어 나간다. 단, 계산에 착오가 생기지 않도록 유의한다.

**01**    혜영이가 자전거를 타고 300m를 달리는 동안 지훈이는 자전거를 타고 400m를 달린다고 한다. 두 사람이 둘레가 1,800m인 원 모양의 연못 둘레를 같은 지점에서 같은 방향으로 동시에 출발하여 15분 후에 처음으로 만날 때 혜영이와 지훈이가 이동한 거리의 합은?

① 7,200m                          ② 8,800m

③ 9,400m                          ④ 12,600m

⑤ 16,800m

**02**    A, B그릇에는 각각 농도 6%, 8%의 소금물 300g이 들어 있다. A그릇에서 소금물 100g을 퍼서 B그릇에 옮겨 담고, 다시 B그릇에서 소금물 80g을 퍼서 A그릇에 옮겨 담았다. 이때, A그릇에 들어 있는 소금물의 농도는 얼마인가?(단, 소수점 둘째 자리에서 반올림한다)

① 5%                              ② 5.6%

③ 6%                              ④ 6.4%

⑤ 7%

**03**    희경이의 회사는 본사에서 지점까지의 거리가 총 50km이다. 버스를 타고 60km/h의 속력으로 20km를 갔더니 지점에서의 미팅시간이 얼마 남지 않아서, 택시로 바꿔 타고 90km/h의 속력으로 갔더니 오후 3시에 도착할 수 있었다. 희경이가 본사에서 나온 시각은 언제인가?(단, 본사에서 나와 버스를 기다린 시간과 버스에서 택시로 바꿔 탄 시간은 생각하지 않는다)

① 오후 1시 40분                    ② 오후 2시

③ 오후 2시 20분                    ④ 오후 2시 40분

⑤ 오후 3시

**04** K사에서 파견 근무를 나갈 10명을 뽑아 팀을 구성하려 한다. 새로운 팀 내에서 팀장 한 명과 회계 담당 2명을 뽑으려고 할 때, 가능한 경우의 수는 모두 몇 가지인가?

① 300가지　　　　　　　　　　　② 320가지

③ 348가지　　　　　　　　　　　④ 360가지

⑤ 396가지

**05** 어떤 백화점에서 20% 할인해서 팔던 옷을 할인된 가격에서 30% 추가 할인하여 28만 원에 구매하였다. 이때, 할인받은 금액은?

① 14만 원　　　　　　　　　　　② 18만 원

③ 22만 원　　　　　　　　　　　④ 28만 원

⑤ 30만 원

**06** 가로 길이가 $x$cm이고 세로 길이가 $y$cm인 직사각형의 둘레의 길이는 20cm이고 넓이는 24cm$^2$이다. 이 직사각형의 가로 길이와 세로 길이를 3cm씩 늘릴 때, 늘어난 직사각형의 넓이는?

① 59cm$^2$　　　　　　　　　　　② 60cm$^2$

③ 61cm$^2$　　　　　　　　　　　④ 62cm$^2$

⑤ 63cm$^2$

**07** 한 인터넷 쇼핑몰의 등록 고객 중 여성이 75%, 남성이 25%라고 한다. 여성 등록 고객 중 우수고객의 비율은 40%, 일반 고객의 비율은 60%이다. 그리고 남성 등록 고객의 경우 우수고객이 30%, 일반고객이 70%이다. 등록 고객 중 한 명을 임의로 뽑았더니 우수고객이었다. 이때, 이 고객이 여성일 확률은?

① 75%　　　　　　　　　　　② 80%

③ 85%　　　　　　　　　　　④ 90%

⑤ 95%

**08** 철수는 다음과 같은 길을 따라 A에서 C까지 최단 거리로 이동하려고 한다. 최단 거리로 이동하는 동안 점 B를 거쳐서 이동하는 경우의 수는?

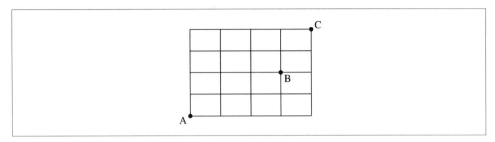

① 15가지  ② 24가지

③ 28가지  ④ 30가지

⑤ 32가지

**09** K공사에서 노후화된 컴퓨터 모니터를 교체하기 위해 부서별로 조사를 한 결과, 다음과 같이 교체하기로 하였다. 새로 구입할 모니터는 모두 몇 대인가?(단, 부서는 인사부, 총무부, 연구부, 마케팅부 4개만 있다)

새로 구입할 전체 모니터 중 $\frac{2}{5}$ 대는 인사부, $\frac{1}{3}$ 대는 총무부의 것이고, 인사부에서 교체할 모니터

개수의 $\frac{1}{3}$ 은 연구부에서 교체할 개수이며, 마케팅부는 400대를 교체할 것이다.

① 1,000대  ② 1,500대

③ 2,500대  ④ 3,000대

⑤ 3,500대

# 02 | 수열 규칙

## | 유형분석 |

- 나열된 수의 규칙을 찾아 해결하는 문제이다.
- 등차·등비수열 등 다양한 수열 규칙에 대한 사전 학습이 요구된다.

다음과 같이 일정한 규칙으로 수를 나열할 때, 빈칸에 들어갈 수는 무엇인가?

| 0 3 5 10 17 29 48 ( ) |
| --- |

① 55　　　　　　　　　　　　　　　② 60

③ 71　　　　　　　　　　　　　　　④ 79

⑤ 83

정답 ④

$n$을 자연수라 하면 $(n+1)$항에서 $n$항을 더하고 $+2$를 한 값인 $(n+2)$항이 되는 수열이다.
따라서 ( )$=48+29+2=79$이다.

### 풀이 전략!

- 수열을 풀이할 때는 다음과 같은 규칙이 적용되는지를 순차적으로 판단한다.
  1) 각 항에 일정한 수를 사칙연산($+$, $-$, $\times$, $\div$)하는 규칙
  2) 홀수 항, 짝수 항 규칙
  3) 피보나치 수열과 같은 계차를 이용한 규칙
  4) 군수열을 활용한 규칙
  5) 항끼리 사칙연산을 하는 규칙

주요 수열 규칙

| 구분 | 내용 |
| --- | --- |
| 등차수열 | 앞의 항에 일정한 수를 더해 이루어지는 수열 |
| 등비수열 | 앞의 항에 일정한 수를 곱해 이루어지는 수열 |
| 피보나치 수열 | 앞의 두 항의 합이 그 다음 항의 수가 되는 수열 |
| 건너뛰기 수열 | 두 개 이상의 수열 또는 규칙이 일정한 간격을 두고 번갈아가며 적용되는 수열 |
| 계차수열 | 앞의 항과 차가 일정하게 증가하는 수열 |
| 군수열 | 일정한 규칙성으로 몇 항씩 묶어 나눈 수열 |

※ 다음과 같이 일정한 규칙으로 수를 나열할 때, 빈칸에 들어갈 수를 고르시오. [1~2]

**01**

| 51 | 58 | 42 | 49 | ( ) | 40 | 24 |

① 31                    ② 33
③ 35                    ④ 36
⑤ 39

**02**

| 3 | 5 | 11 | 21 | 43 | ( ) | 171 | 341 | 683 |

① 85                    ② 90
③ 95                    ④ 100
⑤ 105

**03** 다음과 같이 일정한 규칙으로 수를 나열할 때, B−A를 구하면?

| 1 | 2 | A | 5 | 8 | 13 | 21 | B |

① 22                    ② 25
③ 28                    ④ 30
⑤ 31

# 03 | 자료 계산

## | 유형분석 |

- 문제에 주어진 도표를 분석하여 각 선택지의 값을 계산해 정답 유무를 판단하는 문제이다.
- 주로 그래프와 표로 제시되며, 경영·경제·산업 등과 관련된 최신 이슈를 많이 다룬다.
- 자료 간의 증감률·비율·추세 등을 자주 묻는다.

K마트 물류팀에 근무하는 E사원은 9월 라면 입고량과 판매량을 확인하던 중 11일과 15일에 A, B업체의 기록이 누락되어 있는 것을 발견하였다. 동료직원인 D사원은 E사원에게 "9월 11일의 전체 라면 재고량 중 A업체는 10%, B업체는 9%를 차지하였고, 9월 15일의 A업체 라면 재고량은 B업체보다 500개가 더 많았다."라고 말했다. 이때 9월 11일의 전체 라면 재고량은 몇 개인가?

| 구분 | | 9월 12일 | 9월 13일 | 9월 14일 |
|---|---|---|---|---|
| A업체 | 입고량 | 300 | – | 200 |
| | 판매량 | 150 | 100 | – |
| B업체 | 입고량 | – | 250 | – |
| | 판매량 | 200 | 150 | 50 |

① 10,000개          ② 15,000개

③ 20,000개          ④ 25,000개

⑤ 30,000개

**정답** ①

9월 11일의 전체 라면 재고량을 $x$개라고 하면, A, B업체의 9월 11일 라면 재고량은 각각 $0.1x$개, $0.09x$개이다.
이때 A, B업체의 9월 15일 라면 재고량을 구하면 다음과 같다.
- A업체 : $0.1x+300+200-150-100=(0.1x+250)$개
- B업체 : $0.09x+250-200-150-50=(0.09x-150)$개

9월 15일에는 A업체의 라면 재고량이 B업체보다 500개가 더 많으므로 식을 세우면 다음과 같다.
$0.1x+250=0.09x-150+500$
$\therefore x=10,000$

따라서 9월 11일의 전체 라면 재고량은 10,000개이다.

### 풀이 전략!

선택지를 먼저 읽고 필요한 정보를 도표에서 확인하도록 하며, 계산이 필요한 경우에는 실제 수치를 사용하여 복잡한 계산을 하는 대신, 대소 관계의 비교나 선택지의 옳고 그름만을 판단할 수 있을 정도로 간소화하여 계산해 풀이시간을 단축할 수 있도록 한다.

**01**　다음은 4개 국가의 연도별 관광 수입 및 지출을 나타낸 자료이다. 2023년 관광 수입이 가장 많은 국가와 가장 적은 국가의 2024년 관광 지출 대비 관광 수입 비율의 차이는 얼마인가?(단, 소수점 둘째 자리에서 반올림한다)

<국가별 관광 수입 및 지출>

(단위 : 백만 달러)

| 구분 | 관광 수입 | | | 관광 지출 | | |
|---|---|---|---|---|---|---|
| | 2022년 | 2023년 | 2024년 | 2022년 | 2023년 | 2024년 |
| 한국 | 15,214 | 17,300 | 13,400 | 25,300 | 27,200 | 30,600 |
| 중국 | 44,969 | 44,400 | 32,600 | 249,800 | 250,100 | 257,700 |
| 홍콩 | 36,150 | 32,800 | 33,300 | 23,100 | 24,100 | 25,400 |
| 인도 | 21,013 | 22,400 | 27,400 | 14,800 | 16,400 | 18,400 |

① 25.0%　　　　　　　　　　② 27.5%

③ 28.3%　　　　　　　　　　④ 30.4%

⑤ 31.1%

**02**　K통신회사는 이동전화의 통화시간에 따라 월 2시간까지는 기본요금이 부과되고, 2시간 초과 3시간까지는 분당 $a$원, 3시간 초과부터는 $2a$원을 부과한다. 다음과 같이 요금이 청구되었을 때, $a$의 값은 얼마인가?

<휴대전화 이용요금>

| 구분 | 통화시간 | 요금 |
|---|---|---|
| 8월 | 3시간 30분 | 21,600원 |
| 9월 | 2시간 20분 | 13,600원 |

① 50　　　　　　　　　　② 80

③ 100　　　　　　　　　　④ 120

⑤ 150

# 04 | 자료 이해

## | 유형분석 |

- 제시된 표를 분석하여 선택지의 정답 유무를 판단하는 문제이다.
- 표의 수치 등을 통해 변화량이나 증감률, 비중 등을 비교하여 판단하는 문제가 자주 출제된다.
- 지원하고자 하는 기업이나 산업과 관련된 자료 등이 문제의 자료로 많이 다뤄진다.

다음은 A ~ E 5개국의 경제 및 사회 지표 자료이다. 이에 대한 설명으로 옳지 않은 것은?

〈주요 5개국의 경제 및 사회 지표〉

| 구분 | 1인당 GDP(달러) | 경제성장률(%) | 수출(백만 달러) | 수입(백만 달러) | 총인구(백만 명) |
|------|------|------|------|------|------|
| A | 27,214 | 2.6 | 526,757 | 436,499 | 50.6 |
| B | 32,477 | 0.5 | 624,787 | 648,315 | 126.6 |
| C | 55,837 | 2.4 | 1,504,580 | 2,315,300 | 321.8 |
| D | 25,832 | 3.2 | 277,423 | 304,315 | 46.1 |
| E | 56,328 | 2.3 | 188,445 | 208,414 | 24.0 |

※ (총 GDP)=(1인당 GDP)×(총인구)

① 경제성장률이 가장 큰 나라가 총 GDP는 가장 작다.
② 총 GDP가 가장 큰 나라의 GDP는 가장 작은 나라의 GDP보다 10배 이상 더 크다.
③ 5개국 중 수출과 수입에 있어서 규모에 따라 나열한 순위는 서로 일치한다.
④ A국이 E국보다 총 GDP가 더 크다.
⑤ 1인당 GDP에 따른 순위와 총 GDP에 따른 순위는 서로 일치한다.

정답 ⑤

1인당 GDP 순위는 E>C>B>A>D이다. 그런데 1인당 GDP가 가장 큰 E국은 1인당 GDP가 2위인 C국보다 1% 정도밖에 높지 않은 반면, 인구는 C국의 $\frac{1}{10}$ 이하이므로 총 GDP 역시 C국보다 작다. 따라서 1인당 GDP 순위와 총 GDP 순위는 일치하지 않는다.

**풀이 전략!**

평소 변화량이나 증감률, 비중 등을 구하는 공식을 알아두고 있어야 하며, 지원하는 기업이나 산업에 관한 자료 등을 확인하여 비교하는 연습 등을 한다.

**01** 다음은 인터넷 공유활동 참여 현황을 정리한 자료이다. 이를 바르게 이해하지 못한 사람은?

### 〈인터넷 공유활동 참여율(복수응답)〉

(단위 : %)

| 구분 | | 커뮤니티 이용 | 퍼나르기 | 블로그 운영 | 댓글달기 | UCC 게시 |
|---|---|---|---|---|---|---|
| 성별 | 남성 | 79.1 | 64.1 | 49.9 | 52.2 | 46.1 |
| | 여성 | 76.4 | 59.6 | 55.1 | 38.4 | 40.1 |
| 연령대별 | 10대 | 75.1 | 63.9 | 54.7 | 44.3 | 51.3 |
| | 20대 | 88.8 | 74.4 | 76.3 | 47.3 | 54.4 |
| | 30대 | 77.3 | 58.5 | 46.3 | 44.0 | 37.5 |
| | 40대 | 66.0 | 48.6 | 27.0 | 48.2 | 29.6 |

※ 성별, 연령대별 조사인원은 동일함

① A사원 : 자료에 의하면 20대가 다른 연령대에 비해 인터넷상에서 공유활동을 활발히 참여하고 있네요.

② B주임 : 대체로 남성이 여성에 비해 상대적으로 활발한 활동을 하고 있는 것 같아요. 그런데 블로그 운영 활동은 여성이 더 많네요.

③ C대리 : 남녀 간의 참여율 격차가 가장 큰 영역은 댓글달기네요. 반면에 커뮤니티 이용은 남녀 간의 참여율 격차가 가장 적네요.

④ D사원 : 10대와 30대의 공유활동 참여율을 높은 순서대로 나열하면 두 연령대의 활동 순위가 동일하네요.

⑤ E사원 : 40대는 대부분의 공유활동에서 모든 연령대의 참여율보다 낮지만, 댓글달기에서는 가장 높은 참여율을 보이고 있네요.

PART 1

※ 다음은 이산가족 교류 성사에 대한 자료이다. 이어지는 질문에 답하시오. [2~3]

### 〈이산가족 교류 성사 현황〉

(단위 : 건)

| 구분 | 3월 | 4월 | 5월 | 6월 | 7월 | 8월 |
|---|---|---|---|---|---|---|
| 접촉신청 | 18,193 | 18,200 | 18,204 | 18,205 | 18,206 | 18,221 |
| 생사확인 | 11,791 | 11,793 | 11,795 | 11,795 | 11,795 | 11,798 |
| 상봉 | 6,432 | 6,432 | 6,432 | 6,432 | 6,432 | 6,432 |
| 서신교환 | 12,267 | 12,272 | 12,274 | 12,275 | 12,276 | 12,288 |

**02** 다음 〈보기〉 중 이산가족 교류 성사 현황에 대한 설명으로 옳은 것을 모두 고르면?

**보기**

ㄱ. 접촉신청 건수는 4월부터 7월까지 매월 증가하였다.
ㄴ. 3월부터 8월까지 생사확인 건수와 서신교환 건수의 증감 추세는 동일하다.
ㄷ. 6월 생사확인 건수는 접촉신청 건수의 70% 이하이다.
ㄹ. 5월보다 8월에 상봉 건수 대비 서신교환 건수 비율은 감소하였다.

① ㄱ, ㄴ
② ㄱ, ㄷ
③ ㄴ, ㄷ
④ ㄴ, ㄹ
⑤ ㄷ, ㄹ

**03** 다음은 이산가족 교류 성사 현황을 토대로 작성한 보고서이다. 밑줄 친 부분 중 옳지 않은 것을 모두 고르면?

통일부는 올해 3월부터 8월까지 이산가족 교류 성사 현황을 발표하였다. 발표한 자료에 따르면 ㉠ 3월부터 생사확인 건수는 꾸준히 증가하였다. 그러나 상봉 건수는 남북 간의 조율 결과 매월 일정 수준을 유지하고 있다. ㉡ 서신교환의 경우 3월 대비 8월 증가율은 2% 미만이나, 꾸준한 증가 추세를 보이고 있다. ㉢ 접촉신청 건수는 7월 전월 대비 불변한 것을 제외하면 꾸준히 증가 추세를 보이고 있다. 통일부는 접촉신청, 생사확인, 상봉, 서신교환 외에도 다른 형태의 이산가족 교류를 추진하고 특히 상봉을 확대할 계획이라고 밝혔다. ㉣ 전문가들은 총 이산가족 교류 건수가 증가 추세에 있음을 긍정적으로 평가하고 있다.

① ㉠, ㉡
② ㉠, ㉢
③ ㉡, ㉢
④ ㉡, ㉣
⑤ ㉢, ㉣

**04** 다음은 국민권익위원회에서 발표한 행정기관들의 고충민원 접수처리 현황이다. 〈보기〉 중 이에 대한 설명으로 옳은 것을 모두 고르면?(단, 소수점 셋째 자리에서 반올림한다)

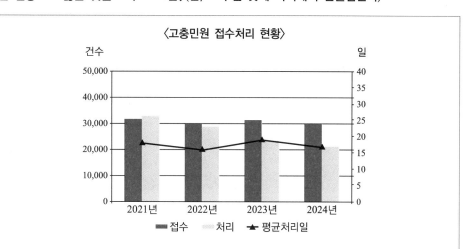

〈고충민원 접수처리 현황〉

〈고충민원 접수처리 항목별 세부현황〉

(단위 : 건, 일)

| 구분 | | 2021년 | 2022년 | 2023년 | 2024년 |
|---|---|---|---|---|---|
| 접수 | | 31,681 | 30,038 | 31,308 | 30,252 |
| 처리 | | 32,737 | 28,744 | 23,573 | 21,080 |
| 인용 | 시정권고 | 277 | 257 | 205 | 212 |
| | 제도개선 | 0 | 0 | 0 | 0 |
| | 의견표명 | 467 | 474 | 346 | 252 |
| | 조정합의 | 2,923 | 2,764 | 2,644 | 2,567 |
| | 소계 | 3,667 | 3,495 | 3,195 | 3,031 |
| 단순안내 | | 12,396 | 12,378 | 10,212 | 9,845 |
| 기타처리 | | 16,674 | 12,871 | 10,166 | 8,204 |
| 평균처리일 | | 18 | 16 | 19 | 17 |

보기

ㄱ. 기타처리 건수의 전년 대비 감소율은 매년 증가하였다.
ㄴ. 처리 건수 중 인용 건수 비율은 2024년이 2021년에 비해 3% 이상 높다.
ㄷ. 처리 건수 대비 조정합의 건수의 비율은 2022년이 2023년보다 높다.
ㄹ. 평균처리일이 짧은 해일수록 조정합의 건수 대비 의견표명 건수 비율이 높다.

① ㄱ
② ㄴ
③ ㄱ, ㄷ
④ ㄴ, ㄹ
⑤ ㄴ, ㄷ, ㄹ

# 조직이해능력

## 합격 Cheat Key

조직이해능력은 업무를 원활하게 수행하기 위해 조직의 체제와 경영을 이해하고 국제적인 추세를 이해하는 능력이다. 현재 많은 공사·공단에서 출제 비중을 높이고 있는 영역이기 때문에 미리 대비하는 것이 중요하다. 실제 업무 능력에서 조직이해능력을 요구하기 때문에 중요도는 점점 높아 질 것이다.

세부 유형은 조직 체제 이해, 경영 이해, 업무 이해, 국제 감각으로 나눌 수 있다. 조직도를 제시하는 문제가 출제되거나 조직의 체계를 파악해 경영의 방향성을 예측하고, 업무의 우선순위를 파악하는 문제가 출제된다.

### 1  문제 속에 정답이 있다!

경력이 없는 경우 조직에 대한 이해가 낮을 수밖에 없다. 그러나 문제 자체가 실무적인 내용을 담고 있어도 문제 안에는 해결의 단서가 주어진다. 부담을 갖지 않고 접근하는 것이 중요하다.

### 2  경영·경제학원론 정도의 수준은 갖추도록 하라!

지원한 직군마다 차이는 있을 수 있으나, 경영·경제이론을 접목시킨 문제가 꾸준히 출제되고 있다. 따라서 기본적인 경영·경제이론은 익혀 둘 필요가 있다.

### 3 지원하는 공사·공단의 조직도를 파악하라!

출제되는 문제는 각 공사·공단의 세부내용일 경우가 많기 때문에 지원하는 공사·공단의 조직도를 파악해 두어야 한다. 조직이 운영되는 방법과 전략을 이해하고, 조직을 구성하는 체제를 파악하고 간다면 조직이해능력에서 조직도가 나올 때 단기간에 문제를 풀수 있을 것이다.

### 4 실제 업무에서도 요구되므로 이론을 익혀라!

각 공사·공단의 직무 특성상 일부 영역에 중요도가 가중되는 경우가 있어서 많은 취업준비생들이 일부 영역에만 집중하지만, 실제 업무 능력에서 직업기초능력 10개 영역이 골고루 요구되는 경우가 많고, 현재는 필기시험에서도 조직이해능력을 출제하는 기관의 비중이 늘어나고 있기 때문에 미리 이론을 익혀 둔다면 모듈형 문제에서 고득점을 노릴수 있다.

# 01 | 경영 전략

## | 유형분석 |

- 경영 전략에서 대표적으로 출제되는 문제는 마이클 포터(Michael Porter)의 본원적 경쟁 전략이다.
- 경쟁 전략의 기본적인 이해와 구조를 물어보는 문제가 자주 출제되므로 전략별 특징 및 개념에 대한 이론 학습이 요구된다.

경영이 어떻게 이루어지냐에 따라 조직의 생사가 결정된다고 할 만큼 경영은 조직에 있어서 핵심이다. 다음 중 경영 전략을 추진하는 과정에 대한 설명으로 옳지 않은 것은?

① 경영 전략은 조직 전략, 사업 전략, 부문 전략으로 분류된다.
② 환경 분석을 할 때는 조직의 내부환경뿐만 아니라 외부환경에 대한 분석도 필수이다.
③ 전략 목표는 비전과 미션으로 구분되는데, 둘 다 있어야 한다.
④ 경영 전략이 실행됨으로써 세웠던 목표에 대한 결과가 나오는데, 그것에 대한 평가 및 피드백 과정도 생략되어서는 안 된다.
⑤ '환경 분석 → 전략 목표 설정 → 경영 전략 도출 → 경영 전략 실행 → 평가 및 피드백'의 과정을 거쳐 이루어진다.

**정답** ⑤

전략목표를 먼저 설정하고 환경을 분석해야 한다.

### 풀이 전략!

대부분의 기업들은 마이클 포터의 본원적 경쟁 전략을 사용하고 있다. 각 전략에 해당하는 대표적인 기업을 연결하고, 그들의 경영 전략을 상기하며 문제를 풀어보도록 한다.

**01**    다음 사례에서 나타난 마이클 포터의 본원적 경쟁 전략으로 가장 적절한 것은?

> K사는 전자 제품 시장에서 경쟁회사가 가격을 낮추는 저가 전략을 사용하여 점유율을 높이려 하자,
> 이에 맞서 오히려 고급 기술을 적용한 고품질 프리미엄 제품을 선보이고 서비스를 강화해 시장의
> 점유율을 높였다.

① 차별화 전략                    ② 원가우위 전략
③ 집중화 전략                    ④ 마케팅 전략
⑤ 비교우위 전략

**02**    다음은 경영 전략 추진과정을 나타낸 자료이다. (A)에 대한 사례 중 그 성격이 다른 것은?

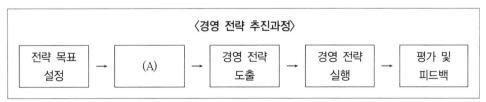

〈경영 전략 추진과정〉

전략 목표 설정 → (A) → 경영 전략 도출 → 경영 전략 실행 → 평가 및 피드백

① 제품 개발을 위해 K사가 가진 예산의 현황을 파악해야 한다.
② K사 제품의 시장 개척을 위해 법적으로 문제가 없는지 확인해야 한다.
③ K사가 공급받고 있는 원재료들의 원가를 확인해야 한다.
④ 신제품 출시를 위해 경쟁사들의 동향을 파악해야 한다.
⑤ 이번에 발표된 정부의 정책으로 K사 제품이 어떠한 영향을 받을 수 있는지 확인해야 한다.

# 02 | 조직 구조

## | 유형분석 |

- 조직 구조 유형에 대한 특징을 물어보는 문제가 자주 출제된다.
- 기계적 조직과 유기적 조직의 차이점과 사례 등을 숙지하고 있어야 한다.
- 조직 구조 형태에 따라 기능적 조직, 사업별 조직으로 구분하여 출제되기도 한다.

다음 〈보기〉 중 조직 구조에 대한 설명으로 옳지 않은 것을 모두 고르면?

보기
ㄱ. 기계적 조직은 구성원들의 업무분장이 명확하게 이루어져 있는 편이다.
ㄴ. 기계적 조직은 조직 내 의사소통이 비공식적 경로를 통해 활발히 이루어진다.
ㄷ. 유기적 조직은 의사결정 권한이 조직 하부 구성원들에게 많이 위임되어 있으며, 업무내용이 명확히 규정
되어 있는 것이 특징이다.
ㄹ. 유기적 조직은 기계적 조직에 비해 조직의 형태가 가변적이다.

① ㄱ, ㄴ　　　　　　　　　　　② ㄱ, ㄷ
③ ㄴ, ㄷ　　　　　　　　　　　④ ㄴ, ㄹ
⑤ ㄷ, ㄹ

정답　③
ㄴ. 기계적 조직 내 의사소통은 비공식적 경로가 아닌 공식적 경로를 통해 주로 이루어진다.
ㄷ. 유기적 조직은 의사결정 권한이 조직 하부 구성원들에게 많이 위임되어 있으나, 업무내용은 기계적 조직에 비해 가변적이다.

오답분석
ㄱ. 기계적 조직은 위계질서 및 규정, 업무분장이 모두 명확하게 확립되어 있는 조직이다.
ㄹ. 유기적 조직에서는 비공식적인 상호 의사소통이 원활히 이루어지며, 규제나 통제의 정도가 낮아 변화에 따라 쉽게 변할 수
있는 특징을 가진다.

풀이 전략!
조직 구조는 유형에 따라 기계적 조직과 유기적 조직으로 나눌 수 있다. 기계적 조직과 유기적 조직은 서로 상반된 특징을
가지고 있으며, 기계적 조직이 관료제의 특징과 비슷함을 파악하고 있다면, 이와 상반된 유기적 조직의 특징도 수월하게 파악
할 수 있다.

**01** 다음 중 빈칸 ㉠, ㉡에 들어갈 조직 유형을 바르게 짝지은 것은?

> 조직은 ㉠ 과 ㉡ 으로 구분할 수 있다. ㉠ 은 기업과 같이 이윤을 목적으로 하는 조직이며, ㉡ 은 정부 조직을 비롯하여 공익을 추구하는 병원, 대학, 시민단체, 종교단체 등이 해당한다.

| | ㉠ | ㉡ |
|---|---|---|
| ① | 공식조직 | 비공식조직 |
| ② | 비공식조직 | 공식조직 |
| ③ | 비영리조직 | 영리조직 |
| ④ | 영리조직 | 비영리조직 |
| ⑤ | 생산조직 | 통합조직 |

**02** 다음 중 조직 문화의 특징으로 옳지 않은 것은?

① 구성 요소에는 리더십 스타일, 제도 및 절차, 구성원, 구조 등이 있다.
② 조직구성원들에게 일체감과 정체성을 준다.
③ 조직의 안정성을 유지하는 데 기여한다.
④ 조직 몰입도를 향상시킨다.
⑤ 구성원들 개개인의 다양성을 강화해준다.

**03** 다음 중 조직 목표의 기능에 대한 설명으로 옳지 않은 것은?

① 조직이 나아갈 방향을 제시해 주는 기능을 한다.
② 조직구성원의 의사결정 기준의 기능을 한다.
③ 조직구성원의 행동에 동기를 유발시키는 기능을 한다.
④ 조직을 운영하는 데 융통성을 제공하는 기능을 한다.
⑤ 조직 구조나 운영과정과 같이 조직체제를 구체화할 수 있는 기준이 된다.

**04** 다음 〈보기〉 중 조직도에 대해 바르게 설명한 사람을 모두 고르면?

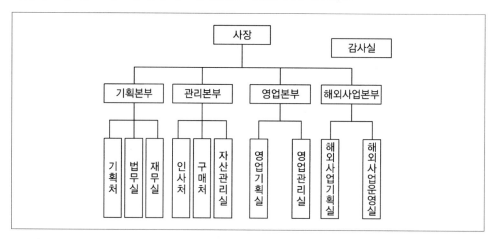

> **보기**
>
> A : 조직도를 보면 4개 본부, 3개의 처, 8개의 실로 구성되어 있어.
> B : 사장 직속으로 4개의 본부가 있고, 그중 한 본부에서는 인사업무만을 전담하고 있네.
> C : 감사실은 사장 직속이지만 별도로 분리되어 있구나.
> D : 해외사업기획실과 해외사업운영실은 둘 다 해외사업과 관련이 있으니까 해외사업본부에 소속
> 되어 있는 것이 맞아.

① A, B
② A, C
③ A, D
④ B, C
⑤ B, D

**05** 새로운 조직 개편 기준에 따라 다음에 제시된 조직도 (가)를 조직도 (나)로 변경하려고 한다. 조직도 (나)의 빈칸에 들어갈 팀으로 옳지 않은 것은?

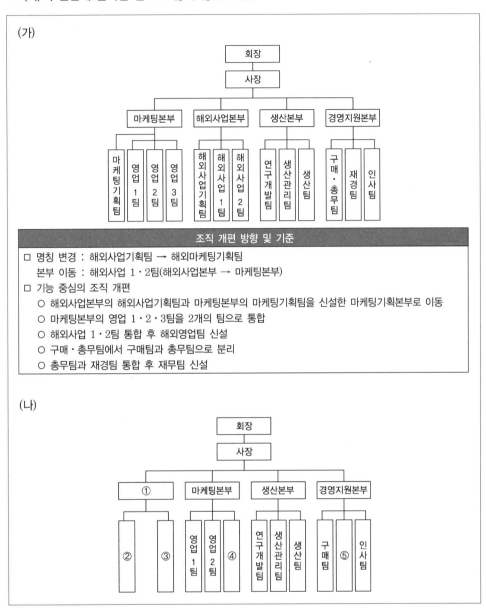

① 마케팅기획본부 ② 해외마케팅기획팀

③ 영업 3팀 ④ 해외영업팀

⑤ 재무팀

# 03 | 업무 종류

## | 유형분석 |

- 부서별 주요 업무에 대해 묻는 문제이다.
- 부서별 특징과 담당 업무에 대한 이해가 필요하다.

다음 〈보기〉는 기업의 각 부서에서 하는 일이다. 일반적인 상황에서 부서와 그 업무를 바르게 나열한 것은?

보기

ㄱ. 의전 및 비서업무
ㄴ. 업무분장 및 조정
ㄷ. 결산 관련 업무
ㄹ. 임금제도
ㅁ. 소모품의 구입 및 관리
ㅂ. 법인세, 부가가치세
ㅅ. 판매 예산 편성
ㅇ. 보험가입 및 보상 업무
ㅈ. 견적 및 계약
ㅊ. 국내외 출장 업무 협조
ㅋ. 외상매출금 청구
ㅌ. 직원수급 계획 및 관리

① 총무부 : ㄱ, ㅁ, ㅅ
② 영업부 : ㅅ, ㅈ, ㅋ
③ 회계부 : ㄷ, ㅇ, ㅋ
④ 인사부 : ㄱ, ㄴ, ㄹ

정답 ②

영업부의 업무로는 판매 계획, 판매 예산의 편성(ㅅ), 견적 및 계약(ㅈ), 외상매출금의 청구 및 회수(ㅋ), 시장조사, 판매원가 및 판매가격의 조사 검토 등이 있다.

오답분석

① 총무부 : ㄱ, ㅁ, ㅊ
③ 회계부 : ㄷ, ㅂ, ㅇ
④ 인사부 : ㄴ, ㄹ, ㅌ

풀이 전략!

조직은 목적의 달성을 위해 업무를 효과적으로 분배하고 처리할 수 있는 구조를 확립해야 한다. 조직의 목적이나 규모에 따라 업무의 종류는 다양하지만, 대부분의 조직에서는 총무, 인사, 기획, 회계, 영업으로 부서를 나누어 업무를 담당하고 있다. 따라서 5가지 업무 종류에 대해서는 미리 숙지해야 한다.

**01** 현재 시각은 오전 11시이다. 오늘 중으로 마쳐야 하는 다음 네 가지의 업무가 있을 때, 업무의 우선순위를 순서대로 바르게 나열한 것은?(단, 업무시간은 오전 9시부터 오후 6시까지이며, 점심시간은 오후 12시부터 1시간이다)

| 업무 내용 | 처리 시간 |
|---|---|
| ㄱ. 기한이 오늘까지인 비품 신청 | 1시간 |
| ㄴ. 오늘 내에 보고해야 하는 보고서 초안을 작성해 달라는 부서장의 지시 | 2시간 |
| ㄷ. 가능한 빨리 보내 달라는 인접 부서의 협조 요청 | 1시간 |
| ㄹ. 오전 중으로 고객에게 보내기로 한 자료 작성 | 1시간 |

① ㄱ - ㄴ - ㄷ - ㄹ
② ㄴ - ㄷ - ㄹ - ㄱ
③ ㄷ - ㄴ - ㄹ - ㄱ
④ ㄹ - ㄱ - ㄷ - ㄴ
⑤ ㄹ - ㄴ - ㄷ - ㄱ

**02** A팀장은 급하게 해외 출장을 떠나면서 B대리에게 다음과 같은 메모를 남겨두었다. B대리가 가장 먼저 처리해야 할 일은 무엇인가?

> B대리, 지금 급하게 해외 출장을 가야 해서 오늘 처리해야 하는 것들 메모 남겨요.
> 오후 2시에 거래처와 미팅 있는 거 알고 있죠? 오전 내로 거래처에 전화해서 다음 주 중으로 다시 미팅날짜 잡아 줘요. 그리고 오늘 신입사원들과 점심 식사하기로 한 거 난 참석하지 못하니까 다른 직원들이 참석해서 신입사원들 고충도 좀 들어 줘요. 식당은 지난번 갔었던 한정식집이 좋겠네요. 점심 시간에 많이 붐비니까 오전 10시까지 예약전화하는 것도 잊지 말아요. 식비는 법인카드로 처리하도록 하고. 오후 5시에 진행할 회의 PPT는 거의 다 준비되었다고 알고 있는데 바로 나한테 메일로 보내 줘요. 확인하고 피드백할게요. 아, 그 전에 내가 중요한 자료를 안 가지고 왔어요. 그것부터 메일로 보내 줘요. 고마워요.

① 거래처에 미팅일자 변경 전화를 한다.
② 점심 예약전화를 한다.
③ 회의 자료를 준비한다.
④ 메일로 회의 PPT를 보낸다.
⑤ 메일로 A팀장이 요청한 자료를 보낸다.

**03** 김부장과 박대리는 K공사의 고객지원실에서 근무하고 있다. 다음 상황에서 김부장이 박대리에게 지시할 사항으로 가장 적절한 것은?

> • 부서별 업무분장
>  − 인사혁신실 : 신규 채용, 부서 / 직무별 교육계획 수립 / 시행, 인사고과 등
>  − 기획조정실 : 조직문화 개선, 예산사용계획 수립 / 시행, 대외협력, 법률지원 등
>  − 총무지원실 : 사무실, 사무기기, 차량 등 업무지원 등
>
> 〈상황〉
>
> 박대리 : 고객지원실에서 사용하는 A4 용지와 볼펜이 부족해서 비품을 신청해야 할 것 같습니다. 그리고 지난번에 말씀하셨던 고객 상담 관련 사내 교육 일정이 이번에 확정되었다고 합니다. 고객지원실 직원들에게 관련 사항을 전달하려면 교육 일정 확인이 필요할 것 같습니다.

① 박대리, 인사혁신실에 전화해서 비품 신청하고, 전화한 김에 교육 일정도 확인해서 나한테 알려 줘요.
② 박대리, 총무지원실에 가서 교육 일정 확인하고, 간 김에 비품 신청도 하고 오세요.
③ 박대리, 기획조정실에 가서 교육 일정 확인하고, 인사혁신실에 가서 비품 신청하고 오도록 해요.
④ 박대리, 총무지원실에 전화해서 비품 신청하고, 기획조정실에 가서 교육 일정 확인하고 나한테 알려 줘요.
⑤ 박대리, 총무지원실에 전화해서 비품 신청하고, 인사혁신실에 가서 교육 일정 확인하고 나한테 알려 줘요.

**04** 다음 지시사항에 대한 설명으로 적절하지 않은 것은?

> 은경씨, 금요일 오후 2시부터 인·적성검사 합격자 10명의 1차 면접이 진행될 예정입니다. 5층 회의실 사용 예약을 지금 미팅이 끝난 직후 해 주시고, 2명씩 다섯 조로 구성하여 10분씩 면접을 진행하니 지금 드리는 지원 서류를 참고하여 수요일 오전까지 다섯 조를 구성한 보고서를 저에게 주십시오. 그리고 2명의 면접위원님께 목요일 오전에 면접진행에 대해 말씀드려 미리 일정 조정을 완료해 주시기 바랍니다.

① 면접은 10분씩 진행된다.
② 은경씨는 수요일 오전까지 보고서를 제출해야 한다.
③ 면접은 금요일 오후에 10명을 대상으로 실시된다.
④ 인·적성검사 합격자는 본인이 몇 조인지 알 수 있다.
⑤ 은경씨는 면접위원님께 면접진행에 대해 말씀드려야 한다.

※ 다음은 K공사 조직도의 일부이다. 이어지는 질문에 답하시오. [5~6]

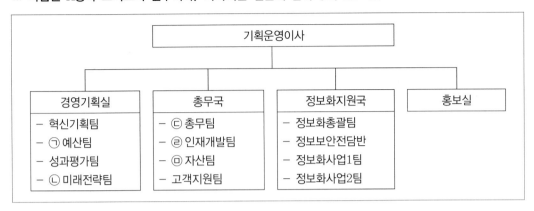

**05** 다음 중 K공사의 각 부서와 업무가 바르게 연결되지 않은 것은?

① ㉠ : 수입·지출 예산 편성 및 배정 관리
② ㉡ : 공단사업 관련 연구과제 개발 및 추진
③ ㉢ : 복무관리 및 보건·복리 후생
④ ㉣ : 임직원 인사, 상훈, 징계
⑤ ㉤ : 예산집행 조정, 통제 및 결산 총괄

**06** 다음 중 정보보안전담반의 업무로 옳지 않은 것은?

① 정보보안기본지침 및 개인정보보호지침 제·개정 관리
② 직원 개인정보보호 의식 향상 교육
③ 개인정보종합관리시스템 구축·운영
④ 정보보안 및 개인정보보호 계획 수립
⑤ 전문자격 시험 출제정보시스템 구축·운영

# CHAPTER 06

# 대인관계능력

## 합격 Cheat Key

대인관계능력은 직장생활에서 접촉하는 사람들과 원만한 관계를 유지하고 조직구성원들에게 도움을 줄 수 있으며 조직 내부 및 외부의 갈등을 원만히 해결하고 고객의 요구를 충족할 수 있는 능력을 의미한다. 또한, 직장생활을 포함한 일상에서 스스로를 관리하고 개발하는 능력을 말한다. 세부 유형은 팀워크, 갈등 관리, 협상, 고객 서비스로 나눌 수 있다.

### 1 일반적인 수준에서 판단하라!

일상생활에서의 대인관계를 생각하면서 문제에 접근하면 어렵지 않게 풀 수 있다. 그러나 수험생들 입장에서 직장 내에서의 상황, 특히 역할(직위)에 따른 대인관계를 묻는 문제는 까다롭게 느껴질 수 있고 일상과는 차이가 있을 수 있기 때문에 이런 유형에 대해서는 따로 알아둘 필요가 있다.

### 2 이론을 먼저 익혀라!

대인관계능력 이론을 접목한 문제가 종종 출제된다. 물론 상식 수준에서도 풀 수 있지만 정확하고 신속하게 해결하기 위해서는 이론을 정독한 후 자주 출제되는 부분들은 암기를 필수로 해야 한다. 자주 출제되는 부분은 리더십과 멤버십의 차이, 단계별 협상 과정, 고객 불만 처리 프로세스 등이 있다.

### 3  실제 업무에 대한 이해를 높여라!

출제되는 문제의 수는 많지 않으나, 고객과의 접점에 있는 서비스직군 시험에 출제될 가능성이 높은 영역이다. 특히 상황 제시형 문제들이 많이 출제되므로 실제 업무에 대한 이해를 높여야 한다.

### 4  애매한 유형의 빈출 문제, 선택지를 파악하라!

대인관계능력의 출제 문제들을 보면 이것도 맞고, 저것도 맞는 것 같은 선택지가 많다. 하지만 정답은 하나이다. 출제자들은 대인관계능력이란 공부를 통해 얻는 것이 아닌 본인의 독립적인 성품으로부터 자연스럽게 나오는 것이라고 생각한다. 수험생들이 선택하는 보기로 그 수험생들을 파악한다. 그러므로 대인관계능력은 빈출 유형의 문제와 선택지를 파악하고 가는 것이 애매한 문제들의 정답률을 높이는 데 도움이 될 것이다. 내가 맞다고 생각하는 선택지가 답이 아닐 가능성이 있기 때문이다.

# 01 | 팀워크

## | 유형분석 |

- 팀워크에 대한 이해를 묻는 문제가 자주 출제된다.
- 직장 내 상황 중에서 구성원으로서 팀워크를 위해 어떤 행동을 해야 하는지 묻는 문제가 출제되기도 한다.

**다음 상황에 대하여 K부장에게 조언할 수 있는 말로 가장 적절한 것은?**

K부장은 얼마 전에 자신의 부서에 들어온 두 명의 신입사원 때문에 고민 중이다. 신입사원 A씨는 꼼꼼하고 차분하지만 대인관계가 서투르며, 신입사원 B씨는 사람들과 금방 친해지는 친화력을 가졌으나 업무에 세심하지 못한 모습을 보여주고 있다. 이러한 성격으로 인해 A씨는 현재 영업 업무를 맡아 자신에게 어려운 대인관계로 인해 스트레스를 받고 있으며, B씨는 재고 관리 업무에 대해 재고 기록을 누락시키는 등의 실수를 반복하고 있다.

① 조직 구조를 이해시켜야 한다.
② 의견의 불일치를 해결해야 한다.
③ 개인의 강점을 활용해야 한다.
④ 주관적인 결정을 내려야 한다.
⑤ 팀의 풍토를 발전시켜야 한다.

**정답** ③

팀 에너지를 최대로 활용하는 효과적인 팀을 위해서는 팀원들 개인의 강점을 인식하고 활용해야 한다. A씨의 강점인 꼼꼼하고 차분한 성격과 B씨의 강점인 친화력을 인식하여 A씨에게 재고 관리 업무를, B씨에게 영업 업무를 맡긴다면 팀 에너지를 향상시킬 수 있다.

**풀이 전략!**

제시된 상황을 자신의 입장이라고 생각해 본 후, 가장 모범적이라고 생각되는 것을 찾아야 한다. 이때, 지나치게 자신의 생각만 가지고 문제를 풀지 않도록 주의하며, 팀워크에 대한 이론과 연관 지어 답을 찾도록 해야 한다.

**01** 다음 중 새로운 과제를 추진하기 위한 팀워크 활성화 방안에 대한 토의에서 바르지 않은 말을 한 사람은?

> A대리 : 서로에 대한 활발한 피드백은 팀워크 개선에 큰 도움이 됩니다.
> B주임 : 세부사항에 대한 의사결정을 할 때에도 적극적인 참여가 필요합니다.
> C사원 : 업무수행 과정에 있어서도 다른 구성원의 적극적인 동참이 필요합니다.
> D대리 : 내부에서 갈등이 발생한 경우에는 소모적인 논쟁을 피하기 위해 당사자에게 해결을 맡기는 것이 좋습니다.
> E사원 : 불필요한 절차를 최소화하여 팀워크를 활성화할 수 있는 환경을 조성하여야 합니다.

① A대리                                ② B주임
③ C사원                                ④ D대리
⑤ E사원

**02** 다음은 팀워크(Teamwork)와 응집력의 정의를 나타낸 글이다. 팀워크의 사례로 적절하지 않은 것은?

> 팀워크(Teamwork)란 '팀 구성원이 공동의 목적을 달성하기 위하여 상호관계성을 가지고 협력하여 업무를 수행하는 것'으로 볼 수 있다. 반면 응집력은 '사람들로 하여금 집단에 머물도록 느끼게끔 만들고, 그 집단의 멤버로서 계속 남아 있기를 원하게 만드는 힘'으로 볼 수 있다.

① 다음 주 조별 발표 준비를 위해 같은 조원인 A와 C는 각자 주제를 나누어 조사하기로 했다.
② K사의 S사원과 C사원은 내일 진행될 행사 준비를 위해 함께 야근할 예정이다.
③ D고등학교 학생인 A와 B는 내일 있을 시험 준비를 위해 도서관에서 공부하기로 했다.
④ 같은 배에서 활약 중인 D와 E는 곧 있을 조정경기 시합을 위해 열심히 연습하고 있다.
⑤ 연구원 G와 S는 효과적인 의약품을 개발하기 위해 함께 연구하기로 했다.

# 02 | 리더십

## | 유형분석 |

- 리더십의 개념을 비교하는 문제가 자주 출제된다.
- 리더의 역할에 대한 문제가 출제되기도 한다.

**다음 중 거래적 리더십과 변혁적 리더십의 차이점에 대한 설명으로 옳지 않은 것은?**

거래적 리더십은 '규칙을 따르는' 의무에 관계되어 있기 때문에 거래적 리더들은 변화를 촉진하기보다는 조직의 안정을 유지하는 것을 중시한다. 그리고 거래적 리더십에는 리더의 요구에 부하가 순응하는 결과를 가져오는 교환과정이 포함되지만, 조직원들이 과업목표에 대해 열의와 몰입까지는 발생시키지 않는 것이 일반적이다.
변혁적 리더십은 거래적 리더십 내용과 대조적이다. 리더가 조직원들에게 장기적 비전을 제시하고 그 비전을 향해 매진하도록 조직원들로 하여금 자신의 정서·가치관·행동 등을 바꾸어 목표 달성을 위한 성취 의지와 자신감을 고취시킨다. 즉, 거래적 리더십은 교환에 초점을 맞춰 단기적 목표를 달성하고 이에 따른 보상을 받고, 변혁적 리더십은 장기적으로 성장과 발전을 도모하며 조직원들이 소속감, 몰입감, 응집력, 직무만족 등을 발생시킨다.

① 거래적 리더십의 보상체계는 규정에 맞게 성과 달성 시 인센티브와 보상이 주어진다.
② 변혁적 리더십은 기계적 관료제에 적합하고, 거래적 리더십은 단순구조나 임시조직에 적합하다.
③ 거래적 리더십은 안정을 지향하고 폐쇄적인 성격을 가지고 있다.
④ 변혁적 리더십은 공동목표를 추구하고 리더가 교육적 역할을 담당한다.
⑤ 변혁적 리더십은 업무 등의 과제의 가치와 당위성을 주시하여 성공에 대한 기대를 제공한다.

**정답** ②

거래적 리더십은 기계적 관료제에 적합하고, 변혁적 리더십은 단순구조나 임시조직, 경제적응적 구조에 적합하다.
- 거래적 리더십 : 리더와 조직원들이 이해타산적 관계에 의해 규정에 따르며, 합리적인 사고를 중시하고 보강으로 동기를 유발한다.
- 변혁적 리더십 : 리더와 조직원들이 장기적 목표 달성을 추구하고, 리더는 조직원의 변화를 통해 동기를 부여하고자 한다.

**풀이 전략!**

리더십의 개념을 비교하는 문제가 자주 출제되기 때문에 관련 개념을 정확하게 암기해야 하고, 조직 내에서의 리더의 역할에 대한 이해가 필요하다.

**01** 다음은 리더십 유형 중 변혁적 리더에 대한 글이다. 변혁적 리더의 특징으로 적절하지 않은 것은?

> 변혁적 리더는 전체 조직이나 팀원들에게 변화를 가져오는 원동력이다. 즉, 변혁적 리더는 개개인과 팀이 유지해 온 이제까지의 업무수행 상태를 뛰어넘고자 한다.

① 카리스마                  ② 정보 독점
③ 풍부한 칭찬                ④ 감화(感化)
⑤ 자기 확신

**02** 다음은 멤버십 유형별 특징에 대한 자료이다. 각 유형의 멤버십을 가진 사원에 대한 리더의 대처방안으로 가장 적절한 것은?

<멤버십 유형별 특징>

| 소외형 | 순응형 |
| --- | --- |
| • 조직에서 자신을 인정해 주지 않음<br>• 적절한 보상이 없음<br>• 업무 진행에 있어 불공정하고 문제가 있음 | • 기존 질서를 따르는 것이 중요하다고 생각함<br>• 리더의 의견을 거스르는 것은 어려운 일임<br>• 획일적인 태도와 행동에 익숙함 |

| 실무형 | 수동형 |
| --- | --- |
| • 조직에서 규정 준수를 강조함<br>• 명령과 계획을 빈번하게 변경함 | • 조직이 나의 아이디어를 원치 않음<br>• 노력과 공헌을 해도 아무 소용이 없음<br>• 리더는 항상 자기 마음대로 함 |

① 소외형 사원은 팀에 협조하는 경우에 적절한 보상을 주도록 한다.
② 소외형 사원은 팀을 위해 업무에서 배제시킨다.
③ 순응형 사원에 대해서는 조직을 위해 순응적인 모습을 계속 권장한다.
④ 실무형 사원에 대해서는 징계를 통해 규정 준수를 강조한다.
⑤ 수동형 사원에 대해서는 자신의 업무에 대해 자신감을 주도록 한다.

# 03 | 갈등 관리

## | 유형분석 |

- 갈등의 개념이나 원인, 해결방법을 묻는 문제가 자주 출제된다.
- 실제 사례에 적용할 수 있는지를 확인하는 문제가 출제되기도 한다.
- 일반적인 상식으로 해결할 수 있는 문제가 출제되기도 하지만, 자의적인 판단에 주의해야 한다.

갈등을 관리하고 해소하는 방법을 더욱 잘 이해하기 위해서는 갈등을 증폭시키는 원인이 무엇인지 알 필요가 있다. 다음 중 조직에서 갈등을 증폭시키는 행위로 볼 수 없는 것은?

① 팀원 간에 서로 상대보다 더 높은 인사고과를 얻기 위해 경쟁한다.
② 팀의 공동목표 달성보다는 본인의 승진이 더 중요하다고 생각한다.
③ 혼자 돋보이려고 지시받은 업무를 다른 팀원에게 전달하지 않는다.
④ 갈등이 발견되면 바로 갈등 문제를 즉각적으로 다루려고 한다.
⑤ 다른 팀원이 중요한 프로젝트를 맡은 경우에 그 프로젝트에 대해 자신이 알고 있는 노하우를 알려주지 않는다.

정답  ④

갈등을 발견하고도 즉각적으로 다루지 않는다면 나중에는 팀 성공을 저해하는 장애물이 될 것이다. 그러나 갈등이 존재한다는 사실을 인정하고 바로 해결을 위한 조치를 취한다면, 갈등을 해결하기 위한 하나의 기회로 전환할 수 있다.

### 풀이 전략!

문제에서 물어보는 내용을 정확하게 파악한 뒤, 갈등 관련 이론과 대조해 본다. 특히 자주 출제되는 갈등 해결방법에 대한 이론을 암기해 두면 문제 푸는 속도를 줄일 수 있다.

**01** 다음은 갈등해결을 위한 6단계 프로세스이다. 3단계에 해당하는 대화의 예로 가장 적절한 것은?

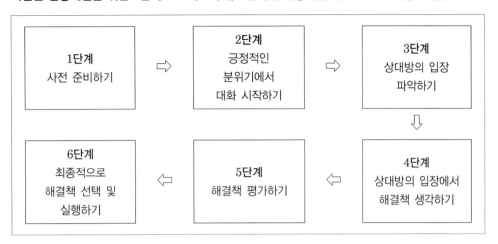

① 그럼 K씨의 생각대로 진행해 보시죠.
② 제 생각은 이런데, K씨의 생각은 어떤지 말씀해 주시겠어요?
③ 저도 좋아요. 그것으로 결정해요.
④ 저는 모두가 만족하는 해결책을 찾고 싶어요.
⑤ K씨의 말은 아무리 들어도 이해가 안 되는데요.

**02** K사에 근무하는 귀하는 최근 매주 금요일 업무시간이 끝나고 한 번씩 진행해야 하는 바닥 청소 당번 문제를 두고 동료인 A사원과 갈등 중에 있다. 둘 중 한 명은 매주 바닥 청소를 해야 하는데, 금요일에 일찍 퇴근하기를 원하는 귀하와 A사원 모두 청소 당번에서 빠지고 싶어 하기 때문이다. 이러한 상황에서 갈등의 해결방법 중 하나인 '윈 – 윈(Win – Win) 관리법'으로 갈등을 해결하고자 할 때, 다음 중 A사원에게 제시할 수 있는 귀하의 제안으로 가장 적절한 것은?

① 저희 둘 다 청소 당번을 피할 수는 없으니, 그냥 공평하게 같이 하죠.
② 제가 그냥 A사원 몫까지 매주 청소를 맡아서 할게요.
③ 저와 A사원이 번갈아가면서 청소를 맡도록 하죠.
④ 우선 금요일 업무시간 전에 청소를 할 수 있는지 확인해 보도록 하죠.
⑤ 저는 절대 양보할 수 없으니, 그냥 A사원이 맡아서 해 주세요.

# 04 | 고객 서비스

## | 유형분석 |

- 고객불만을 효과적으로 처리하기 위한 과정이나 방법에 대한 문제이다.
- 고객불만 처리 프로세스에 대한 숙지가 필요하다.

K통신회사에서 상담원으로 근무하는 A씨는 다음과 같은 문의 전화를 받게 되었다. 이때, A씨가 고객을 응대하는 방법으로 적절하지 않은 것은?

> A사원 : 안녕하세요. K통신입니다. 무엇을 도와드릴까요?
> 고객 : 인터넷이 갑자기 안 돼서 너무 답답해요. 좀 빨리 해결해 주세요. 지금 당장요!
> A사원 : 네, 고객님. 최대한 빠르게 처리해 드리겠습니다.
> 고객 : 확실해요? 언제 해결 가능하죠? 빨리 좀 부탁합니다.

① 현재 업무 절차에 대해 설명하면서 시원스럽게 업무 처리하는 모습을 보인다.
② 고객이 문제해결에 대해 의심하지 않도록 확신을 가지고 말한다.
③ "글쎄요.", "아마"와 같은 표현으로 고객이 흥분을 가라앉힐 때까지 시간을 번다.
④ 정중한 어조를 통해 고객의 흥분을 가라앉히도록 노력한다.
⑤ 고객의 이야기에 경청하고 공감하면서 업무 진행을 위한 고객의 협조를 유도한다.

**정답** ③

A씨와 통화 중인 고객은 고객의 불만표현 유형 중 하나인 빨리빨리형으로, 성격이 급하고, 확신 있는 말이 아니면 잘 믿지 못하는 모습을 보인다. 이러한 경우 "글쎄요.", "아마"와 같은 애매한 표현은 고객의 불만을 더 높일 수 있다.

**풀이 전략!**

제시된 상황이나 고객 유형을 정확하게 파악해야 하고, 고객불만 처리 프로세스를 토대로 갈등을 해결해야 한다.

**01** A사원은 K공사에서 고객응대 업무를 맡고 있다. 다음과 같이 고객의 민원에 답변하였을 때, 적절하지 않은 것은?

> 고객   : 저기요. 제가 너무 답답해서 이렇게 전화했습니다.
> A사원 : 안녕하세요. 상담사 ○○○입니다. 무슨 문제로 전화해 주셨나요? ⋯ ①
>
> 고객   : 아니, 아직 납부기한이 지나지도 않았는데, 홈페이지에 왜 '납부하지 않은 보험료'로 나오는 건가요? 일 처리를 왜 이렇게 하는 건가요?
> A사원 : 고객님, 이건 저희 실수가 아니라 고객님이 잘못 이해하신 부분 같습니다. ⋯ ②
>
> 고객   : 무슨 소리예요? 내가 지금 홈페이지에서 확인하고 왔는데.
> A사원 : 고객님, 홈페이지에서 '납부하지 않은 보험료'로 표시되는 경우는 고객님께서 다음 달 10일까지 납부하셔야 할 당월분 보험료라고 이해하시면 됩니다. ⋯ ③
>
> 고객   : 정말이에요? 나 참, 왜 이렇게 헷갈리게 만든 건가요?
> A사원 : 죄송합니다, 고객님. 참고로 이미 보험료를 납부했는데도 '납부하지 않은 보험료'로 표시되는 경우에는 보험료 납부내역이 공단 전산에 반영되는 기준일이 '납부 후 최장 4일 경과한 시점'이기 때문임을 유의해 주시기 바랍니다. ⋯ ④
>
> 고객   : 알겠습니다. 수고하세요.
> A사원 : 감사합니다. 좋은 하루 보내세요. 상담사 ○○○이었습니다. ⋯ ⑤

**02** 다음은 고객 불만 처리 프로세스 8단계를 나타낸 자료이다. (A) ~ (E)에 대한 설명으로 옳지 않은 것은?

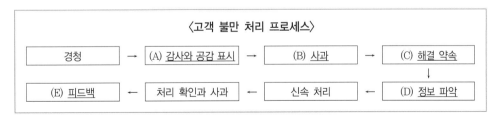

〈고객 불만 처리 프로세스〉

경청 → (A) 감사와 공감 표시 → (B) 사과 → (C) 해결 약속
(E) 피드백 ← 처리 확인과 사과 ← 신속 처리 ← (D) 정보 파악

① (A) : 고객이 일부러 시간을 내서 해결의 기회를 준 것에 대한 감사를 표시한다.
② (B) : 고객의 이야기를 듣고 문제점에 대해 인정하며 잘못된 부분에 대해 사과한다.
③ (C) : 고객이 납득할 수 있도록 신중하고 천천히 문제를 해결할 것임을 약속한다.
④ (D) : 문제해결을 위해 꼭 필요한 질문만 하여 정보를 얻는다.
⑤ (E) : 고객 불만 사례를 회사 및 전 직원에게 알려 다시는 동일한 문제가 발생하지 않도록 한다.

**CHAPTER 07**

# 기술능력

## 합격 Cheat Key

기술능력은 업무를 수행함에 있어 도구, 장치 등을 포함하여 필요한 기술에 어떠한 것들이 있는지 이해하고, 실제 업무를 수행함에 있어 적절한 기술을 선택하여 적용하는 능력이다.

세부 유형은 기술 이해·기술 선택·기술 적용으로 나눌 수 있다. 제품설명서나 상황별 매뉴얼을 제시하는 문제 또는 명령어를 제시하고 규칙을 대입할 수 있는지 묻는 문제가 출제되기 때문에 이런 유형들을 공략할 수 있는 전략을 세워야 한다.

**1** 긴 지문이 출제될 때는 보기의 내용을 미리 보라!

기술능력에서 자주 출제되는 제품설명서나 상황별 매뉴얼을 제시하는 문제에서는 기술을 이해하고, 상황에 알맞은 원인 및 해결방안을 고르는 문제가 출제된다. 실제 시험장에서 문제를 풀 때는 시간적 여유가 없기 때문에 보기를 먼저 읽고, 그 다음 긴 지문을 보면서 동시에 보기와 일치하는 내용이 나오면 확인해 가면서 푸는 것이 좋다.

**2** 모듈형에도 대비하라!

모듈형 문제의 비중이 늘어나는 추세이므로 공기업을 준비하는 취업준비생이라면 모듈형 문제에 대비해야 한다. 기술능력의 모듈형 이론 부분을 학습하고 모듈형 문제를 풀어보고 여러 번 읽으며 이론을 확실히 익혀두면 실제 시험장에서 이론을 묻는 문제가 나왔을 때 단번에 답을 고를 수 있다.

**3** 전공 이론도 익혀 두어라!

지원하는 직렬의 전공 이론이 기술능력으로 출제되는 경우가 많기 때문에 전공 이론을 익혀두는 것이 좋다. 깊이 있는 지식을 묻는 문제가 아니더라도 출제되는 문제의 소재가 전공과 관련된 내용일 가능성이 크기 때문에 최소한 지원하는 직렬의 전공 용어는 확실히 익혀 두어야 한다.

**4** 쉽게 포기하지 말라!

직업기초능력에서 주요 영역이 아니면 소홀한 경우가 많다. 시험장에서 기술능력을 읽어 보지도 않고 포기하는 경우가 많은데 차근차근 읽어보면 지문만 잘 읽어도 풀 수 있는 문제들이 출제되는 경우가 있다. 이론을 모르더라도 풀 수 있는 문제인지 파악해보자.

# 01 | 기술 이해

## | 유형분석 |

- 업무수행에 필요한 기술의 개념 및 원리, 관련 용어에 대한 문제가 자주 출제된다.
- 기술 시스템의 개념과 발전 단계에 대한 문제가 출제되므로 각 단계의 순서와 그에 따른 특징을 숙지하여야 하며, 단계별로 요구되는 핵심 역할이 다름에 유의한다.

## 다음 글에서 설명하고 있는 것은?

농부는 농기계와 화학비료를 써서 밀을 재배하고 수확한다. 이렇게 생산된 밀은 보관업자, 운송업자, 제분회사, 제빵 공장을 거쳐 시장으로 판매된다. 보다 높은 생산성을 위해 화학비료를 연구하고, 공장을 가동하기 위해 공작기계와 전기를 생산한다. 보다 빠른 운송을 위해서 트럭이나 기차, 배가 개발되었고, 보다 효과적인 운송수단과 농기계를 운용하기 위해 증기기관에서 석유에너지로 발전하였다. 이렇듯 우리의 식탁에 올라오는 빵은 여러 기술이 네트워크로 결합하여 시너지를 내고 있다.

① 기술시스템  ② 기술혁신
③ 기술경영  ④ 기술이전
⑤ 기술경쟁

**정답** ①

기술시스템(Technological System)은 개별 기술이 네트워크로 결합하는 것을 말한다. 인공물의 집합체만이 아니라 투자회사, 법적 제도, 정치, 과학, 자연자원을 모두 포함하는 것으로, 사회기술시스템이라고도 한다.

**풀이 전략!**

문제에 제시된 내용만으로는 풀이가 어려울 수 있으므로, 사전에 관련 기술 이론을 숙지하고 있어야 한다. 자주 출제되는 개념을 확실하게 암기하여 빠르게 문제를 풀 수 있도록 하는 것이 좋다.

**01** 다음 글을 읽고 기술경영자의 역할로 옳지 않은 것은?

> 기술경영자에게는 리더십, 기술적인 능력, 행정능력 외에도 다양한 도전을 해결하기 위한 여러 능력들이 요구된다. 기술개발이 결과 지향적으로 수행되도록 유도하는 능력, 기술개발 과제의 세부 사항까지도 파악할 수 있는 능력, 기술개발 과제의 전 과정을 전체적으로 조망할 수 있는 능력이 그것이다. 또한 기술개발은 기계적인 관리보다는 조직 및 인간 행동상의 요인들이 더 중요하게 작용되는 사람 중심의 진행이기 때문에, 기술의 성격 및 이와 관련된 동향·사업 환경 등을 이해할 수 있는 능력과 기술적인 전문성을 갖춰 팀원들의 대화를 효과적으로 이끌어낼 수 있는 능력 등 다양한 능력을 필요로 하고 있다. 이와는 달리 중간급 매니저라 할 수 있는 기술관리자에게는 기술경영자와는 조금 다른 능력이 필요한데, 이는 기술적 능력에 대한 것과 계획서 작성, 인력 관리, 예산 관리, 일정 관리 등 행정능력에 대한 것이다.

① 시스템적인 관점에서 인식하는 능력
② 기술을 효과적으로 평가할 수 있는 능력
③ 조직 내의 기술 이용을 수행할 수 있는 능력
④ 새로운 제품개발 시간을 단축할 수 있는 능력
⑤ 기술을 기업의 전반적인 전략 목표에 통합시키는 능력

**02** 다음 중 노하우(Know – How)와 노와이(Know – Why)에 대한 설명으로 옳은 것은?

① 노와이는 과학자, 엔지니어 등이 가지고 있는 체화된 기술이다.
② 노하우는 이론적인 지식으로서 과학적인 탐구에 의해 얻어진다.
③ 노하우는 Technique 혹은 Art라고도 부른다.
④ 기술은 원래 노와이의 개념이 강했으나, 시간이 지나면서 노와이와 노하우가 결합하게 되었다.
⑤ 노와이는 기술을 설계하고, 생산하고, 사용하기 위해 필요한 정보, 기술, 절차 등을 갖는 데 필요하다.

# 02 | 기술 적용

## | 유형분석 |

- 주어진 자료를 해석하고 기술을 적용하여 풀어가는 문제이다.
- 자료 등을 읽고 제시된 문제 상황에 적절한 해결 방법을 찾는 문제가 자주 출제된다.
- 지문의 길이가 길고 복잡하므로, 문제에서 요구하는 정보를 놓치지 않도록 주의해야 한다.

귀하가 근무하는 기술자격팀에서 작년부터 연구해 온 데이터의 흐름도가 완성되었다. 다음 자료와 〈조건〉을 토대로 A에서 1이 입력되었을 때, F에서의 결과가 가장 크게 되는 값은?

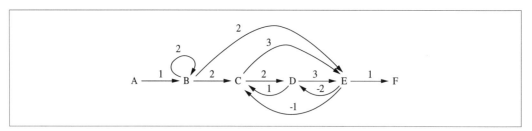

조건

- 데이터는 화살표 방향으로만 이동할 수 있으며, 같은 경로를 여러 번 반복해서 이동할 수 있다.
- 화살표 위의 숫자는 그 경로를 통해 데이터가 1회 이동할 때마다 데이터에 곱해지는 수치를 의미한다.
- 각 경로를 따라 데이터가 이동할 때, 1회 이동 시간은 1시간이며, 총 이동은 10시간을 초과할 수 없다.
- 데이터의 대소 관계는 [음수<0<양수]의 원칙에 따른다.

① 256  ② 384
③ 432  ④ 864

정답  ④

결과가 가장 큰 값을 구해야 하므로 최대한 큰 수가 있는 구간으로 이동해야 하며, 세 번째 조건에 따라 총 10번의 이동이 가능하다. 반복 이동으로 가장 커질 수 있는 구간은 $D-E$구간이지만 음수가 있으므로 왕복 2번을 이동하여 값을 양수로 만들어야 한다. $D-E$구간에서 4번 이동하고 마지막에 $E-F$구간 1번 이동하는 것을 제외하면 출발점인 A에서 $D-E$구간을 왕복하기 전까지 총 5번을 이동할 수 있다. $D-E$구간으로 가기 전 가장 큰 값은 C에서 E로 가는 것이므로 $C-E-D-E-D-E-F$로 이동한다. 또한, 출발점인 A에서 C까지 4번 이동하려면 $A-B-B-B-C$밖에 없다.
따라서 $A-B-B-B-C-E-D-E-D-E-F$ 순서로 이동한다.
∴ $1 \times 2 \times 2 \times 2 \times 3 \times (-2) \times 3 \times (-2) \times 3 \times 1 = 864$

풀이 전략!

문제 해결을 위해 필요한 정보와 기술능력이 무엇인지 먼저 파악한 후, 제시된 자료를 분석적으로 읽고 문제를 풀이한다.

**01** 다음은 스위치별 기능에 대한 자료이다. 〈보기〉의 왼쪽 모양에서 스위치를 두 번 눌렀더니 오른쪽 모양으로 바뀌었을 때, 어떤 스위치를 눌렀는가?

| 〈스위치 기능〉 | |
| --- | --- |
| 스위치 | 기능 |
| ○ | 1번과 2번 기계를 시계 방향으로 90° 회전함 |
| ● | 1번과 4번 기계를 시계 방향으로 90° 회전함 |
| □ | 2번과 3번 기계를 시계 방향으로 90° 회전함 |
| ■ | 1번과 3번 기계를 시계 반대 방향으로 90° 회전함 |
| ◐ | 2번과 4번 기계를 시계 반대 방향으로 90° 회전함 |
| ◑ | 3번과 4번 기계를 시계 반대 방향으로 90° 회전함 |

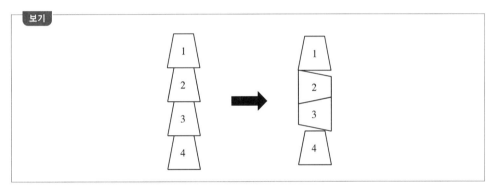

① ○■

② □◑

③ ●■

④ □◐

⑤ ●□

※ K회사에서는 화장실의 청결을 위해 비데를 구매하고 화장실과 가까운 곳에 위치한 귀하에게 비데를 설치하도록 지시하였다. 다음은 비데를 설치하기 위해 참고할 제품 설명서의 일부이다. 이어지는 질문에 답하시오. [2~3]

### 〈설치방법〉

1) 비데 본체의 변좌와 변기의 앞면이 일치되도록 전후로 고정하십시오.
2) 비데용 급수호스를 정수필터와 비데 본체에 연결한 후 급수밸브를 열어 주십시오.
3) 전원을 연결하십시오(반드시 전용 콘센트를 사용하십시오).
4) 비데가 작동하는 소리가 들린다면 설치가 완료된 것입니다.

### 〈주의사항〉

• 전원은 반드시 AC220V에 연결하십시오(반드시 전용 콘센트를 사용하십시오).
• 변좌에 걸터앉지 말고 항상 중앙에 앉고, 변좌 위에 어떠한 것도 놓지 마십시오(착좌센서가 동작하지 않을 수도 있습니다).
• 정기적으로 수도필터와 정수필터를 청소 또는 교환해 주십시오.
• 급수밸브를 꼭 열어 주십시오.

### 〈A/S 신청 전 확인 사항〉

| 현상 | 원인 | 조치방법 |
|---|---|---|
| 물이 나오지 않을 경우 | 급수밸브가 잠김 | 매뉴얼을 참고하여 급수밸브를 열어 주세요. |
| | 정수필터가 막힘 | 매뉴얼을 참고하여 정수필터를 교체해 주세요(A/S상담실로 문의하세요). |
| | 본체 급수호스 등이 동결 | 더운물에 적신 천으로 급수호스 등의 동결부위를 녹여 주세요. |
| 기능 작동이 되지 않을 경우 | 수도필터가 막힘 | 흐르는 물에 수도필터를 닦아 주세요. |
| | 착좌센서 오류 | 착좌센서에서 의류, 물방울, 이물질 등을 치워 주세요. |
| 수압이 약할 경우 | 수도필터에 이물질이 낌 | 흐르는 물에 수도필터를 닦아 주세요. |
| | 본체의 호스가 꺾임 | 호스의 꺾인 부분을 펴 주세요. |
| 노즐이 나오지 않을 경우 | 착좌센서 오류 | 착좌센서에서 의류, 물방울, 이물질을 치워 주세요. |
| 본체가 흔들릴 경우 | 고정 볼트가 느슨해짐 | 고정 볼트를 다시 조여 주세요. |
| 비데가 작동하지 않을 경우 | 급수밸브가 잠김 | 매뉴얼을 참고하여 급수밸브를 열어 주세요. |
| | 급수호스의 연결문제 | 급수호스의 연결상태를 확인해 주세요. 계속 작동하지 않는다면 A/S 상담실로 문의하세요. |
| 변기의 물이 샐 경우 | 급수호스가 느슨해짐 | 급수호스 연결부분을 조여 주세요. 계속 샐 경우 급수밸브를 잠근 후 A/S상담실로 문의하세요. |

**02**  귀하는 지시에 따라 비데를 설치하였다. 일주일이 지난 뒤, 동료 S사원으로부터 기능 작동이 되지 않는다는 사실을 접수하였다. 다음 중 귀하가 해당 문제점에 대한 원인을 파악하기 위해 확인해야 할 사항으로 가장 적절한 것은?

① 급수밸브의 잠김 여부
② 수도필터의 청결 상태
③ 정수필터의 청결 상태
④ 급수밸브의 연결 상태
⑤ 비데의 고정 여부

PART 1

**03**  02번 문제에서 확인한 사항이 추가로 다른 문제를 일으킬 수 있는지 미리 점검하고자 할 때, 다음 중 가장 적절한 행동은?

① 수압이 약해졌는지 확인한다.
② 물이 나오지 않는지 확인한다.
③ 본체가 흔들리는지 확인한다.
④ 노즐이 나오지 않는지 확인한다.
⑤ 변기의 물이 새는지 확인한다.

※ 다음은 사내 전화기 사용방법을 알려주기 위한 매뉴얼이다. 이어지는 질문에 답하시오. **[4~5]**

〈사내 전화기 사용방법〉

■ **전화걸기**
- 수화기를 들고 전화번호를 입력한 후 2초간 기다리거나 [#] 버튼을 누른다.
- 이전 통화자와 다시 통화하기를 원하면 수화기를 들고 [재다이얼] 버튼을 누른다.
- 통화 중인 상태에서 다른 곳으로 전화를 걸기 원하면 [메뉴 / 보류] 버튼을 누른 뒤 새로운 번호를 입력한 후 2초간 기다리거나 [#] 버튼을 누른다. 다시 이전 통화자와 연결을 원하면 [메뉴 / 보류] 버튼을 누른다.

■ **전화받기**
- 벨이 울릴 때 수화기를 들어 올린다.
- 통화 중에 다른 전화를 받기를 원하면 [메뉴 / 보류] 버튼을 누른다. 다시 이전 통화자와 연결을 원하면 [메뉴 / 보류] 버튼을 누른다.

■ **통화내역 확인**
- [통화내역] 버튼을 누르면 LCD 창에 '발신', '수신', '부재중' 3가지 메뉴가 뜨며, [볼륨조절] 버튼으로 원하는 메뉴에 위치한 후 [통화내역] 버튼을 눌러 내용을 확인한다.

■ **당겨받기**
- 다른 전화가 울릴 때 자신의 전화로 받을 수 있는 기능이며, 동일 그룹 안에 있는 경우만 가능하다.
- 수화기를 들고 [당겨받기] 버튼을 누른다.

■ **돌려주기**
- 걸려 온 전화를 다른 전화기로 돌려주는 기능이다.
- 통화 중일 때 [돌려주기] 버튼을 누른 뒤 돌려줄 번호를 입력하고 [#] 버튼을 누르면 새 통화가 연결되며, 그 후에 수화기를 내려놓는다.
- 즉시 돌려주기를 할 경우에는 위 통화 중일 때 [돌려주기] 버튼을 누른 후 돌려줄 번호를 입력하고 수화기를 내려놓는다.

■ **3자통화**
- 동시에 3인과 통화할 수 있는 기능이다.
- 통화 중일 때 [메뉴 / 보류] 버튼을 누르고 통화할 번호를 입력한 후, [#] 버튼을 눌러 새 통화가 연결되면 [3자통화] 버튼을 누른다.
- 통화 중일 때 다른 전화가 걸려 왔다면, [메뉴 / 보류] 버튼을 누른 후 새 통화가 연결되면 [3자통화] 버튼을 누른다.

■ **수신전환**
- 전화가 오면 다른 전화기로 받을 수 있도록 하는 기능으로, 무조건 · 통화중 · 무응답 세 가지 방법으로 설정할 수 있다.
- 전화기 내 [수신전환] 버튼을 누른 뒤 [볼륨조절] 버튼으로 전환방법을 선택한 후 [통화내역] 버튼을 누르고, 다른 전화기 번호를 입력한 후 다시 [통화내역] 버튼을 누른다.
- 해제할 경우에는 [수신전환] 버튼을 누르고 [볼륨조절] 버튼으로 '사용 안 함' 메뉴에 위치한 후 [통화내역] 버튼을 누른다.

**04** 오늘 첫 출근한 귀하에게 선배 사원은 별다른 설명 없이 사내 전화기 사용 매뉴얼을 건네주었다. 마침 매뉴얼을 한 번 다 읽어본 후, 옆 테이블에 있는 전화기가 울렸다. 그러나 주변에는 아무도 없었다. 이때, 전화기의 어떤 기능을 사용해야 하는가?

① 전화걸기　　　　　　　　　② 3자통화
③ 돌려주기　　　　　　　　　④ 당겨받기
⑤ 수신전환

**05** 귀하가 근무한 지 벌써 두 달이 지나 새로운 인턴사원이 입사하게 되었다. 귀하는 새로운 인턴에게 사내 전화기 사용 매뉴얼을 전달하고자 한다. 그러나 글로만 되어 있던 매뉴얼이 불편했던 생각이 들어 더욱 쉽게 이해할 수 있도록 그림을 추가하고자 한다. 다음 중 전화걸기 항목에 들어갈 그림으로 옳은 것은?

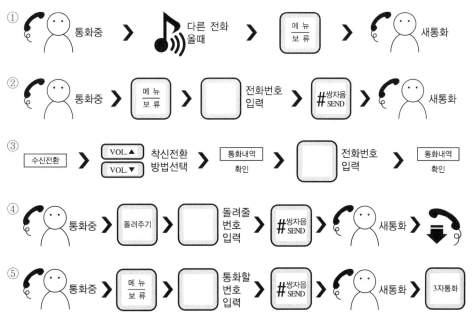

# CHAPTER 08

# 정보능력

## 합격 Cheat Key

정보능력은 업무를 수행함에 있어 기본적인 컴퓨터를 활용하여 필요한 정보를 수집, 분석, 활용하는 능력을 의미한다. 또한 업무와 관련된 정보를 수집하고, 이를 분석하여 의미 있는 정보를 얻는 능력이다. 국가직무능력표준에 따르면 정보능력의 세부 유형은 컴퓨터 활용·정보 처리로 나눌 수 있다.

### 1 평소에 컴퓨터 활용 스킬을 틈틈이 익혀라!

윈도우(OS)에서 어떠한 설정을 할 수 있는지, 응용프로그램(엑셀 등)에서 어떠한 기능을 활용할 수 있는지를 평소에 직접 사용해 본다면 문제를 보다 수월하게 해결할 수 있다. 여건이 된다면 컴퓨터 활용 능력에 관련된 자격증 공부를 하는 것도 이론과 실무를 익히는 데 도움이 될 것이다.

### 2 문제의 규칙을 찾는 연습을 하라!

일반적으로 코드체계나 시스템 논리체계를 제공하고 이를 분석하여 문제를 해결하는 유형이 출제된다. 이러한 문제는 문제해결능력과 같은 맥락으로 규칙을 파악하여 접근하는 방식으로 연습이 필요하다.

### 3    현재 보고 있는 그 문제에 집중하라!

정보능력의 모든 것을 공부하려고 한다면 양이 너무나 방대하다. 그렇기 때문에 수험서에서 본인이 현재 보고 있는 문제들을 집중적으로 공부하고 기억하려고 해야 한다. 그러나 엑셀의 함수 수식, 연산자 등 암기를 필요로 하는 부분들은 필수적으로 암기를 해서 출제가 되었을 때 오답률을 낮출 수 있도록 한다.

### 4    사진 · 그림을 기억하라!

컴퓨터 활용 능력을 파악하는 영역이다 보니 컴퓨터 속 옵션, 기능, 설정 등의 사진 · 그림이 문제에 같이 나오는 경우들이 있다. 그런 부분들은 직접 컴퓨터를 통해서 하나하나 확인을 하면서 공부한다면 더 기억에 잘 남게 된다. 조금 귀찮더라도 한 번씩 클릭하면서 확인을 해보도록 한다.

# 01 | 정보 이해

## | 유형분석 |

- 정보능력 전반에 대한 이해를 확인하는 문제이다.
- 정보능력 이론이나 새로운 정보 기술에 대한 문제가 자주 출제된다.

**다음 중 정보처리 절차에 대한 설명으로 옳지 않은 것은?**

① 정보의 기획은 정보의 입수대상, 주제, 목적 등을 고려하여 전략적으로 이루어져야 한다.

② 정보처리는 기획 – 수집 – 활용 – 관리의 순서로 이루어진다.

③ 다양한 정보원으로부터 목적에 적합한 정보를 수집해야 한다.

④ 정보 관리 시에 고려하여야 할 3요소는 목적성, 용이성, 유용성이다.

⑤ 정보 활용 시에는 합목적성 외에도 합법성이 고려되어야 한다.

**정답** ②

정보처리는 기획 – 수집 – 관리 – 활용 순서로 이루어진다.

**풀이 전략!**

자주 출제되는 정보능력 이론을 확인하고, 확실하게 암기해야 한다. 특히 새로운 정보 기술이나 컴퓨터 전반에 대해 관심을 가지는 것이 좋다.

**01**    다음 중 컴퓨터 바이러스에 대한 설명으로 옳지 않은 것은?

① 소프트웨어뿐만 아니라 하드웨어의 성능에도 영향을 미칠 수 있다.

② 보통 소프트웨어 형태로 감염되나, 메일이나 첨부파일은 감염의 확률이 매우 낮다.

③ 인터넷의 공개 자료실에 있는 파일을 다운로드하여 설치할 때 감염될 수 있다.

④ 온라인 채팅이나 인스턴트 메신저 프로그램을 통해서 전파되기도 한다.

⑤ 사용자가 인지하지 못한 사이 자가 복제를 통해 다른 정상적인 프로그램을 감염시켜 해당 프로그램이나 다른 데이터 파일 등을 파괴한다.

**02**    다음은 기획안을 제출하기 위한 정보수집 전에 어떠한 정보를 어떻게 수집할지에 대한 '정보의 전략적 기획'의 사례이다. S사원이 필요한 정보로 적절하지 않은 것은?

> K전자의 S사원은 상사로부터 세탁기 신상품에 대한 기획안을 제출하라는 업무를 받았다. 먼저 S사원은 기획안을 작성하기 위해 자신에게 어떠한 정보가 필요한지를 생각해 보았다. 개발하려는 세탁기 신상품의 컨셉은 중년층을 대상으로 한 실용적이고 경제적이며 조작하기 쉬운 것을 대표적인 특징으로 삼고 있다.

① 기존에 세탁기를 구매한 고객들의 데이터베이스로부터 정보가 필요할 수도 있다.

② 현재 세탁기를 사용하면서 불편한 점은 무엇인지에 대한 정보가 필요하다.

③ 데이터베이스로부터 성별로 세탁기 선호 디자인에 대한 정보가 필요하다.

④ 고객들의 세탁기에 대한 부담 가능한 금액은 얼마인지에 대한 정보도 필요할 것이다.

⑤ 데이터베이스를 통해 중년층이 선호하는 디자인이나 색은 무엇인지에 대한 정보도 있으면 좋을 것이다.

# 02 | 엑셀 함수

## | 유형분석 |

- 컴퓨터 활용과 관련된 상황에서 문제를 해결하기 위한 행동이 무엇인지 묻는 문제이다.
- 주로 업무수행 중에 많이 활용되는 대표적인 엑셀 함수(COUNTIF, ROUND, MAX, SUM, COUNT, AVERAGE …)가 출제된다.
- 종종 엑셀시트를 제시하여 각 셀에 들어갈 함수식이 무엇인지 고르는 문제가 출제되기도 한다.

**다음 중 엑셀에 제시된 함수식의 결괏값으로 옳지 않은 것은?**

| ◢ | A | B | C | D | E | F |
|---|---|---|---|---|---|---|
| 1 | | | | | | |
| 2 | | 120 | 200 | 20 | 60 | |
| 3 | | 10 | 60 | 40 | 80 | |
| 4 | | 50 | 60 | 70 | 100 | |
| 5 | | | | | | |
| 6 | | 함수식 | | | 결괏값 | |
| 7 | | =MAX(B2:E4) | | | A | |
| 8 | | =MODE(B2:E4) | | | B | |
| 9 | | =LARGE(B2:E4,3) | | | C | |
| 10 | | =COUNTIF(B2:E4,E4) | | | D | |
| 11 | | =ROUND(B2,−1) | | | E | |
| 12 | | | | | | |

① A=200

② B=60

③ C=100

④ D=1

⑤ E=100

**정답** ⑤

ROUND 함수는 지정한 자릿수를 반올림하는 함수이다. 함수식에서 '−1'은 일의 자리를 뜻하며, '−2'는 십의 자리를 뜻한다. 여기서 '−' 기호를 빼면 소수점 자리로 인식한다. 따라서 일의 자리를 반올림하기 때문에 결괏값은 120이다.

**풀이 전략!**

제시된 상황에서 사용할 엑셀 함수가 무엇인지 파악한 후, 선택지에서 적절한 함수식을 골라 식을 만들어야 한다. 평소 대표적으로 문제에 자주 출제되는 몇몇 엑셀 함수를 익혀두면 풀이시간을 단축할 수 있다.

**01** 다음은 K주식회사의 공장별 1월 생산량 현황을 정리한 자료이다. 각 셀에 들어간 함수의 결괏값으로 옳지 않은 것은?

| ◢ | A | B | C | D | E | F |
|---|---|---|---|---|---|---|
| 1 | 〈K주식회사 공장 1월 생산량 현황〉 | | | | | |
| 2 | 구분 | 생산량 | 단가 | 금액 | 순위 | |
| 3 | | | | | 생산량 기준 | 금액 기준 |
| 4 | 안양공장 | 123,000 | 10 | 1,230,000 | | |
| 5 | 청주공장 | 90,000 | 15 | 1,350,000 | | |
| 6 | 제주공장 | 50,000 | 15 | 750,000 | | |
| 7 | 강원공장 | 110,000 | 11 | 1,210,000 | | |
| 8 | 진주공장 | 99,000 | 12 | 1,188,000 | | |
| 9 | 합계 | 472,000 | | 5,728,000 | | |

① F4 : ＝RANK(D4,D4:D8,1) → 4
② E4 : ＝RANK(B4,B4:B8,0) → 1
③ E6 : ＝RANK(B6,B4:B8,0) → 5
④ F8 : ＝RANK(D8,D4:D8,0) → 2
⑤ E8 : ＝RANK(B8,B4:B8,0) → 3

**02** 다음 중 엑셀의 단축키에 대한 설명으로 옳은 것은?

① 〈Alt〉＋〈F〉 : 삽입 메뉴
② 〈Alt〉＋〈Enter〉 : 자동합계
③ 〈Shift〉＋〈F5〉 : 함수 마법사
④ 〈F12〉 : 다른 이름으로 저장
⑤ 〈Ctrl〉＋〈9〉 : 창 최소화

**03** K사 인사팀에 근무하는 L주임은 다음과 같이 상반기 공채 지원자들의 PT면접 점수를 입력한 후 면접 결과를 정리하고자 한다. 이를 위해 [F3] 셀에 〈보기〉와 같은 함수를 입력하고, 채우기 핸들을 이용하여 [F6] 셀까지 드래그했을 때, [F3] ~ [F6] 셀에 나타나는 결괏값이 바르게 짝지어진 것은?

| | A | B | C | D | E | F |
|---|---|---|---|---|---|---|
| 1 | | | | | | (단위 : 점) |
| 2 | 이름 | 발표내용 | 발표시간 | 억양 | 자료준비 | 결과 |
| 3 | 조재영 | 85 | 92 | 75 | 80 | |
| 4 | 박슬기 | 93 | 83 | 82 | 90 | |
| 5 | 김현진 | 92 | 95 | 86 | 91 | |
| 6 | 최승호 | 95 | 93 | 92 | 90 | |

보기

=IF(AVERAGE(B3:E3)>=90,"합격","불합격")

| | [F3] | [F4] | [F5] | [F6] |
|---|---|---|---|---|
| ① | 불합격 | 불합격 | 합격 | 합격 |
| ② | 합격 | 합격 | 불합격 | 불합격 |
| ③ | 합격 | 불합격 | 합격 | 불합격 |
| ④ | 불합격 | 합격 | 불합격 | 합격 |
| ⑤ | 불합격 | 불합격 | 불합격 | 합격 |

**04** 다음 중 함수식에 대한 결괏값으로 옳지 않은 것은?

| | 함수식 | 결괏값 |
|---|---|---|
| ① | =TRIM("1/4분기 수익") | 1/4분기 수익 |
| ② | =SEARCH("세","세금 명세서",3) | 5 |
| ③ | =PROPER("republic of korea") | REPUBLIC OF KOREA |
| ④ | =LOWER("Republic of Korea") | republic of korea |
| ⑤ | =MOD(18,-4) | -2 |

05 K중학교에서 근무하는 P교사는 반 학생들의 과목별 수행평가 제출 여부를 확인하기 위해 다음과 같이 자료를 정리하였다. P교사가 [D11]~[D13] 셀에 〈보기〉와 같이 함수를 입력하였을 때, [D11]~[D13] 셀에 나타날 결괏값이 바르게 짝지어진 것은?

| ◢ | A | B | C | D |
|---|---|---|---|---|
| 1 | | | (제출했을 경우 '1'로 표시) | |
| 2 | 이름 | A과목 | B과목 | C과목 |
| 3 | 김혜진 | 1 | 1 | 1 |
| 4 | 이방숙 | 1 | | |
| 5 | 정영교 | 재제출 요망 | 1 | |
| 6 | 정혜운 | | 재제출 요망 | 1 |
| 7 | 이승준 | | 1 | |
| 8 | 이혜진 | | | 1 |
| 9 | 정영남 | 1 | | 1 |
| 10 | | | | |
| 11 | | | | |
| 12 | | | | |
| 13 | | | | |

보기

| [D11] 셀에 입력한 함수 | → | =COUNTA(B3:D9) |
|---|---|---|
| [D12] 셀에 입력한 함수 | → | =COUNT(B3:D9) |
| [D13] 셀에 입력한 함수 | → | =COUNTBLANK(B3:D9) |

| | [D11] | [D12] | [D13] |
|---|---|---|---|
| ① | 12 | 10 | 11 |
| ② | 12 | 10 | 9 |
| ③ | 10 | 12 | 11 |
| ④ | 10 | 12 | 9 |
| ⑤ | 10 | 10 | 9 |

# 03 | 프로그램 언어(코딩)

## | 유형분석 |

- 프로그램의 실행 결과를 코딩을 통해 파악하여 이를 풀이하는 문제이다.
- 대체로 문제에서 규칙을 제공하고 있으며, 해당 규칙을 적용하여 새로운 코드번호를 만들거나 혹은 만들어진 코드번호를 해석하는 등의 문제가 출제된다.

다음 중 프로그램의 실행 결과로 옳은 것은?

```
#include 〈stdio.h〉

int main(){
        int i = 4;
        int k = 2;
        switch(i) {
                case 0:
                case 1:
                case 2:
                case 3: k = 0;
                case 4: k += 5;
                case 5: k -= 20;
                default: k++;
        }
        printf("%d", k);
}
```

① 12
② -12
③ 10
④ -10

**정답** ②

i가 4이기 때문에 case 4부터 시작한다. k는 2이고, k+=5를 하면 7이 되고, Case 5에서 k-=20을 하면 -13이 되며, default에서 1이 증가하여 결괏값은 -12가 된다.

**풀이 전략!**

문제에서 실행 프로그램 내용이 주어지면 핵심 키워드를 확인한다. 코딩 프로그램을 통해 요구되는 내용을 알아맞혀 정답 유무를 판단한다.

**01** 다음 중첩 반복문을 실행할 때 "Do all one can"이 출력되는 횟수는 모두 몇 번인가?

```
for ( i = 0; i < 4; i++)
{
for ( j = 0; j < 6; j++)
{
printf("Do all one can\n");
}
}
```

① 4번                           ② 6번
③ 12번                          ④ 18번
⑤ 24번

**02** 다음 중 프로그램의 실행 결과로 옳은 것은?

```
#include <stdio.h>
void main( ) {
  char arr[ ] = "hello world";
  printf("%d\n",strlen(arr));
}
```

① 11                            ② 12
③ 13                            ④ 14
⑤ 15

# CHAPTER 09

# 자원관리능력

## 합격 Cheat Key

자원관리능력은 현재 NCS 기반 채용을 진행하는 많은 공사·공단에서 핵심영역으로 자리 잡아, 일부를 제외한 대부분의 시험에서 출제되고 있다.

세부 유형은 비용 계산, 해외파견 지원금 계산, 주문 제작 단가 계산, 일정 조율, 일정 선정, 행사 대여 장소 선정, 최단거리 구하기, 시차 계산, 소요시간 구하기, 해외파견 근무 기준에 부합하는 또는 부합하지 않는 직원 고르기 등으로 나눌 수 있다.

### 1 시차를 먼저 계산하라!

시간 자원 관리의 대표유형 중 시차를 계산하여 일정에 맞는 항공권을 구입하거나 회의시간을 구하는 문제에서는 각각의 나라 시간을 한국 시간으로 전부 바꾸어 계산하는 것이 편리하다. 조건에 맞는 나라들의 시간을 전부 한국 시간으로 바꾸고 한국 시간과의 시차만 더하거나 빼면 시간을 단축하여 풀 수 있다.

### 2 선택지를 잘 활용하라!

계산을 해서 값을 요구하는 문제 유형에서는 선택지를 먼저 본 후 자리 수가 몇 단위로 끝나는지 확인해야 한다. 예를 들어 412,300원, 426,700원, 434,100원인 선택지가 있다고 할 때, 제시된 조건에서 100원 단위로 나올 수 있는 항목을 찾아 그 항목만 계산하는 방법이 있다. 또한, 일일이 계산하는 문제가 많다. 예를 들어 640,000원, 720,000원, 810,000원 등의 수를 이용해 푸는 문제가 있다고 할 때, 만 원 단위를 절사하고 계산하여 64, 72, 81처럼 요약하는 방법이 있다.

## 3 최적의 값을 구하는 문제인지 파악하라!

물적 자원 관리의 대표유형에서는 제한된 자원 내에서 최대의 만족 또는 이익을 얻을 수 있는 방법을 강구하는 문제가 출제된다. 이때, 구하고자 하는 값을 $x$, $y$로 정하고 연립방정식을 이용해 $x$, $y$ 값을 구한다. 최소 비용으로 목표생산량을 달성하기 위한 업무 및 인력 할당, 정해진 시간 내에 최대 이윤을 낼 수 있는 업체 선정, 정해진 인력으로 효율적 업무 배치 등을 구하는 문제에서 사용되는 방법이다.

## 4 각 평가항목을 비교하라!

인적 자원 관리의 대표유형에서는 각 평가항목을 비교하여 기준에 적합한 인물을 고르거나, 저렴한 업체를 선정하거나, 총점이 높은 업체를 선정하는 문제가 출제된다. 이런 유형은 평가항목에서 가격이나 점수 차이에 영향을 많이 미치는 항목을 찾아 1 ~ 2개의 선택지를 삭제하고, 남은 3 ~ 4개의 선택지만 계산하여 시간을 단축할 수 있다.

# 01 | 시간 계획

## | 유형분석 |

- 시간 자원과 관련된 다양한 정보를 활용하여 풀어가는 문제이다.
- 대체로 교통편 정보나 국가별 시차 정보가 제공되며, 이를 근거로 '현지 도착시간 또는 약속된 시간 내에 도착하기 위한 방안'을 고르는 문제가 출제된다.

한국은 뉴욕보다 16시간 빠르고, 런던은 한국보다 8시간 느리다. 다음 비행기가 현지에 도착할 때의 시각 (㉠, ㉡)으로 옳은 것은?

| 구분 | 출발 일자 | 출발 시각 | 비행 시간 | 도착 시각 |
|------|-----------|-----------|-----------|-----------|
| 뉴욕행 비행기 | 6월 6일 | 22:20 | 13시간 40분 | ㉠ |
| 런던행 비행기 | 6월 13일 | 18:15 | 12시간 15분 | ㉡ |

|   | ㉠ | ㉡ |
|---|-----|-----|
| ① | 6월 6일 09시 | 6월 13일 09시 30분 |
| ② | 6월 6일 20시 | 6월 13일 22시 30분 |
| ③ | 6월 7일 09시 | 6월 14일 09시 30분 |
| ④ | 6월 7일 13시 | 6월 14일 15시 30분 |
| ⑤ | 6월 7일 20시 | 6월 14일 20시 30분 |

**정답** ②

㉠ 뉴욕행 비행기는 한국에서 6월 6일 22시 20분에 출발하고, 13시간 40분 동안 비행하기 때문에 6월 7일 12시에 도착한다. 한국 시간은 뉴욕보다 16시간 빠르므로 현지에 도착하는 시각은 6월 6일 20시가 된다.

㉡ 런던행 비행기는 한국에서 6월 13일 18시 15분에 출발하고, 12시간 15분 동안 비행하기 때문에 현지에 6월 14일 6시 30분에 도착한다. 한국 시간은 런던보다 8시간이 빠르므로 현지에 도착하는 시각은 6월 13일 22시 30분이 된다.

**풀이 전략!**

문제에서 묻는 것을 정확히 파악한다. 특히 제한사항에 대해서는 빠짐없이 확인해 두어야 한다. 이후 제시된 정보(시차 등)에서 필요한 것을 선별하여 문제를 풀어간다.

**01** 다음은 K회사 신제품 개발1팀의 하루 업무 스케줄에 대한 자료이다. 신입사원 A씨는 스케줄을 바탕으로 금일 회의 시간을 정하려고 한다. 1시간 동안 진행될 팀 회의의 가장 적절한 시간대는 언제인가?

〈K회사 신제품 개발1팀 스케줄〉

| 시간 | 직급별 스케줄 | | | | |
|---|---|---|---|---|---|
| | 부장 | 차장 | 과장 | 대리 | 사원 |
| 09:00 ~ 10:00 | 업무회의 | | | | |
| 10:00 ~ 11:00 | | | | | 비품요청 |
| 11:00 ~ 12:00 | | | 시장조사 | 시장조사 | 시장조사 |
| 12:00 ~ 13:00 | 점심식사 | | | | |
| 13:00 ~ 14:00 | 개발전략수립 | | 시장조사 | 시장조사 | 시장조사 |
| 14:00 ~ 15:00 | | 샘플검수 | 제품구상 | 제품구상 | 제품구상 |
| 15:00 ~ 16:00 | | | 제품개발 | 제품개발 | 제품개발 |
| 16:00 ~ 17:00 | | | | | |
| 17:00 ~ 18:00 | | | 결과보고 | 결과보고 | |

① 09:00 ~ 10:00
② 10:00 ~ 11:00
③ 14:00 ~ 15:00
④ 16:00 ~ 17:00
⑤ 17:00 ~ 18:00

**02** 모스크바 지사에서 일하고 있는 K대리는 밴쿠버 지사와의 업무협조를 위해 4월 22일 오전 10시 15분에 밴쿠버 지사로 업무협조 메일을 보냈다. 〈조건〉에 따라 밴쿠버 지사에서 가장 빨리 메일을 읽었을 때, 모스크바의 시각은?

> **조건**
> • 밴쿠버는 모스크바보다 10시간이 늦다.
> • 밴쿠버 지사의 업무시간은 오전 10시부터 오후 6시까지다.
> • 밴쿠버 지사에서는 4월 22일 오전 10시부터 15분간 전력 점검이 있었다.

① 4월 22일 오전 10시 15분
② 4월 23일 오전 10시 15분
③ 4월 22일 오후 8시 15분
④ 4월 23일 오후 8시 15분
⑤ 4월 23일 오후 10시 15분

**03** 해외로 출장을 가는 김대리는 다음 〈조건〉과 같이 이동하려고 계획하고 있다. 연착 없이 계획대로 출장지에 도착했다면, 도착했을 때의 현지 시각은?

> **조건**
> • 서울 시각으로 5일 오후 1시 35분에 출발하는 비행기를 타고, 경유지 한 곳을 거쳐 출장지에 도착한다.
> • 경유지는 서울보다 1시간 빠르고, 출장지는 경유지보다 2시간 느리다.
> • 첫 번째 비행은 3시간 45분이 소요된다.
> • 경유지에서 3시간 50분을 대기한 후 출발한다.
> • 두 번째 비행은 9시간 25분이 소요된다.

① 오전 5시 35분      ② 오전 6시
③ 오후 5시 35분      ④ 오후 6시
⑤ 오전 7시

**04** 다음은 K기업의 4월 일정이다. K기업 직원들은 본사에서 주관하는 윤리교육 8시간을 이번 달 안에 모두 이수해야 한다. 이 윤리교육은 일주일에 2회씩 같은 요일 오전에 1시간 동안 진행되고, 각 지사의 일정에 맞춰 요일을 지정할 수 있다. K기업 직원들은 어떤 요일에 윤리교육을 수강해야 하는가?

〈4월 일정표〉

| 월 | 화 | 수 | 목 | 금 | 토 | 일 |
|---|---|---|---|---|---|---|
| | 1 | 2 | 3 | 4 | 5 | 6 |
| 7 | 8 | 9 | 10 | 11 | 12 | 13 |
| 14<br>최과장 연차 | 15 | 16 | 17 | 18 | 19 | 20 |
| 21 | 22 | 23 | 24 | 25<br>오후<br>김대리 반차 | 26 | 27 |
| 28 | 29<br>오전<br>성대리 외근 | 30 | | | | |

〈K기업 행사일정〉

• 4월 3일 오전 : 본사 회장 방문
• 4월 7 ~ 8일 오전 : 1박 2일 전사 워크숍
• 4월 30일 오전 : 임원진 간담회 개최

① 월, 수                    ② 화, 목
③ 수, 목                    ④ 수, 금
⑤ 목, 금

# 02 | 비용 계산

## | 유형분석 |

- 예산 자원과 관련된 다양한 정보를 활용하여 풀어가는 문제이다.
- 대체로 한정된 예산 내에서 수행할 수 있는 업무 및 예산 가격을 묻는 문제가 출제된다.

K사원은 출장을 위해 KTX표를 미리 40% 할인된 가격에 구매하였으나, 출장 일정이 바뀌는 바람에 하루 전날 표를 취소하였다. 다음 환불 규정에 따라 16,800원을 돌려받았을 때, 할인되지 않은 KTX표의 가격은 얼마인가?

| 〈KTX 환불 규정〉 | | |
|---|---|---|
| 출발 2일 전 | 출발 1일 전 ~ 열차 출발 전 | 열차 출발 후 |
| 100% | 70% | 50% |

① 40,000원

② 48,000원

③ 56,000원

④ 67,200원

⑤ 70,000원

**정답** ①

할인되지 않은 KTX표의 가격을 $x$원이라 하면, 표를 40% 할인된 가격으로 구매하였으므로 구매 가격은 $(1-0.4)x=0.6x$원이다. 환불 규정에 따르면 하루 전에 표를 취소하는 경우 70%의 금액을 돌려받을 수 있으므로 식을 세우면 다음과 같다.

$0.6x \times 0.7 = 16,800$

$\rightarrow 0.42x = 16,800$

$\therefore x = 40,000$

따라서 할인되지 않은 표의 가격은 40,000원이다.

**풀이 전략!**

제한사항인 예산을 고려하여 문제에서 묻는 것을 정확히 파악한 후, 제시된 정보에서 필요한 것을 선별하여 문제를 풀어간다.

**01** K팀장은 6월부터 10월까지 매월 부산에서 열리는 세미나에 참석하기 위해 숙소를 예약해야 한다. 다음 〈조건〉에 따라 예약사이트 M투어, H트립, S닷컴, T호텔스 중 한 곳을 통해 숙소를 예약하고자 할 때, K팀장이 이용할 예약사이트와 6월부터 10월까지의 총 숙박비용이 바르게 짝지어진 것은?

〈예약사이트별 예약 정보〉

| 예약사이트 | 가격(원/1박) | 할인행사 |
|---|---|---|
| M투어 | 120,500 | 3박 이용 시(연박 아니어도 3박 기록 있으면 유효) 다음 달에 30% 할인 쿠폰 1매 제공 |
| H트립 | 111,000 | 6월부터 8월 사이 1박 이상 숙박 이용내역이 있을 시 10% 할인 |
| S닷컴 | 105,500 | 2박 이상 연박 시 10,000원 할인 |
| T호텔스 | 105,000 | 멤버십 가입 시 1박당 10% 할인(멤버십 가입비 20,000원) |

**조건**
- 세미나를 위해 6월부터 10월까지 매월 1박 2일로 숙소를 예약한다.
- 숙소는 항상 □□호텔을 이용한다.
- K팀장은 6월부터 10월까지 총 5번의 숙박비용의 합을 최소화하고자 한다.

| | 예약사이트 | 총 숙박비용 |
|---|---|---|
| ① | M투어 | 566,350원 |
| ② | H트립 | 492,500원 |
| ③ | H트립 | 532,800원 |
| ④ | S닷컴 | 527,500원 |
| ⑤ | T호텔스 | 492,500원 |

**02** 다음은 K기업의 여비규정이다. 대구로 출장을 다녀 온 B과장의 지출내역을 토대로 여비를 정산했을 때, B과장은 총 얼마를 받는가?

---

**여비의 종류(제1조)**

여비는 운임·숙박비·식비·일비 등으로 구분한다.

1. 운임 : 여행 목적지로 이동하기 위해 교통수단을 이용함에 있어 소요되는 비용을 충당하기 위한 여비
2. 숙박비 : 여행 중 숙박에 소요되는 비용을 충당하기 위한 여비
3. 식비 : 여행 중 식사에 소요되는 비용을 충당하기 위한 여비
4. 일비 : 여행 중 출장지에서 소요되는 교통비 등 각종 비용을 충당하기 위한 여비

**운임의 지급(제2조)**

1. 운임은 철도운임·선박운임·항공운임으로 구분한다.
2. 국내운임은 [별표 1]에 따라 지급한다.

**일비·숙박비·식비의 지급(제3조)**

1. 국내 여행자의 일비·숙박비·식비는 국내 여비 지급표에 따라 지급한다.
2. 일비는 여행일수에 따라 지급한다.
3. 숙박비는 숙박하는 밤의 수에 따라 지급한다. 다만, 출장 기간이 2일 이상인 경우의 지급액은 출장기간 전체의 총액 한도 내 실비로 계산한다.
4. 식비는 여행일수에 따라 지급한다.

〈국내 여비 지급표〉

| 철도운임 | 선박운임 | 항공운임 | 일비(1인당) | 숙박비(1박당) | 식비(1일당) |
|---|---|---|---|---|---|
| 실비<br>(일반실) | 실비<br>(2등급) | 실비 | 20,000원 | 실비<br>(상한액<br>40,000원) | 20,000원 |

〈B과장의 지출내역〉

(단위 : 원)

| 항목 | 1일 차 | 2일 차 | 3일 차 | 4일 차 |
|---|---|---|---|---|
| KTX운임(일반실) | 43,000 | – | – | 43,000 |
| 대구 시내 버스요금 | 5,000 | 4,000 | – | 2,000 |
| 대구 시내 택시요금 | – | – | 10,000 | 6,000 |
| 식비 | 15,000 | 45,000 | 35,000 | 15,000 |
| 숙박비 | 45,000 | 30,000 | 35,000 | – |

① 286,000원       ② 304,000원

③ 328,000원       ④ 356,000원

⑤ 366,000원

03 K컨벤션에서 회의실 예약업무를 담당하고 있는 A씨는 2주 전 B기업으로부터 오전 10시 ~ 오후 12시에 35명, 오후 1 ~ 4시에 10명이 이용할 수 있는 회의실 예약문의를 받았다. A씨는 회의실 예약 설명서를 B기업으로 보냈고, B기업은 자료를 바탕으로 회의실을 선택하여 결제했다. 하지만 이용일 4일 전 B기업이 오후 회의실 사용을 취소하였다. 이때, 다음 〈조건〉을 참고하여 B기업이 환불받게 될 금액은 얼마인가?(단, 회의에서는 노트북과 빔프로젝터를 이용하며, 부대장비 대여료도 환불규칙에 포함된다)

〈회의실 사용료(VAT 포함)〉

| 회의실 | 수용 인원(명) | 면적($m^2$) | 기본임대료(원) | | 추가임대료(원) | |
|---|---|---|---|---|---|---|
| | | | 기본시간 | 임대료 | 추가시간 | 임대료 |
| 대회의실 | 90 | 184 | | 240,000 | | 120,000 |
| 별실 | 36 | 149 | | 400,000 | | 200,000 |
| 세미나 1 | 21 | 43 | | 136,000 | | 68,000 |
| 세미나 2 | | | 2시간 | | 시간당 | |
| 세미나 3 | 10 | 19 | | 74,000 | | 37,000 |
| 세미나 4 | 16 | 36 | | 110,000 | | 55,000 |
| 세미나 5 | 8 | 15 | | 62,000 | | 31,000 |

〈부대장비 대여료(VAT 포함)〉

| 장비명 | 사용료(원) | | | | |
|---|---|---|---|---|---|
| | 1시간 | 2시간 | 3시간 | 4시간 | 5시간 |
| 노트북 | 10,000 | 10,000 | 20,000 | 20,000 | 30,000 |
| 빔프로젝터 | 30,000 | 30,000 | 50,000 | 50,000 | 70,000 |

조건
• 기본임대 시간은 2시간이며, 1시간 단위로 연장할 수 있습니다.
• 예약 시 최소 인원은 수용 인원의 $\frac{1}{2}$ 이상이어야 합니다.
• 예약 가능한 회의실 중 비용이 저렴한 쪽을 선택해야 합니다.

〈환불규칙〉
• 결제완료 후 계약을 취소하시는 경우 다음과 같이 취소수수료가 발생합니다.
 – 이용일 기준 7일 이전 : 취소수수료 없음
 – 이용일 기준 6 ~ 3일 이전 : 취소수수료 10%
 – 이용일 기준 2 ~ 1일 이전 : 취소수수료 50%
 – 이용일 당일 : 환불 불가
• 회의실에는 음식물을 반입하실 수 없습니다.
• 이용일 7일 전까지(7일 이내 예약 시에는 금일 중) 결제해야 합니다.
• 결제 변경은 해당 회의실 이용시간 전까지 가능합니다.

① 162,900원
② 183,600원
③ 211,500원
④ 246,600원
⑤ 387,000원

# 03 | 품목 확정

## | 유형분석 |

- 물적 자원과 관련된 다양한 정보를 활용하여 풀어가는 문제이다.
- 주로 공정도·제품·시설 등에 대한 가격·특징·시간 정보가 제시되며, 이를 종합적으로 고려하는 문제가 출제된다.

K공사는 신축 본사에 비치할 사무실 명패를 제작하기 위해 다음과 같은 팸플릿을 참고하고 있다. 신축 본사에 비치할 사무실 명패는 사무실마다 국문과 영문을 함께 주문했고, 총 주문 비용이 80만 원이라면 사무실에 최대 몇 개의 국문과 영문 명패를 함께 비치할 수 있는가?(단, 추가 구입 가격은 1SET를 구입할 때 한 번씩만 적용된다)

---

**〈명패 제작 가격〉**

- 국문 명패 : 1SET(10개)에 10,000원, 5개 추가 시 2,000원
- 영문 명패 : 1SET(5개)에 8,000원, 3개 추가 시 3,000원

---

① 345개
② 350개
③ 355개
④ 360개
⑤ 365개

---

**정답** ④

국문 명패 최저가는 15개에 12,000원이고, 영문 명패 최저가는 8개에 11,000원이다. 각 명패를 최저가에 구입하는 개수의 최소공배수를 구하면 120개이다. 이때의 비용은 $(12,000 \times 8) + (11,000 \times 15) = 96,000 + 165,000 = 261,000$원이다. 따라서 한 사무실에 국문과 영문 명패를 함께 비치한다면 120개의 사무실에 명패를 비치하는 비용은 261,000원이다. 360개의 사무실에 명패를 비치한다면 783,000원이 필요하고, 남은 17,000원으로 국문 명패와 영문 명패를 동시에 구입할 수는 없다. 따라서 80만 원으로 최대 360개의 국문 명패와 영문 명패를 동시에 비치할 수 있다.

---

**풀이 전략!**

문제에서 묻고자 하는 바를 정확히 파악하는 것이 중요하다. 문제에서 제시한 물적 자원의 정보를 문제의 의도에 맞게 선별하면서 풀어간다.

**01** 신입사원 K씨는 A ~ E 총 5개의 과제 중 어떤 과제를 먼저 수행해야 할지 결정하기 위해 평가표를 작성하였다. 다음 자료를 근거로 가장 먼저 수행할 과제는?(단, 평가 항목 점수를 합산하여 최종 점수가 가장 높은 과제부터 수행한다)

<과제별 평가표>

(단위 : 점)

| 구분 | A | B | C | D | E |
|------|-----|-----|-----|-----|-----|
| 중요도 | 84 | 82 | 95 | 90 | 94 |
| 긴급도 | 92 | 90 | 85 | 83 | 92 |
| 적용도 | 96 | 90 | 91 | 95 | 83 |

※ 과제당 다음과 같은 가중치를 별도로 부여하여 계산한다.
  [(중요도)×0.3]+[(긴급도)×0.2]+[(적용도)×0.1]
※ 항목별로 최하위 점수에 해당하는 과제는 선정하지 않는다.

① A                         ② B
③ C                         ④ D
⑤ E

**02** K공사 인재개발원에 근무하고 있는 A대리는 〈조건〉에 따라 신입사원 교육을 위한 스크린을 구매하려고 한다. 다음 중 가장 적절한 제품은 무엇인가?

> **조건**
> • 조명도는 5,000lx 이상이어야 한다.
> • 예산은 150만 원이다.
> • 제품에 이상이 생겼을 때 A/S가 신속해야 한다.
> • 위 조건을 모두 충족 시 가격이 저렴한 제품을 가장 우선으로 선정한다.
> ※ lux(럭스) : 조명이 밝은 정도를 말하는 조명도에 대한 실용단위로 기호는 lx이다.

| | 제품 | 가격(만 원) | 조명도(lx) | 특이사항 |
|-----|------|-----------|-----------|----------|
| ① | A | 180 | 8,000 | 2년 무상 A/S 가능 |
| ② | B | 120 | 6,000 | 해외직구(해외 A/S) |
| ③ | C | 100 | 3,500 | 미사용 전시 제품 |
| ④ | D | 150 | 5,000 | 미사용 전시 제품 |
| ⑤ | E | 130 | 7,000 | 2년 무상 A/S 가능 |

# 04 | 인원 선발

## | 유형분석 |

- 인적 자원과 관련된 다양한 정보를 활용하여 풀어가는 문제이다.
- 주로 근무명단, 휴무일, 업무할당 등의 주제로 다양한 정보를 활용하여 종합적으로 풀어가는 문제가 출제된다.

**다음 글의 내용이 참일 때, K공사의 신입사원으로 채용될 수 있는 지원자들의 최대 인원은 몇 명인가?**

금년도 신입사원 채용에서 K공사가 요구하는 자질은 이해능력, 의사소통능력, 대인관계능력, 실행능력이다. K공사는 이 4가지 자질 중 적어도 3가지 자질을 지닌 사람을 채용하고자 한다. 지원자는 갑 ~ 정 4명이며, 이들이 지닌 자질을 평가한 결과 다음과 같은 정보가 주어졌다.

㉠ 갑이 지닌 자질과 정이 지닌 자질 중 적어도 두 개는 일치한다.
㉡ 대인관계능력은 병만 가진 자질이다.
㉢ 만약 지원자가 의사소통능력을 지녔다면 그는 대인관계능력의 자질도 지닌다.
㉣ 의사소통능력의 자질을 지닌 지원자는 한 명뿐이다.
㉤ 갑, 병, 정은 이해능력이라는 자질을 지니고 있다.

① 1명
② 2명
③ 3명
④ 4명

**정답** ①

㉡, ㉢, ㉣에 의해 의사소통능력과 대인관계능력을 지닌 사람은 오직 병뿐이라는 사실을 알 수 있다. 또한 ㉤에 의해 병이 이해능력도 가지고 있음을 알 수 있다. 이처럼 병은 4가지 자질 중에 3가지를 갖추고 있으므로 K공사의 신입사원으로 채용될 수 있다. 신입사원으로 채용되기 위해서는 적어도 3가지 자질이 필요한데, 4가지 자질 중 의사소통능력과 대인관계능력은 병만 지닌 자질임이 확인되었으므로 나머지 갑, 을, 정은 채용될 수 없다. 따라서 신입사원으로 채용될 수 있는 최대 인원은 병 1명이다.

**풀이 전략!**

문제에서 신입사원 채용이나 인력배치 등의 주제가 출제될 경우에는 주어진 규정 혹은 규칙을 꼼꼼히 확인하여야 한다. 이를 근거로 각 선택지가 어긋나지 않는지 검토하여 문제를 풀어간다.

**01** K사에서는 A ~ N직원 중 면접위원을 선발하고자 한다. 면접위원의 구성 조건이 다음과 같을 때, 옳지 않은 것은?

〈면접위원 구성 조건〉

- 면접관은 총 6명으로 구성한다.
- 이사 이상의 직급으로 50% 이상 구성해야 한다.
- 인사팀을 제외한 모든 부서는 두 명 이상 선출할 수 없고, 인사팀은 반드시 두 명 이상을 포함한다.
- 모든 면접위원의 입사 후 경력은 3년 이상으로 한다.

| 직원 | 직급 | 부서 | 입사 후 경력 |
|------|------|------|--------------|
| A | 대리 | 인사팀 | 2년 |
| B | 과장 | 경영지원팀 | 5년 |
| C | 이사 | 인사팀 | 8년 |
| D | 과장 | 인사팀 | 3년 |
| E | 사원 | 홍보팀 | 6개월 |
| F | 과장 | 홍보팀 | 2년 |
| G | 이사 | 고객지원팀 | 13년 |
| H | 사원 | 경영지원 | 5개월 |
| I | 이사 | 고객지원팀 | 2년 |
| J | 과장 | 영업팀 | 4년 |
| K | 대리 | 홍보팀 | 4년 |
| L | 사원 | 홍보팀 | 2년 |
| M | 과장 | 개발팀 | 3년 |
| N | 이사 | 개발팀 | 8년 |

① L사원은 면접위원으로 선출될 수 없다.

② N이사는 반드시 면접위원으로 선출된다.

③ B과장이 면접위원으로 선출됐다면 K대리도 선출된다.

④ 과장은 두 명 이상 선출된다.

⑤ 모든 부서에서 면접위원이 선출될 수는 없다.

**02** K기업은 현재 신입사원을 채용하고 있다. 서류전형과 면접전형을 마치고 다음의 평가지표 결과를 얻었다. 평가지표별 가중치를 이용하여 각 지원자의 최종 점수를 계산해 점수가 가장 높은 두 지원자를 채용하려고 할 때, K기업이 채용할 두 지원자는?

〈지원자별 평가지표 결과〉

(단위 : 점)

| 구분 | 면접 점수 | 영어 실력 | 팀내 친화력 | 직무 적합도 | 발전 가능성 | 비고 |
|------|-----------|-----------|-------------|-------------|-------------|------|
| A지원자 | 3 | 3 | 5 | 4 | 4 | 군필자 |
| B지원자 | 5 | 5 | 2 | 3 | 4 | 군필자 |
| C지원자 | 5 | 3 | 3 | 3 | 5 | – |
| D지원자 | 4 | 3 | 3 | 5 | 4 | 군필자 |
| E지원자 | 4 | 4 | 2 | 5 | 5 | 군 면제자 |

※ 군필자(만기제대)에게는 5점의 가산점을 부여한다.

〈평가지표별 가중치〉

| 구분 | 면접 점수 | 영어 실력 | 팀내 친화력 | 직무 적합도 | 발전 가능성 |
|------|-----------|-----------|-------------|-------------|-------------|
| 가중치 | 3 | 3 | 5 | 4 | 5 |

※ 가중치는 해당 평가지표 결과 점수에 곱한다.

① A, D지원자
② B, C지원자
③ B, E지원자
④ C, D지원자
⑤ D, E지원자

**03** K구청은 주민들의 정보화 교육을 위해 정보화 교실을 동별로 시행하고 있고, 주민들은 각자 일정에 맞춰 정보화 교육을 수강하려고 한다. 다음 중 개인 일정상 신청과목을 수강할 수 없는 사람은?(단, 하루라도 수강을 빠진다면 수강이 불가능하다)

### 〈정보화 교육 일정표〉

| 교육 날짜 | 교육 시간 | 장소 | 과정명 | 장소 | 과정명 |
|---|---|---|---|---|---|
| 화, 목 | 09:30 ~ 12:00 | A동 | 인터넷 활용하기 | C동 | 스마트한 클라우드 활용 |
| | 13:00 ~ 15:30 | | 그래픽 초급 픽슬러 에디터 | | 스마트폰 SNS 활용 |
| | 15:40 ~ 18:10 | | ITQ한글2010(실전반) | | |
| 수, 금 | 09:30 ~ 12:00 | | 한글 문서 활용하기 | | Windows10 활용하기 |
| | 13:00 ~ 15:30 | | 스마트폰 / 탭 / 패드(기본앱) | | 스마트한 클라우드 활용 |
| | 15:40 ~ 18:10 | | 컴퓨터 기초(윈도우 및 인터넷) | | |
| 월 | 09:30 ~ 15:30 | | 포토샵 기초 | | 사진 편집하기 |
| 화 ~ 금 | 09:30 ~ 12:00 | B동 | 그래픽 편집 달인되기 | D동 | 한글 시작하기 |
| | 13:00 ~ 15:30 | | 한글 활용 작품 만들기 | | 사진 편집하기 |
| | 15:40 ~ 18:10 | | – | | 엑셀 시작하기 |
| 월 | 09:30 ~ 15:30 | | Windows10 활용하기 | | 스마트폰 사진 편집 & 앱 배우기 |

### 〈개인 일정 및 신청과목〉

| 구분 | 개인 일정 | 신청과목 |
|---|---|---|
| D동의 홍길동 씨 | • 매주 월 ~ 금 08:00 ~ 15:00 편의점 아르바이트<br>• 매주 월요일 16:00 ~ 18:00 음악학원 수강 | 엑셀 시작하기 |
| A동의 이몽룡 씨 | • 매주 화, 수, 목 09:00 ~ 18:00 학원 강의<br>• 매주 월 16:00 ~ 20:00 배드민턴 동호회 활동 | 포토샵 기초 |
| C동의 성춘향 씨 | • 매주 수, 금 17:00 ~ 22:00 호프집 아르바이트<br>• 매주 월 10:00 ~ 12:00 과외 | 스마트한 클라우드 활용 |
| B동의 변학도 씨 | • 매주 월, 화 08:00 ~ 15:00 카페 아르바이트<br>• 매주 수, 목 18:00 ~ 20:00 요리학원 수강 | 그래픽 편집 달인되기 |
| A동의 김월매 씨 | • 매주 월, 수, 금 10:00 ~ 13:00 필라테스 수강<br>• 매주 화 14:00 ~ 17:00 제빵학원 수강 | 인터넷 활용하기 |

① 홍길동 씨      ② 이몽룡 씨
③ 성춘향 씨      ④ 변학도 씨
⑤ 김월매 씨

**04** 다음은 부서별로 핵심역량 중요도를 정리한 자료와 신입사원들의 핵심역량 평가표이다. 이를 바탕으로 한 C사원과 E사원의 부서배치로 옳은 것은?(단, '−'는 중요도가 상관없다는 표시이다)

〈핵심역량 중요도〉

| 구분 | 창의성 | 혁신성 | 친화력 | 책임감 | 윤리성 |
|---|---|---|---|---|---|
| 영업팀 | − | 중 | 상 | 중 | − |
| 개발팀 | 상 | 상 | 하 | 중 | 상 |
| 지원팀 | − | 중 | − | 상 | 하 |

〈핵심역량 평가표〉

| 구분 | 창의성 | 혁신성 | 친화력 | 책임감 | 윤리성 |
|---|---|---|---|---|---|
| A사원 | 상 | 하 | 중 | 상 | 상 |
| B사원 | 중 | 중 | 하 | 중 | 상 |
| C사원 | 하 | 상 | 상 | 중 | 하 |
| D사원 | 하 | 하 | 상 | 하 | 중 |
| E사원 | 상 | 중 | 중 | 상 | 하 |

|   | C사원 | E사원 |
|---|---|---|
| ① | 개발팀 | 지원팀 |
| ② | 영업팀 | 지원팀 |
| ③ | 개발팀 | 영업팀 |
| ④ | 지원팀 | 개발팀 |
| ⑤ | 지원팀 | 영업팀 |

# PART 2

# 한국사

# 01 | 한국사 핵심이론

## 1. 원시 시대와 고조선

### (1) 정치

① 정치제도

군장 중에서 왕을 추대 → 왕의 권력 취약

② 지방행정

군장세력이 각기 자기 부족 통치 : 군장의 관료 명칭이 왕의 관료와 동일한 명칭으로 사용 → 왕의 권력 취약

③ **군사제도** : 군장세력이 독자적으로 지휘

### (2) 사회

① 신분제

㉠ 구석기 : 무리 생활, 평등사회(이동 생활)

㉡ 신석기 : 부족사회, 평등사회(정착 생활 시작)

㉢ 청동기 : 사유재산제, 계급 발생(고인돌), 군장국가(농경 보편화)

㉣ 초기 철기 : 연맹왕국 형성

② 사회조직

㉠ 구석기 : 가족 단위의 무리 생활

㉡ 신석기 : 씨족이 족외혼을 통해 부족 형성

㉢ 청동기 : 부족 간의 정복활동, 군장사회

㉣ 초기 철기 : 군장이 부족을 지배하면서 국왕 선출

### (3) 경제

① 구석기

㉠ 빙하기 : 고기잡이와 사냥, 채집 생활 → 무리 생활 → 이동 생활 → 동굴과 막집 생활(뗀석기, 골각기)

㉡ 주먹도끼 : 연천군 전곡리 출토 → 서구 우월주의 비판

② 신석기

㉠ 농경의 시작 → 정착 생활 → 강가나 해안가(물고기 잡이 병행) : 움집 생활, 씨족 공동체사회(부족・평등사회)

㉡ 빗살무늬 토기, 간석기 사용, 원시 신앙 발달

③ 청동기
  ㉠ 청동기 사용 → 전반적인 기술의 급격한 발달 → 부와 권력에 의한 계급 발생 → 국가(고조선)
     등장
  ㉡ 비파형 동검과 미송리식 토기(고조선의 세력 범위와 일치)
  ㉢ 벼농사의 시작과 농경의 보편화 → 구릉지대 생활

〈동이족과 고조선의 세력 범위〉

④ 철기
  ㉠ 세형동검, 명도전과 거푸집, 암각화
  ㉡ 연맹왕국이 나타나기 시작
  ㉢ 배산임수의 취락 구조 정착, 장방형 움집, 지상가옥화


## (4) 문화
  ① **신석기** : 애니미즘, 샤머니즘, 토테미즘, 영혼숭배와 조상숭배(원시 신앙)
  ② **청동기** : 선민사상(정치이념)


## (5) 고조선
  ① 청동기 문화를 바탕으로 기원전 2333년에 건국
  ② 만주의 요령 지방과 한반도 서북 지방의 여러 부족을 통합
  ③ **건국이념** : 홍익인간(弘益人間, 널리 인간을 이롭게 한다)
  ④ **변천과정** : 건국 → 중국의 연과 대립으로 쇠퇴 → 철기 도입 → 위만조선 건국(기원전 194년) →
     철기와 중계무역으로 성장 → 한의 침입으로 멸망
  ⑤ **의의** : 민족사의 유구성과 독자성

⑥ 사회 모습

    ㉠ 선민사상 : 환인과 환웅의 후손

    ㉡ 농경사회 : 농사에 필요한 비, 바람, 구름을 주관

    ㉢ 토테미즘 : 곰과 호랑이 숭배

    ㉣ 제정일치 사회

## (6) 여러 나라의 성장

① 고조선이 멸망할 무렵 철기 문화를 바탕으로 성립 → 각 부족의 연합 또는 전쟁을 통해 국가 형성

② 만주지방 : 부여, 고구려

③ 한반도 북부 동해안 : 옥저, 동예

④ 한반도 남부 : 마한, 변한, 진한

    ㉠ 마한 : 54개의 소국, 목지국의 지배자가 마한의 왕으로 행세

    ㉡ 진한과 변한 : 각각 12개의 소국으로 구성

## 2. 삼국 시대와 남북국 시대(통일신라와 발해)

## (1) 정치

① 삼국 시대(민족 문화의 동질적 기반 확립)

    ㉠ 정치제도(왕권강화와 중앙 집권화)

      • 왕위세습, 율령반포, 관등제

      • 귀족합의제도 : 제가, 정사암, 화백회의는 국가 중대사 결정 → 왕권 중심의 귀족국가정치

    ㉡ 지방행정

      • 군사적 성격, 부족적 전통

      • 고구려 : 5부(욕살)

      • 백제 : 5방(방령)

      • 신라 : 5주(군주)

    ㉢ 군사제도 : 군사조직은 지방제도와 관련, 국왕이 직접 군사를 지휘

② 남북국 시대

    ㉠ 정치제도(왕권의 전제화 – 신라 중대)

      • 집사부 시중의 권한 강화

      • 국학설치 : 유교정치이념 수용

        ※ 발해 : 왕위의 장자상속, 독자적 연호 사용

    ㉡ 지방행정(지방 제도 정비)

      • 신라

        – 9주(도독) : 행정 중심

        – 5소경 : 지방세력 통제

      • 발해 : 5경 · 15부 · 62주

ⓒ 군사제도
  • 신라 : 9서당(왕권강화, 민족 융합), 10정(지방군)
  • 발해 : 8위

## (2) 경제

① 토지제도
  ㉠ 왕토사상 : 토지 공유
  ㉡ 통일신라의 토지 분급, 녹읍(귀족의 농민 징발도 가능) → 관료전 지급(신문왕, 왕권강화) → 녹읍의 부활(신라 하대, 왕권약화)
  ㉢ 농민에게 정전 분급
② 조세제도
  ㉠ 조세 : 생산량의 1/10
  ㉡ 역 : 군역과 요역
  ㉢ 공물 : 토산물세
③ 산업
  ㉠ 신석기 : 농경 시작
  ㉡ 청동기 : 벼농사 시작, 농경의 보편화
  ㉢ 철기 : 철제농기구 사용 → 경작지 확대
  ㉣ 지증왕 : 우경 시작
  ㉤ 신라통일 후 상업 발달, 아라비아 상인 출입(울산항)

## (3) 사회

① 신분제(신분제도 성립)
  ㉠ 지배층 특권을 유지하기 위해 율령제도, 신분제도 마련
  ㉡ 신분은 친족의 사회적 위치에 따라 결정
    • 귀족 : 권력과 경제력 독점
    • 평민 : 생산 활동에 참여, 조세 부담
    • 천민 : 노비, 부곡민
  ㉢ 신라 골품제
    • 골품은 개인의 신분과 정치활동 제한
    • 관등조직은 골품제와 연계 편성, 복색은 관등에 따라 지정
② 사회조직
  ㉠ 골품제도 : 중앙집권국가 성립시기에 군장세력 재편 → 신라 하대에 골품제도의 모순 노출
  ㉡ 귀족합의기구 : 화백, 정사암, 제가회의 → 왕권 견제
  ㉢ 화랑제도 : 교육의 기능, 계급갈등을 조절
  ㉣ 진골 귀족의 왕위 쟁탈전
  ㉤ 반신라 세력 : 호족, 6두품, 도당유학생, 선종, 풍수지리설
  ㉥ 신라 하대 전국적 농민 봉기

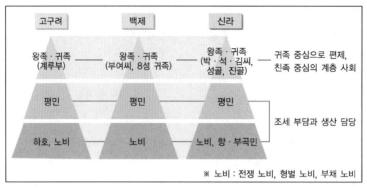

<〈삼국의 신분 구조〉

**(4) 문화**

① 삼국 시대

ㄱ 불교
- 수용 : 중앙 집권 체제 확립과 통합
- 발전 : 왕실불교, 귀족불교

ㄴ 유교
- 고구려 : 태학, 경당(모든 계층 망라)
- 백제 : 5경 박사
- 신라 : 임신서기석

ㄷ 전통사상 및 도교
- 시조신 숭배 : 지배층
- 샤머니즘, 점술 : 민중
- 도교 : 사신도, 산수무늬 벽돌, 사택지적비, 백제 봉래산 향로

② 남북국 시대

ㄱ 불교
- 원효의 정토종 : 불교의 대중화, 화쟁 사상(불교 통합)
- 의상의 화엄종 : 전제왕권 지지
- 교종 : 경전, 귀족 – 신라 중대
- 선종 : 참선, 호족 – 신라 하대(반신라), 개인의 정신 중시 → 신라 중대에 탄압
- 발해 : 고구려 불교 계승

ㄴ 유교
- 유교이념 수용 : 국학, 독서삼품과(귀족의 반대로 실패)
- 강수 : 외교 문서
- 설총 : 이두 정리
- 김대문 : 주체적
- 최치원 : 사회개혁

ⓒ 전통사상 및 도교
　　　　• 도교 : 최치원의 난랑비, 정효공주 묘비
　　　　• 풍수지리설 : 중국서 전래, 국토 재편론(호족 지지) → 신라 왕권의 권위 약화


## 3. 고려 시대

### (1) 정치

　① 정치제도

　　　㉠ 최승로의 시무28조 : 중앙집권적, 귀족정치, 유교정치이념 채택

　　　㉡ 귀족제 : 공음전과 음서제

　　　㉢ 합좌기구 : 도병마사 → 도평의사사(귀족연합체제)

　　　㉣ 지배계급 변천 : 호족 → 문벌귀족 → 무신 → 권문세족 → 신진사대부

　　　㉤ 서경제 : 관리임명 동의, 법률개폐 동의

　② 지방행정

　　　㉠ 지방제도의 불완전성(5도 양계 : 이원화)

　　　㉡ 중앙집권의 취약성(속군, 속현)

　　　　※ 속군과 속현 : 지방관이 파견 안 된 곳으로 향리가 실제 행정을 담당. 이들 향리가 후에 신진
　　　　　사대부로 성장

　　　㉢ 중간행정기구의 미숙성(임기 6개월, 장관품계의 모순)

　　　㉣ 지방의 향리세력이 강함

　③ 군사제도

　　　㉠ 중앙 : 2군 6위(직업군인)

　　　㉡ 지방 : 주현군, 주진군(국방담당)

　　　㉢ 특수군 : 광군, 별무반, 삼별초

　　　㉣ 합의기구 : 중방


### (2) 경제

　① 토지제도(전시과 체제 정비)

　　　㉠ 역분전(공신)

　　　㉡ 전시과 제도 : 수조권만 지급, 시정전시과 → 개정전시과(직·산관) → 경정전시과(직관)

　　　㉢ 귀족의 경제 기반 : 공음전

　　　㉣ 고려 후기 : 농장 발달(권문세족)

　② 조세제도

　　　㉠ 전세 : 민전은 1/10세

　　　㉡ 공납 : 상공, 별공

　　　㉢ 역 : 정남(16 ~ 60세), 강제노동

　　　㉣ 잡세 : 어세, 염세, 상세

③ 산업
　　㉠ 농업 중심의 자급자족사회 : 유통경제 부진
　　㉡ 농업 : 심경법, 2년 3작, 시비법, 목화
　　㉢ 상업 : 화폐주조
　　㉣ 무역발달(송, 여진, 거란, 일본, 아랍), 예성강 입구의 벽란도

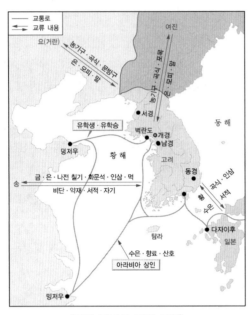

〈고려 전기의 대외 무역〉

## (3) 사회

① 신분제(신분제도의 재편성)
　　㉠ 골품제도의 붕괴 : 호족 중심의 중세 사회 형성
　　㉡ 호족의 문벌 귀족화
　　㉢ 중간계층의 대두
　　　　• 귀족 : 왕족, 문무고위 관리
　　　　• 중간계층 : 남반, 서리, 향리, 군인
　　　　• 양인 : 농, 상, 공 – 조세부담
　　　　• 천민 : 노비, 향・소・부곡민
　　㉣ 여성의 지위가 조선 시대보다 높음
② 사회조직
　　㉠ 법률 : 대가족 제도를 운영하는 관습법 중심
　　㉡ 지배층의 성격 비교
　　　　• 문벌귀족(고려 중기) : 과거나 음서를 통해 권력 장악
　　　　• 권문세족(몽골간섭기) : 친원파로 권력 독점, 농장 소유
　　　　• 사대부(무신집권기부터) : 성리학자, 지방향리출신, 중소지주

ⓒ 사회시설
- 의창·제위보 : 빈민구제
- 상평창 : 물가 조절

## (4) 문화

① 불교
  ㉠ 숭불정책(훈요 10조 : 연등회, 팔관회)
  ㉡ 연등회, 팔관회 : 왕실 권위 강화
  ㉢ 불교의 통합운동(원효 화쟁론의 영향)
    - 의천의 천태종 : 교종 중심, 귀족적(중기)
    - 지눌(돈오점수, 정혜쌍수)의 조계종 : 선종 중심, 무신정권기
    - 혜심의 유불일치설

② 유교
  ㉠ 유교정치이념 채택(최승로의 시무 28조)
  ㉡ 유학성격변화 : 자주적(최승로) → 보수적(김부식) → 쇠퇴(무신)
  ㉢ 성리학의 수용(몽골간섭기) : 사대부의 정치사상으로 수용, 사회개혁 촉구
  ㉣ 이제현의 사략(성리학적 사관)

③ 전통사상 및 도교
  ㉠ 도교행사 빈번 : 장례
  ㉡ 풍수지리설 : 서경길지설(북진정책 기반 – 묘청의 서경천도 운동)
  ㉢ 묘청의 서경천도 운동 : 귀족사회의 구조적 모순에서 비롯됨

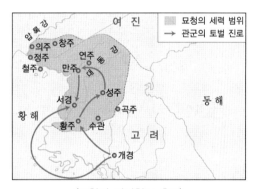

〈묘청의 서경천도 운동〉

## 4. 조선 시대(전기)

### (1) 정치

① 정치제도(15C : 훈구파 주도, 16C : 사림파의 성장과 주도)

    ㉠ 왕권과 신권의 균형(성리학을 바탕으로 한 왕도정치)

    ㉡ 의정부 : 합의기구, 왕권강화

    ㉢ 6조 : 행정분담

    ㉣ 3사 : 왕권견제

    ㉤ 승정원·의금부 : 왕권강화

② 지방행정(중앙집권과 지방자치의 조화)

    ㉠ 8도(일원화) : 부, 목, 군, 현 - 면, 리, 통

    ㉡ 모든 군현에 지방관 파견

    ㉢ 향리의 지위 격하(왕권강화)

    ㉣ 향·소·부곡 소멸 : 양인수 증가

    ㉤ 유향소·경재소 운영 : 향촌자치를 인정하면서도 중앙집권강화

    ㉥ 사림은 향약과 서원을 통해 향촌 지배

③ 군사제도(양인개병제, 농병일치제)

    ㉠ 중앙 : 5위, 궁궐 수비·수도 방비

    ㉡ 지방 : 영진군

    ㉢ 잡색군 : 전직관리, 서리, 노비로 구성된 예비군

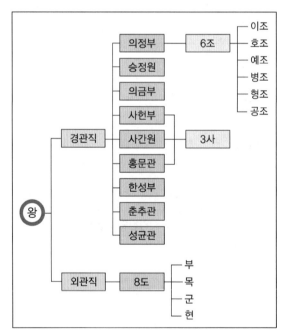

〈조선의 통치 체제〉

## (2) 경제

① 토지제도(과전법 체제)
  ㉠ 과전법 : 사대부의 경제기반 마련
  ㉡ 직전법(세조, 직관) : 농장의 출현
  ㉢ 관수관급제(성종) : 국가의 토지 지배 강화, 양반의 농장 보편화 촉진
  ㉣ 녹봉제(명종) : 과전법 체제의 붕괴, 지주전호제 강화, 농민 토지 이탈 → 부역제와 수취제의 붕괴(임란과 병란이 이를 촉진시킴)

② 조세제도
  ㉠ 전세 : 수확의 1/10세, 영정법(4두)
  ㉡ 공납 : 호구세, 상공과 별공
  ㉢ 군역 : 양인개병제, 농병일치제

③ 산업(중농억상 정책으로 상공업 부진)
  ㉠ 농업 : 이앙법 시작, 이모작 보급
  ㉡ 상업 : 시전 중심, 지방 중심, 화폐유통 부진
  ㉢ 수공업 : 장인은 관청에 부역
  ㉣ 무역 : 조공무역 중심

## (3) 사회

① 신분제(양반 관료제 사회)
  ㉠ 양인수 증가 : 향·소·부곡의 해체, 다수의 노비 해방
  ㉡ 양천제 실시(양인과 천민)
  ㉢ 과거를 통한 능력 중심의 관료 선발
  ㉣ 16C 이후 양반, 중인, 상민, 천민으로 구별

② 사회조직
  ㉠ 법률 : 경국대전 체제(성리학적 명분질서의 법전화)
  ㉡ 종법적 가족제도 발달 : 유교적 가족제도로 가부장의 권한 강화, 적서차별
  ㉢ 사회시설
    • 환곡 : 의창 → 상평창(1/10)
    • 사창 : 양반지주층 중심의 자치적인 구제기구
  ㉣ 사회통제책 : 오가작통법, 호패법

## (4) 문화

① 불교
  ㉠ 불교의 정비 : 유교주의적 국가기초확립
  ㉡ 재정확보책 : 도첩제, 사원전 몰수, 종파의 통합
    ※ 고대 : 불교, 중세 : 유·불교, 근세 : 유교

② 유교
  ㉠ 훈구파(15C) : 중앙집권, 부국강병, 사장중시, 과학기술 수용, 단군숭배
  ㉡ 사림파(16C) : 향촌자치, 왕도정치, 경학중시, 과학기술 천시, 기자숭배
  ㉢ 주리론 : 이황(영남학파, 남인, 도덕중시)
  ㉣ 주기론 : 이이(기호학파, 서인, 현실중시)
③ 전통사상 및 도교
  ㉠ 도교 행사 정비 : 소격서(중종 때 조광조에 의해 폐지)
  ㉡ 풍수지리설 : 한양천도(왕권강화), 풍수·도참사상 – 관상감에서 관리
  ㉢ 민간신앙의 국가신앙화
    ※ 기타 종교와 사상에 대한 국가 관리는 유교사회를 확립하려는 의도

# 5. 조선 시대(후기)

## (1) 정치

① 정치제도
  ㉠ 임란을 계기로 비변사의 강화 → 왕권의 약화(상설기구 전환)
  ㉡ 정쟁의 심화 → 서인의 일당 독재화, 영·정조의 탕평책 실패 → 세도정치의 등장 → 대원군의
    개혁(왕권강화, 농민 안정책)
② 군사제도
  ㉠ 중앙 : 5군영(용병제), 임란과 병란으로 인한 부역제의 해이로 실시
  ㉡ 지방 : 속오군(향촌자체방위, 모든 계층)
  ㉢ 조선 초기(진관체제) → 임란(제승방략체제) → 조선 후기(진관체제 복구, 속오군 편성)

## (2) 경제

① 토지제도
  중농학파 "농민의 토지 이탈과 부역제의 붕괴를 막는 것은 체제의 안정을 유지하는 것"
  ㉠ 유형원 : 균전제(계급 차등분배)
  ㉡ 이익 : 한전제(영업전 지급)
  ㉢ 정약용 : 여전제(급진적 내용, 공동생산과 공동분배)
② 조세제도
  농민의 불만 해소와 재정 확보를 위해, 궁극적으로는 양반지배체제의 유지를 위하여 수취제도를
  개편
  ㉠ 영정법(전세) : 1결 4두 → 지주 유리
  ㉡ 대동법(공납) : 공납의 전세화, 토지 결수로 징수
  ㉢ 균역법 : 2필 → 1필, 선무군관포, 결작
    ※ 조세의 전세화, 금납화 → 화폐경제, 도시와 시장 발달 → 수요 증대 → 상품경제와 상공업
      발달 ⇒ 자본주의 맹아

③ 산업

서민경제의 성장 → 서민의식의 향상

㉠ 농업 : 이앙법, 견종법의 보급 → 광작 → 농촌사회의 계층 분화

㉡ 상업 : 사상, 도고의 성장 → 상인의 계층 분화, 장시의 발달 → 도시의 발달

㉢ 민영수공업 발달 : 납포장, 선대제

㉣ 광업

　　• 17C : 사채의 허용과 은광 개발이 활발(대청 무역)

　　• 18C : 상업 자본의 광산 경영 참여로 잠채 성행(금·은광)

　　• 자본과 경영의 분리 : 덕대가 채굴 노동자 고용

〈조선후기의 상업〉

## (3) 사회

① 신분제(신분제도의 동요)

　㉠ 양반 수의 증가 : 납속책, 공명첩, 족보 위조

　㉡ 중인층의 지위 향상 : 서얼의 규장각 등용, 역관

　㉢ 평민의 분화 : 농민(경영형 부농, 임노동자), 상인(도고상인, 영세상인)

　㉣ 노비 수의 감소 : 공노비 해방(순조), 양인 확보

② 사회조직(사회 불안의 고조)

　㉠ 신분제 동요 : 몰락양반의 사회개혁 요구

　㉡ 삼정(전정, 군정, 환곡)의 문란 : 서민의식의 향상(비판의식)

　㉢ 위기의식의 고조 : 정감록 유행, 도적의 출현, 이양선의 출몰

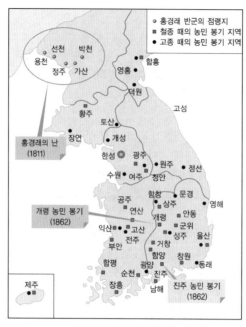

〈19세기의 농민 운동〉

## (4) 문화

① 불교 : 불교의 민간 신앙화

② 유교

　㉠ 양명학의 수용 : 정제두의 강화학파

　　※ 실학 : 통치 질서의 붕괴와 성리학의 한계, 서학의 전래, 고증학의 영향으로 등장

　㉡ 중농학파 : 토지제도 개혁

　㉢ 중상학파 : 상공업 진흥책, 박제가(소비론), 박지원(화폐유통론)

　㉣ 국학 : 동사강목(한국사의 정통론), 해동역사(다양한 자료 이용), 동사·발해고(반도 사관 극복), 연려실기술(실증적 연구)

③ 전통사상 및 도교(사회의 동요)

　천주교 수용, 동학의 발전, 정감록 등 비기도참 사상, 미륵신앙 유행 → 현실 비판(서민문화의 발달)

# 6. 근·현대

## (1) 정치

## Ⅰ. 개항과 근대 변혁 운동

① 흥선대원군의 정책

　㉠ 19세기 중엽의 상황 : 세도정치의 폐단, 민중 세력의 성장, 열강의 침략적 접근

　㉡ 흥선대원군의 집권(1863 ~ 1873)

　　• 왕권강화정책 : 서원 철폐, 삼정의 문란 시정, 비변사 폐지, 의정부와 삼군부의 기능 회복, 대전회통 편찬

　　• 통상수교거부정책 : 병인양요, 신미양요, 척화비 건립

② 개항과 개화정책
  ㉠ 개항 이전의 정세
    • 개화 세력의 형성
    • 흥선대원군의 하야와 민씨 세력의 집권(1873)
    • 운요호 사건(1875)
  ㉡ 문호개방
    • 강화도 조약(1876) : 최초의 근대적 조약, 불평등 조약
    • 조·미 수호통상조약(1882) : 서양과의 최초 수교, 불평등 조약
③ **갑신정변(1884)** : 최초의 근대화 운동(정치적 – 입헌군주제, 사회적 – 신분제 폐지 주장)
  ㉠ 전개 : 급진개화파(개화당) 주도
  ㉡ 실패원인 : 민중의 지지 부족, 개혁 주체의 세력 기반 미약, 외세 의존, 청의 무력간섭
  ㉢ 결과 : 청의 내정 간섭 심화
  ㉣ 1880년대 중반 조선을 둘러싼 열강의 대립 심화
④ 동학농민운동의 전개
  ㉠ 배경
    • 대외적 : 열강의 침략 경쟁에 효과적으로 대응하지 못함
    • 대내적 : 농민 수탈, 일본의 경제적 침투
    • 농민층의 상황 : 불안과 불만 팽배 → 농촌 지식인들과 농민들 사이에서 사회 변화 움직임 고조
  ㉡ 전개 과정
    • 고부 봉기 : 전봉준 중심으로 봉기
    • 1차 봉기 : 보국안민과 제폭구민을 내세움 → 정읍 황토현 전투의 승리 → 전주 점령
    • 전주 화약기 : 폐정개혁 12개조 건의, 집강소 설치
    • 2차 봉기 : 항일 구국 봉기 → 공주 우금치 전투에서 패배

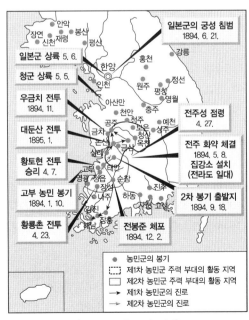

〈동학농민운동의 전개〉

⑤ 갑오개혁과 을미개혁
  ㉠ 갑오개혁(1894)
    • 군국기무처 설치 : 초 정부적 회의 기관으로 개혁 추진
    • 내용 : 내각의 권한 강화, 왕권 제한, 신분제 철폐
    • 과정 : 홍범 14조 반포
    • 한계 : 군사적 측면에서의 개혁이나 농민들의 요구에 소홀
  ㉡ 을미개혁(1895)
    • 과정 : 일본의 명성 황후 시해 → 친일 내각을 통해 개혁 추진
    • 내용 : 단발령, 태양력 사용 등
⑥ 독립협회와 대한제국
  ㉠ 독립협회(1896 ~ 1898)
    • 배경 : 아관파천으로 인한 국가 위신 추락
    • 활동 : 국권·이권수호 운동, 민중계몽운동, 입헌군주제 주장
    • 만민공동회(1898) : 최초의 근대식 민중대회
    • 관민공동회 : 헌의 6조 결의
  ㉡ 대한제국 성립(1897)
    • 배경 : 고종의 환궁 여론 고조
    • 자주 국가 선포 : 국호 – 대한제국, 연호 – 광무
    • 성격 : 구본신참의 복고주의, 전제 황권 강화
⑦ 일제의 국권 강탈
  ㉠ 러·일 전쟁 : 일본의 승리(한반도에 대한 일본의 독점적 지배권)
  ㉡ 을사조약(1905, 제2차 한·일 협약)
⑧ 항일의병전쟁과 애국계몽운동
  ㉠ 항일의병운동
    • 을미의병(1895) : 한말 최초의 의병봉기(을미사변과 단발령이 원인)
    • 을사의병(1905) : 평민의병장 신돌석의 활약
    • 정미의병(1907) : 고종의 강제퇴위와 군대 해산에 대한 반발, 13도 창의군 조직, 서울진공작전
  ㉡ 애국계몽운동(교육과 산업)
    • 신민회(1907) : 비밀결사 조직, 문화적·경제적 실력양성운동, 105인 사건으로 해산

## II. 민족의 수난과 항일 민족 운동

① 일제의 식민정책
  ㉠ 1910년대(1910 ~ 1919) : 무단통치(헌병경찰제 – 즉결처분권 부여)
  ㉡ 1920년대(1919 ~ 1931) : 문화통치(민족 분열 정책, 산미증식계획)
  ㉢ 1930년대(1931 ~ 1945) : 민족말살통치(병참기지화 정책, 내선일체, 황국신민화, 일본식 성명 강요)
② 3·1운동(1919)
  ㉠ 배경 : 미국 윌슨 대통령의 '민족자결주의'와 2·8독립선언
  ㉡ 3·1운동은 대한민국 임시정부가 세워진 계기가 됨

③ 대한민국 임시정부(1919. 9. 상하이)
  ㉠ 한성정부의 법통 계승
  ㉡ 연통제, 교통국, 외교활동(구미위원부)
④ 국내외 항일민족운동
  ㉠ 국내 항일운동
    • 신간회(1927) : 비타협적 민족주의자와 사회주의 세력 연합 → 노동·소작쟁의, 동맹 휴학 등
      을 지원
    • 학생운동 : 6·10만세운동(1926), 광주학생 항일운동(1929)
  ㉡ 국외 항일운동 : 간도와 연해주 중심
    • 대표적 전과 : 봉오동 전투, 청산리 전투(1920)
    • 간도 참변(1920) : 봉오동·청산리 전투에 대한 일제의 보복
    • 자유시 참변(1921) : 러시아 적군에 의한 피해
    • 3부의 성립(1920년대) : 정의부, 참의부, 신민부
    • 중국군과 연합하여 항일전 전개(1930년대)
    • 한국광복군(1940, 충칭)
  ㉢ 사회주의 세력 : 중국 공산당과 연계 – 화북 조선 독립 동맹 결성, 조선의용군 조직

## Ⅲ. 대한민국의 성립과 발전
① 광복 직후의 국내 정세
  ㉠ 모스크바 3상회의 : 한반도 신탁통치 결정
  ㉡ 미·소 공동위원회 : 남북한 공동 정부 수립 논의 – 결렬
② 대한민국 정부의 수립 : 5·10 총선거 → 제헌국회 → 대통령 선출 → 정부수립

## (2) 경제
① 토지제도
  ㉠ 동학농민운동에서만 토지의 평균분작 요구
  ㉡ 대한제국 : 지계발급
  ㉢ 일제의 수탈
    • 토지조사사업(1910 ~ 1918) : 조선의 토지약탈을 목적으로 실시
    • 산미증식계획(1920 ~ 1935) : 농지개량, 수리시설 확충 비용 소작농이 부담
    • 병참기지화 정책(1930 ~ 1945) : 중화학공업, 광업 생산에 주력(기형적 산업구조) – 군사적
      목적
② 조세제도
  ㉠ 갑신정변 : 지조법 개정
  ㉡ 동학농민운동 : 무명잡세 폐지
  ㉢ 갑오·을미개혁 : 조세 금납화
  ㉣ 독립협회 : 예산공표 요구
③ 산업
  ㉠ 근대적 자본의 성장
  ㉡ 일제 강점기 : 물산장려운동

### (3) 사회

① 신분제(평등 사회로의 이행)

    ㉠ 갑신정변(1884) : 문벌폐지, 인민평등권

    ㉡ 동학농민운동(1894) : 노비제 폐지, 여성지위 상승

    ㉢ 갑오개혁(1894) : 신분제 폐지, 봉건폐습 타파

    ㉣ 독립협회(1896) : 민중의식 변화, 민중과 연대

    ㉤ 애국계몽운동(1905) : 민족교육운동, 실력양성

② 사회조직

    ㉠ 개혁 세력 : 민권사상을 바탕으로 평등사회 추구

    ㉡ 위정척사파 : 양반 중심의 봉건적 신분질서 유지

    ㉢ 동학농민운동 : 반봉건, 반제국주의의 개혁 요구

    ㉣ 독립협회 : 자주, 자유, 자강 개혁 요구

    ㉤ 광무개혁 : 전제군주제를 강화하기 위한 개혁

    ㉥ 의병활동 : 반제국주의의 구국 항전

    ㉦ 애국계몽단체 : 자주독립의 기반 구축 운동

### (4) 문화

① **동도서기(東道西器)** : 우리의 정신문화는 지키고 서양의 과학 기술을 받아들이자는 주장(중체서용, 구본신참) → 양무운동, 대한제국

② **불교유신론** : 미신적 요소를 배격하고 불교의 쇄신을 주장

③ **민족사학의 발전** : 신채호, 박은식, 최남선

④ **기독교계는 애국계몽운동에 힘씀**

### (5) 광복 전후의 국제 논의

① 카이로 회담(1943)

    ㉠ 일본에 대한 장래 군사행동 협정

    ㉡ 한국을 자유국가로 해방시킬 것을 약속

② 얄타 회담(1945)

    ㉠ 한국에 대한 신탁통치 약속

    ㉡ 한국 38도 군사경계선 확정

③ 포츠담 회담(1945)

    ㉠ 일본 군대 무장 해제

    ㉡ 한국 자유국가 해방 약속 재확인(카이로 회담의 선언)

④ 모스크바 3상 회의(1945)

    ㉠ 5년간 미국, 영국, 소련, 중국 등 4개국 정부의 한국 신탁통치 결정

    ㉡ 미국, 소련 공동 위원회(임시정부) 설치

**(6) 대한민국 정부 수립**

　① 5 · 10 총선거

　　㉠ 남한 단독 선거

　　㉡ 남북 협상파 불참

　　㉢ 이승만, 한민당 압승

　　㉣ 제헌국회 구성 및 민주공화국 체제의 헌법 제정

　② 대한민국 정부 수립

　　㉠ 대통령은 이승만, 부통령에 이시영 선출

　　㉡ 대한민국 성립 선포

　③ 반민족 행위 처벌법 제정

　　㉠ 일제 강점기 시대에 친일 행위를 한 자를 처벌하기 위한 법

　　㉡ 이승만의 소극적 태도로 처벌 실패

　④ 6 · 25 전쟁(1950)

　　㉠ 북한의 무력 통일 정책

　　㉡ 이승만의 정치 · 경제 불안

　　㉢ 과정 : 무력 남침 → 서울 함락, 낙동강까지 후퇴 → 유엔국 참전 및 인천상륙작전 → 서울 탈환,
　　　　압록강까지 전진 → 중공군 개입 → 후퇴 → 휴전 협정

　　㉣ 경제적 · 인적 피해 및 한미상호방위조약 체결(1953)

# 02 | 한국사 적중예상문제

정답 및 해설 p.052

**01** 다음 중 6 · 25 전쟁의 배경에 대한 내용으로 옳지 않은 것은?

① 소련의 북한 남침 계획 승인 및 지원 약속
② 유엔군의 개입
③ 주한 미군의 철수
④ 애치슨 라인에서 한국 제외

**02** 다음은 조선 시대 중앙관청인 6조에 대한 설명이다. 기관의 이름과 해당 업무가 바르게 연결된 것은?

① 병조 : 국가의 사법기관으로서 죄인에 대한 재판과 벌을 결정하고, 죄수와 노비를 관리한다.
② 형조 : 무관에 대한 인사권을 갖고 있으며, 무기의 생산 · 관리, 군사 훈련, 도성의 경비와 같은 국방 업무를 총괄한다.
③ 공조 : 궁 · 성 · 관공서의 토목공사, 공예품과 도량형의 제작, 산림과 소택 관리와 같은 업무를 담당한다.
④ 예조 : 호구와 토지를 조사하여 공납, 부역, 조세를 관리한다. 지방의 수입 · 지출 및 국가의 재정을 담당한다.

**03** 다음 중 우리나라 청동기 시대의 유적과 유물에 대한 설명으로 옳은 것은?

① 불에 탄 쌀이 여주 흔암리, 부여 송국리 유적에서 발견되었다.
② 수공업 생산과 관련된 가락바퀴가 처음으로 사용되었다.
③ 청동기 시대 유적은 한반도 지역에 국한하여 주로 분포되어 있다.
④ 조개껍데기 가면 등의 예술품도 많이 제작되었다.

**04** 다음 중 (가), (나) 사이에 있었던 사실로 옳은 것은?

> (가) 고구려 왕 거련이 몸소 군사를 거느리고 백제를 공격하였다. 백제 왕 경이 아들 문주를 보내 구원을 요청하였다. 왕이 군사를 내어 구해주려 했으나, 미처 도착하기도 전에 백제가 이미 무너졌고 경 또한 피살되었다.
>
> (나) 금관국의 왕인 김구해가 왕비와 세 명의 아들, 즉 큰아들인 노종, 둘째 아들인 무덕, 막내 아들인 무력과 함께 나라의 창고에 있던 보물을 가지고 와서 항복하였다.

① 백제가 웅진으로 천도하였다.
② 신라가 대가야를 멸망시켰다.
③ 고구려가 낙랑군을 축출하였다.
④ 신라가 매소성에서 당을 물리쳤다.

**05** 다음 글에서 설명하고 있는 나라는 어디인가?

> 이 나라는 수도를 중심으로 동·서·남·북으로 경계를 나누어 사출도라고 하였으며, 사출도는 부족장인 제가(諸加)가 관리하였고, 이 나라의 큰 부족은 가축의 이름을 하였다. 제가는 시간이 지나면서 귀족화되었고, 이들은 수천의 가(家)를 지배하고 있었다.

① 마가 　　　　　　　　　② 우가
③ 저가 　　　　　　　　　④ 부여

**06** 다음 중 고구려의 발전을 순서대로 바르게 나열한 것은?

> ㄱ. 낙랑을 축출하고, 요동으로 진출하였다.
> ㄴ. 불교를 공인하고, 율령을 반포하였다.
> ㄷ. 옥저를 복속하였다.
> ㄹ. 평양으로 천도하였다.

① ㄱ - ㄴ - ㄷ - ㄹ 　　　　② ㄱ - ㄷ - ㄴ - ㄹ
③ ㄴ - ㄱ - ㄹ - ㄷ 　　　　④ ㄷ - ㄱ - ㄴ - ㄹ

**07** 다음 격문을 발표한 항일 운동에 대한 설명으로 옳은 것은?

> 학생 대중아 궐기하자!
> 검거자를 즉시 우리들이 탈환하자!
> … (중략) …
> 교내에 경찰권 침입을 절대 반대하자!
> 교우회 자치권을 획득하자!
> 직원회에 생도 대표자를 참석시켜라!
> 조선인 본위의 교육 제도를 확립시켜라!

① 고종의 인산일을 계기로 일어났다.
② 중국의 5・4 운동에 영향을 주었다.
③ 일제가 이른바 문화 통치를 실시하는 배경이 되었다.
④ 신간회에서 조사단을 파견하여 지원하였다.

**08** 다음 사료의 밑줄 친 '왕' 때의 일로 옳지 않은 것은?

> 왕이 처음에는 정치에 마음을 두어서 이제현・이색 등을 등용하였는데, 그 후에는 승려 편조에게 미혹되어 그를 사부로 삼고 국정을 모두 위임하였다. 편조가 권력을 잡은 지 한 달 만에 대대로 공을 세운 대신들을 참소하고 헐뜯어서 이공수・경천흥・유숙・최영 등을 모두 축출하더니 그 후에 이름을 바꾸어 신돈이라 하고 삼중대광 영도첨의가 되어 더욱 권력을 마음대로 하였다. … (중략) … 신돈이 다시 왕을 시해하고자 하다가 일이 발각되었고, 왕이 이에 신돈을 수원부로 유배 보냈다가 주살하고, 그의 당여를 모두 죽였으며, 일찍이 쫓아냈던 경천흥 등을 다시 불러들였다.

① 정동행성 이문소를 폐지하였다.
② 쌍성총관부를 되찾았다.
③ 국자감을 성균관으로 개편하였다.
④ 정방을 폐지하였다.

**09** 다음 중 동양에서 가장 오래된 악보로, 조선의 세종대왕 때 만들어진 것은?

① 악학궤범      ② 석보상절
③ 악장가사      ④ 정간보

**10** 다음 선언을 발표한 정부의 통일 노력으로 옳은 것은?

> • 남과 북은 나라의 통일 문제를 그 주인인 우리 민족끼리 서로 힘을 합쳐 자주적으로 해결해 나가기로 하였다.
> • 남과 북은 나라의 통일을 위한 남측의 연합제 안과 북측의 낮은 단계의 연방제 안이 서로 공통성이 있다고 인정하고, 앞으로 이 방향에서 통일을 지향시켜 나가기로 하였다.

① 남북 조절 위원회를 구성하였다.
② 금강산 관광 사업을 실시하였다.
③ 남북 기본 합의서를 채택하였다.
④ 제2차 남북 정상 회담을 개최하였다.

**11** 다음 중 통일신라에 대한 설명으로 옳지 않은 것은?

① 6두품 세력의 사회적 두각으로 왕위 쟁탈전을 벌였다.
② 통일 후 영역 확대, 강력한 군사력 확보로 정치적으로 안정되었다.
③ 조세는 생산량의 10분의 1 정도로 통일 이전보다 완화하였다.
④ 국학을 설립하고 독서삼품과를 마련하여 학문과 유학을 널리 보급하는 데 이바지했다.

**12** 다음과 같은 주장을 한 인물에 대한 설명으로 옳은 것은?

> 일본이 한국의 국권을 박탈하고 만주와 청국에 야욕을 가졌기 때문에 동양평화가 깨지게 된 것이다. 이제 동양평화를 실현하고 일본이 자존하는 길은 우선 한국의 국권을 되돌려 주고, 만주와 청국에 대한 침략야욕을 버리는 것이다. 그러한 후에 독립한 한국·청국·일본의 동양 3국이 일심협력해서 서양세력의 침략을 방어하며, 한 걸음 더 나아가서는 동양 3국이 서로 화합하여 개화 진보하면서 동양평화와 세계평화를 위해 진력하는 것이다.

① 진단학회를 통해 우리 문화사 연구의 지평을 열었다.
② 일제의 정체성론을 극복하는 데 기여하였다.
③ 역사를 아와 비아의 투쟁으로 규정하였다.
④ 이토 히로부미를 암살하였다.

**13** 다음 빈칸에 공통으로 들어갈 왕으로 옳은 것은?

> • _____ 7년 교서를 내려 문무 관료들에게 토지를 차등 있게 주었다.
> • _____ 9년 지방 관리들의 녹읍을 폐지하고, 1년마다 일정한 조를 지급하는 제도를 만들었다.

① 문무왕                 ② 신문왕

③ 성덕왕                 ④ 경덕왕

**14** 다음 글의 빈칸에 들어갈 인물에 대한 설명으로 옳은 것은?

> 운현궁은 _____의 개인 저택으로, 그의 아들인 고종이 태어나 12살까지 살았던 잠저이다. 원래 운현은 저택이 위치한 곳의 지명이었는데, 고종이 즉위하면서 궁의 칭호를 받아 운현궁이 되었다.

① 주자소를 설치하여 계미자를 주조하였다.

②『속대전』을 편찬하여 통치 체제를 정비하였다.

③ 양반에게도 군포를 징수하는 호포제를 추진하였다.

④ 삼정의 문란을 개선하기 위해 삼정이정청을 설치하였다.

**15** 다음 중 삼국 시대의 국가 발전에 대한 설명으로 옳지 않은 것은?

① 신라는 내물왕 때 왕의 칭호를 사용하였다.

② 백제는 고이왕 때 지배 체제를 정비하고, 한강 유역을 장악하였다.

③ 고구려는 태조왕 때 옥저를 정복하고, 만주 지역으로 세력을 확대하였다.

④ 가야는 철기 문화와 농업 생산력 등을 토대로 성장하였다.

**16** 다음 건의를 받아들인 왕이 실시한 정책으로 옳은 것은?

> 임금이 백성을 다스릴 때 집집마다 가서 날마다 그들을 살펴보는 것이 아닙니다. 그래서 수령을 나누어 파견하여, (현지에) 가서 백성의 이해(利害)를 살피게 하는 것입니다. 우리 태조께서도 통일한 뒤에 외관(外官)을 두고자 하셨으나, 대개 (건국) 초창기였기 때문에 일이 번잡하여 미처 그럴 겨를이 없었습니다. 이제 제가 살펴보건대, 지방 토호들이 늘 공무를 빙자하여 백성들을 침해하며 포악하게 굴어 백성들이 명령을 견뎌내지 못합니다. 외관을 두시기 바랍니다.

① 서경 천도를 추진하였다.
② 5도 양계의 지방 제도를 확립하였다.
③ 지방 교육을 위해 경학박사를 파견하였다.
④ 유교 이념과는 별도로 연등회, 팔관회 행사를 장려하였다.

**17** 다음 중 (가), (나)의 나라에 대한 설명으로 옳은 것은?

> (가) 고구려 개마대산 동쪽에 있는데 개마대산은 큰 바닷가에 맞닿아 있다. … (중략) … 그 나라 풍속에 여자 나이 10살이 되기 전에 혼인을 약속한다. 신랑 집에서는 여자를 맞이하여 다 클 때까지 길러 아내를 삼는다.
> (나) 남쪽으로는 진한, 북쪽으로는 고구려·옥저와 맞닿아 있고 동쪽으로는 큰 바다에 닿았다. … (중략) … 해마다 10월이면 하늘에 제사를 지내는데 밤낮으로 술 마시며 노래 부르고 춤추니, 이를 무천이라고 한다.

① (가) : 족장들은 저마다 따로 행정 구획인 사출도를 다스렸다.
② (가) : 이웃한 고구려로부터 공물을 받았다.
③ (나) : 같은 씨족끼리는 혼인을 하지 않았다.
④ (나) : 연중 5월과 10월, 두 번의 제천의식을 지냈다.

**18** 다음 중 고려 시대에 실시된 전시과에 대한 설명으로 옳은 것은?

① 공양왕 때 신진사대부의 건의로 실시됐다.
② 관직과 직역의 대가로 토지를 나눠주는 제도였다.
③ 관등에 상관없이 균등하게 토지를 나눴다.
④ 첫 시행 이후 지급 기준이 3차례 개정됐다.

**19** 다음 중 남북국 시대에 대한 설명으로 옳지 않은 것은?

① 발해는 신라도, 일본도 등의 대외교통로를 이용하여 각국과 교류하였다.

② 발해는 당의 문화를 배척하고 고구려 전통 문화와 말갈 문화만을 계승하였다.

③ 신라는 당, 일본뿐만 아니라 아라비아 상인도 왕래하였다.

④ 장보고는 당나라에 신라인을 위한 불교 사찰을 세우기도 하였다.


**20** 다음 사료의 밑줄 친 '그'에 대한 설명으로 옳은 것은?

> 솜씨가 보통 사람보다 뛰어나므로 태종께서 보호하시었다. 나도 역시 그를 아낀다. … (중략) …
> 이제 자격루를 만들었는데, 나의 가르침을 받아서 하였지만 그가 아니었으면 만들지 못하였을 것이
> 다. … (중략) … 만대에 이어 전할 기물을 만들었으니 그 공이 작지 아니하므로 호군(護軍)의 관직을
> 더해주고자 한다.
>
> – 『세종실록』

① 중국으로부터 시헌력을 도입하였다.

② 해시계인 앙부일구 제작에 참여하였다.

③ 폭탄의 일종인 비격진천뢰를 발명하였다.

④ 거중기를 사용해 수원 화성을 축조하였다.


**21** 다음 사료의 밑줄 친 '그 땅'에 있었던 나라에 대한 설명으로 옳은 것을 〈보기〉에서 모두 고르면?

> 제10대 구해왕(仇亥王)에 이르러 신라에 항복했으므로 그 땅을 금관군으로 삼았다.
>
> – 『삼국사기』

보기

ㄱ. 합천·거창·함양·산청 등을 포괄하는 후기 가야연맹의 맹주로서 등장하였다.

ㄴ. 이 나라의 왕족 출신이었던 김무력(金武力)은 관산성 전투에서 큰 공을 세웠다.

ㄷ. 낙동강 하류에 위치하였고, 바다가 인접하여 수운의 편리함을 이용해 경제적·문화적 발전에
유리하였다.

① ㄱ, ㄴ        ② ㄱ, ㄷ

③ ㄴ, ㄷ        ④ ㄱ, ㄴ, ㄷ

**22** 다음은 조선 시대 왕의 정책에 대한 설명이다. 이 왕은 누구인가?

> '無偏無黨王道蕩蕩 無黨無偏王道平平'에서 유래한 것으로, 당시 당파 간의 권력 다툼이 심해지자 당쟁을 없애고 당파들 간의 균형을 맞추어 왕권을 강화하려고 한 정책이다. 즉위 직후 탕평 교서를 발표하였으며, 탕평파 중심의 정국을 운영하였다.

① 숙종　　　　　　　　　　　② 효종
③ 영조　　　　　　　　　　　④ 철종

**23** 다음 글의 통일신라의 지방 행정 조직에 대한 설명으로 옳지 않은 것은?

① 신문왕 대에 9주 5소경 체제로 정비하였다.
② 주(州)에는 지방 감찰관으로 보이는 외사정이 배치되었다.
③ 5소경을 전략적 요충지에 두고, 도독이 행정을 관할토록 하였다.
④ 촌주가 관할하는 촌 이외에 향·부곡이라는 행정구역도 있었다.

**24** 다음 〈보기〉 중 백제 웅진 시대에 있었던 일을 모두 고르면?

> **보기**
> ㉠ 마한을 정복하고, 불교를 공인하였다.
> ㉡ 5부 5방의 제도를 정비하고, 22부의 실무관청을 설치하였다.
> ㉢ 신라와 결혼동맹을 맺고, 탐라(제주도)를 복속하였다.
> ㉣ 지방 22담로에 왕족을 파견하였다.

① ㉠, ㉡　　　　　　　　　　② ㉠, ㉢
③ ㉡, ㉣　　　　　　　　　　④ ㉢, ㉣

**25** 다음 중 여러 관청을 통괄하는 중앙 행정의 중심 역할을 했던 고려 시대의 중앙통치기구는?

① 중추원                      ② 어사대

③ 상서성                      ④ 삼사

**26** 다음 글의 밑줄 친 ㉠이 실시된 시기의 사실로 옳은 것은?

남태평양 밀리 환초로 끌려갔던 한국인 노동자들의 사진이 처음 공개되었다. 이들은 ㉠ 일제의 징용령 이후 강제로 끌려가 가혹한 처우에 반란을 일으켰으나, 일본군에게 130여 명이 학살당하고 68명만 살아남았다. 미군에게 구조된 사진 속 생존자들은 뼈가 드러날 정도로 앙상하게 마른 모습이다.

① 일본군의 보복으로 간도 참변이 발생하였다.

② 일제가 중국 군벌과 미쓰야 협정을 체결하였다.

③ 일제가 한국인의 성과 이름을 일본식으로 바꾸도록 강요하였다.

④ 한국 독립군이 대전자령 전투에서 일본군을 격퇴하였다.

**27** 다음 중 조선 세조의 업적으로 옳지 않은 것은?

① 4군 6진을 개척하여 영토를 넓혔다.

② 토지와 인구에 따라 군현제를 정비하였다.

③ 6조 직계제를 시행하여 왕권을 강화하였다.

④ 직전법을 시행하고 수신전, 휼양전을 폐지하였다.

**28**  다음 중 임진왜란(정유재란)으로 인해 나타난 현상으로 옳지 않은 것은?

① 전쟁에 패한 일본은 문화적으로 쇠퇴하였다.
② 중국 명나라의 국력이 쇠퇴하였다.
③ 조선의 국가 재정이 궁핍해졌다.
④ 조선은 공명첩 등의 영향으로 신분제에 동요가 일어났다.

**29**  다음에서 알 수 있는 국왕의 정책 방향으로 옳은 것은?

- 연등회, 팔관회 행사 비판
- 국자감 정비와 과거 출신자 우대

① 유교 정치 이념 강화          ② 전제 왕권 약화
③ 의정부 서사제 확대          ④ 6조 직계제 추진

**30**  다음 중 대한민국 임시정부에 대한 설명으로 옳지 않은 것은?

① 임시정부의 기관지로 독립신문을 간행하였다.
② 국내외를 연결하는 비밀 행정 조직망을 만들었다.
③ 한국광복군을 창설하였다.
④ 3 · 1운동을 주도하여 전개했다.

인생이란 결코 공평하지 않다. 이 사실에 익숙해져라.

- 빌 게이츠 -

# PART 3

# 영어

**CHAPTER 01** 적중예상문제

※ 다음 글의 빈칸에 들어갈 단어로 가장 적절한 것을 고르시오. [1~2]

**01**

> A classic stereotype is that men are better at math than women, but there has been little _____ evidence to explain this.

① simultaneous　　　　　② suspicious

③ unstable　　　　　　　④ solid

**02**

> Many people in southern India have dark skins, but scientists have been _____ to classify them with black Africans because of their Caucasoid facial features and hair forms.

① reluctant　　　　　　② welcome

③ diffident　　　　　　④ willing

**03** 다음 글의 내용을 한 문장으로 요약하고자 한다. 빈칸에 들어갈 단어를 바르게 짝지은 것은?

We often spend our childhood years testing our physical limits by doing all kinds of team sports. When we become high school students, we go so far as to engage in two or three team sports. That's because we have enough physical strength. By the time we reach adulthood, however, very few of us can compete at the elite level, even though more than half of us still enjoy playing sports. That is, we're finding we're not as physically strong as we used to be. Naturally, we move away from team sports requiring collision, such as football, soccer, or basketball, and toward sports that offer less risk of physical injury or stress on the body. Actually, many people turn to sports for individuals. Thus, team sports become more difficult to organize in an adult world.

↓

Adults tend to _____(A)_____ team sports, as their level of _____(B)_____ changes with age.

|  | (A) | (B) |
|---|---|---|
| ① | avoid | physical fitness |
| ② | avoid | emotional experience |
| ③ | organize | emotional experience |
| ④ | value | physical fitness |

**04** 다음 글에 드러난 Joni의 심경으로 가장 적절한 것은?

Joni went horseback riding with her older sisters. She had a hard time keeping up with them because her pony was half the size of their horses. Her sisters, on their big horses, thought it was exciting to cross the river at the deepest part. They never seemed to notice that Joni's little pony sank a bit deeper. It had rained earlier that week and the river was brown and swollen. As her pony walked into the middle of the river, Joni turned pale, staring at the swirling waters rushing around the legs of her pony. Her heart started to race and her mouth became dry.

① happy            ② bored

③ guilty           ④ frightened

(A) I no longer saw the big figure in the same light. Instead of the dull boy who I had hated for a long time, here was someone like me, the human being who had internal value and worth far beyond any externals. It was amazing what I had learnd from being forced to run hand-in-hand with someone. For the rest of my life I have never raised a hand against another person.

(B) At some point during the course of the obligatory mini-marathon that both of us felt anger about, I remember looking over at the large person beside me. His nose was still bleeding a bit. Tears filled his eyes. His giant body slowed him down. Suddenly it struck me that here was a person, not all that different from myself. I guess my unwilling partner thought the same thing because we both looked at each other and began to laugh. In time, we became good friends.

(C) The gym teacher walked into the room, and recognized that I had been fighting with Matt. He sent us out to the running track. He followed us with a smile on his face and said, "I want both of you to run the track holding each other's hands." The class captain erupted into a roar of laughter, and we were embrrassed beyond belief. Hesitantly, my enemy and I started running. What had earlier been fists were now linked in a strange handshake.

**05** 다음 중 윗글의 문단을 논리적 순서대로 바르게 나열한 것은?

① (A) − (C) − (B)

② (B) − (A) − (C)

③ (C) − (A) − (B)

④ (C) − (B) − (A)

**06** 다음 중 윗글이 시사하는 바로 가장 적절한 것은?

① 화해하는 데는 친구의 역할이 중요하다.

② 규칙적인 운동은 정신 건강에 이롭다.

③ 상대방의 내적 가치를 존중하는 자세가 필요하다.

④ 협동심을 기르는 것이 문제 해결의 열쇠이다.

**07** 다음 글의 밑줄 친 단어의 뜻으로 가장 적절한 것은?

> The government concluded that the manufacturers <u>colluded</u> to sell their products to minors.

① collaborated       ② proposed

③ pretended        ④ intended

※ 다음 글의 밑줄 친 부분 중 문맥상 낱말의 쓰임이 적절하지 않은 것을 고르시오. [8~9]

**08**

> It is said that although people laugh in the same way, they don't necessarily laugh at the same things. If this is true of a single community, it is even more true of people who live in different societies, because the topics that people find amusing, and the occasions that are regarded as ① <u>appropriate</u> for joking, can vary enormously from one society to the next. Some styles of humor with silly actions are guaranteed to raise a laugh everywhere. But because of their reliance on shared assumptions, most jokes travel very ② <u>well</u>. This is particularly ③ <u>noticeable</u> in the case of jokes that involve a play on words. They are difficult, and in some cases virtually ④ <u>impossible</u> to translate into other languages. Therefore, this is why people's attempts to tell jokes to foreigners are so often met with blank stares.

**09**

> The traditional American view was that fences were out of place in the American landscape. This notion turned up ① <u>repeatedly</u> in nineteenth-century American writing about the landscape. One author after another severely ② <u>criticized</u> "the Englishman's insultingly inhospitable brick wall topped with broken bottles." Frank J. Scott, an early landscape architect who had a large impact on the look of America's first suburbs, worked tirelessly to ③ <u>rid</u> the landscape of fences. Writing in 1870, he held that to narrow our neighbors' views of the free graces of Nature was ④ <u>unselfish</u> and undemocratic. To drive through virtually any American suburb today, where every lawn steps right up to the street in a gesture of openness and welcoming, is to see how completely such views have triumphed.

**10**

> The telephone has become so much a part of our daily life. It is good manners to speak clearly over the telephone. It is not necessary for you to shout. You should be polite to the man with whom you are talking.

① What the telephone does for us

② How to speak over the telephone

③ How the telephone was invented

④ What you talk over the telephone

**11**

> Most successful job interviews follow three basic steps. If you know the steps, you increase your chances of getting the job. Step 1, lasts about three minutes and occurs when you first introduce yourself. In these three minutes, you need to demonstrate that you are friendly and at ease with others. This is the time to shake hands firmly, make eye contact, and smile. During Step 2, you need to explain your skills and abilities. This is your chance to show an employer just how capable you are. Step 3, comes at the end of the interview. Although it lasts only a minute or two, this step is still important. When the employer says, "We'll be in touch." you need to say something like, "I'll check back with you in a few days, if you don't mind." A comment like this indicates your commitment to getting the job.

① How to Show Your Commitment to Getting the Job

② Positive Attitudes during the Job Interview

③ Three Steps in the Successful Job Interview

④ The Importance of Showing Your Ability during the Interview

**12** 다음 글의 빈칸에 들어갈 내용으로 가장 적절한 것은?

A : Oh, another one! So many junk emails!
B : I know. I receive more than ten junk emails a day.
A : Can we stop them from coming in?
B : I don't think it's possible to block them completely.
A : _____?
B : Well, you can set up a filter on the settings.
A : A filter?
B : Yeah. The filter can weed out some of the spam emails.

① Do you write emails often
② Isn't there anything we can do
③ How did you make this great filter
④ Can you help me set up an email account

**13** 다음 글의 목적으로 가장 적절한 것은?

Welcome and thank you for joining the dining club. Our club offers a unique dining experience. You will be trying food from all over the world, but more importantly, you will have the chance to experience each country's dining traditions and customs. In India, for example, they use their hands to eat. If you are used to using forks and knives, you may find this challenging. In France, dinners have many courses, so make sure to schedule enough time for the French meal. In Japan, they don't eat their soup with a spoon, so you have to drink directly from the bowl. These are some of the things you will experience every Saturday evening until the end of August. We hope you will enjoy your dining adventure.

① 식기 사용 방법을 교육하려고
② 음식 맛의 차이를 설명하려고
③ 해외 여행 일정을 공지하려고
④ 식사 문화 체험 행사를 알리려고

**14** 다음 글의 밑줄 친 단어의 뜻으로 가장 적절한 것은?

> The students in the movement were deceived into thinking they were in the <u>vanguard</u> of a revolution.

① turmoil          ② forefront

③ protection       ④ opposition

**15** 다음 글의 밑줄 친 부분과 뜻이 가장 가까운 것은?

> In today's business climate, you've got to be clever enough to come up with ideas that others haven't thought of yet. Take my friend Mr. Kim, an organic apple farmer. Five years ago, his business wasn't making a profit. It was about to <u>go under</u>. Then organic fruit really caught on. Suddenly it seemed that everyone wanted to buy his organic apples! He then ecided to try something new. He set up a mail-order business so his customers could order his apples from home and get them quickly. Sales took off and Mr. Kim made even more money. Now he's thinking about retiring early.

① become popular      ② become bankrupt

③ decrease           ④ break even

**16** 다음 글에서 전체 흐름과 관계없는 문장은?

Music has been called a language, though whether it actually is or not has been the subject of sometimes heated philosophical debate. It depends on the definition that is used. ① If one takes 'language' to mean a medium through which concepts can be symbolized and conveyed, then, for sure, music fails the test. ② Music cannot express the thought that 'The house on the hill has three bedrooms'. ③ However, it can evoke a more or less consistent emotional response in those who compose, perform and listen to it. ④ Because music is a stimulus to our sense of hearing, it is clear that music can, and inevitably does, convey information. Hence there is, broadly speaking, common ground in the sense that both language and music are human forms of communication that occur through streams of sound. And in both instances, these streams are 'chunked' in cognition.

**17** 다음 중 〈보기〉가 들어갈 위치로 가장 적절한 곳은?

In addition to the problems of individual resources, there are increasing links among energy, food, and water. As a result, problems in one area can spread to another, creating a destructive cycle of dependence. ___①___ For instance, Uganda experienced a prolonged drought in 2004 and 2005, threatening the food supply. ___②___ The country was using so much water from massive Lake Victoria that the water level fell by a full meter, and Uganda cut back on hydroelectric power generation at the lake. ___③___ Electricity prices nearly doubled, so Ugandans began to use more wood for fuel. People cut heavily into forests, which degraded the soil. ___④___ Cycles like these can end in political unrest and disasters for whole populations.

보기

The drought that began as a threat to food sources became an electricity problem and, eventually, an even more profound food problem.

**18**

| faithful |
|---|

① constant        ② devoted

③ eager           ④ disloyal

**19**

| repulse |
|---|

① deny          ② accept

③ enforce       ④ ensure

**20**

| assemble |
|---|

① collect        ② complete

③ conclude     ④ scatter

**21** 다음 글의 빈칸 (A), (B)에 들어갈 단어로 가장 적절한 것은?

In most people, emotions are situational. Something in the here and now makes you mad. The emotion itself is ____(A)____ to the situation in which it originates. As long as you remain in that emotional situation, you're likely to stay angry. If you leave the situation, the opposite is true. The emotion begins to ____(B)____ as soon as you move away from the situation. Moving away from the situation prevents it from taking hold of you. Counselors often advise clients to get some emotional distance from whatever is bothering them. One easy way to do that is to geographically separate yourself from the source of your anger.

|   | (A) | (B) |
|---|---|---|
| ① | tied | disappear |
| ② | tied | appear |
| ③ | included | appear |
| ④ | unrelated | disappear |

**22** 다음 글의 빈칸에 들어갈 단어로 가장 적절한 것은?

In the past, animal source proteins were considered superior because they were the highest in protein. Today many experts believe they actually have too much protein for good health, because it is stored in the body as toxins or fat. Animal source protein was thought to be complete protein, supplying necessary amino acids. Now we know it also includes unhealthy inorganic acids. Animal protein was seen to supply more iron and zinc, but is now seen as also supplying cholesterol, fat and calories. An important study by Baylor College of Medicine in Houston showed men on diets high in soy protein experienced a drop in cholesterol, compared to men on diets high in animal protein. The study concluded that men should _____ up to 50% of their meat protein intake with vegetable protein.

① replace        ② multiply

③ surpass        ④ improve

A few years ago I met a man named Phil at a parent-teachers' organization meeting at my daughter's school. As soon as I met him, I remembered something that my wife had told me about Phil : "He's a real pain at meetings." I quickly saw what she meant. When the principal was explaining a new reading program, Phil interrupted and asked how his son would benefit from it. Later in the meeting, Phil argued with another parent, unwilling to consider her point of view.

When I got home, I said to my wife, "You were right about Phil. He's rude and arrogant." My wife looked at me quizzically. "Phil isn't the one I was telling you about," she said. "That was Bill. Phil is actually a very nice guy." Sheepishly, I thought back to the meeting and realized that Phil had probably not interrupted or argued with people any more than others had. Further, I realized that even Phil's interruption of the principal was not so clear cut. My interpretation was just that an unconscious interpretation of a behavior that was open to many interpretations.

It is well known that first impressions are powerful, even when they are based on _____. What may not be so obvious is the extent to which the adaptive unconscious is doing the interpreting. When I saw Phil interrupt the principal I felt as though I was observing an objectively rude act. I had no idea that Phil's behavior was being interpreted by my adaptive unconscious and then presented to me as reality. Thus, even though I was aware of my expectations, I had no idea how much this expectation colored my interpretation of his behavior.

**23** 다음 중 윗글의 빈칸에 들어갈 말로 가장 적절한 것은?

① personal preference

② selfish motivation

③ exaggerated phrase

④ faulty information

**24** 다음 중 윗글의 내용으로 적절하지 않은 것은?

① 필자의 아내는 Phil에 대해 부정적으로 이야기했다.

② 교장은 새로운 독서 프로그램에 대해 설명했다.

③ Phil은 교장의 발표 도중에 질문을 했다.

④ 필자는 Phil의 행동에 대한 판단을 정정했다.

**25** 다음 중 윗글의 주제로 가장 적절한 것은?

① 모든 이에게 객관적으로 무례한 행동은 하지 않는 것이 좋다.

② 타인의 행동을 해석하여 자신의 현실로 받아들여야 한다.

③ 옳지 않은 정보에 근거하더라도, 그 첫인상의 힘은 강하다.

④ 자기 자신의 예상을 인지하고 직시하여야 한다.

PART 3

**26** 다음 글의 요지로 가장 적절한 것은?

> Children grow up and leave home. They go from helpless babies to mature adults while our back is turned. The secret is to try and keep pace with them. We have to resist the urge to do everything for them, and let them fry eggs or paint trash cans for themselves. By the time they reach adolescence, we may expect them to be able to keep their room tidy for the first time. But they have never done it before. They have to learn how to do it, and part of that learning process is not doing it, doing it badly, and doing it differently from how we would do it. Growing is a messy business. Our job is to help them, that is, to hand them responsibility slowly, bit by bit.

① Assist kids in doing their homework.

② Give kids the chance to learn responsibility.

③ Set strict rules for the benefit of your kids.

④ Teach kids to help their neighbors in need.

**27**

In America, it is important for boys and girls to be independent. Parents tell their children to try to do things without other people's help. In Korea, people are good at working together with others, and parents tell their children to do their best in a group or a family.

① The different views of teaching children
② Doing one's best for one's parents
③ How to be good parents
④ The parents of yesterday and today

**28**

One of the most important aspects of human communication is that past experiences will affect your behavior. Even when you start to discuss some event with your friends, you may soon discover there are differences in your perceptions. What you think boring your friends may find exciting; what you consider pointless they may find meaningful. The messages you receive may be the same for each of you. Yet, each person experiences a variety of feelings and sensations, because each has a unique personality and background. Each of you brings different backgrounds to the event and, as a result, each attributes different meanings to the shared experience.

① 진정한 의사소통은 솔직한 표현을 통해 이루어진다.
② 친구 간의 견해 차이는 대화를 통해 해결할 수 있다.
③ 상호 개성 존중을 통해 원활한 의사소통이 이루어진다.
④ 과거의 경험에 따라 동일한 상황을 다르게 인식한다.

**29** 다음 글의 빈칸 (A) ~ (C)에 들어갈 어법상 적절한 단어를 바르게 짝지은 것은?

Can we use sound as a weapon? Imagine that a police officer cannot catch a suspect because he is a fast runner. The officer does not want to shoot him with her gun, but she cannot let him get away. Now she can use a gun that has no bullets but produces a sound which can numb the suspect (A) for / at a few seconds. This special device produces a sound (B) by / with a maximum of 151 decibels. The sound is painful enough to deafen a person temporarily. Unlike regular sound waves that travel (C) on / it all directions, those from this device can be aimed like a laser beam. The painful sound can be made to reach the targeted person. The sound can be sent as far as 500 meters, making the device a powerful weapon.

|   | (A) | (B) | (C) |
|---|---|---|---|
| ① | for | with | in |
| ② | for | with | on |
| ③ | for | by | in |
| ④ | on | by | on |

**30** 다음 글의 밑줄 친 부분 중 문맥상 단어의 쓰임이 적절하지 않은 것은?

As you climb higher and higher, the amount of oxygen in the atmosphere decreases. When people from lower areas visit areas of high *altitude, they may suffer from altitude sickness; the ① lack of oxygen makes them feel tired, dizzy, and sick. People living in high altitudes are able to breathe ② normally because their bodies have become used to the shortage of oxygen. This also means that athletes from those areas can achieve ③ outstanding performances at lower altitudes. When mountaineers attempt to climb high peaks, they ④ get altitude sickness by climbing to one level and then resting for a few days. this gives their bodies time to adapt to the lack of oxygen before climbing even higher.

*altitude 고도, 높이

작은 기회로부터 종종 위대한 업적이 시작된다.

– 데모스테네스 –

# PART 4

# 최종점검 모의고사

# 제1회
# 최종점검 모의고사

※ 강원랜드 최종점검 모의고사는 최신 채용공고와 후기를 기준으로 구성한 것으로, 실제 시험과 다를 수 있습니다.

※ 응시 직렬에 필요한 영역을 선택하여 해당 문항을 학습하기 바랍니다.

---

※ 모바일 OMR 답안채점 / 성적분석 서비스

사무행정

카지노 딜러

객실 / 식음
서비스, 조리

IT(공통)

시각 디자인

기계

# ■ 취약영역 분석

## | 01 | 공통 영역

| 번호 | O/× | 영역 | 번호 | O/× | 영역 | 번호 | O/× | 영역 |
|------|-----|------|------|-----|------|------|-----|------|
| 01 | | | 11 | | | 21 | | |
| 02 | | | 12 | | | 22 | | |
| 03 | | | 13 | | | 23 | | |
| 04 | | | 14 | | | 24 | | |
| 05 | | 의사소통능력 | 15 | | 문제해결능력 | 25 | | 직업윤리 |
| 06 | | | 16 | | | 26 | | |
| 07 | | | 17 | | | 27 | | |
| 08 | | | 18 | | | 28 | | |
| 09 | | | 19 | | | 29 | | |
| 10 | | | 20 | | | 30 | | |

## | 02 | 개별 영역

| 번호 | 01 | 02 | 03 | 04 | 05 | 06 | 07 | 08 | 09 | 10 |
|------|----|----|----|----|----|----|----|----|----|----|
| O/× | 수리능력 / 조직이해능력 / 대인관계능력 / 기술능력 / 정보능력 / 자원관리능력 | | | | | | | | | |

| 평가문항 | 50문항 | 평가시간 | 50분 |
|----------|--------|----------|------|
| 시작시간 | : | 종료시간 | : |
| 취약영역 | | | |

## 01    공통 영역

**01**    다음 글의 제목으로 가장 적절한 것은?

> 중세 유럽에서는 토지나 자원을 왕실이 소유하고 있었다. 사람들은 이러한 토지나 자원을 이용하려면 일정한 비용을 지불해야 했다. 예를 들어 광산을 개발하거나 수산물을 얻는 사람들은 해당 자원의 이용에 대한 비용을 왕실에 지불하였고 이는 왕실의 권력과 부의 유지를 돕는 동시에 국가의 재정을 보충하는 역할을 하였는데, 이때 지불한 비용이 바로 로열티이다.
>
> 로열티의 개념은 산업 혁명과 함께 발전하였다. 산업 혁명을 통해 특허, 상표 등의 지적 재산권이 보호되기 시작하면서 기업들은 이러한 권리를 보유한 개인이나 조직에게 사용에 대한 보상을 지불하였다. 지적 재산권은 기업이 특정한 기술, 디자인, 상표 등을 보유하고 있을 때 그들에게 독점적인 권리를 제공하는데, 이러한 지적 재산권의 보호와 보상을 위해 로열티 제도가 도입되었다.
>
> 로열티는 기업과 지적 재산권 소유자 간의 계약에 의해 설정되는 형태로 발전하였다. 기업이 특정 제품을 판매하거나 특정 기술을 이용하는 경우 지적 재산권 소유자에게 계약에 따라 정해진 로열티를 지불한다. 이로써 지적 재산권을 보유한 개인이나 조직은 자신들의 창작물이나 기술의 사용에 대한 보상을 받을 수 있으며, 기업들은 이러한 지적 재산권의 이용을 허가받아 경쟁 우위를 확보할 수 있게 되었다.
>
> 현재 로열티는 제품 판매나 라이선스, 저작물의 이용 등 다양한 형태로 나타나며 지적 재산권의 보호와 경제적 가치를 확보하는 중요한 수단으로 작용하고 있다. 로열티는 지식과 창조성의 보상으로서의 역할을 수행하며 기업들의 연구 개발을 촉진하고 혁신을 격려한다. 이처럼 로열티 제도는 기업과 지적 재산권 소유자 간의 협력과 혁신적인 경제 발전에 기여하는 중요한 구조적 요소이다.

① 지적 재산권을 보호하는 방법

② 로열티 지급 시 유의사항

③ 지적 재산권의 정의

④ 로열티 제도의 유래와 발전

⑤ 로열티 제도의 모순

**02** 다음 중 밑줄 친 부분의 띄어쓰기가 모두 옳은 것은?

① 일과 여가 두가지를 어떻게 조화시키느냐하는 문제는 항상 인류의 관심대상이 되어 왔다.

② 최선의 세계를 만들기 위해서 무엇 보다 이 세계에 있는 모든 대상이 지닌 성질을 정확하게 인식해야 만 한다.

③ 내로라하는 영화배우 중 내 고향 출신도 상당수 된다. 그래서 자연스럽게 영화배우를 꿈꿨고, 그러다 보니 영화는 내 생활의 일부가 되었다.

④ 실기시험은 까다롭게 심사하는만큼 준비를 철저히 해야 한다. 한 달 간 실전처럼 연습하면서 시험에 대비하자.

⑤ 우주의 삼라 만상은 우리에게 온갖 경험을 제공하지만 많은 경험의 결과들이 서로 모순 되는 때가 많다.

**03** 다음 글과 가장 관련 있는 속담은?

> 우리가 처한 현실이 어렵다는 것은 사실입니다. 그러나 이럴 때일수록 우리가 할 수 있는 일이 무엇인가를 냉철히 생각해 보아야겠지요. 급한 마음에 표면적으로 나타나는 문제만 해결하려 했다가는 문제를 더 나쁘게 만들 수도 있는 일이니까요. 가령, 우리나라에 닥친 경제 위기가 외환 위기라 하여 무조건 외제 상품을 배척하는 일은 옳지 않다는 겁니다. 물론 무분별한 외제 선호 경향은 이 기회에 우리가 뿌리 뽑아야겠지요. 그렇게 함으로써 불필요한 외화 유출을 막고, 우리의 외환 부족 사태를 해소할 수도 있을 테니까요.
> 그러나 우리나라는 경제 여건상 무역에 의존할 수밖에 없는 나라입니다. 다시 말해 수출을 하지 않으면 우리의 경제를 원활히 운영하기 어려운 나라입니다. 그런데 우리가 무조건 외제 상품을 구매하지 않는다면, 다른 나라의 반발을 초래할 수가 있습니다. 즉, 그들도 우리의 상품을 구매하지 않는다는 것이죠. 그렇게 된다면 우리의 경제가 더욱 열악한 상황으로 빠져 들게 된다는 것은 불을 보듯 뻔한 일입니다. 냉철하게 생각해서 건전한 소비를 이끌어 내는 것이 필요한 때라고 봅니다.

① 뚝배기보다 장맛이 좋다.

② 언 발에 오줌 누기

③ 우물에서 숭늉 찾는다.

④ 소 잃고 외양간 고친다.

⑤ 호랑이에게 잡혀가도 정신만 차리면 살 수 있다.

**04** 다음 글에서 〈보기〉가 들어갈 위치로 가장 적절한 곳은?

> 문화가 발전하려면 저작자의 권리 보호와 저작물의 공정 이용이 균형을 이루어야 한다. 저작물의 공정 이용이란 저작권자의 권리를 일부 제한하여 저작권자의 허락이 없어도 저작물을 자유롭게 이용하는 것을 말한다. 대표적으로 비영리적인 사적 복제를 허용하는 것이 있다. ⟨㉮⟩ 우리나라의 저작권법에서는 오래전부터 공정 이용으로 볼 수 있는 저작권 제한 규정을 두었다.
>
> 그런데 디지털 환경에서 저작물의 공정 이용은 여러 장애에 부딪혔다. 디지털 환경에서는 저작물을 원본과 동일하게 복제할 수 있고 용이하게 개작할 수 있다. ⟨㉯⟩ 그 결과 디지털화된 저작물의 이용 행위가 공정 이용의 범주에 드는 것인지 가늠하기가 더 어려워졌고 그에 따른 처벌 위험도 커졌다. ⟨㉰⟩
>
> 이러한 문제를 해소하기 위한 시도의 하나로 포괄적으로 적용할 수 있는 '저작물의 공정한 이용' 규정이 저작권법에 별도로 신설되었다. 그리하여 저작권자의 동의가 없어도 저작물을 공정하게 이용할 수 있는 영역이 확장되었다. 그러나 공정 이용 여부에 대한 시비가 자율적으로 해소되지 않으면 예나 지금이나 법적인 절차를 밟아 갈등을 해소해야 한다. ⟨㉱⟩ 저작물 이용의 영리성과 비영리성, 목적과 종류, 비중, 시장 가치 등이 법적인 판단의 기준이 된다.
>
> 저작물 이용자들이 처벌에 대한 불안감을 여전히 느낀다는 점에서 저작물의 자유 이용 허락 제도와 같은 '저작물의 공유' 캠페인이 주목을 받고 있다. 이 캠페인은 저작권자들이 자신의 저작물에 일정한 이용 허락 조건을 표시해서 이용자들에게 무료로 개방하는 것을 말한다. 누구의 저작물이든 개별적인 저작권을 인정하지 않고 모두가 공동으로 소유하자고 주장하는 사람들과 달리, 이 캠페인을 펼치는 사람들은 기본적으로 자신과 타인의 저작권을 존중한다. 캠페인 참여자들은 저작권자와 이용자들의 자발적인 참여를 통해 자유롭게 활용할 수 있는 저작물의 양과 범위를 확대하려고 노력한다. ⟨㉲⟩ 그러나 캠페인에 참여한 저작물을 이용할 때 허용된 범위를 벗어난 경우 법적 책임을 질 수 있다.

---

**보기**

㉠ 따라서 저작물이 개작되더라도 그것이 원래 창작물인지 2차적 저작물인지 알기 어렵다.

㉡ 이들은 저작물의 공유가 확산되면 디지털 저작물의 이용이 활성화되고 그 결과 인터넷이 더욱 창의적이고 풍성한 정보 교류의 장(場)이 될 것이라고 본다.

|  | ㉠ | ㉡ |
|---|---|---|
| ① | ㉮ | ㉯ |
| ② | ㉯ | ㉰ |
| ③ | ㉯ | ㉱ |
| ④ | ㉯ | ㉲ |
| ⑤ | ㉰ | ㉲ |

인공지능을 면접에 활용하는 것은 바람직하지 않다. 인공지능 앞에서 면접을 보느라 진땀을 흘리는 인간의 모습을 생각하면 너무 안타깝다. 사람들은 미래에는 인공지능이 인간의 고유한 영역까지 대신할 것이라고 말하는데, ㉠ 인공지능이 인간을 대신할 수 있을까? 인간과 인공지능의 관계는 어떠해야 할까?

인공지능은 인간의 삶을 편리하게 돕는 도구일 뿐이다. 인간이 만든 도구인 인공지능이 인간을 평가할 수 있는지에 대해 생각해 볼 필요가 있다. 도구일 뿐인 기계가 인간을 평가하는 것은 정당하지 않다. 인간이 개발한 인공지능이 인간을 판단한다면 ㉡ 주체와 객체가 뒤바뀌는 상황이 발생할 것이다.

인공지능이 발전하더라도 인간과 같은 사고는 불가능하다. 인공지능은 겉으로 드러난 인간의 말과 행동을 분석하지만, 인간은 말과 행동 이면의 의미까지 고려하여 사고한다. 인공지능은 빅데이터를 바탕으로 결과를 도출해 내는 기계에 불과하므로 통계적 분석을 할 뿐 타당한 판단을 할 수 없다. 기계가 타당한 판단을 할 것이라는 막연한 기대를 한다면 머지않아 인간이 기계에 예속되는 상황이 벌어질지도 모른다.

또한, 인공지능은 사회적 관계를 맺을 수 없다. 반면 인간은 사회에서 의사소통을 통해 관계를 형성한다. 이 과정에서 축적된 인간의 경험이 바탕이 되어야 타인의 잠재력을 발견할 수 있다.

**05** 다음 중 윗글의 밑줄 친 ㉠에 대한 글쓴이의 주장으로 가장 적절한 것은?

① 인공지능은 인간을 대신하여 인간의 말과 행동을 분석하고, 통계적 분석을 바탕으로 판단을 내린다. 즉, 인공지능이 인간의 대리인 역할을 수행한다.

② 인공지능은 인간을 온전히 대신할 수 없다. 다만, 인공지능은 인간의 부족한 부분을 채워주며 인간과 상호 보완의 관계를 갖는다.

③ 현재의 인공지능은 인간을 대체할 수 없다. 그러나 기술이 계속 발전한다면 미래의 인공지능은 인간과 같은 사고를 하게 될 것이다.

④ 인공지능이 인간을 대신한다는 것은 어불성설이다. 인간과의 사회적 의사소통을 통해 경험을 충분히 쌓은 뒤에야 인간과 대등한 관계를 맺을 수 있다.

⑤ 인공지능은 인간을 대체할 수 없다. 인간의 삶을 결정하는 주체는 인간이고, 인공지능은 인간이 이용하는 객체일 뿐이다.

**06** 다음 중 윗글의 밑줄 친 ㉡에 해당하는 한자성어로 가장 적절한 것은?

① 괄목상대(刮目相對)　　　　　② 청출어람(靑出於藍)

③ 과유불급(過猶不及)　　　　　④ 당랑거철(螳螂拒轍)

⑤ 객반위주(客反爲主)

**07** 다음 글의 내용으로 적절하지 않은 것은?

> 사람의 눈이 원래 하나였다면 세계를 입체적으로 지각할 수 있었을까? 입체 지각은 대상까지의 거리를 인식하여 세계를 3차원으로 파악하는 과정을 말한다. 입체 지각은 눈으로 들어오는 시각 정보로부터 다양한 단서를 얻어 이루어지는데 이를 양안 단서와 단안 단서로 구분할 수 있다.
>
> 양안 단서는 양쪽 눈이 함께 작용하여 얻어지는 것으로, 양쪽 눈에서 보내오는 시차(視差)가 있는 유사한 상이 대표적이다. 단안 단서는 한쪽 눈으로 얻을 수 있는 것인데, 사람은 단안 단서만으로도 이전의 경험으로부터 추론에 의하여 세계를 3차원으로 인식할 수 있다. 망막에 맺히는 상은 2차원이지만 그 상들 사이의 깊이의 차이를 인식하게 해 주는 다양한 실마리들을 통해 입체 지각이 이루어진다.
>
> 동일한 물체가 크기가 다르게 시야에 들어오면 우리는 더 큰 시각(視角)을 가진 쪽이 더 가까이 있다고 인식한다. 이렇게 물체의 상대적 크기는 대표적인 단안 단서이다. 또 다른 단안 단서로는 '직선 원근'이 있다. 우리는 앞으로 뻗은 길이나 레일이 만들어 내는 평행선의 폭이 좁은 쪽이 넓은 쪽보다 멀리 있다고 인식한다. 또 하나의 단안 단서인 '결 기울기'는 같은 대상이 집단적으로 어떤 면에 분포할 때, 시야에 동시에 나타나는 대상들의 연속적인 크기 변화로 얻어진다. 예를 들면 들판에 만발한 꽃을 보면 앞쪽은 꽃이 크고 뒤로 가면서 서서히 꽃이 작아지는 것으로 보이는데 이러한 시각적 단서가 쉽게 원근감을 일으킨다.
>
> 어떤 경우에는 운동으로부터 단안 단서를 얻을 수 있다. '운동 시차'는 관찰자가 운동할 때 정지한 물체들이 얼마나 빠르게 움직이는 것처럼 보이는지가 물체들까지의 상대적 거리에 대한 실마리를 제공하는 것이다. 예를 들어 기차를 타고 가다 창밖을 보면 가까이에 있는 나무는 빨리 지나가고 멀리 있는 산은 거의 정지해 있는 것처럼 보인다.

① 세계를 입체적으로 지각하기 위해서는 단서가 되는 다양한 시각 정보가 필요하다.
② 단안 단서에는 물체의 상대적 크기, 직선 원근, 결 기울기, 운동 시차 등이 있다.
③ 사고로 한쪽 눈의 시력을 잃은 사람은 입체 지각이 불가능하다.
④ 대상까지의 거리를 인식할 수 있어야 세계를 입체적으로 지각할 수 있다.
⑤ 이동하는 차 안에서 창밖을 보면 가까이에 있는 건물이 멀리 있는 건물보다 더 빨리 지나간다.

**08** 다음 문단을 논리적 순서대로 바르게 나열한 것은?

> (가) 하지만 막상 앱을 개발하려 할 때 부딪히는 여러 난관이 있다. 여행지나 주차장에 한 정보를 모으는 것도 문제이고, 정보를 지속적으로 갱신하는 것도 문제이다. 이런 문제 때문에 결국 아이디어를 포기하는 경우가 많다.
>
> (나) 그러나 이제는 아이디어를 포기하지 않아도 된다. 바로 공공 데이터가 있기 때문이다. 공공 데이터는 공공기관에서 생성, 취득하여 관리하고 있는 정보 중 전자적 방식으로 처리되어 누구나 이용할 수 있도록 국민들에게 제공된 것을 말한다.
>
> (다) 현재 정부에서는 공공 데이터 포털 사이트를 개설하여 국민들이 쉽게 이용할 수 있도록 하고 있다. 공공 데이터 포털 사이트에서는 800여 개 공공기관에서 생성한 15,000여 건의 공공 데이터를 제공하고 있으며, 제공하는 공공 데이터의 양을 꾸준히 늘리고 있다.
>
> (라) 앱을 개발하려는 사람들은 아이디어가 넘친다. 사람들이 여행 준비를 위해 많은 시간을 허비하는 것을 보면 한 번에 여행 코스를 짜 주는 앱을 만들어 보고 싶어 하고, 도심에 주차장을 못 찾아 헤매는 사람들을 보면 주차장을 쉽게 찾아 주는 앱을 만들어 보고 싶어 한다.

① (다) – (가) – (나) – (라)  ② (다) – (나) – (가) – (라)
③ (다) – (라) – (나) – (가)  ④ (라) – (가) – (나) – (다)
⑤ (라) – (나) – (다) – (가)

**09** 다음 빈칸에 들어갈 단어로 가장 적절한 것은?

> 정부는 선거와 관련하여 신고자에 대한 _____을/를 대폭 강화하기로 하였다.

① 보훈(報勳)  ② 공훈(功勳)
③ 공로(功勞)  ④ 포상(褒賞)
⑤ 공적(功績)

**10** 다음 글을 읽고 필자의 생각으로 가장 적절한 것은?

우리는 우리가 생각한 것을 말로 나타낸다. 또 다른 사람의 말을 듣고, 그 사람이 무슨 생각을 가지고 있는지를 짐작한다. 그러므로 생각과 말은 서로 떨어질 수 없는 깊은 관계를 가지고 있다.

그러면 말과 생각은 얼마만큼 깊은 관계를 가지고 있을까? 이 문제를 놓고 사람들은 오랫동안 여러 가지 생각을 하였다. 그 가운데 가장 두드러진 것이 두 가지 있다. 그 하나는 말과 생각이 서로 꼭 달라붙은 쌍둥이인데 한 놈은 생각이 되어 속에 감추어져 있고 다른 한 놈은 말이 되어 사람 귀에 들리는 것이라는 생각이다. 다른 하나는 생각이 큰 그릇이고 말은 생각 속에 들어가는 작은 그릇이어서 생각에는 말 이외에도 다른 것이 더 있다는 생각이다.

이 두 가지 생각 가운데서 앞의 것은 조금만 깊이 생각해 보면 틀렸다는 것을 즉시 깨달을 수 있다. 우리가 생각한 것은 거의 대부분 말로 나타낼 수 있지만, 누구든지 가슴 속에 응어리진 어떤 생각이 분명히 있기는 한데 그것을 어떻게 말로 표현해야 할지 애태운 경험을 가지고 있을 것이다. 이것 한 가지만 보더라도 말과 생각이 서로 안팎을 이루는 쌍둥이가 아님은 쉽게 판명된다.

인간의 생각이라는 것은 매우 넓고 큰 것이며 말이란 결국 생각의 일부분을 주워 담는 작은 그릇에 지나지 않는다. 그러나 아무리 인간의 생각이 말보다 범위가 넓고 큰 것이라고 하여도 그것을 가능한 한 말로 바꾸어 놓지 않으면 그 생각의 위대함이나 오묘함이 다른 사람에게 전달되지 않기 때문에 말의 신세를 지지 않을 수가 없게 되어 있다. 그러니까 말을 통하지 않고는 생각을 전달할 수가 없는 것이다.

① 말은 생각의 폭을 확장시킨다.
② 말은 생각을 전달하기 위한 수단이다.
③ 생각은 말이 내면화된 쌍둥이와 같은 존재이다.
④ 말은 생각의 하위요소이다.
⑤ 말은 생각을 제한하는 틀이다.

**11** 다음은 K기업에 대한 SWOT 분석 결과이다. 〈보기〉 중 각 전략에 따른 대응으로 적절한 것을 모두 고르면?

〈K기업의 SWOT 분석 결과〉

| 강점(Strength) | 약점(Weakness) |
|---|---|
| • 높은 브랜드 이미지 · 평판<br>• 훌륭한 서비스와 판매 후 보증수리<br>• 확실한 거래망, 딜러와의 우호적인 관계<br>• 막대한 R&D 역량<br>• 자동화된 공장<br>• 대부분의 차량 부품 자체 생산 | • 한 가지 차종에만 집중<br>• 고도의 기술력에 대한 과도한 집중<br>• 생산설비에 막대한 투자 → 차량모델 변경의 어려움<br>• 한 곳의 생산 공장만 보유<br>• 전통적인 가족형 기업 운영 |
| 기회(Opportunity) | 위협(Threat) |
| • 소형 레저용 차량에 대한 수요 증대<br>• 새로운 해외시장의 출현<br>• 저가형 레저용 차량에 대한 선호 급증 | • 휘발유의 부족 및 가격의 급등<br>• 레저용 차량 전반에 대한 수요 침체<br>• 다른 회사들과의 경쟁 심화<br>• 차량 안전 기준의 강화 |

**보기**

ㄱ. ST전략 : 기술개발을 통하여 연비를 개선한다.
ㄴ. SO전략 : 대형 레저용 차량을 생산한다.
ㄷ. WO전략 : 규제 강화에 대비하여 보다 안전한 레저용 차량을 생산한다.
ㄹ. WT전략 : 생산량 감축을 고려한다.
ㅁ. WO전략 : 국내 다른 지역이나 해외에 공장들을 분산 설립한다.
ㅂ. ST전략 : 경유용 레저 차량 생산을 고려한다.
ㅅ. SO전략 : 해외 시장 진출보다는 내수 확대에 집중한다.

① ㄱ, ㄴ, ㅁ, ㅂ
② ㄱ, ㄹ, ㅁ, ㅂ
③ ㄴ, ㄷ, ㅂ, ㅅ
④ ㄴ, ㄹ, ㅁ, ㅅ
⑤ ㄷ, ㅁ, ㅂ, ㅅ

※ 다음 글을 읽고 이어지는 질문에 답하시오. [12~13]

당면한 문제를 해결하기 위해 개인이 가지고 있는 경험과 지식을 가치 있는 새로운 아이디어로 결합함으로써 참신한 아이디어를 산출하는 능력을 창의적 사고라고 한다.
이때 창의적 사고를 기를 수 있는 방법으로 어떤 생각에서 다른 생각을 계속해서 떠올리는 작용을 통해 어떤 주제에서 생각나는 것을 계속해서 열거해 나가는 발산적 사고 방법을 _____이라고 한다.

**12** 다음 중 윗글의 빈칸에 들어갈 단어로 가장 적절한 것은?

① 강제연상법　　　　　　　　② 비교발상법

③ 자유연상법　　　　　　　　④ 강제결합법

⑤ 자유발상법

**13** 다음 중 윗글의 예시로 제시된 브레인스토밍의 진행 과정에 대한 설명이 바르게 짝지어진 것은?

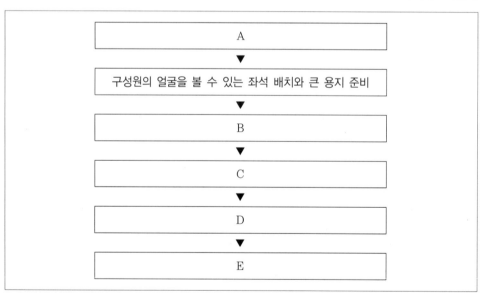

① A : 구성원들의 다양한 의견을 도출할 수 있는 리더 선출
② B : 주제를 구체적이고 명확하게 선정
③ C : 다양한 분야의 5~8명 정도의 사람으로 구성원 구성
④ D : 제시된 아이디어 비판 및 실현가능한 아이디어 평가
⑤ E : 구성원들의 자유로운 발언 및 발언 내용 기록 후 구조화

**14** 어느 요리를 만들기 위해서는 준비된 7가지의 재료 가 ~ 사를 정해진 순서대로 넣어야 한다. 다음 〈조건〉을 토대로 마지막에 넣는 재료가 가일 때, 두 번째로 넣어야 할 재료는 무엇인가?

> **조건**
> • 모든 재료는 차례로 한 번씩만 넣는다.
> • 가 바로 앞에 넣는 재료는 라이다.
> • 사는 라보다는 먼저 넣지만, 나보다 늦게 넣는다.
> • 마는 다와 나의 사이에 넣는 재료이다.
> • 다는 마보다 먼저 들어간다.
> • 바는 다보다 먼저 들어간다.

① 다
② 라
③ 마
④ 바
⑤ 사

**15** K공사의 기획팀 B팀장은 C사원에게 K공사에 대한 마케팅 전략 보고서를 요청하였다. C사원이 B팀장에게 제출한 SWOT 분석 결과가 다음과 같을 때, 밑줄 친 ㉠ ~ ㉤ 중 적절하지 않은 것은?

〈K공사의 SWOT 분석 결과〉

| 강점(Strength) | • 새롭고 혁신적인 서비스<br>• ㉠ 직원들에게 가치를 더하는 K공사의 다양한 측면<br>• 특화된 마케팅 전문 지식 |
|---|---|
| 약점(Weakness) | • 낮은 품질의 서비스<br>• ㉡ 경쟁자의 시장 철수로 인한 새로운 시장 진입 가능성 |
| 기회(Opportunity) | • ㉢ 합작회사를 통한 전략적 협력 구축 가능성<br>• 글로벌 시장으로의 접근성 향상 |
| 위협(Threat) | • ㉣ 주력 시장에 나타난 신규 경쟁자<br>• ㉤ 경쟁 기업의 혁신적 서비스 개발<br>• 경쟁 기업과의 가격 전쟁 |

① ㉠
② ㉡
③ ㉢
④ ㉣
⑤ ㉤

※ K공사는 모든 임직원에게 다음과 같은 규칙으로 사원번호를 부여한다. 이어지는 질문에 답하시오.
[16~17]

<사원번호 부여 기준>

| 성별 | 부서 | | 입사연도 | | 입사월 | | 입사순서 | |
|---|---|---|---|---|---|---|---|---|
| M | 0 | 1 | 2 | 4 | 0 | 1 | 0 | 1 |

• 사원번호 부여 순서 : [성별] – [부서] – [입사연도] – [입사월] – [입사순서]
• 성별 구분

| 남성 | 여성 |
|---|---|
| M | W |

• 부서 구분

| 운영지원부 | 인사부 | 기획부 | 안전관리부 | 홍보부 |
|---|---|---|---|---|
| 01 | 02 | 03 | 04 | 05 |

• 입사연도 : 연도별 끝자리를 2자리 숫자로 기재(예 2024년 – 24)
• 입사월 : 2자리 숫자로 기재(예 5월 – 05)
• 입사순서 : 해당 월의 누적 입사순서(예 해당 월의 3번째 입사자 – 03)
 ※ K공사에 같은 날 입사자는 없다.

**16** 다음 중 사원번호가 'W05230401'인 사원에 대한 설명으로 적절하지 않은 것은?

① 2023년 홍보부서 최초의 여직원이다.
② 2023년에 입사하였다.
③ 4월에 입사한 여성이다.
④ 'M03230511' 사원보다 입사일이 빠르다.
⑤ 홍보부서로 입사하였다.

**17** 다음 K공사의 2023년 하반기 신입사원 명단을 참고할 때, 기획부에 입사한 여성은 모두 몇 명인가?

| M01230903 | W03231005 | M05230912 | W05230913 | W01231001 | W04231009 |
|---|---|---|---|---|---|
| W02230901 | M04231101 | W01230905 | W03230909 | M02231002 | W03231007 |
| M03230907 | M01230904 | W02230902 | M04231008 | M05231107 | M01231103 |
| M03230908 | M05230910 | M02231003 | M01230906 | M05231106 | M02231004 |
| M04231101 | M05230911 | W03231006 | W05231105 | W03231104 | M05231108 |

① 2명
② 3명
③ 4명
④ 5명
⑤ 6명

**18** 다음은 제품 생산에 따른 공정 관리를 나타낸 자료이다. 〈보기〉 중 이에 대한 설명으로 옳은 것을 모두 고르면?(단, 각 공정은 동시 진행이 가능하다)

| 공정 활동 | 선행 공정 | 시간(분) |
|---|---|---|
| A. 부품 선정 | 없음 | 2 |
| B. 절삭 가공 | A | 2 |
| C. 연삭 가공 | A | 5 |
| D. 부품 조립 | B, C | 4 |
| E. 전해 연마 | D | 3 |
| F. 제품 검사 | E | 1 |

※ 공정 간 부품의 이동 시간은 무시하며, A공정부터 시작되어 공정별로 1명의 작업 담당자가 수행한다.

> **보기**
> ㄱ. 전체 공정을 완료하기 위해서는 15분이 소요된다.
> ㄴ. 첫 제품 생산 후부터 1시간마다 3개의 제품이 생산된다.
> ㄷ. B공정이 1분 더 지연되어도 전체 공정 시간은 변화가 없다.

① ㄱ      ② ㄴ
③ ㄱ, ㄷ      ④ ㄴ, ㄷ
⑤ ㄱ, ㄴ, ㄷ

**19** K기업에 근무하는 귀하는 부하직원 A ~ E를 대상으로 마케팅 전략에 대한 의견을 물었다. 이에 대해 직원 5명은 찬성과 반대 둘 중 하나의 의견을 제시했다. 다음 〈조건〉이 모두 참일 때 옳은 것은?

> **조건**
> • A 또는 D 둘 중 적어도 하나가 반대하면 C는 찬성하고 E는 반대한다.
> • B가 반대하면 A는 찬성하고 D는 반대한다.
> • D가 반대하면 C도 반대한다.
> • E가 반대하면 B도 반대한다.
> • 적어도 한 사람은 반대한다.

① A는 찬성하고 B는 반대한다.
② A는 찬성하고 E는 반대한다.
③ B와 D는 반대한다.
④ C는 반대하고 D는 찬성한다.
⑤ C와 E는 찬성한다.

**20** K회사는 창립 10주년을 맞이하여 전 직원 단합대회를 준비하고 있다. 이를 위해 사장인 B씨는 여행상품 중 한 가지를 선정하려 하는데, 직원 투표 결과를 통해 결정하려고 한다. 직원 투표 결과와 여행상품별 혜택은 다음과 같고, 추가로 행사를 위한 부서별 고려사항을 참고하여 선택할 때 〈보기〉 중 옳은 것을 모두 고르면?

〈직원 투표 결과〉

| 상품내용 | | 투표 결과(표) | | | | | |
|---|---|---|---|---|---|---|---|
| 여행상품 | 1인당 비용(원) | 총무팀 | 영업팀 | 개발팀 | 홍보팀 | 공장1 | 공장2 |
| A | 500,000 | 2 | 1 | 2 | 0 | 15 | 6 |
| B | 750,000 | 1 | 2 | 1 | 1 | 20 | 5 |
| C | 600,000 | 3 | 1 | 0 | 1 | 10 | 4 |
| D | 1,000,000 | 3 | 4 | 2 | 1 | 30 | 10 |
| E | 850,000 | 1 | 2 | 0 | 2 | 5 | 5 |

〈여행상품별 혜택 정리〉

| 상품명 | 날짜 | 장소 | 식사 제공 | 차량 지원 | 편의시설 | 체험시설 |
|---|---|---|---|---|---|---|
| A | 5/10 ~ 5/11 | 해변 | ○ | ○ | × | × |
| B | 5/10 ~ 5/11 | 해변 | ○ | ○ | ○ | × |
| C | 6/7 ~ 6/8 | 호수 | ○ | ○ | ○ | × |
| D | 6/15 ~ 6/17 | 도심 | ○ | × | ○ | ○ |
| E | 7/10 ~ 7/13 | 해변 | ○ | ○ | ○ | × |

〈부서별 고려사항〉

- 총무팀 : 행사 시 차량 지원이 가능함
- 영업팀 : 6월 초순에 해외 바이어와 가격 협상 회의 일정이 있음
- 공장1 : 3일 연속 공장 비가동 시 제품의 품질 저하가 예상됨
- 공장2 : 7월 중순 공장 이전 계획이 있음

보기

㉠ 여행상품 비용으로 총 1억 500만 원이 필요하다.
㉡ 투표 결과, 가장 인기가 많은 여행상품은 B이다.
㉢ 공장1의 A, B 투표 결과가 바뀐다면 여행상품 선택은 변경된다.

① ㉠
② ㉠, ㉡
③ ㉠, ㉢
④ ㉡, ㉢
⑤ ㉠, ㉡, ㉢

**21** K사는 1년에 두 번씩 사원들에게 봉사 의식을 심어주기 위해 자원봉사 활동을 진행하고 있다. 자원봉사 활동 전에 사원들에게 봉사에 대한 마음가짐을 설명하고자 할 때, 옳지 않은 것은?

① 봉사는 적절한 보상에 맞춰 참여해야 한다.
② 봉사는 의도적이고 계획된 활동이 되어야 한다.
③ 봉사는 함께하는 공동체 의식에 바탕을 두어야 한다.
④ 봉사는 개인의 의지에 따라 이루어져야 한다.
⑤ 봉사는 상대방의 입장에서 생각하고 행동해야 한다.

**22** 다음 사례에서 B사원에게 결여된 덕목과 그에 따른 K부장의 조언으로 가장 적절한 것은?

> 평소 지각이 잦은 편인 B사원은 어제 퇴근 후 참석한 모임에서 무리하게 술을 마셨고, 결국 오늘도 지각을 하였다. 그동안 B사원의 지각을 눈감아 주었던 K부장은 오늘은 B사원에게 꼭 한마디를 해야겠다고 생각했다.

① 정직 : 근무 시간에 거짓말을 하고 개인적인 용무를 보지 않아야 합니다.
② 정직 : 비록 실수를 하였더라도, 정직하게 밝혀야 합니다.
③ 책임 : 내가 해야 할 일이라면, 개인적인 일을 포기하고 먼저 해야 합니다.
④ 근면 : 나에게 이익이 되는 일보다는 옳은 일을 해야 합니다.
⑤ 근면 : 출근 시간을 엄수하고, 술자리를 적당히 절제하여야 합니다.

**23** 다음 중 직장에서 근면한 생활을 하는 사람을 모두 고르면?

> A사원 : 저는 이제 더 이상 일을 배울 필요가 없을 만큼 업무에 익숙해졌어요. 실수 없이 완벽하게 업무를 해결할 수 있어요.
> B사원 : 저는 요즘 매일 운동을 하고 있어요. 일에 지장이 가지 않도록 건강관리에 힘쓰고 있습니다.
> C대리 : 저도 오늘 할 일을 내일로 미루지 않으려고 노력 중이에요. 그래서 업무 시간에는 개인적인 일을 하지 않아요.
> D대리 : 저는 업무 시간에 잡담을 하지 않아요. 대신 사적인 대화는 사내 메신저를 활용하는 편이에요.

① A사원, B사원
② A사원, C대리
③ B사원, C대리
④ B사원, D대리
⑤ C사원, D대리

※ 다음 글을 읽고 이어지는 질문에 답하시오. [24~25]

---

〈더글러스와 보잉의 대결〉

항공기 제작회사인 더글러스사와 보잉사는 최초의 대형 제트 여객기를 이스턴 항공사에 팔기 위해 경합을 벌이고 있었다. 이스턴 항공사의 사장인 에디 리켄베커는 도날드 더글러스 사장에게 편지를 하여 더글러스사가 DC-8 항공기에 대해 작성한 설계 명세서나 요구 조건은 보잉사와 매우 흡사한 반면, 소음방지 장치에 대한 부분은 미흡하다고 전했다. 그리고 나서 리켄베커는 더글러스사가 보잉사보다 더 우수한 소음방지 장치를 달아 주겠다는 약속을 할 수가 있는지 물어보았다. 이에 대해 더글러스는 다음과 같은 편지를 보냈다.

---

To. 이스턴 항공사의 에디 리켄베커
우리 회사의 기술자들에게 조회해 본 결과, 소음방지 장치에 대한 약속은 할 수 없음을 알려드립니다.
From. 더글러스사의 도날드 더글러스

---

이후 리켄베커는 이 같은 내용의 답신을 보냈다.

---

To. 더글러스사의 도날드 더글러스
나는 당신이 그 약속을 할 수 없다는 것을 알고 있었습니다.
나는 당신이 얼마나 정직한지를 알고 싶었을 뿐입니다.
이제 1억 3천 5백만 달러 상당의 항공기를 주문하겠습니다.
마음 놓고 소음을 최대한 줄일 수 있도록 노력해 주십시오.

---

**24** 만약 더글러스가 리켄베커의 요청에 대해 기술적 검토를 해본 후에 불가능함을 알고도 할 수 있다고 답장을 보냈다면 직업윤리 덕목 중 어떤 덕목에 어긋난 행동이 되는가?

① 책임 의식, 전문가 의식
② 소명 의식, 전문가 의식
③ 직분 의식, 천직 의식
④ 천직 의식, 소명 의식
⑤ 봉사 의식, 직분 의식

**25** 다음 중 더글러스가 윗글처럼 답장을 함으로써 얻을 수 있는 가치는?

① 눈앞의 단기적 이익
② 명예로움과 양심
③ 매출 커미션
④ 주위의 부러움
⑤ 승리감

**26** 다음 글에서 유추할 수 없는 직업인의 기본자세는?

> 직업인은 직업에 대하여 신이 나에게 주신 거룩한 일이라고 여겨야 하며, 일을 통하여 자신의 존재를 실현하고 사회적 역할을 담당하는 것이라고 생각해야 한다. 따라서 직업에 대한 긍지와 자부심을 갖고 성실하게 임하는 마음가짐이 있어야 한다.
> 또한 직업인으로서 일정한 직업을 통하여 다른 사람에게 도움을 주고 사회적으로 기여하는 것이므로 자신의 일을 필요로 하는 사람에게 봉사한다는 마음자세가 필요하다. 그리고 일은 반드시 다른 사람과의 긴밀한 협력이 필요하므로 직무를 수행하는 과정에서 협동정신이 요구된다. 즉, 관계된 사람과 상호신뢰하고 협력하며 원만한 관계를 유지해야 하는 것이다.
> 다음으로 직업을 통해 각자의 책임을 충실히 수행할 때 전체 직업 시스템의 원만한 가동이 가능하며, 직업인은 다른 사람에게 피해를 주지 않아야 한다. 이러한 책임을 완벽하게 수행하기 위해서는 자신이 맡은 분야에 전문적인 능력과 역량을 갖추고 지속적인 자기계발을 해 나갈 필요가 있다.
> 마지막으로 모든 일은 사회적 공공성을 갖는다. 따라서 직업인은 법규를 준수하고 직무상 요구되는 윤리기준을 준수해야 하며, 공정하고 투명하게 업무를 처리해야 한다.

① 봉사 정신과 협동 정신을 가져야 한다.
② 공평무사한 자세가 필요하다.
③ 소명 의식과 천직 의식을 가져야 한다.
④ 경제적인 목적을 가져야 한다.
⑤ 책임 의식과 전문 의식이 있어야 한다.

**27** 다음 중 업무상의 이유로 상대방 회사에 전화를 걸었을 때의 태도로 가장 적절한 것은?

① 전화를 걸고 인사를 나눈 뒤에는 용건을 결론부터 이야기하고 나서 부연설명을 한다.
② 전화를 건 후 "○○회사, ○○님 맞습니까?"라고 상대방을 먼저 확인하고 자신의 신분을 밝힌다.
③ 통화 도중 필요한 자료를 찾기 위해 "잠시만요."라고 양해를 구하고 자료를 찾는다.
④ 다른 회사의 상사와 직접 통화를 한 후 끝날 때 먼저 수화기를 공손히 내려놓는다.
⑤ 상대방이 신원을 밝히지 않는 경우에는 상대가 누구인지 물어보아서는 안 된다.

**28** 다음 사례에서 총무부 L부장에게 가장 필요한 태도는 무엇인가?

> 총무부 L부장은 신입사원 K가 얼마 전 처리한 업무로 인해 곤경에 빠졌다. 신입사원 K가 처리한 서류에서 기존 금액에 0이 하나 추가되어 회사에 엄청난 손실을 끼치게 생긴 것이다.

① 개인적인 일을 먼저 해결하려는 자세가 필요하다.
② 나 자신뿐만 아니라 나의 부서의 일은 내 책임이라고 생각한다.
③ 왜 이런 일이 나에게 일어났는지 생각해 본다.
④ 다른 사람의 입장에서 생각해 보는 태도가 필요하다.
⑤ 책임을 가리기 위해 잘잘못을 분명하게 따져본다.

**29** 다음 중 비윤리적 행위의 원인에 대해 바르게 설명한 사람을 모두 고르면?

> 지원 : 비윤리적 행위의 주요 원인으로 무지, 무관심, 무절제, 자유 4가지를 꼽을 수 있어.
> 창인 : 어떤 사람이 악이라는 사실을 모른 채 선이라고 생각하여 노력하였다면, 이는 무관심에서 비롯된 비윤리적 행위에 해당해.
> 기율 : 자신의 행위가 비윤리적이라는 것을 알고 있으면서도 윤리적 기준을 따르는 것을 대수롭지 않게 여긴다면, 이는 무관심에서 비롯된 비윤리적 행위라고 볼 수 있어.
> 지현 : 자신의 행위가 비윤리적이라는 것을 알고 있으면서도 이를 통해 얻을 수 있는 이익이 주는 유혹이 너무 커 비윤리적 행위를 한다면, 이는 무절제에서 비롯된 것이야.

① 지원, 창인                    ② 지원, 기율
③ 창인, 기율                    ④ 창인, 지현
⑤ 기율, 지현

**30** 명함은 비즈니스맨에게는 없어서는 안 될 업무상 소도구의 하나라고 할 수 있다. 다음 중 명함을 교환하는 예절로 가장 적절한 것은?

① 명함은 한 손으로 건네도 예의에 어긋나지 않는다.
② 명함은 고객이 바로 볼 수 있도록 건넨다.
③ 이름의 한자 발음을 물어보는 것은 실례이다.
④ 명함을 동시에 주고받을 때는 왼손으로 주고 오른손으로 받는다.
⑤ 정중하게 인사를 하고 나서 명함을 내밀 때는 회사명과 이름을 밝히지 않아도 된다.

## | 01 | 수리능력

**01** 다음과 같이 일정한 규칙으로 수를 나열할 때, 빈칸에 들어갈 수는 무엇인가?

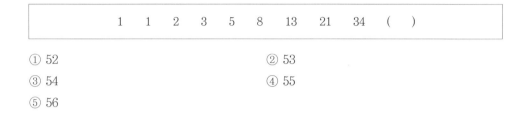

| 1 | 1 | 2 | 3 | 5 | 8 | 13 | 21 | 34 | ( ) |

① 52
② 53
③ 54
④ 55
⑤ 56

**02** 다음은 K공사의 청렴도 측정결과를 나타낸 그래프이다. 이에 대한 설명으로 옳지 않은 것은?(단, 소수점 둘째 자리에서 반올림한다)

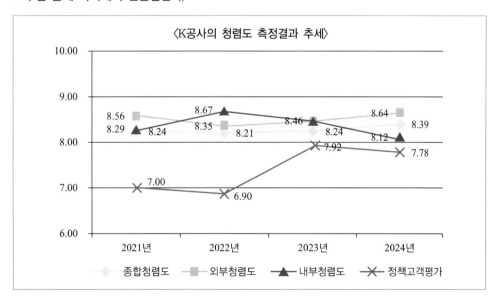

〈K공사의 청렴도 측정결과 추세〉

① 4년간 내부청렴도의 평균은 외부청렴도의 평균보다 낮다.
② 2022 ~ 2024년 외부청렴도와 종합청렴도의 증감 추이는 같다.
③ 정책고객평가에서 전년 대비 가장 높은 비율의 변화가 있던 것은 2023년이다.
④ 전년 대비 가장 크게 하락한 항목은 2023년의 내부청렴도이다.
⑤ 내부청렴도와 정책고객평가는 2024년에 하락하였다.

PART 4

**03** 다음은 유아교육 규모에 대한 자료이다. 〈보기〉 중 이에 대한 설명으로 옳지 않은 것을 모두 고르면?

〈유아교육 규모〉

| 구분 | 2018년 | 2019년 | 2020년 | 2021년 | 2022년 | 2023년 | 2024년 |
|---|---|---|---|---|---|---|---|
| 유치원 수(원) | 8,494 | 8,275 | 8,290 | 8,294 | 8,344 | 8,373 | 8,388 |
| 학급 수(학급) | 20,723 | 22,409 | 23,010 | 23,860 | 24,567 | 24,908 | 25,670 |
| 원아 수(명) | 545,263 | 541,603 | 545,812 | 541,550 | 537,822 | 537,361 | 538,587 |
| 교원 수(명) | 28,012 | 31,033 | 32,095 | 33,504 | 34,601 | 35,415 | 36,461 |
| 취원율(%) | 26.2 | 31.4 | 35.3 | 36.0 | 38.4 | 39.7 | 39.9 |
| 교원 1인당 원아 수(명) | 19.5 | 17.5 | 17.0 | 16.2 | 15.5 | 15.2 | 14.8 |

보기

㉠ 유치원 원아 수의 변동은 매년 일정한 흐름을 보이지는 않는다.
㉡ 교원 1인당 원아 수가 적어지는 것은 원아 수 대비 학급 수가 늘어나기 때문이다.
㉢ 취원율은 매년 증가하고 있는 추세이다.
㉣ 교원 수가 매년 증가하는 이유는 청년 취업과 관계가 있다.

① ㉠, ㉡
② ㉠, ㉢
③ ㉡, ㉣
④ ㉢, ㉣
⑤ ㉠, ㉢, ㉣

**04** 다음은 K사진관이 올해 찍은 사진의 용량 및 개수를 나타낸 자료이다. 올해 찍은 사진을 모두 모아서 한 개의 USB에 저장하려고 할 때, 최소 몇 GB의 USB가 필요한가?[단, 1MB＝1,000KB, 1GB ＝1,000MB이며, 합계 파일 용량(GB)은 소수점 첫째 자리에서 버림한다]

〈올해 사진 자료〉

| 구분 | 크기(cm) | 용량 | 개수 |
|---|---|---|---|
| 반명함 | 3×4 | 150KB | 8,000개 |
| 신분증 | 3.5×4.5 | 180KB | 6,000개 |
| 여권 | 5×5 | 200KB | 7,500개 |
| 단체사진 | 10×10 | 250KB | 5,000개 |

① 3.0GB
② 3.5GB
③ 4.0GB
④ 4.5GB
⑤ 5.0GB

**05** 지혜와 주헌이가 함께 기숙사에서 나와 회사를 향해 분당 150m의 속력으로 출근하고 있다. 30분 정도 걸었을 때, 지혜는 집에 두고 온 중요한 서류를 가지러 분당 300m의 속력으로 집에 갔다가 같은 속력으로 다시 회사를 향해 뛰어간다고 한다. 주헌이가 그 속력 그대로 20분 뒤에 회사에 도착할 때, 지혜는 주헌이가 회사에 도착하고 나서 몇 분 후에 회사에 도착하는가?

① 20분                       ② 25분
③ 30분                       ④ 35분
⑤ 40분

**06** 다음과 같이 일정한 규칙으로 수를 나열할 때, 빈칸에 들어갈 수는 무엇인가?

| 5 | 35 | 24 | 168 | 157 | 1,099 | ( ) | 7,616 |
|---|---|---|---|---|---|---|---|

① 1,088                       ② 1,110
③ 1,190                       ④ 2,148
⑤ 2,450

**07** 다음은 청소년의 경제의식에 대한 설문조사 결과이다. 이에 대한 설명으로 옳은 것은?

〈경제의식에 대한 설문조사 결과〉

(단위 : %)

| 설문 내용 | 구분 | 전체 | 성별 | | 학교별 | |
|---|---|---|---|---|---|---|
| | | | 남 | 여 | 중학교 | 고등학교 |
| 용돈을 받는지 여부 | 예 | 84.2 | 82.9 | 85.4 | 87.6 | 80.8 |
| | 아니오 | 15.8 | 17.1 | 14.6 | 12.4 | 19.2 |
| 월간 용돈 금액 | 5만 원 미만 | 75.2 | 73.9 | 76.5 | 89.4 | 60 |
| | 5만 원 이상 | 24.8 | 26.1 | 23.5 | 10.6 | 40 |
| 금전출납부 기록 여부 | 기록한다. | 30 | 22.8 | 35.8 | 31 | 27.5 |
| | 기록 안 한다. | 70 | 77.2 | 64.2 | 69.0 | 72.5 |

① 용돈을 받는 남학생의 비율이 용돈을 받는 여학생의 비율보다 높다.
② 월간 용돈을 5만 원 미만으로 받는 비율은 중학생이 고등학생보다 높다.
③ 고등학생 전체 인원을 100명이라 한다면, 월간 용돈을 5만 원 이상 받는 학생은 40명이다.
④ 금전출납부는 기록하는 비율이 기록 안 하는 비율보다 높다.
⑤ 용돈을 받지 않는 중학생 비율이 용돈을 받지 않는 고등학생 비율보다 높다.

**08** A ~ H 8명의 후보 선수 중 4명을 뽑을 때, A ~ C를 포함하여 뽑을 확률은?

① $\dfrac{1}{14}$　　　　　　　　　② $\dfrac{1}{5}$

③ $\dfrac{3}{8}$　　　　　　　　　④ $\dfrac{1}{2}$

⑤ $\dfrac{3}{5}$

**09** 다음은 2024년 K시 5개 구 주민의 돼지고기 소비량에 대한 자료이다. 〈조건〉을 참고할 때 변동계수가 3번째로 큰 곳은?

〈5개 구 주민의 돼지고기 소비량 통계〉

(단위 : kg)

| 구분 | 평균(1인당 소비량) | 표준편차 |
|---|---|---|
| A | ( ) | 5.0 |
| B | ( ) | 4.0 |
| C | 30 | 6.0 |
| D | 12 | 4.0 |
| E | ( ) | 8.0 |

※ (변동계수)$=\dfrac{(표준편차)}{(평균)}\times100$

> **조건**
> • A구의 1인당 소비량과 B구의 1인당 소비량을 합하면 C구의 1인당 소비량과 같다.
> • A구의 1인당 소비량과 D구의 1인당 소비량을 합하면 E구 1인당 소비량의 2배와 같다.
> • E구의 1인당 소비량은 B구의 1인당 소비량보다 6.0kg 더 많다.

① A구　　　　　　　　　② B구
③ C구　　　　　　　　　④ D구
⑤ E구

**10** 농도가 10%인 A소금물 200g과 농도가 20%인 B소금물 300g이 있다. A소금물에 $a$g의 물을 첨가하고, B소금물은 $b$g을 버렸다. 늘어난 A소금물과 줄어든 B소금물을 합친 결과, 농도가 10%인 500g의 소금물이 되었을 때, A소금물에 첨가한 물의 양은?

① 100g　　　　　　　　　② 120g
③ 150g　　　　　　　　　④ 180g
⑤ 200g

**01** 다음과 같은 K기업의 상황을 고려할 때, 경영활동과 활동의 사례가 바르게 짝지어지지 않은 것은?

---

〈상황〉

• K기업은 국내 자동차 제조업체이다.
• K기업은 최근 인도네시아의 자동차 판매업체와 계약을 하여, 내년부터 인도네시아로 차량을 수출할 계획이다.
• K기업은 중국의 자동차 부품 제조업체와 협력하고 있는데, 최근 중국 내 전염병 확산으로 현지 업체들의 가동률이 급락하였다.
• K기업은 최근 내부 설문조사를 실시한 결과, 사내 유연근무제 도입을 희망하는 직원의 비율은 72%, 희망하지 않는 직원의 비율이 20%, 무응답이 8%였다.
• K기업의 1분기 생산라인 피드백 결과, 엔진 조립 공정에서 진행속도를 20% 개선할 경우, 생산성이 12% 증가하는 것으로 나타났다.

---

|   | 경영활동 | 사례 |
|---|---|---|
| ① | 외부경영활동 | 인도네시아 시장의 자동차 구매성향 파악 |
| ② | 내부경영활동 | 국내 자동차 부품 제조업체와의 협력안 검토 |
| ③ | 내부경영활동 | 인도네시아 현지 자동차 법규 및 제도 조사 |
| ④ | 내부경영활동 | 엔진 조립 공정 개선을 위한 공정 기술 연구개발 |
| ⑤ | 내부경영활동 | 생산라인에 부분적 탄력근무제 도입 |

**02** K회사 직원들은 이번 달 신상품 홍보 방안을 모색하기 위해 회의를 하고 있다. 다음 중 회의에 임하는 태도가 적절하지 않은 직원은?

---

O부장 : 이번 달 실적을 향상시키기 위한 홍보 방안으로는 뭐가 있을까요? 의견이 있으면 주저하지 말고 뭐든지 말씀해 주세요.
J사원 : 저는 조금은 파격적인 이벤트 같은 게 있었으면 좋겠어요. 예를 들면, 곧 명절이니까 지점 내부를 명절 분위기로 꾸민 다음에 제사상이나 한복 같은 걸 비치해 두고, 고객들이 인증샷을 찍으면 추가혜택을 주는 건 어떨까 싶어요.
D주임 : 그건 좀 실현 가능성이 없지 싶은데요. 그보다는 SNS로 이벤트 응모를 받아서 기프티콘 사은품을 쏘는 이벤트가 현실적이겠어요.
C과장 : 가능성 여부를 떠나서 아이디어는 많을수록 좋으니 반박하지 말고 이야기하세요.
H사원 : 의견 주시면 제가 전부 받아 적었다가 한꺼번에 정리하도록 할게요.

---

① O부장
③ D주임
⑤ H사원

② J사원
④ C과장

**03** 다음 중 조직의 변화에 대한 설명으로 옳은 것은?

① 조직의 변화와 관련된 환경의 변화는 조직에 영향이 없는 변화들도 모두 포함한다.

② 조직의 변화 전략은 실현 가능할 뿐 아니라 구체적이어야 한다.

③ 조직구성원들이 현실에 안주하고 변화를 기피하는 경향이 약할수록 환경 변화를 인지하지 못한다.

④ 변화를 실행하고자 하는 조직은 기존의 규정 내에서 환경에 대한 최적의 적응방안을 모색해야 한다.

⑤ 조직의 변화는 '조직 변화 방향 수립 – 조직 변화 실행 – 변화 결과 평가 – 환경 변화 인지' 순으로 이루어진다.

**04** 인사팀 채부장이 신입사원들을 대상으로 조직의 의미를 다음과 같이 설명하였을 때, 조직이라고 볼 수 없는 것은?

> 조직은 특정한 목적을 추구하기 위하여 의도적으로 구성된 사람들의 집합체로서 외부 환경과 여러 가지 상호 작용을 하는 사회적 단위라고 말할 수 있지. 이러한 상호 작용이 유기적인 협력체제에서 행해지면서 조직이 추구하는 목적을 달성하기 위해서는 내부적인 구조가 있어야만 해. 업무와 기능의 분배, 권한과 위임을 통하여 어떤 특정한 조직구성원들의 공통된 목표를 달성하기 위하여 여러 사람의 활동을 합리적으로 조정한 것이야말로 조직의 정의를 가장 잘 나타내는 말이라고 할 수 있다네.

① 영화 촬영을 위해 모인 스태프와 배우들

② 주말을 이용해 춘천까지 다녀오기 위해 모인 자전거 동호회원들

③ 열띤 응원을 펼치고 있는 야구장의 관중들

④ 야간자율학습을 하고 있는 K고등학교 3학년 2반 학생들

⑤ 미국까지 가는 비행기 안에 탑승한 기장과 승무원들

**05** 다음 설명에 해당하는 조직체계 구성 요소는?

> 조직의 목표나 전략에 따라 수립되며, 조직구성원들의 활동범위를 제약하고 일관성을 부여하는 기능을 한다.

① 조직 목표        ② 경영자

③ 조직 문화        ④ 조직 구조

⑤ 규칙 및 규정

**06** 다음은 대부분 조직에서 활용하고 있는 부서명과 담당 업무의 예를 나타낸 자료이다. 부서명과 그 담당 업무의 내용이 적절하지 않은 것은?

| 부서명 | 담당 업무 내용 |
|---|---|
| 총무부 | 주주총회 및 이사회개최 관련 업무, 의전 및 비서업무, 집기비품 및 소모품의 구매와 관리, 사무실 임차 및 관리, 차량 및 통신시설의 운영, 국내외 출장 업무 협조, 복리후생 업무, 법률자문과 소송관리, 사내외 홍보 광고업무 |
| 인사부 | 조직기구의 개편 및 조정, 업무분담 및 조정, 인력수급계획 및 관리, 직무 및 정원의 조정 종합, 노사관리, 평가관리, 상벌관리, 인사발령, 교육체계 수립 및 관리, 임금제도, 복리후생제도 및 지원업무, 복무관리, 퇴직관리 |
| 기획부 | 경영계획 및 전략 수립, 전사기획업무 종합 및 조정, 중장기 사업계획의 종합 및 조정, 경영정보 조사 및 기획보고, 경영진단업무, 종합예산수립 및 실적관리, 단기사업계획 종합 및 조정, 사업계획, 손익추정, 실적관리 및 분석 |
| 회계부 | 회계제도의 유지 및 관리, 재무상태 및 경영실적 보고, 결산 관련 업무, 재무제표 분석 및 보고, 법인세, 부가가치세, 국세 지방세 업무자문 및 지원, 보험가입 및 보상업무, 고정자산 관련 업무 |
| 영업부 | 판매 계획, 판매예산의 편성, 시장조사, 광고 선전, 견적 및 계약, 제조지시서의 발행, 외상매출금의 청구 및 회수, 제품의 재고 조절, 거래처로부터의 불만처리, 제품의 사후관리, 판매원가 및 판매가격의 조사 검토 |

① 사옥 이전에 따르는 이전 비용 산출과 신사옥 입주를 대내외에 홍보해야 할 업무는 기획부 소관 업무이다.

② 작년 판매분 중 일부 제품에 하자가 발생하여 고객의 클레임을 접수하고 하자보수 등의 처리를 담당하는 것은 영업부의 주도적인 역할이다.

③ 회사의 지속가능경영보고서에 수록되어 주주들에게 배포될 경영실적 관련 자료를 준비하느라 회계부 직원들은 연일 야근 중이다.

④ 사무실 이전 계획에 따라 새로운 사무실의 층간 배치와 해당 위치별 공용 사무용기 분배 관련 작업은 총무부에서 실시한다.

⑤ 지난달 퇴직자의 퇴직급여 수령액에 문제가 있어 인사부 직원은 회사 퇴직급여 규정을 찾아보고 정정 사항을 바로잡았다.

**07** 다음 글의 밑줄 친 부분에 대한 설명으로 가장 적절한 것은?

> 산업민주주의의 발달과 함께 근로자 또는 노동조합을 경영의 파트너로 인정하는 협력적 노사관계가 중시됨에 따라 이들을 조직의 경영의사결정 과정에 참여시키는 <u>경영참가제도</u>가 논의되고 있다. 특히 최근에는 국제경쟁의 가속화와 저성장, 급격한 기술발전과 같은 환경 변화에 따라 대립적인 노사관계만으로는 한계가 있다고 지적되면서 점차 경영참가의 중요성이 커지고 있다.

① 경영자의 고유한 권리인 경영권이 강화될 수 있다.
② 모든 근로자의 참여로 보다 합리적인 의사결정이 가능하다.
③ 분배문제를 해결함으로써 노동조합의 단체교섭 기능이 강화된다.
④ 가장 큰 목적은 경영의 민주성을 제고하는 것이다.
⑤ 경영자의 일방적인 의사결정보다 빠른 의사결정이 가능하다.

**08** 다음은 K편집팀의 새로운 도서분야 시장진입을 위한 신간회의 내용이다. 의사결정방법 중 하나인 '브레인스토밍'을 활용할 때, 이에 적합하지 않은 사람을 모두 고르면?

> A사원 : 신문 기사를 보니 세분화된 취향을 만족시키는 잡지들이 주목받고 있다고 하던데, 저희 팀에서도 소수의 취향을 주제로 한 잡지를 만들어 보는 건 어떨까요?
> B대리 : 그건 수익성은 생각하지 않은 발언인 것 같네요.
> C과장 : 아이디어는 많으면 많을수록 좋죠. 더 이야기해 봐요.
> D주임 : 요새 직장생활에 관한 이야기를 주제로 독자의 공감을 이끌어내는 도서들이 많이 출간되고 있습니다. '연봉'과 관련한 실용서를 만들어 보는 건 어떨까요? 신선하고 공감을 자아내는 글귀와 제목, 유쾌한 일러스트를 표지에 실어서 눈에 띄게 만들어 보는 것도 좋을 것 같습니다.
> E차장 : 위 두 아이디어 모두 신선하네요. '잡지'의 형식으로 가면서 직장인과 관련된 키워드를 매달 주제로 해 발간하면 어떨까요? 창간호 키워드는 '연봉'이 좋겠군요.

① A사원
② B대리
③ B대리, C과장
④ B대리, E차장
⑤ A사원, D주임, E차장

※ 다음은 K공사 연구소의 주요 사업별 연락처이다. 이어지는 질문에 답하시오. [9~10]

<표>

### 〈주요 사업별 연락처〉

| 주요 사업 | 담당부서 | 연락처 |
|---|---|---|
| 고객 지원 | 고객지원팀 | 033-739-7001 |
| 감사, 부패방지 및 지도 점검 | 감사실 | 033-739-7011 |
| 국제협력, 경영 평가, 예산 기획, 규정, 이사회 | 전략기획팀 | 033-739-7023 |
| 인재 개발, 성과 평가, 교육, 인사, ODA사업 | 인재개발팀 | 033-739-7031 |
| 복무노무, 회계 관리, 계약 및 시설 | 경영지원팀 | 033-739-7048 |
| 품질 평가 관리, 품질 평가 관련 민원 | 평가관리팀 | 033-739-7062 |
| 가공품 유통 전반(실태조사, 유통정보), 컨설팅 | 유통정보팀 | 033-739-7072 |
| 대국민 교육, 기관 마케팅, 홍보 관리, CS, 브랜드 인증 | 고객홍보팀 | 033-739-7082 |
| 이력 관리, 역학조사 지원 | 이력관리팀 | 033-739-7102 |
| 유전자 분석, 동일성 검사 | 유전자분석팀 | 033-739-7111 |
| 연구사업 관리, 기준 개발 및 보완, 시장 조사 | 연구개발팀 | 033-739-7133 |
| 정부3.0, 홈페이지 운영, 대외자료 제공, 정보 보호 | 정보사업팀 | 033-739-7000 |

**09** 다음 중 K공사 연구소의 주요 사업별 연락처를 본 채용 지원자의 반응으로 옳지 않은 것은?

① K공사 연구소는 1개의 실과 11개의 팀으로 이루어져 있구나.
② 예산 기획과 경영 평가는 같은 팀에서 종합적으로 관리하는구나.
③ 평가업무라 하더라도 평가 특성에 따라 담당하는 팀이 달라지는구나.
④ 홈페이지 운영은 고객홍보팀에서 마케팅과 함께 하는구나.
⑤ 부패방지를 위한 부서를 따로 두었구나.

**10** 다음 민원인의 요청을 듣고 난 후 민원을 해결하기 위해 연결해 주어야 할 부서로 옳은 것은?

| 민원인 | 얼마 전 신제품 품질 평가 등급 신청을 했습니다. 신제품 품질에 대한 등급에 대해 이의가 있습니다. 관련 건으로 담당자분과 통화하고 싶습니다. |
|---|---|
| 상담직원 | 불편을 드려서 죄송합니다. _____ 연결해 드리겠습니다. 잠시만 기다려 주십시오. |

① 지도 점검 업무를 담당하고 있는 감사실로
② 연구사업을 관리하고 있는 연구개발팀으로
③ 기관의 홈페이지 운영을 전담하고 있는 정보사업팀으로
④ 이력 관리 업무를 담당하고 있는 이력관리팀으로
⑤ 품질 평가를 관리하는 평가관리팀으로

## | 03 | 대인관계능력

**01** 다음 중 고객 만족도를 향상시키고 지속적인 상품 구매를 유도하기 위한 상담원의 고객 응대 자세로 적절하지 않은 것은?

① 수익을 많이 올릴 수 있는 고부가가치의 상품을 중심으로 설명하고 판매하도록 노력한다.

② 상품의 장점과 지속구매 시 이점을 고객에게 충분히 이해시켜 고객의 니즈를 충족시킨다.

③ 자신 있는 태도와 음성으로 전문적인 상담을 진행해 고객의 신뢰를 획득해야 한다.

④ 설득력 있는 대화와 유용한 정보 제공을 통해 고객의 구매 결정에 도움을 주어야 한다.

⑤ 고객 관리를 위해 고객 정보나 취향을 데이터 시트에 기록하고, 지속적인 관계 유지를 위해 노력한다.

**02** 다음 중 팀워크에 대한 설명으로 적절하지 않은 것은?

① 조직에 대한 이해 부족은 팀워크를 저해하는 요소이다.

② 팀워크를 유지하기 위해 구성원은 공동의 목표의식과 강한 도전의식을 가져야 한다.

③ 공동의 목적을 달성하기 위해 상호관계성을 가지고 협력하여 업무를 수행하는 것이다.

④ 사람들이 집단에 머물도록 만들고, 집단의 멤버로서 계속 남아 있기를 원하게 만드는 힘이다.

⑤ 효과적인 팀은 갈등을 인정하고 상호신뢰를 바탕으로 건설적으로 해결한다.

**03** 다음 글을 읽고 리더(Leader)의 입장에서 이해한 내용으로 가장 적절한 것은?

> 존 맥스웰(John Maxwell)의 저서 『121가지 리더십 불변의 법칙』 중 첫 번째 법칙으로 '뚜껑의 법칙'을 살펴볼 수 있다. 뚜껑의 법칙이란 용기(容器)를 키우려면 뚜껑의 크기도 그에 맞게 키워야만 용기로서의 역할을 제대로 할 수 있으며, 그렇지 않으면 병목 현상이 생겨 제 역할을 할 수 없다는 것이다.

① 리더는 자신에 적합한 인재를 등용할 수 있어야 한다.

② 참된 리더는 부하직원에게 기회를 줄 수 있어야 한다.

③ 리더는 부하직원의 실수도 포용할 수 있어야 한다.

④ 크고 작은 조직의 성과는 리더의 역량에 달려 있다.

⑤ 리더의 재능이 용기의 크고 작음을 결정한다.

**04** 다음 두 사례를 보고 팀워크에 대해 바르지 않게 분석한 사람은?

〈A사의 사례〉

A사는 1987년부터 1992년까지 품질과 효율 향상은 물론 생산 기간을 50%나 단축시키는 성과를 내었다. 모든 부서에서 품질 향상의 경쟁이 치열했고, 그 어느 때보다 좋은 팀워크가 만들어졌다고 평가되었다. 가장 성과가 우수하였던 부서는 미국의 권위 있는 볼드리지(Baldrige) 품질대상을 수상하기도 하였다. 그런데 이러한 개별 팀의 성과가 회사 전체의 성과나 주주의 가치로 잘 연결되지 못했던 것으로 분석되었다. 시장의 PC 표준 규격을 반영하지 않은 새로운 규격으로 인해 호환성 문제가 대두되었고, 대중의 외면을 받아야만 했다. 한 임원은 "아무리 빨리, 제품을 잘 만들어도 고객의 가치를 반영하지 못하거나, 시장에서 고객의 접촉이 제대로 이루어지지 않으면 의미가 없다는 점을 배웠다."라고 말했다.

〈K병원의 사례〉

가장 정교하고 효과적인 팀워크가 요구되는 의료 분야에서 K병원은 최고의 의료 수준과 서비스로 명성을 얻고 있다. 이 병원의 조직 운영 기본 원칙에는 '우리 지역과 국가, 세계의 환자들의 니즈에 집중하는 최고의 의사, 연구원 및 의료 전문가의 협력을 기반으로 병원을 운영한다.'라고 명시되어 있다고 한다. 팀 간의 협력은 물론 전 세계의 고객을 지향하는 웅대한 가치를 공유하고 있는 것이다. K병원이 최고의 명성과 함께 노벨상을 수상하는 실력을 갖출 수 있었던 데는 이러한 팀워크가 중요한 역할을 하였다고 볼 수 있다.

① 재영 : 개별 팀의 팀워크가 좋다고 해서 반드시 조직의 성과로 이어지는 것은 아니군.
② 건우 : 팀워크는 공통된 비전을 공유하고 있어야 해.
③ 수정 : 개인의 특성을 이해하고 개인 간의 차이를 중시해야 해.
④ 유주 : 팀워크를 지나치게 강조하다 보면 외부에 배타적인 자세가 될 수 있어.
⑤ 바위 : 역시 팀워크는 성과를 만드는 데 중요한 역할을 하네.

※ 다음 글과 상황을 읽고 이어지는 질문에 답하시오. [5~7]

K공사의 신사업개발팀은 최근 잦은 출장을 다니고 있다. K공사는 출장에 대해 직원별로 수당을 비롯하여 출장 중 발생한 교통비, 식비, 숙박료 등의 비용에 대해 증빙이 가능한 사항에 대해서 출장료를 지급하고 있다. 신사업개발팀 김성태 과장은 최근 지방 출장으로 발생한 왕복한 KTX 비용, 택시비, 호텔비, 식사비를 회계팀에 청구하였으나, 회계팀에서는 원칙상 택시비는 비용청구 대상이 되지 않는다며 지급을 거부한 상태이다. 김성태 과장은 회계팀 곽재우 과장에게 자신이 출장을 간 지역은 버스나 지하철 등 다른 대중교통이 다니지 않아 어쩔 수 없었다고 설명하였으나, 곽재우 과장은 규정대로 처리하겠다고 하였다. 이러한 상황에서 점심식사를 마치고 구내식당을 지나가던 곽재우 과장은 맞은편에서 걸어오고 있는 김성태 과장을 마주치게 되었다.

〈상황〉
• 상황 1 : 곽재우 과장은 멈칫했지만, 이내 김성태 과장을 피해 옆 복도로 향하였다.
• 상황 2 : 곽재우 과장을 마주친 김성태 과장은 불같이 화를 내며 곽과장을 닦달하기 시작했다. 하지만 곽과장도 지지 않고 맞받아쳐 두 사람은 10분간 말다툼을 하였다. 결국 김과장은 곽과장에게 '출장 중 특별한 경우에 이용한 택시비용을 지급할 수 있도록 규정을 바꿔달라고 회사에 함께 요구하자.'라고 제안하였고, 곽과장은 그렇게 하자고 대답하였다.
• 상황 3 : 조금이라도 자신이 손해를 입는 것을 견디지 못하고, 자신이 손해를 입었을 경우 보복을 하는 김성태 과장의 성격을 잘 아는 곽재우 과장은 '규정을 위반해서라도 택시비용을 지급해 줄 테니 기다려 달라.'라고 말하였다.
• 상황 4 : 곽재우 과장은 김성태 과장에게 '규정대로 처리할 것이니 그렇게 알라.'라며 자꾸 똑같은 일로 자신을 귀찮게 하면 인사팀에 정식으로 항의서를 제출할 것이라고 말하였다.
• 상황 5 : 김성태 과장은 본인도 절반은 손해를 볼 테니 택시비의 절반이라도 지급해달라고 재차 곽재우 과장에게 요청했다.

**05** 다음 중 윗글에 제시된 상황 1 ~ 5에서 갈등해결 방법에 대한 설명으로 옳지 않은 것은?

① 상황 1 : 갈등 상황에 대하여 상황이 나아질 때까지 문제를 덮어 두거나 피하려고 하는 경우이다.
② 상황 2 : 갈등 당사자들이 반대의 끝에서 시작하여 중간 정도 지점에서 타협하여 해결점을 찾는 경우이다.
③ 상황 3 : '나는 지고, 너는 이기는' 갈등해결 방법이다.
④ 상황 4 : 상대방의 목표 달성은 희생시키면서 자신의 목표를 위해 전력을 다하려는 경우이다.
⑤ 상황 5 : 자신과 상대방 의견의 중간 정도 지점에서 절충하는 경우이다.

**06** 다음 중 윗글과 상황에서 갈등의 쟁점이 되는 핵심 문제로 가장 적절한 것은?

① 자존심에 대한 위협
② 통제나 권력 확보를 위한 싸움
③ 공존할 수 없는 개인적 스타일
④ 절차에 대한 불일치
⑤ 절대 하나라도 손해 보지 않겠다는 이기심

PART 4

**07** 다음 중 상황 2의 갈등해결 방법에 대한 설명으로 적절하지 않은 것은?

① 우선 나의 위치와 관심사는 배제한 채, 상대방의 입장과 관심사를 고려한다.
② 상대방이 필요로 하는 것에 대해 생각해 보았다는 점을 인정한다.
③ 갈등상태에 있는 두 사람의 입장을 명확히 하도록 한다.
④ 서로 기본적으로 다른 부분을 인정한다.
⑤ 먼저 자신의 위치와 관심사를 확인한다.

**08** 다음 상황에서 나타난 고객 유형에 대한 대처 방법으로 가장 적절한 것은?

> 직원 : 반갑습니다. 고객님. 찾으시는 제품 있으실까요?
>
> 고객 : 아이가 에어드레서가 필요하다고 해서요. 제품 좀 보러 왔어요.
>
> 직원 : 그렇군요. 그럼 K제품 한번 보시겠어요? 이번에 나온 신제품인데요. 기존 제품들이 살균과 미세먼지 제거기능 및 냄새 분해기능만 있었다면, 이 제품은 그 기능에 더하여 바이러스 제거기능이 추가되었습니다.
>
> 고객 : 가격이 얼마인가요?
>
> 직원 : 가격은 기존 제품의 약 1.8배 정도로 ×××만 원이지만, 이번에 저희 매장에서 2025년 신제품은 5%의 할인이 적용되기 때문에 지금 타사 대비 최저가로 구매가 가능합니다.
>
> 고객 : 아, 비싸네요. 근데 바이러스가 눈에 안 보이는데 정말 제거되는지 믿을 수 있나요? 그냥 신제품이라고 좀 비싸게 파는 건 아닐까 생각이 드네요.

① 잠자코 고객의 의견을 경청하고 사과를 하도록 한다.

② 고객의 이야기를 경청하고, 맞장구치고, 추켜세우고, 설득한다.

③ 분명한 증거나 근거를 제시하여 고객이 확신을 갖도록 유도한다.

④ 과시욕이 충족될 수 있도록 고객의 언행을 제지하지 않고 인정해 준다.

⑤ 의외로 단순하게 생각하는 면이 있으므로 고객의 호감을 얻기 위해 노력한다.


**09** 다음 중 효과적인 팀의 특징으로 옳은 것은?

① 결과에 초점을 맞춘다.

② 의견의 불일치를 배제한다.

③ 주관적인 결정이 이루어진다.

④ 구성원 간의 의존도가 높지 않다.

⑤ 갈등의 존재를 개방적으로 다루지 않는다.


**10** 다음 중 바람직한 리더십의 사례로 적절하지 않은 것은?

① 김팀장은 팀의 목표를 명확히 정의하고, 팀원들에게 팀의 현안에 대해 구체적으로 인지시켰다.

② 이팀장은 팀원들이 자발적으로 과제를 해결해나갈 수 있도록 지원하였다.

③ 장팀장은 각 팀원이 업무를 적극적으로 수행할 수 있도록 개개인을 격려하였다.

④ 박팀장은 '무엇을 할까?'보다 '어떻게 할까?'에 초점에 두고 팀을 지휘하였다.

⑤ 양팀장은 팀원들이 소신 있게 자신의 의견을 나타낼 수 있도록 개방적 분위기를 조성하였다.

## | 04 | 기술능력

**01** 다음은 벤치마킹의 절차를 나타낸 자료이다. 이에 대한 설명으로 옳지 않은 것은?

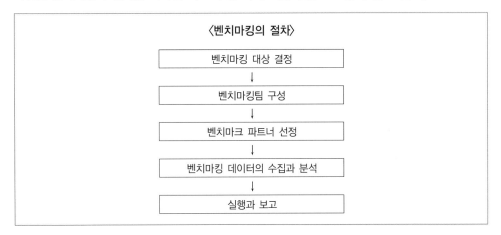

① 벤치마킹 데이터를 수집·분석할 경우 문서 편집 시스템보다는 수기로 작업하는 것이 좋다.
② 벤치마킹 대상이 결정되면 대상을 조사하기 위해 필요한 정보와 자원이 무엇인지 파악해야 한다.
③ 벤치마크 파트너 선정은 벤치마크 정보를 수집하는 데 이용될 정보의 원천을 확인하는 단계이다.
④ 벤치마킹팀 구성 시 구성원들 간의 의사소통이 원활하기 위한 네트워크 환경이 요구된다.
⑤ 벤치마킹팀의 경우 관계자 모두에게 벤치마킹이 명확하게 할당되고 중심 프로젝트가 정해지는 것을 돕기 위한 프로젝트 관리 기구가 필요하다.

**02** 다음 글에 해당하는 벤치마킹으로 가장 적절한 것은?

> 동일한 업종의 기업을 대상으로 상품이나 기술 및 경영방식 등을 배워 자사에 맞게 재창조하는 것으로, 동일한 업종이긴 하나 윤리적 문제가 발생할 여지가 없기 때문에 정보에 대한 접근 및 자료 수집이 용이하다. 하지만 문화나 제도적인 차이가 있기 때문에 이로 인해 발생할 문제에 대한 분석을 철저히 하지 않는다면 잘못된 결과를 얻을 수 있다.

① 내부 벤치마킹　　　　　　　　　② 경쟁적 벤치마킹
③ 비경쟁적 벤치마킹　　　　　　　④ 글로벌 벤치마킹
⑤ 간접적 벤치마킹

※ K레스토랑에서는 영유아 손님들을 위해 유아용 식탁 의자를 구비하였다. 다음 자료를 보고 이어지는 질문에 답하시오. [3~4]

우리 회사의 유아용 식탁 의자는 아이가 도움 없이 혼자 앉을 수 있는 6 ~ 7개월부터 사용할 수 있습니다.

■ 안전에 대한 유의사항
  – 압사의 방지를 위해 사용 전 모든 플라스틱 커버를 제거하고, 유아 및 아동의 손이 닿지 않는 곳에 두세요.
  – 항상 벨트를 채워 주세요.
  – 아이가 혼자 있지 않도록 해 주세요.
  – 모든 구성 요소가 제대로 장착되어 있지 않으면 의자 사용을 삼가세요.
  – 부품이 망가지거나 부서지면 의자 사용을 삼가세요.
  – 강한 열원이나 난로가 있는 곳에서는 의자 사용을 삼가세요.
  – 아이가 의자 근처에서 놀거나 의자에 올라가지 못하도록 해 주세요.
  – 의자가 항상 평평하고 안정된 상태에서 사용될 수 있도록 해 주세요.
  – 식탁 의자는 계단, 층계, 창문, 벽과는 거리를 두고 비치해 주세요.
  – 의자에 충격이 가해지면 안정성을 해칠 우려가 있고 의자가 뒤집어질 수 있습니다.
  – 아이가 앉아 있는 동안에는 의자의 높낮이를 조정하지 마세요.

■ 청소 및 유지
  – 젖은 천이나 중성 세제로 유아용 의자나 액세서리를 청소할 수 있습니다.
  – 재료를 손상시킬 수 있는 연마 세제나 용제는 사용하지 마세요.
  – 알루미늄 식탁 다리는 부식이 되지 않지만, 충격이나 긁힘으로 손상될 수 있습니다.
  – 햇빛에 지속적으로 장시간 노출되면 여러 부품의 색이 변할 수 있습니다.
  – 손상을 파악하기 위해 정기적으로 검사하세요.

**03** 다음 중 레스토랑 내 유아용 식탁 의자를 비치할 장소 선정 시 고려해야 할 사항으로 옳지 않은 것은?

① 난방기구가 있는 곳은 피하도록 한다.
② 바닥이 평평하여 안정된 상태로 의자가 서 있을 수 있는지 확인한다.
③ 아이를 식탁 의자에 혼자 두지 않으며, 항상 벨트를 채워야 한다.
④ 계단이나 창문이 있는 곳은 피하도록 한다.
⑤ 의자에 충격이 가해질 수 있는 장소는 피하도록 한다.

**04** 다음 중 직원들에게 안내할 유아용 식탁 의자 청소 및 관리법으로 옳지 않은 것은?

① 식탁 의자 사용 후에는 햇볕이 들지 않는 곳에 보관한다.

② 사용 후 젖은 천을 사용해 깨끗하게 닦는다.

③ 이동 시 식탁 다리가 부딪히거나 긁히지 않도록 주의한다.

④ 더러운 부분은 연마 세제를 이용해서 닦는다.

⑤ 정기적인 검사를 통해 손상 여부를 파악한다.


**05** 다음 글에서 설명하는 기술혁신의 특성으로 가장 적절한 것은?

> 새로운 기술을 개발하기 위한 아이디어의 원천이나 신제품에 대한 소비자의 수요, 기술개발의 결과 등은 예측하기가 매우 어렵기 때문에 기술개발의 목표나 일정, 비용, 지출, 수익 등에 대한 사전 계획을 세우기란 쉽지 않다. 또 이러한 사전 계획을 세운다고 하더라도 모든 기술혁신의 성공이 사전 의도나 계획대로 이루어지진 않는다. 때로는 그러한 성공들은 우연한 기회에 이루어지기도 하기 때문이다.

① 장기간의 시간을 필요로 한다.

② 매우 불확실하다.

③ 지식 집약적인 활동이다.

④ 기업 내에서 많은 논쟁을 유발한다.

⑤ 부서 단독으로 수행되지 않으며, 조직의 경계를 넘나든다.


**06** 다음은 산업 재해를 예방하기 위해 제시되고 있는 하인리히의 법칙이다. 산업 재해의 예방을 위해 조치를 취해야 하는 단계는 무엇인가?

> 1931년 미국의 한 보험회사에서 근무하던 하인리히는 회사에서 접한 수많은 사고를 분석하여 하나의 통계적 법칙을 발견하였다. '1 : 29 : 300 법칙'이라고도 부르는 이 법칙은 큰 사고로 인해 산업 재해가 발생하면 이 사고가 발생하기 이전에 같은 원인으로 발생한 작은 사고 29번, 잠재적 사고 징후가 300번이 있었다는 것을 나타낸다.
> 하인리히는 이처럼 심각한 산업 재해의 발생 전에 여러 단계의 사건이 도미노처럼 발생하기 때문에 앞 단계에서 적절히 대처한다면 산업 재해를 예방할 수 있다고 주장했다.

① 사회 환경적 문제가 발생한 단계      ② 개인 능력의 부족이 보이는 단계

③ 기술적 결함이 나타난 단계      ④ 불안전한 행동 및 상태가 나타난 단계

⑤ 작업 관리상 문제가 나타난 단계

※ A씨는 K음식물처리기를 사용하기 전 주의사항을 알아보고자 다음 설명서를 읽었다. 이어지는 질문에
답하시오. [7~8]

---

### 〈K음식물처리기 사용 시 주의사항〉

■ **음식물 쓰레기 투입 전 주의사항**

- 씻어서 넣어 주세요.
- 수분을 제거 후 넣어 주세요.
- 잘라서 조금씩 넣어 주세요.
- 투입 가능한 물질만 넣어 주세요.

| 투입 가능한 물질 | 투입 불가능한 물질 |
|---|---|
| - 과일, 야채류 | - 동물 뼈 |
| - 어류 및 육류 | - 조개껍데기류 |
| - 과자 등의 곡류 | - 줄기류 |
| - 김치류 | - 씨앗류 |
| - 생선뼈 | - 질기거나 딱딱한 껍질류 |
| - 계란 | - 약품류 |
| | - 커피찌꺼기 |
| | - 고무 등의 기타 비음식류 |

■ **제품 보관 방법**

• 단기간(10일 미만) 미사용 시

- 전원 플러그를 뽑지 말고 연결한 상태를 유지해 주세요. 전원 플러그를 뽑으면 재사용 시 미생물 활동이 저하되거나 악취가 발생할 수 있습니다.
- 재사용 시 내부가 건조하면 수분기가 조금 있는 음식물쓰레기 또는 소량의 물을 함께 넣어 주세요.

• 장기간(10일 이상) 미사용 시

- 장기간 미사용 시 2일 전부터 음식물쓰레기 투입을 멈추고 제습모드를 작동시켜 분해물이 건조 상태를 유지할 수 있도록 해 주세요.
- 분해 잔여물을 모두 배출하여 완벽하게 밀폐 후 보관하면 제품 재사용 시 잔여물을 재사용할 수 있습니다.
- 수개월 이상 미사용할 경우에는 분해 잔여물을 모두 폐기하고 제품 재사용 시 미생물을 재구입하여 사용해 주세요.
- 제품 보관 시 전원 플러그를 뽑고 필터, 뚜껑 등을 깨끗하게 청소 후 건조하고 통풍이 잘 되는 곳에 보관해 주세요.

■ 고장신고 전 확인사항

| 증상 | 원인 | 해결 방법 |
|---|---|---|
| 전원이 들어오지 않습니다. | 전원 플러그 연결 불량 | 전원 플러그를 연결하고 전원버튼을 눌러 주세요. |
| | 전원버튼 미입력 | |
| 소음이 발생합니다. | 무엇인가 부딪히는 소리 | 딱딱한 이물질을 제거해 주세요. |
| | '뽀드득' 등의 마찰음 | 소량의 수분을 공급해 주세요. |
| 분해 잔해물에서 악취가 납니다. | 청국장 냄새 | 정상입니다. |
| | 시큼한 냄새 | 사용을 중단하고 밥 등을 투입해 주세요. 그 후에도 이상 발생 시 미생물 교환 또는 고객센터로 문의해 주세요. |
| 악취가 유출됩니다. | 각종 악취 | 제품의 덮개가 잘 덮여 있는지 확인해 주시고 덮여 있다면 필터를 교체해 주세요. |
| 발효분해가 안 됩니다. | 음식물 과다 투입 | 하루 정도 음식물 투입을 중단하고 제습 모드를 작동해 주세요. |
| | 섬유질이 많은 음식 투입 | 시간이 지나면 분해됩니다. 꼭 잘라서 넣어 주세요. |
| 벌레가 꼬입니다. | 완전분해되지 않은 채 전원 중단 | 미생물을 교체해 주세요. |

■ 고장신고
• 다음과 같은 증상이 지속되면 고객센터로 문의해 주세요.
  – 모터 등의 기계적인 소음
  – 음식물이 잘 안 섞이는 경우(모터 불량일 수 있습니다)
  – 점검 불이 들어오는 경우
  – 기타 제품 이상

**07** 다음 중 음식물처리기에 넣을 수 없는 음식물쓰레기는?

① 콩밥
② 감기약
③ 고등어구이
④ 껍질을 깐 삶은 달걀
⑤ 데친 브로콜리

**08** K음식물처리기 고객센터 B직원은 여러 건의 고객 문의를 받았다. 다음 중 바로 고장신고를 접수해야 하는 문의는?

① 음식물이 잘 안 섞입니다.
② 분해 잔여물에서 청국장 냄새가 납니다.
③ 제품에서 벌레가 나옵니다.
④ 내부에서 무엇인가 부딪히는 소리가 납니다.
⑤ 작동 시 눈 밟는 듯한 '뽀드득' 소리가 납니다.

**09** K기업에는 직원들의 편의를 위해 휴게실에 전자레인지가 구비되어 있다. E사원은 공사의 기기를 관리하는 업무를 맡고 있는데, 어느 날 동료 사원들로부터 전자레인지를 사용할 때 가끔씩 불꽃이 튀고 음식이 잘 데워지지 않는다는 이야기를 들었다. 다음 제품설명서를 토대로 서비스를 접수하기 전에 점검할 사항이 아닌 것은?

| 증상 | 원인 | 조치 방법 |
|---|---|---|
| 전자레인지가 작동하지 않는다. | • 전원 플러그가 콘센트에 바르게 꽂혀 있습니까?<br>• 문이 확실히 닫혀 있습니까?<br>• 배전판 퓨즈나 차단기가 끊어지지 않았습니까?<br>• 조리방법을 제대로 선택하셨습니까?<br>• 혹시 정전은 아닙니까? | • 전원 플러그를 바로 꽂아 주십시오.<br>• 문을 다시 닫아 주십시오.<br>• 끊어졌으면 교체하고 연결시켜 주십시오.<br>• 취소를 누르고 다시 시작하십시오. |
| 동작 시 불꽃이 튄다. | • 조리실 내벽에 금속 제품 등이 닿지 않았습니까?<br>• 금선이나 은선으로 장식된 그릇을 사용하고 계십니까?<br>• 조리실 내에 찌꺼기가 있습니까? | • 벽에 닿지 않도록 하십시오.<br>• 금선이나 은선으로 장식된 그릇은 사용하지 마십시오.<br>• 깨끗이 청소해 주십시오. |
| 조리 상태가 나쁘다. | • 조리 순서, 시간 등 사용 방법을 잘 선택하셨습니까? | • 요리책을 다시 확인하고 사용해 주십시오. |
| 회전 접시가 불균일하게 돌거나 돌지 않는다. | • 회전 접시와 회전 링이 바르게 놓여 있습니까? | • 각각을 정확한 위치에 놓아 주십시오. |
| 불의 밝기나 동작 소리가 불균일하다. | • 출력의 변화에 따라 일어난 현상이니 안심하고 사용하셔도 됩니다. | |

① 조리실 내 위생 상태 점검      ② 사용 가능 용기 확인
③ 사무실, 전자레인지 전압 확인      ④ 조리실 내벽 확인
⑤ 조리 순서, 시간 확인

**10** 다음 중 기술능력이 뛰어난 사람의 특징에 대한 설명으로 옳지 않은 것은?

① 인식된 문제를 위한 다양한 해결책을 개발, 평가한다.
② 지식이나 기타 자원을 선택, 최적화시키며 적용한다.
③ 불가능한 부분의 해결을 필요로 하는 문제를 인식한다.
④ 주어진 한계 속에서 제한된 자원을 사용한다.
⑤ 여러 상황 속에서 기술의 체계와 도구를 사용하고 습득한다.

**01** 다음 C 프로그램의 실행 결과로 옳은 것은?

```
#include <stdio.h>
int main()
{
    int sum = 0;
    int x;
    for(x = 1;x < = 100;x+ +)
        sum+ =x;
    printf("1 + 2 + ... + 100 = %d\n", sum);
        return 0;
}
```

① 5020                      ② 5030

③ 5040                      ④ 5050

⑤ 5060

**02** 다음 시트에서 [B9] 셀에 [B2:C8] 영역의 평균을 계산하고 올림하여 천의 자리까지 표시하는 함수식으로 옳은 것은?

| ◢ | A | B | C |
|---|---|---|---|
| 1 | 1분기 | 2분기 | 3분기 |
| 2 | 91,000 | 91,000 | 91,000 |
| 3 | 81,000 | 82,000 | 83,000 |
| 4 | 71,000 | 72,000 | 73,000 |
| 5 | 61,000 | 62,000 | 63,000 |
| 6 | 51,000 | 52,000 | 53,000 |
| 7 | 41,000 | 42,000 | 43,000 |
| 8 | 91,000 | 91,000 | 91,000 |
| 9 | | | |

① = ROUNDUP(AVERAGE(B2:C8), - 3)

② = ROUND(AVERAGE(B2:C8), - 3)

③ = ROUNDUP(AVERAGE(B2:C8), 3)

④ = ROUND(AVERAGE(B2:C8), 3)

⑤ = ROUND(AVERAGE(B2:C8), - 1)

**03** 다음은 K회사 인트라넷에 올라온 컴퓨터의 비프음과 관련된 문제 해결에 대한 공지사항이다. 이에 대한 설명으로 옳지 않은 것은?

---

안녕하십니까. 최근 사용하시는 컴퓨터를 켤 때 비프음 소리가 평소와 다르게 들리는 경우가 종종 있습니다. 해당 비프음 소리별 원인과 해결방법을 공지하오니 참고해 주시기 바랍니다.

〈비프음으로 진단하는 컴퓨터 상태〉

- 짧게 1번 : 정상
- 짧게 2번 : 바이오스 설정이 올바르지 않은 경우, 모니터에 오류 메시지가 나타나게 되므로 참고하여 문제 해결
- 짧게 3번 : 키보드가 불량이거나 올바르게 꽂혀 있지 않은 경우
- 길게 1번+짧게 1번 : 메인보드 오류
- 길게 1번+짧게 2번 : 그래픽 카드의 접촉 점검
- 길게 1번+짧게 3번 : 쿨러의 고장 등 그래픽 카드 접촉 점검
- 길게 1번+짧게 9번 : 바이오스의 초기화, A/S 점검
- 아무 경고음도 없이 모니터가 켜지지 않을 때 : 전원 공급 불량 또는 합선, 파워서플라이의 퓨즈 점검, CPU나 메모리의 불량
- 연속으로 울리는 경고음 : 시스템 오류, 메인보드 점검 또는 각 부품의 접촉 여부와 고장 확인

---

① 비프음이 짧게 2번 울릴 때는 모니터에 오류 메시지가 뜨니 원인을 참고해 해결할 수 있다.

② 비프음이 길게 1번, 짧게 1번 울렸을 때에는 CPU를 교체해야 한다.

③ 연속으로 울리는 경고음은 시스템 오류일 수 있다.

④ 키보드가 올바르게 꽂혀 있지 않은 경우 비프음은 짧게 3번 울린다.

⑤ 비프음이 길게 1번, 짧게 9번 울리면 바이오스 ROM 오류로 바이오스의 초기화 또는 A/S가 필요하다.

**04** 다음 워크시트와 같이 평점이 3.0 미만인 행 전체에 셀 배경색을 지정하고자 한다. 이를 위해 조건부 서식 설정에서 사용할 수식으로 옳은 것은?

| ◢ | A | B | C | D |
|---|---|---|---|---|
| 1 | 학번 | 학년 | 이름 | 평점 |
| 2 | 20959446 | 2 | 강혜민 | 3.38 |
| 3 | 21159458 | 1 | 김경식 | 2.60 |
| 4 | 21059466 | 2 | 김병찬 | 3.67 |
| 5 | 21159514 | 1 | 장현정 | 1.29 |
| 6 | 20959476 | 2 | 박동현 | 3.50 |
| 7 | 21159467 | 1 | 이승현 | 3.75 |
| 8 | 20859447 | 4 | 이병훈 | 2.93 |
| 9 | 20859461 | 3 | 강수빈 | 3.84 |

① =$D2<3

② =$D&2<3

⑤ =D2>3

③ =D2<3

④ =D$2<3

## 05

다음 대화에서 S사원이 답변할 내용으로 가장 적절하지 않은 것은?

> P과장 : 자네, 마우스도 거의 만지지 않고 윈도우를 사용하다니 신기하군. 방금 윈도우 바탕화면에 있는 창들이 모두 사라졌는데 어떤 단축키를 눌렀나?
> S사원 : 네, 과장님. ⟨윈도우⟩와 ⟨D⟩를 함께 누르면 바탕화면에 펼쳐진 모든 창들이 최소화됩니다. 이렇게 주요한 단축키를 알아 두면 업무에 많은 도움이 됩니다.
> P과장 : 그렇군. 나도 자네에게 몇 가지를 배워서 활용해 봐야겠어.
> S사원 : 우선 윈도우에서 자주 사용하는 단축키를 알려 드리겠습니다. _____

① ⟨윈도우⟩+⟨E⟩를 누르면 윈도우 탐색기를 열 수 있습니다.

② ⟨윈도우⟩+⟨Home⟩을 누르면 현재 보고 있는 창을 제외한 나머지 창들이 최소화됩니다.

③ 잠시 자리를 비울 때 ⟨윈도우⟩+⟨L⟩을 누르면 잠금화면으로 전환시킬 수 있습니다.

④ ⟨Alt⟩+⟨W⟩를 누르면 현재 사용하고 있는 창을 닫을 수 있습니다.

⑤ 창을 여러 개 열어 놓고 작업할 때 ⟨Alt⟩+⟨Tab⟩을 누르면 이전에 사용했던 창으로 쉽게 옮겨갈 수 있습니다.

## 06

다음은 K사의 일일판매내역이다. (가) 셀에 ⟨보기⟩와 같은 함수를 입력했을 때 나타나는 값으로 옳은 것은?

| | A | B | C | D |
|---|---|---|---|---|
| 1 | | | | (가) |
| 2 | | | | |
| 3 | 제품이름 | 단가 | 수량 | 할인적용 |
| 4 | J소스 | 200 | 5 | 90% |
| 5 | J아이스크림 | 100 | 3 | 90% |
| 6 | J맥주 | 150 | 2 | 90% |
| 7 | J커피 | 300 | 1 | 90% |
| 8 | J캔디 | 200 | 2 | 90% |
| 9 | J조림 | 100 | 3 | 90% |
| 10 | J과자 | 50 | 6 | 90% |

> **보기**
>
> =SUMPRODUCT(B4:B10,C4:C10,D4:D10)

① 2,610

② 2,700

③ 2,710

④ 2,900

⑤ 2,910

**07** 다음 워크시트를 참조하여 작성한 수식 「＝INDEX(A3:E9,MATCH(SMALL(B3:B9,2),B3:B9,0),5)」의 결괏값으로 옳은 것은?

| ◢ | A | B | C | D | E |
|---|---|---|---|---|---|
| 1 | | | | | (단위 : 개, 원) |
| 2 | 상품명 | 판매수량 | 단가 | 판매금액 | 원산지 |
| 3 | 참외 | 5 | 2,000 | 10,000 | 대구 |
| 4 | 바나나 | 12 | 1,000 | 12,000 | 서울 |
| 5 | 감 | 10 | 1,500 | 15,000 | 부산 |
| 6 | 포도 | 7 | 3,000 | 21,000 | 대전 |
| 7 | 사과 | 20 | 800 | 16,000 | 광주 |
| 8 | 오렌지 | 9 | 1,200 | 10,800 | 전주 |
| 9 | 수박 | 8 | 10,000 | 80,000 | 춘천 |

① 21,000
② 대전
③ 15,000
④ 광주
⑤ 사과

**08** 다음 글을 읽고 데이터베이스의 특징으로 적절하지 않은 것은?

> 데이터베이스란 대량의 자료를 관리하고 내용을 구조화하여 검색이나 자료 관리 작업을 효과적으로 실행하는 프로그램으로, 삽입, 삭제, 수정, 갱신 등을 통하여 항상 최신의 데이터를 유동적으로 유지할 수 있으며, 이와 같은 다량의 데이터는 사용자의 질의에 대한 신속한 응답 처리를 가능하게 한다. 또한 이러한 데이터를 여러 명의 사용자가 동시에 공유할 수 있고, 각 데이터를 참조할 때는 사용자가 요구하는 내용에 따라 참조가 가능함은 물론 응용프로그램과 데이터베이스를 독립시킴으로써 데이터를 변경시키더라도 응용프로그램은 변경되지 않는다.

① 실시간 접근성
② 계속적인 진화
③ 동시 공유
④ 내용에 의한 참조
⑤ 데이터 논리적 의존성

**09** 다음 프로그램에서 빈칸 ㉠에 들어갈 식으로 옳은 것은?

```
#include <stdio.h>
void main( ) {
    int *numPtr;
    int num = 10;
    _____㉠_____
    printf("num : %d\n", *numPtr);
}
```

**실행결과**
num : 10

① numPtr=num;
② numPtr=&num;
③ *numPtr=&num;
④ numPtr=*num;
⑤ *numPtr=*num;


**10** 다음 중 정보화 사회에 대한 설명으로 옳은 것은?

① 정보화 사회에서는 정보의 다양한 특성 중 기술적 실효성이 가장 강조된다.

② 정보화 사회의 심화는 새로운 분야에서 국가 간 갈등을 야기해 세계화를 저해한다.

③ 정보화 사회가 진전됨에 따라 지식과 정보의 증가량 및 변화 속도는 더욱 증가할 것이다.

④ 정보화 사회에서는 체계화된 정보관리주체들이 존재하므로 개인들의 정보관리 필요성이 낮아진다.

⑤ 지식정보 관련 산업이 핵심 산업이 되면서, 물질이나 에너지 산업의 부가가치 생산성은 저하되고 있다.

## | 06 | 자원관리능력

**01** 다음은 K회사의 당직 근무 규칙과 이번 주 당직 근무자들의 일정표이다. 당직 근무 규칙에 따라 이번 주에 당직 근무 일정을 추가해야 하는 사람으로 옳은 것은?

〈당직 근무 규칙〉

- 1일 당직 근무 최소 인원은 오전 1명, 오후 2명으로 총 3명이다.
- 1일 최대 6명을 넘길 수 없다.
- 같은 날 오전 · 오후 당직 근무는 서로 다른 사람이 해야 한다.
- 오전 또는 오후 당직을 모두 포함하여 당직 근무는 주당 3회 이상 5회 미만으로 해야 한다.

〈당직 근무 일정〉

| 성명 | 일정 | 성명 | 일정 |
|------|------|------|------|
| 공주원 | 월 오전 / 수 오후 / 목 오전 | 최민관 | 월 오후 / 화 오후 / 토 오전 / 일 오전 |
| 이지유 | 월 오후 / 화 오전 / 금 오전 / 일 오후 | 이영유 | 수 오전 / 화 오후 / 금 오후 / 토 오후 |
| 강리환 | 수 오전 / 목 오전 / 토 오후 | 지한준 | 월 오전 / 수 오후 / 금 오전 |
| 최유리 | 화 오전 / 목 오후 / 토 오후 | 강지공 | 수 오후 / 화 오후 / 금 오후 / 토 오전 |
| 이건율 | 월 오후 / 목 오전 / 일 오전 | 김민정 | 월 오전 / 수 오후 / 토 오전 / 일 오후 |

① 공주원

② 이건율

③ 최유리

④ 지한준

⑤ 김민정

※ K회사 직원인 정민, 혜정, 진선, 기영, 보람, 민영, 선호 7명은 오후 2시에 시작할 회의에 참석하기 위해 대중교통을 이용하여 거래처 내 회의장에 가고자 한다. 다음 〈조건〉을 참고하여 이어지는 질문에 답하시오. [2~3]

**조건**

- 이용가능한 대중교통은 버스, 지하철, 택시만 있다.
- 이용가능한 모든 대중교통의 K회사에서부터 거래처까지의 노선은 A, B, C, D지점을 거치는 직선 노선이다.
- K회사에서 대중교통을 기다리는 시간은 고려하지 않는다.
- 택시의 기본요금은 2,000원이다.
- 택시 기본요금의 기본거리는 2km이고, 이후에는 2km마다 100원씩 추가요금이 발생하며, 2km를 간다.
- 버스는 2km를 3분에 가고, 지하철은 2km를 2분에 간다.
- 버스와 지하철은 K회사, A, B, C, D 각 지점, 그리고 거래처에 있는 버스정류장 및 지하철역을 경유한다.
- 버스 요금은 500원, 지하철 요금은 700원이며 추가요금은 없다.
- 버스와 지하철 간에는 무료 환승이 가능하다.
- 환승할 경우 소요시간은 2분이다.
- 환승할 때 느끼는 번거로움 등을 비용으로 환산하면 1분당 400원이다.
- 거래처에 도착하여 회의장까지 가는 데는 2분이 소요된다.
- 회의가 시작되기 전에 먼저 회의장에 도착하여 대기하는 동안의 긴장감 등을 비용으로 환산하면 1분당 200원이다.
- 회의에 지각할 경우 회사로부터 당하는 불이익 등을 비용으로 환산하면 1분당 10,000원이다.

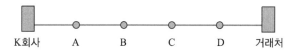

K회사　　　A　　　B　　　C　　　D　　　거래처

※ 각 구간의 거리는 모두 2km이다.

**02** 거래처에 도착한 이후의 비용을 고려하지 않을 때, K회사에서부터 거래처까지 최단시간으로 가는 방법과 최소비용으로 가는 방법 간의 비용 차는 얼마인가?

① 1,900원　　　　　　　　　　② 2,000원
③ 2,100원　　　　　　　　　　④ 2,200원
⑤ 2,300원

**03** 정민이는 K회사에서부터 B지점까지 버스를 탄 후, 택시로 환승하여 거래처의 회의장에 도착하고자 한다. 어느 시각에 출발하는 것이 비용을 최소화할 수 있는가?

① 오후 1시 42분　　　　　　　② 오후 1시 45분
③ 오후 1시 47분　　　　　　　④ 오후 1시 50분
⑤ 오후 1시 52분

**04** 다음 중 〈보기〉의 사례에 대한 물적자원관리의 방해 요인이 잘못 연결된 것은?

- A는 손톱깎이를 사용한 뒤 항상 아무 곳에나 놓는다. 그래서 손톱깎이가 필요할 때마다 한참 동안 집 안 구석구석을 찾아야 한다.
- B는 길을 가다가 귀여운 액세서리를 발견하면 그냥 지나치지 못한다. 그래서 B의 화장대 서랍에는 액세서리가 쌓여 있다.
- C는 지난주에 휴대폰을 잃어버려 얼마 전에 새로 구입하였다. 그런데 오늘 지하철에서 새로 산 휴대폰을 또 잃어버리고 말았다.
- D는 작년에 친구로부터 선물 받은 크리스마스 한정판 화장품을 잃어버린 후 찾지 못했고, 다시 구입하려고 하니 이미 판매가 끝난 상품이라 구입할 수 없었다.
- E는 건조한 실내 공기에 작년에 사용하고 넣어 두었던 가습기를 찾았으나, 창고에서 꺼내 온 가습기는 곰팡이가 피어 작동하지 않았다.

① A : 보관 장소를 파악하지 못하는 경우
② B : 분명한 목적 없이 물건을 구입하는 경우
③ C : 물품을 분실한 경우
④ D : 보관 장소를 파악하지 못하는 경우
⑤ E : 물품이 훼손된 경우

**05** 청원경찰은 6층 회사건물을 층마다 모두 순찰한 후에 퇴근한다. 다음 〈조건〉에 따라 1층에서 출발하여 순찰을 완료하고 다시 1층으로 돌아오기까지 소요되는 최소 시간은?(단, 다른 요인은 고려하지 않는다)

- 층간 이동은 엘리베이터로만 해야 하며 엘리베이터가 한 개 층을 이동하는 데는 1분이 소요된다.
- 엘리베이터는 한 번에 최대 세 개 층(예 1층 → 4층)을 이동할 수 있다.
- 엘리베이터는 한 번 위로 올라갔으면, 그 다음에는 아래 방향으로 내려오고, 그 다음에는 다시 위 방향으로 올라가야 한다.
- 하나의 층을 순찰하는 데는 10분이 소요된다.

① 1시간                    ② 1시간 10분
③ 1시간 16분               ④ 1시간 22분
⑤ 1시간 30분

**06** K공사는 신규 사업을 위해 협력업체를 선정하려고 한다. 협력업체 후보 갑 ~ 병 중 총점이 가장 높은 업체를 선정할 것이다. 업체 평가 기준과 협력업체 정보를 근거로 회의를 하고 있는 K공사의 직원 중 잘못된 내용을 말하고 있는 사람은?

〈업체 평가 기준〉

• 평가항목과 배점비율

| 평가항목 | 품질 | 가격 | 직원규모 | 합계 |
|---|---|---|---|---|
| 배점비율 | 50% | 40% | 10% | 100% |

• 가격 점수

| 가격(만 원) | 500 미만 | 500 ~ 549 | 550 ~ 599 | 600 ~ 649 | 650 ~ 699 | 700 이상 |
|---|---|---|---|---|---|---|
| 점수(점) | 100 | 98 | 96 | 94 | 92 | 90 |

• 직원규모 점수

| 직원규모(명) | 100 초과 | 100 ~ 91 | 90 ~ 81 | 80 ~ 71 | 70 ~ 61 | 60 이하 |
|---|---|---|---|---|---|---|
| 점수(점) | 100 | 97 | 94 | 91 | 88 | 85 |

〈협력업체 정보〉

| 업체 | 품질 점수(점) | 가격(만 원) | 직원규모(명) |
|---|---|---|---|
| 갑 | 88 | 575 | 93 |
| 을 | 85 | 450 | 95 |
| 병 | 87 | 580 | 85 |

※ 품질 점수의 만점은 100점으로 한다.

김대리 : 총점이 가장 높은 업체는 을이고, 가장 낮은 업체는 병이네요.
최부장 : 갑과 을의 직원규모는 달라도 같은 점수를 얻었구만.
박과장 : 갑이 현재보다 가격을 30만 원 더 낮게 제시한다면, 을보다 더 높은 총점을 얻을 수 있을 것 같은데.
정대리 : 병이 현재보다 직원규모를 10명 더 늘린다면, 갑보다 더 높은 총점을 받을 수 있겠네요.
이사원 : 총점 1위와 2위 업체의 점수 차이가 1점도 안 되네요.

① 김대리
② 최부장
③ 박과장
④ 정대리
⑤ 이사원

※ 다음은 K공사의 출장여비 기준에 대한 자료이다. 이어지는 질문에 답하시오. [7~8]

**〈K공사의 출장여비 기준〉**

| 항공 | 숙박(1박) | 교통비 | 일비 | 식비 |
|---|---|---|---|---|
| 실비 | • 1 · 2급 : 실비<br>• 3급 : 80,000원<br>• 4 · 5 · 6급 : 50,000원 | • 서울 · 경기지역 : 1일 10,000원<br>• 나머지 지역 : 1일 15,000원 | 30,000원/일 | 20,000원/일 |

※ 2급 이상 차이 나는 등급과 출장에 동행하게 된 경우, 높은 등급이 묵는 호텔에서 묵을 수 있는 금액을 지원한다.

| 1급 | 2급 | 3급 | 4급 | 5급 | 6급 |
|---|---|---|---|---|---|
| 이사장 | 이사 | 부장 | 차장 | 과장 | 대리 |

※ 부장, 차장, 과장, 주임의 출장비는 이사장, 이사>부장>차장>과장>대리의 순서로 차등하다(부장부터 일비 만 원씩 감소).
※ 항공은 외국으로 출장을 갈 경우에 해당한다.

**07** 다음 중 자료에 대한 설명으로 옳은 것은?

① 외국으로 출장을 다니는 B과장이 항상 같은 객실에서 묵는다면 총비용은 언제나 같다.
② 서울 · 경기지역으로 1박 2일 출장을 가는 C차장의 출장비는 20만 원 이상이다.
③ 같은 조건으로 출장을 간다면 이사장이 이사보다 출장비를 많이 받는다.
④ 이사장과 함께 출장을 가게 된 A대리는 이사장과 같은 호텔, 같은 등급의 객실에서 묵을 수 있다.
⑤ 자동차를 이용해 무박으로 지방 출장을 가는 부장과 차장의 비용은 같다.

**08** A부장과 P차장이 9박 10일로 함께 제주도 출장을 가게 되었다. 동일한 출장비를 제공하기 위하여 P차장의 호텔을 한 단계 업그레이드할 때, P차장이 원래 묵을 수 있는 호텔보다 얼마나 이득인가?

① 230,000원
② 250,000원
③ 270,000원
④ 290,000원
⑤ 310,000원

**09** K회사는 사내 요리대회를 진행하고 있다. 최종 관문인 협동심 평가는 이전 평가를 통과한 참가자 A ~ D 4명이 한 팀이 되어 역할을 나눠 제한시간 내에 하나의 요리를 만드는 것이다. 재료손질, 요리보조, 요리, 세팅 및 정리 4개의 역할이 있고, 협동심 평가 후 참가자별 기존 점수에 가산점을 더하여 최종점수를 계산할 때, 참가자들의 의견을 모두 수렴하여 역할을 선정한 것은?

〈참가자별 점수 분포〉

(단위 : 점)

| 구분 | A참가자 | B참가자 | C참가자 | D참가자 |
| --- | --- | --- | --- | --- |
| 기존 점수 | 90 | 95 | 92 | 97 |

〈각 역할을 성실히 수행 시 가산점〉

(단위 : 점)

| 구분 | 재료손질 | 요리보조 | 요리 | 세팅 및 정리 |
| --- | --- | --- | --- | --- |
| 가산점 | 5 | 3 | 7 | 9 |

※ 협동심 평가의 각 역할은 한 명만 수행할 수 있다.

**조건**
- C참가자는 손에 습진이 있어 재료손질 역할을 원하지 않는다.
- A참가자는 깔끔한 성격으로 세팅 및 정리 역할을 원한다.
- D참가자는 손재주가 없어 재료손질 역할을 원하지 않는다.
- B참가자는 적극적인 성격으로 어떤 역할이든지 자신 있다.
- 최종점수는 100점을 넘을 수 없다.

| | 재료손질 | 요리보조 | 요리 | 세팅 및 정리 |
| --- | --- | --- | --- | --- |
| ① | A | D | C | B |
| ② | B | C | D | A |
| ③ | B | D | C | A |
| ④ | C | A | D | B |
| ⑤ | D | C | A | B |

**10** 다음은 K공사 인사팀의 하계 휴가 스케줄이다. G사원은 휴가를 신청하기 위해 하계 휴가 스케줄을 확인하였다. 인사팀 팀장인 A부장은 25 ~ 28일은 하계 워크숍 기간이므로 휴가 신청이 불가능하며, 하루에 6명 이상은 사무실에 반드시 있어야 한다고 팀원들에게 공지했다. G사원이 휴가를 쓸 수 있는 기간으로 옳은 것은?

| 구분 | 8월 휴가 | | | | | | | | | | | | | | | | | | | |
|---|---|---|---|---|---|---|---|---|---|---|---|---|---|---|---|---|---|---|---|---|
| | 3 | 4 | 5 | 6 | 7 | 10 | 11 | 12 | 13 | 14 | 17 | 18 | 19 | 20 | 21 | 24 | 25 | 26 | 27 | 28 |
| | 월 | 화 | 수 | 목 | 금 | 월 | 화 | 수 | 목 | 금 | 월 | 화 | 수 | 목 | 금 | 월 | 화 | 수 | 목 | 금 |
| A부장 | ■ | ■ | ■ | | | | | | | | | | | | | | | | | |
| B차장 | | | | | | | | ■ | ■ | ■ | | | | | | | | | | |
| C과장 | ■ | ■ | ■ | ■ | ■ | | | | | | | | | | | | | | | |
| D대리 | | | | | | | | | | ■ | ■ | ■ | ■ | | | | | | | |
| E주임 | | | | | | | | | | | | | | ■ | ■ | ■ | | | | |
| F주임 | | | | | | | | | | | ■ | ■ | ■ | ■ | | | | | | |
| G사원 | | | | | | | | | | | | | | | | | | | | |
| H사원 | | | | | | ■ | ■ | ■ | | | | | | | | | | | | |

※ 스케줄에 색칠된 부분은 해당 직원의 휴가 예정일이다.
※ G사원은 4일 이상 휴가를 사용해야 한다(토, 일 제외).

① 8월 7 ~ 11일
② 8월 6 ~ 11일
③ 8월 11 ~ 16일
④ 8월 13 ~ 18일
⑤ 8월 19 ~ 24일

# 제2회
# 최종점검 모의고사

※ 강원랜드 최종점검 모의고사는 최신 채용공고와 후기를 기준으로 구성한 것으로,
실제 시험과 다를 수 있습니다.
※ 응시 직렬에 필요한 영역을 선택하여 해당 문항을 학습하기 바랍니다.

# ■ 취약영역 분석

## | 01 | 공통 영역

| 번호 | O/× | 영역 |
|---|---|---|
| 01 | | |
| 02 | | |
| 03 | | |
| 04 | | |
| 05 | | 의사소통능력 |
| 06 | | |
| 07 | | |
| 08 | | |
| 09 | | |
| 10 | | |

| 번호 | O/× | 영역 |
|---|---|---|
| 11 | | |
| 12 | | |
| 13 | | |
| 14 | | |
| 15 | | 문제해결능력 |
| 16 | | |
| 17 | | |
| 18 | | |
| 19 | | |
| 20 | | |

| 번호 | O/× | 영역 |
|---|---|---|
| 21 | | |
| 22 | | |
| 23 | | |
| 24 | | |
| 25 | | 직업윤리 |
| 26 | | |
| 27 | | |
| 28 | | |
| 29 | | |
| 30 | | |

## | 02 | 개별 영역

| 번호 | 01 | 02 | 03 | 04 | 05 | 06 | 07 | 08 | 09 | 10 |
|---|---|---|---|---|---|---|---|---|---|---|
| O/× | 수리능력 / 조직이해능력 / 대인관계능력 / 기술능력 / 정보능력 / 자원관리능력 | | | | | | | | | |

| 평가문항 | 50문항 | 평가시간 | 50분 |
|---|---|---|---|
| 시작시간 | : | 종료시간 | : |
| 취약영역 | | | |

# 최종점검 모의고사

🕐 응시시간 : 50분　　📋 문항 수 : 50문항　　　　　　　　정답 및 해설 p.090

## 01　공통 영역

**01** 다음 글의 집필 의도로 가장 적절한 것은?

> 미술가가 얻어내려고 하는 효과가 어떤 것인지는 결코 예견할 수 없기 때문에 이러한 종류의 규칙을 설정하기는 불가능하며, 또한 이것이 진리이다. 미술가는 일단 옳다는 생각이 들면 전혀 조화되지 않는 것까지 시도하기를 원할지 모른다. 하나의 그림이나 조각이 어떻게 되어 있어야 제대로 된 것인지 말해 줄 수 있는 규칙이 없기 때문에 우리가 어떤 작품을 걸작이라고 느끼더라도 그 이유를 정확한 말로 표현한다는 것은 거의 불가능하다. 그러나 그렇다고 어느 작품이나 다 마찬가지라거나, 사람들이 취미에 대해 논할 수 없다는 뜻은 아니다. 만일 그러한 논의가 별 의미가 없는 것이라 하더라도 그러한 논의들은 우리에게 그림을 더 보도록 만들고, 우리가 그림을 더 많이 볼수록 전에는 발견하지 못했던 점들을 깨달을 수 있게 된다. 그림을 보면서 각 시대의 미술가들이 이룩하려 했던 조화에 대한 감각을 발전시키고, 이러한 조화들에 의해 우리의 느낌이 풍부해질수록 우리는 더욱 그림 감상을 즐기게 될 것이다. 취미에 관한 문제는 논의의 여지가 없다는 오래된 경구는 진실이겠지만, 이로 인해 '취미는 개발될 수 있다.'라는 사실이 숨겨져서는 안 된다. 예컨대 차를 즐겨 마시지 않는 사람들은 여러 가지 차를 혼합해서 만드는 차와 다른 종류의 차가 똑같은 맛을 낸다고 느낄지 모른다. 그러나 만일 그들이 여가(餘暇)와 기회가 있어 그러한 맛의 차이를 찾아내려 한다면 그들은 자기가 좋아하는 혼합된 차의 종류를 정확하게 식별해 낼 수 있는 진정한 감식가가 될 수 있을 것이다.

① 미의 표현 방식을 설명하기 위해
② 미술에 대한 관심을 불러일으키기 위해
③ 미술 교육이 나아갈 방향을 제시하기 위해
④ 미술 작품 감상의 올바른 태도를 제시하기 위해
⑤ 미술을 통해 얻는 효과를 이해시키기 위해

**02** 다음 글의 빈칸에 들어갈 내용으로 가장 적절한 것은?

> 최근 경제·시사 분야에서 빈번하게 등장하고 있는 단어인 탄소배출권(CER; Certified Emission Reduction)에 대한 개념을 이해하기 위해서는 먼저 교토메커니즘(Kyoto Mechanism)과 탄소배출권거래제(Emission Trading)를 알아둘 필요가 있다.
>
> 교토메커니즘은 지구온난화의 규제 및 방지를 위한 국제 협약인 기후변화협약의 수정안인 교토 의정서에서, 온실가스를 보다 효과적이고 경제적으로 줄이기 위해 도입한 세 유연성체제인 '공동이행제도', '청정개발체제', '탄소배출권거래제'를 묶어 부르는 것이다.
>
> 이 중 탄소배출권거래제는 교토의정서 6대 온실가스인 이산화탄소, 메테인, 아산화질소, 과불화탄소, 수소불화탄소, 육불화황의 배출량을 줄여야 하는 감축의무국가가 의무감축량을 초과 달성하였을 경우에 그 초과분을 다른 국가와 거래할 수 있는 제도로, _____
>
> 결국 탄소배출권이란 현금화가 가능한 일종의 자산이자 가시적인 자연보호 성과인 셈이며, 이에 따라 많은 국가 및 기업에서 탄소배출을 줄임과 동시에 탄소감축 활동을 통해 탄소배출권을 획득하기 위해 동분서주하고 있다. 특히 기업들은 탄소배출권을 확보하는 주요 수단인 청정개발체제 사업을 확대하는 추세인데, 청정개발체제 사업은 개발도상국에 기술과 자본을 투자해 탄소배출량을 줄였을 경우에 이를 탄소배출량 감축목표달성에 활용할 수 있도록 한 제도이다.

① 다른 국가를 도왔을 때 그로 인해 줄어든 탄소배출량을 감축목표량에 더할 수 있는 것이 특징이다.
② 교토메커니즘의 세 유연성체제 중에서도 가장 핵심이 되는 제도라고 할 수 있다.
③ 6대 온실가스 중에서도 특히 이산화탄소를 줄이기 위해 만들어진 제도이다.
④ 의무감축량을 준수하지 못한 경우에도 다른 국가로부터 감축량을 구입할 수 있는 것이 특징이다.
⑤ 다른 감축의무국가를 도움으로써 획득한 탄소배출권이 사용되는 배경이 되는 제도이다.

**03** 다음 상황에 어울리는 속담으로 가장 적절한 것은?

> SNS를 통해 맛집으로 유명해진 K가게가 개인사정으로 인해 문을 닫자, 그 옆 B가게로 사람들이 몰리기 시작했다.

① 싸움 끝에 정이 붙는다.
② 미련은 먼저 나고 슬기는 나중 난다.
③ 배부르니까 평안 감사도 부럽지 않다.
④ 호랑이 없는 골에 토끼가 왕 노릇 한다.
⑤ 잠결에 남의 다리 긁는다.

**04** 다음 중 밑줄 친 부분의 맞춤법이 옳지 않은 것은?

① 그는 목이 메어 한동안 말을 잇지 못했다.
② 어제는 종일 아이를 치다꺼리하느라 잠시도 쉬지 못했다.
③ 왠일로 선물까지 준비했는지 모르겠다.
④ 노루가 나타난 것은 나무꾼이 도끼로 나무를 베고 있을 때였다.
⑤ 그는 입술을 지그시 깨물었다.

**05** 다음 글의 주제로 가장 적절한 것은?

우리는 주변에서 신호등 음성 안내기, 휠체어 리프트, 점자 블록 등의 장애인 편의 시설을 많이 볼 수 있다. 우리는 이러한 편의 시설을 장애인들이 지니고 있는 국민으로서의 기본 권리를 인정한 것이라는 시각에서 바라보고 있다. 물론, 장애인의 일상생활 보장이라는 측면에서 이 시각은 당연한 것이다. 하지만 또 다른 시각이 필요하다. 그것은 바로 편의 시설이 장애인만을 위한 것이 아니라 일상생활에서 활동에 불편을 겪는 모두를 위한 것이라는 시각이다. 편리하고 안전한 시설은 장애인뿐만 아니라 우리 모두에게 유용하기 때문이다. 예를 들어 건물의 출입구에 설치되어 있는 경사로는 장애인들의 휠체어만 다닐 수 있도록 설치해 놓은 것이 아니라, 몸이 불편해서 계단을 오르내릴 수 없는 노인이나 유모차를 끌고 다니는 사람들도 편하게 다닐 수 있도록 만들어 놓은 시설이다. 결국 이 경사로는 우리 모두에게 유용한 시설인 것이다.
그런 의미에서 근래에 대두되고 있는 '보편적 디자인', 즉 '유니버설 디자인(Universal Design)'이라는 개념은 우리에게 좋은 시사점을 제공해 준다. 보편적 디자인은 가능한 모든 사람이 이용할 수 있도록 제품, 건물, 공간을 디자인한다는 의미를 가지고 있다. 이러한 시각으로 바라본다면 장애인 편의 시설은 우리 모두에게 편리하고 안전한 시설로 인식될 것이다.

① 우리 주변에서는 장애인 편의 시설을 많이 볼 수 있다.
② 보편적 디자인은 근래에 대두되고 있는 중요한 개념이다.
③ 어떤 집단의 사람들이라도 이용할 수 있는 제품을 만들어야 한다.
④ 보편적 디자인이라는 관점에서 장애인 편의 시설을 바라볼 필요가 있다.
⑤ 장애인들의 기본 권리를 보장하기 위해 장애인 편의 시설을 확충해야 한다.

**06** 다음 글의 내용으로 가장 적절한 것은?

OECD에 따르면 평균 수면시간이 프랑스는 8시간 50분, 미국은 8시간 38분, 영국은 8시간 13분이며, 우리나라는 7시간 49분으로 OECD 회원국 중 한국인의 수면시간이 가장 적다. 사회 특성상 다른 국가에 비해 근무 시간이 많아 수면시간이 짧은 것도 문제지만, 수면의 질 또한 낮아지고 있어 문제가 심각하다.

최근 수면장애 환자가 급격히 증가하는 추세이다. K공단에 따르면 수면장애로 병원을 찾은 환자는 2010년 46만 1,000명에서 2015년 72만 1,000명으로 5년 새 56% 이상 급증했다. 당시 병원을 찾은 사람이 70만 명을 넘었다면, 현재 수면장애로 고통받는 사람은 더 많을 것으로 추산된다.

수면장애는 단순히 잠을 이루지 못하는 불면증뿐 아니라 충분한 수면을 취했음에도 낮 동안 각성을 유지하지 못하는 기면증(과다수면증), 잠들 무렵이면 다리가 쑤시거나 저리는 증상, 코골이와 동반되어 수면 중에 호흡이 멈춰 숙면을 취하지 못하는 수면무호흡증 등 수면의 양과 질 저하로 생긴 다양한 증상을 모두 포괄한다. 수면장애는 학습장애, 능률 저하는 물론이고 교통사고 등 안전사고, 정서장애, 사회 적응 장애의 원인이 될 수 있다. 방치하게 되면 지병이 악화되고 심근경색증, 뇌졸중 등 심각한 병을 초래하기도 한다.

수면장애 환자는 여성이 42만 7,000명으로 남성(29만 1,000명)보다 1.5배 정도 더 많다. 여성은 임신과 출산, 폐경과 함께 찾아오는 갱년기 등 생체주기에 따른 영향으로 전 연령에서 수면장애가 보다 빈번하게 나타나는 경향을 보이는 것으로 보고된다. 특히 폐경이 되면 여성호르몬인 에스트로겐이 줄어들면서 수면과 관련이 있는 아세틸콜린 신경전달 물질의 분비 역시 저하되어 체내 시계가 혼란스러움을 느끼게 돼 밤에 잘 잠들지 못하거나 자주 깨며 새벽에 일찍 일어나는 등 여러 형태의 불면증이 동반된다.

또 연령별로는 40 ~ 50대 중 · 장년층이 36.6%로 가장 큰 비중을 차지했고, 이에 비해 20 ~ 30대는 17.3%로 나타났다. 흔히 나이가 들면 생체시계에 변화가 생겨 깊은 잠은 비교적 줄어들고 꿈 수면이 나타나는 시간이 빨라지게 돼 상대적으로 얕은 수면과 꿈 수면이 많아지게 된다.

① 한국인의 수면시간은 근무 시간보다 짧다.
② 수면장애 환자는 20 ~ 30대에 가장 많다.
③ 수면장애 환자는 여성보다 남성이 더 많다.
④ 한국인의 수면의 질이 낮아지고 있다.
⑤ 여성의 경우 에스트로겐의 증가가 불면증에 영향을 미친다.

**07** 다음 문단을 논리적 순서대로 바르게 나열한 것은?

---

(가) 동아시아의 문명 형성에 가장 큰 영향력을 끼친 책을 꼽을 때, 그중에 『논어』가 빠질 수 없다. 『논어』는 공자(B.C 551 ~ 479)가 제자와 정치인 등을 만나서 나눈 이야기를 담고 있다. 공자의 활동기간으로 따져보면 『논어』는 지금으로부터 대략 2,500년 전에 쓰인 것이다. 지금의 우리는 한나절에 지구 반대편으로 날아다니고, 여름에 겨울 과일을 먹는 그야말로 공자는 상상할 수도 없는 세상에 살고 있다.

(나) 2,500년 전의 공자와 그가 대화한 사람 역시 우리와 마찬가지로 '호모 사피엔스'이기 때문이다. 2,500년 전의 사람도 배고프면 먹고, 졸리면 자고, 좋은 일이 있으면 기뻐하고, 나쁜 일이 있으면 화를 내는 오늘날의 사람과 다름없었다. 불의를 보면 공분하고, 전쟁보다 평화가 지속되기를 바라고, 예술을 보고 들으며 즐거워했는데, 오늘날의 사람도 마찬가지이다.

(다) 물론 2,500년의 시간으로 인해 달라진 점도 많고 시대와 문화에 따라 '사람다움이 무엇인가?'에 대한 답은 다를 수 있지만, 사람은 돌도 아니고 개도 아니고 사자도 아니라 여전히 사람일 뿐인 것이다. 즉, 현재의 인간이 과거보다 자연의 힘에 두려워하지 않고 자연을 합리적으로 설명할 수는 있지만, 인간적 약점을 극복하고 신적인 존재가 될 수는 없는 그저 인간일 뿐인 것이다.

(라) 『논어』의 일부는 여성과 아동, 이민족에 대한 당시의 편견을 드러내고 있어 이처럼 달라진 시대의 흐름에 따라 폐기될 수밖에 없지만, 이를 제외한 부분은 '오래된 미래'로서 읽을 가치가 있는 것이다.

(마) 이론의 생명 주기가 짧은 학문의 경우, 2,500년 전의 책은 역사적 가치가 있을지언정 이론으로서는 폐기 처분이 당연시된다. 그런데 왜 21세기의 우리가 2,500년 전의 『논어』를 지금까지도 읽고, 또 읽어야 할 책으로 간주하고 있는 것일까?

---

① (가) – (마) – (나) – (다) – (라)

② (가) – (마) – (나) – (라) – (다)

③ (가) – (마) – (다) – (나) – (라)

④ (나) – (다) – (가) – (마) – (라)

⑤ (마) – (가) – (나) – (다) – (라)

**08** 다음 ⊙ ~ ⓒ에 들어갈 단어를 순서대로 바르게 짝지은 것은?

> 약속은 시간과 장소가 정확해야 한다. 새내기 영업사원 시절의 일이다. 계약 문제로 고객을 만나기 위해 많은 차량으로 ⊙ 혼잡(混雜) / 요란(搖亂)한 회사 부근을 간신히 빠져나와 약속장소로 갔다. 그러나 고객은 그곳에 없었다. 급히 휴대전화로 연락을 해 보니 다른 곳에서 기다리고 있다는 것이었다. 큰 실수였다. 약속 장소를 ⓛ 소동(騷動) / 혼동(混同)하여 고객을 기다리게 한 것이다. 고객과 약속을 정할 때 전에 만났던 곳에서 만나자는 말에 별생각 없이 그렇게 하겠다고 하는 바람에 이런 ⓒ 혼선(混線) / 갈등(葛藤)이 빚어졌던 것이다.

|   | ⊙ | ⓛ | ⓒ |
|---|---|---|---|
| ① | 혼잡 | 소동 | 갈등 |
| ② | 요란 | 소동 | 혼선 |
| ③ | 요란 | 혼동 | 갈등 |
| ④ | 혼잡 | 혼동 | 혼선 |
| ⑤ | 혼잡 | 소동 | 혼선 |

**09** 다음 글과 가장 관련 있는 한자성어는?

> 대규모 댐 건설 사업 공모에 K건설회사가 참여하였다. 해당 사업은 막대한 자금과 고도의 건설 기술이 필요했기에 K건설회사가 감당하기 어려운 것이었다. 많은 사람들은 무리하게 공모에 참여한 K건설회사에 대해 무모하다고 여겼다.

① 각골난망(刻骨難忘)　　　　　　② 난공불락(難攻不落)
③ 빈천지교(貧賤之交)　　　　　　④ 당랑거철(螳螂拒轍)
⑤ 파죽지세(破竹之勢)

**10** 다음 글의 밑줄 친 ㉠에 해당하는 사례로 적절하지 않은 것은?

> 지금까지 산업혁명들은 주로 제조업과 서비스업에서 혁신이 일어나 경제 시스템을 변화시켜 왔다. 이에 반해 4차 산업혁명은 제조와 서비스의 혁신뿐만 아니라 경제, 사회, 문화, 고용, 노동 시스템 등 인류의 삶의 전반에 걸친 ㉠ 변혁을 초래할 것이다.
>
> 4차 산업혁명은 삶과 일하는 방식에 어떠한 변화를 줄 것인가. 무엇보다 4차 산업혁명 시대에는 인류의 삶의 편의성이 더욱 향상될 것이라는 전망이다. 우선 의료 분야에서 빅데이터 활용과 인공지능의 분석력, 예측력이 높아지면서 질병 진단 및 치료 정확도를 향상시켜 궁극적으로 의료비용 절감과 의료품질 및 의료접근성 향상 등의 긍정적인 영향을 미칠 것이다. 또한 고도화된 언어 인지와 자동 번역 기술의 발달로 국내 외 서비스 이용이 편리해지고, 많은 사람들이 언어 장벽으로 인해 느끼는 불편이 크게 감소할 것이다.
>
> 인류의 생활환경도 한층 안전해질 것으로 전망된다. 경계 감시, 위험임무 수행에 무인 시스템과 로봇·드론 기술이 도입되고, 빅데이터를 통한 범죄예측 모델이 활용됨으로써 안전한 생활을 보장하는 시스템이 확산될 것이다. 아울러 각종 센서와 사물인터넷 기술을 이용해 실시간으로 교통정보를 획득하고, 인공지능 기술로 교통 빅데이터를 분석·예측하면 교통정보의 실시간 공유와 교통흐름의 지능적 제어로 교통 혼잡을 줄여 교통사고도 획기적으로 줄일 수 있을 것이다.
>
> 또한 교육 분야에서는 개인 맞춤형 서비스 제공이 늘어나 학원, 과외 등 사교육 부담이 줄어들게 되고, 보다 효율적·창의적인 교육환경이 구축될 것이다. 최근 들어 점차 증가하는 복지 수요에 대한 효율적 대응도 가능해질 것이다. 노인, 장애인, 아동 등 취약계층과 저숙련, 저임금 노동자 등의 빈곤계층에 대한 복지 사각지대의 예측을 강화해 복지 행정을 내실화하고, 복지 예산의 효율적 지출을 가능하게 한다.

① 해외여행을 떠난 A는 인공지능이 탑재된 번역 앱을 통해 현지인과 자유롭게 의사소통을 한다.

② B국에서는 신종 바이러스로 인해 감염증이 확산되자 사람과의 직접적인 접촉을 피하기 위해 체온을 측정하는 무인 로봇을 도입하였다.

③ C사가 개발한 전자알약은 내장된 인공지능 칩을 통해 환자의 복약 순응도를 객관적으로 추적할 수 있다.

④ D사는 인공지능 기술로 교통 빅데이터를 분석하여 설 연휴 귀성·귀경길 교통상황을 예측하고, 최적의 교통정보를 제공하였다.

⑤ 공부방을 운영 중인 E씨는 다양한 연령대의 아동들을 혼합반으로 구성하여 관찰과 모방의 효율적 교육 경험을 제공한다.

**11** K공사 홍보실에 근무하는 A사원은 12일부터 15일까지 워크숍을 가게 되어, 스마트폰 날씨예보 어플을 통해 워크숍 장소인 춘천의 날씨를 확인해 보았다. 다음 중 A사원이 확인한 날씨예보의 내용으로 옳은 것은?

① 워크숍 기간 중 오늘이 일교차가 가장 크므로 감기에 유의해야 한다.
② 내일 춘천지역의 미세먼지가 심하므로 주의해야 한다.
③ 워크숍 기간 중 비를 동반한 낙뢰가 예보된 날이 있다.
④ 내일모레 춘천지역의 최고·최저기온이 모두 영하이므로 야외활동 시 옷을 잘 챙겨 입어야 한다.
⑤ 글피엔 비는 내리지 않지만 최저기온이 영하이다.

**12** 다음 글의 빈칸에 들어갈 단어로 적절하지 않은 것은?

> 창의적 사고는 창조적인 가능성이다. 여기에는 '문제를 사전에 찾아내는 힘', '문제해결에 있어서 다각도로 힌트를 찾아내는 힘', 그리고 '문제해결을 위해 끈기 있게 도전하는 태도' 등이 포함된다. 다시 말해서 창의적 사고에는 사고력을 비롯하여 성격, 태도에 걸친 전인격적인 가능성까지도 포함된다. 이러한 창의적 사고는 창의력 교육훈련을 통해 개발할 수 있으며, _____일수록 높은 창의력을 보인다.

① 모험적                     ② 적극적
③ 예술적                     ④ 객관적
⑤ 자유분방적

**13** K공사에 근무하는 A대리는 국내 자율주행자동차 산업에 대한 SWOT 분석 결과에 따라 국내 자율주행자동차 산업 발달을 위한 방안을 고안하는 중이다. A대리가 SWOT 분석에 의한 경영 전략에 따라 판단하였다고 할 때, 다음 〈보기〉 중 SWOT 분석에 의한 경영 전략에 따른 판단으로 적절하지 않은 것을 모두 고르면?

〈국내 자율주행자동차 산업에 대한 SWOT 분석 결과〉

| 구분 | 분석 결과 |
|---|---|
| 강점(Strength) | • 민간 자율주행기술 R&D지원을 위한 대규모 예산 확보<br>• 국내외에서 우수한 평가를 받는 국내 자동차기업 존재 |
| 약점(Weakness) | • 국내 민간기업의 자율주행기술 투자 미비<br>• 기술적 안전성 확보 미비 |
| 기회(Opportunity) | • 국가의 지속적 자율주행자동차 R&D 지원법안 본회의 통과<br>• 완성도 있는 자율주행기술을 갖춘 외국 기업들의 등장 |
| 위협(Threat) | • 자율주행차에 대한 국민들의 심리적 거부감<br>• 자율주행차에 대한 국가의 과도한 규제 |

〈SWOT 분석에 의한 경영 전략〉

• SO전략 : 기회를 이용해 강점을 활용하는 전략
• ST전략 : 강점을 활용하여 위협을 최소화하거나 극복하는 전략
• WO전략 : 기회를 활용하여 약점을 보완하는 전략
• WT전략 : 약점을 최소화하고 위협을 회피하는 전략

보기

ㄱ. 자율주행기술 수준이 우수한 외국 기업과의 기술이전협약을 통해 국내 우수 자동차기업들의 자율주행기술 연구 및 상용화 수준을 향상시키려는 전략은 SO전략에 해당한다.
ㄴ. 민간의 자율주행기술 R&D를 적극 지원하여 자율주행기술의 안전성을 높이려는 전략은 ST전략에 해당한다.
ㄷ. 자율주행자동차 R&D를 지원하는 법률을 토대로 국내 기업의 기술개발을 적극 지원하여 안전성을 확보하려는 전략은 WO전략에 해당한다.
ㄹ. 자율주행기술개발에 대한 국내기업의 투자가 부족하므로 국가기관이 주도하여 기술개발을 추진하는 전략은 WT전략에 해당한다.

① ㄱ, ㄴ
② ㄱ, ㄷ
③ ㄴ, ㄷ
④ ㄴ, ㄹ
⑤ ㄱ, ㄴ, ㄹ

**14** A ~ D는 다음 〈조건〉에 따라 동물을 키우고 있다. 이를 토대로 추론한 내용으로 옳은 것은?

> **조건**
> • A는 개, C는 고양이, D는 닭을 키운다.
> • B는 토끼를 키우지 않는다.
> • A가 키우는 종류의 동물은 B도 키운다.
> • A와 C는 같은 종류의 동물을 키우지 않는다.
> • A, B, C, D 각각은 2종류 이상의 동물을 키운다.
> • A, B, C, D는 개, 고양이, 토끼, 닭 이외의 동물은 키우지 않는다.

① B는 개를 키우지 않는다.
② B와 C가 공통으로 키우는 종류의 동물이 있다.
③ C는 키우지 않지만 D가 키우는 종류의 동물이 있다.
④ 3명이 공통으로 키우는 종류의 동물은 없다.
⑤ 3가지 종류의 동물을 키우는 사람은 없다.

**15** 경영학과에 재학 중인 A ~ E는 계절학기 시간표에 따라 요일별로 하나의 강의만 수강한다. 전공 수업을 신청한 C는 D보다 앞선 요일에 수강하고, E는 교양 수업을 신청한 A보다 나중에 수강한다고 할 때, 다음 중 항상 참이 되는 것은?

| 월 | 화 | 수 | 목 | 금 |
|---|---|---|---|---|
| 전공1 | 전공2 | 교양1 | 교양2 | 교양3 |

① A가 수요일에 강의를 듣는다면 E는 교양2 강의를 듣는다.
② B가 전공 수업을 듣는다면 C는 화요일에 강의를 듣는다.
③ C가 화요일에 강의를 듣는다면 E는 교양3 강의를 듣는다.
④ D는 반드시 전공 수업을 듣는다.
⑤ E는 반드시 교양 수업을 듣는다.

**16** 안전본부 사고분석 개선처에 근무하는 K대리는 혁신우수 연구대회에 출전하여 첨단장비를 활용한 차종별 보행자 사고 모형개발을 발표했다. SWOT 분석을 통해 추진방향을 도출하기 위해 다음 자료를 작성했을 때, 주어진 분석 결과에 대응하는 전략과 그 내용이 옳지 않은 것은?

| 강점(Strength) | 약점(Weakness) |
|---|---|
| 10년 이상 지속적인 교육과 연구로 신기술 개발을 위한 인프라 구축 | 보행자 사고 모형개발을 위한 예산 및 실차 실험을 위한 연구소 부재 |
| 기회(Opportunity) | 위협(Threat) |
| 첨단 과학장비(3D스캐너, MADYMO) 도입으로 정밀 시뮬레이션 분석 가능 | 교통사고에 대한 국민의 관심과 분석수준 향상으로 공단의 사고분석 질적 제고 필요 |

① WT전략 : 신기술 개발을 위한 연구대회를 개최해 인프라를 더욱 탄탄히 구축
② WT전략 : 보행자 사고 실험을 위한 연구소를 만들어 사고 분석 데이터를 축적
③ WO전략 : 실차 실험 대신 과학장비를 통한 시뮬레이션 연구로 모형개발
④ SO전략 : 과학장비를 통한 정밀 시뮬레이션 분석을 토대로 국내 차량의 전면부 형상을 취득하고 보행자 사고를 분석해 신기술 개발에 도움
⑤ ST전략 : 지속적 교육과 연구로 쌓아온 데이터를 바탕으로 사고분석 프로그램 신기술 개발을 통해 사고분석 질적 향상에 기여

**17** 다음 상황에서 논리적 사고를 개발하는 방법 중 'So what?' 기법을 사용한 예로 옳은 것은?

- 우리 회사의 자동차 판매대수가 사상 처음으로 전년 대비 마이너스를 기록했다.
- 우리나라의 자동차 업계 전체는 일제히 적자 결산을 발표했다.
- 주식 시장은 몇 주간 조금씩 하락하는 상황에 있다.

① 자동차 판매가 부진하다.
② 자동차 관련 기업의 주식을 사서는 안 된다.
③ 자동차 산업과 주식시장의 상황이 복잡하다.
④ 자동차 산업의 미래가 좋지 않다.
⑤ 자동차 판매를 높이기 위해 가격을 낮춘다.

※ 다음은 자동차에 번호판을 부여하는 규칙이다. 이어지는 질문에 답하시오. [18~19]

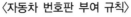

〈자동차 번호판 부여 규칙〉

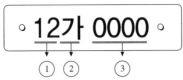
① ② ③

각 숫자는 다음의 사항을 나타낸다.
① 자동차의 종류
② 자동차의 용도
③ 자동차의 등록번호

• 자동차의 종류

| 구분 | 숫자 기호 |
| --- | --- |
| 승용차 | 01 ~ 69 |
| 승합차 | 70 ~ 79 |
| 화물차 | 80 ~ 97 |
| 특수차 | 98 ~ 99 |

• 자동차의 용도

| 구분 | | 문자 기호 |
| --- | --- | --- |
| 비사업용 | | 가, 나, 다, 라, 마, 거, 너, 더, 러, 머, 서, 어, 저, 고, 노, 도, 로, 모, 보, 소, 오, 조, 구, 누, 두, 루, 무, 부, 수, 우, 주 |
| 사업용 | 택시 | 아, 바, 사, 자 |
| | 택배 | 배 |
| | 렌터카 | 하, 허, 호 |

• 자동차의 등록번호
  차량의 고유번호로 임의로 부여

18  K씨는 이사를 하면서 회사와 거리가 멀어져 출퇴근을 위해 새 승용차를 구입하였다. 다음 중 K씨가 부여받을 수 있는 자동차 번호판으로 옳지 않은 것은?

① 23겨 4839                      ② 67거 3277
③ 42서 9961                      ④ 31주 5443
⑤ 12모 4839

19  다음 중 나머지와 성격이 다른 자동차 번호판은?

① 80가 8425                      ② 84배 7895
③ 92보 1188                      ④ 81오 9845
⑤ 97주 4763

# 20

면접시험에서 순서대로 면접을 본 응시자들 중 다음 〈조건〉에 따라 평가 점수가 가장 높은 6명이 합격할 때, 합격자를 점수가 높은 순서대로 바르게 나열한 것은?(단, 동점인 경우 먼저 면접을 진행한 응시자를 우선으로 한다)

**조건**

- 면접관 5명이 부여한 점수 중 최고점과 최저점을 제외한 나머지 면접관 3명이 부여한 점수의 평균과 보훈 가점의 합으로 평가한다.
- 최고점과 최저점이 1개 이상일 때는 1명의 점수만 제외한다.
- 소수점 셋째 자리에서 반올림한다.

## 〈지원자 면접 점수〉

(단위 : 점)

| 구분 | 면접관 1 | 면접관 2 | 면접관 3 | 면접관 4 | 면접관 5 | 보훈 가점 |
|------|---------|---------|---------|---------|---------|----------|
| A | 80 | 85 | 70 | 75 | 90 | – |
| B | 75 | 90 | 85 | 75 | 100 | 5 |
| C | 70 | 95 | 85 | 85 | 85 | – |
| D | 75 | 80 | 90 | 85 | 80 | – |
| E | 80 | 90 | 95 | 100 | 85 | 5 |
| F | 85 | 75 | 95 | 90 | 80 | – |
| G | 80 | 75 | 95 | 90 | 95 | 10 |
| H | 90 | 80 | 80 | 85 | 100 | – |
| I | 70 | 80 | 80 | 75 | 85 | 5 |
| J | 85 | 80 | 100 | 75 | 85 | – |
| K | 85 | 100 | 70 | 75 | 75 | 5 |
| L | 75 | 90 | 70 | 100 | 70 | – |

① B − A − C − F − E − L

② D − A − F − L − H − I

③ D − G − B − C − F − H

④ G − E − B − C − F − H

⑤ G − L − B − F − E − A

**21** 다음 중 직장생활에서 나타나는 근면한 태도의 성격이 다른 것은?

① A씨는 자기 계발을 위해 퇴근 후 컴퓨터 학원에 다니고 있다.

② B씨는 아침 일찍 출근하여 업무 계획을 세우는 것을 좋아한다.

③ C씨는 같은 부서 사원들의 업무 경감을 위해 적극적으로 프로그램을 개발하고 있다.

④ D씨는 다가오는 휴가를 준비하고자 프로젝트 마무리에 최선을 다하고 있다.

⑤ E씨는 상사의 지시로 신제품 출시를 위한 설문조사를 계획하고 있다.

**22** 다음 중 K항공의 사례에서 필요한 가장 중요한 역량은?

> K항공은 고객이 예약 문의전화를 하고, 공항카운터를 방문하고, 티켓을 받은 후 탑승을 하고, 기내 서비스를 받고, 공항을 빠져나오는 등의 모든 순간에 고객이 항공사와 함께 있다는 기분을 느낄 수 있도록 다양한 광고와 질 높은 서비스를 제공하는 MOT마케팅을 도입함으로써 수년간의 적자경영을 흑자경영으로 돌려놓는 결과를 낳았다. MOT마케팅은 고객이 여러 번에 걸쳐 최상의 서비스를 경험했다 하더라도 단 한 번의 불만족스러움을 느낀다면 결국 전체 서비스에 대한 만족도를 0으로 만들어버린다는 곱셈의 법칙($100-1=99$가 아니라 $100 \times 0=0$이라는 법칙)에 따라 고객과의 접점의 순간에서 최상의 서비스를 제공할 것을 강조한다.

① 근면                     ② 성실

③ 봉사                     ④ 책임감

⑤ 정직

**23** 다음 중 책임과 준법에 대한 설명으로 적절하지 않은 것은?

① 삶을 긍정적으로 바라보는 태도는 책임감의 바탕이 된다.

② 책임감은 삶에 대한 자기통제력을 극대화하는 데 도움이 된다.

③ 책임이란 모든 결과가 자신의 선택에서 유래한 것임을 인정하는 태도이다.

④ 준법을 유도하는 제도적 장치가 마련되면 개개인의 준법 의식도 개선된다.

⑤ 준법이란 민주시민으로서 기본적으로 준수해야 하는 의무이자 생활 자세이다.

**24** 다음 중 〈보기〉의 비윤리적 행위에 대한 유형이 바르게 짝지어진 것은?

보기

㉠ 제약회사에서 근무하는 A사원은 자신의 매출실적을 올리기 위하여 계속해서 병원에 금품을 제공하고 있다.

㉡ B건설회사는 완공일자를 맞추기에 급급하여 안전수칙을 제대로 지키지 않았고, 결국 커다란 인명사고가 발생하였다.

㉢ C가구업체는 제품 설계 시 제품의 안전 측면을 충분히 고려하지 않아, 제품을 구매한 소비자들에게 안전사고를 유발시켰다.

㉣ IT회사의 D팀장은 관련 업계의 회사 간 가격담합이 이루어지고 있음을 발견하였으나, 별다른 조치를 취하지 않았다.

|  | 도덕적 타성 | 도덕적 태만 |
|---|---|---|
| ① | ㉠, ㉡ | ㉢, ㉣ |
| ② | ㉠, ㉢ | ㉡, ㉣ |
| ③ | ㉠, ㉣ | ㉡, ㉢ |
| ④ | ㉡, ㉢ | ㉠, ㉣ |
| ⑤ | ㉡, ㉣ | ㉠, ㉢ |

**25** 다음은 정직과 신용을 구축하기 위한 4가지 지침이다. 이에 위배되는 사례는?

〈정직과 신용을 구축하기 위한 4가지 지침〉

1. 정직과 신뢰의 자산을 매일 조금씩 쌓아 가자.
2. 잘못된 것도 정직하게 밝히자.
3. 타협하거나 부정직을 눈감아 주지 말자.
4. 부정직한 관행은 인정하지 말자.

① A대리는 업무를 잘 끝마쳤지만 한 가지 실수를 저질렀던 점이 마음에 걸려, 팀장에게 자신의 실수를 알렸다.

② B대리는 승진과 함께 사무실 청소 당번에서 제외되었으나, 동료들과 함께 청소 당번에 계속 참여하기로 하였다.

③ C교사는 학교 주변에서 담배를 피우고 있는 고등학생을 발견하였고, 해당 학생을 붙잡아 학교에 알렸다.

④ D교관은 불법적으로 술을 소지하고 있던 교육생에게 중징계를 내리는 대신 앞으로 다시는 규율을 어기지 않겠다는 다짐을 받아 냈다.

⑤ E바리스타는 하루도 빠지지 않고 매일 아침 일찍 일어나 출근하는 고객들을 위해 커피를 로스팅하고 있다.

**26** 다음 중 K씨에게 해 줄 수 있는 조언으로 가장 적절한 것은?

> 현재 군인이 되기 위해 준비 중인 K씨는 요즘 들어 고민에 빠져있다. 자신의 윤리적 입장에서 생각해보았을 때 타인에 대한 물리적 행사(폭력)는 절대 금지되어 있다고 생각되지만, 군인의 입장에서는 필요한 경우 물리적 행사가 허용된다는 점이 마음에 걸리는 것이다.

① 업무수행상 모든 행동에 있어 개인의 양심에 따라 행동하는 것이 중요해.
② 군인은 하나의 직업인이기 때문에 기본적인 윤리기준은 무시할 필요가 있어.
③ 업무수행에서 개인윤리와 직업윤리가 충돌할 경우 직업윤리를 우선하여야 해.
④ 업무 중 상대방의 입장에서 생각해 보고 너의 행동을 결정하는 것이 어떨까?
⑤ 도덕적인 원리를 사회 제도가 아니라 개인의 생활에 적용하는 것이 중요해.

**27** 다음 중 직업윤리의 5대 원칙으로 옳지 않은 것은?

> **〈직업윤리의 5대 원칙〉**
> • 업무의 공공성을 바탕으로 공사 구분을 명확히 하고, 모든 것을 숨김없이 투명하게 처리하는 원칙
> • 고객에 대한 봉사를 최우선으로 생각하고 현장 중심, 실천 중심으로 일하는 원칙
> • 자기업무에 전문가로서의 능력과 의식을 가지고 책임을 다하며, 능력을 연마하는 원칙
> • 업무와 관련된 모든 것을 숨김없이 정직하게 수행하고, 본분과 약속을 지켜 신뢰를 유지하는 원칙
> • 법규를 준수하고, 경쟁원리에 따라 공정하게 행동하는 원칙

① 주관성의 원칙　　　　　　　　　② 고객 중심의 원칙
③ 전문성의 원칙　　　　　　　　　④ 정직과 신용의 원칙
⑤ 공정경쟁의 원칙

**28** 다음 상황을 보고 생각할 수 있는 근면한 직장생활로 적절하지 않은 것은?

> 허주임은 감각파이자 낙천주의자이다. 오늘 점심시간에 백화점 세일에 갔다 온 것을 친구에게 전화로 자랑하기 바쁘다. "오늘 땡잡았어! 스키용품을 50%에 구했지 뭐니!" "넌 혼자만 일하니? 대충대충 해. 그래서 큰 회사 다녀야 땡땡이치기 쉽다니까."

① 업무시간에는 개인적인 일을 하지 않는다.
② 업무시간에 최대한 업무를 끝내도록 한다.
③ 점심시간보다 10분 정도 일찍 나가는 것은 괜찮다.
④ 사무실 내에서 전화나 메신저 등을 통해 사적인 대화를 나누지 않는다.
⑤ 주어진 지위에 걸맞은 책임감 있는 행동을 한다.

**29** 다음 중 직장 내 성희롱의 범위에 대한 설명으로 옳은 것은?

① 직장이라는 공간에서 일어나는 일만 해당된다.
② 재직자 외 취업의사가 있는 사람은 해당되지 않는다.
③ 업무시간 외에는 해당되지 않는다.
④ 외부용역 근로자는 포함되지 않는다.
⑤ 성희롱 행위자에는 사업주, 상급자, 근로자가 모두 해당된다.

**30** 다음 중 잘못된 직업관을 가지고 있는 사람은?

① 항공사에서 근무하고 있는 A는 자신의 직업에 대해 긍지와 자부심을 갖고 있다.
② IT 회사에서 개발 업무를 담당하는 B는 업계 최고 전문가가 되기 위해 항상 노력한다.
③ 극장에서 근무 중인 C는 언제나 다른 사람에게 봉사한다는 마음을 가지고 즐겁게 일한다.
④ 화장품 회사에 입사한 신입사원 D는 입사 동기들보다 빠르게 승진하는 것을 목표로 삼았다.
⑤ 회계팀에서 일하는 E는 회사의 규정을 준수하며, 공정하고 투명하게 업무를 처리하려고 노력한다.

## | 01 | 수리능력

**01** 다음과 같이 일정한 규칙으로 수를 나열할 때, 빈칸에 들어갈 수는 무엇인가?

| 2 | 12 | 32 | 72 | 152 | 312 | 632 | ( ) |

① 1,254　　　　　　　　　　　② 1,262

③ 1,264　　　　　　　　　　　④ 1,272

⑤ 1,274

**02** K회사의 사우회에서는 참석자들에게 과자를 1인당 8개씩 나누어 주려고 한다. 10개씩 들어 있는 과자 17상자를 준비하였더니 과자가 남았고, 남은 과자를 1인당 1개씩 더 나누어 주려고 하니 부족했다. 만약 지금보다 9명이 더 참석한다면 과자 6상자를 추가해야 참석자 모두에게 과자를 1인당 8개 이상씩 나누어 줄 수 있다. 처음 사우회에 참석한 사람의 수는?

① 18명　　　　　　　　　　　② 19명

③ 20명　　　　　　　　　　　④ 21명

⑤ 22명

**03** 제품 A는 1개에 600원, 제품 B는 1개에 1,000원이다. 거스름돈을 전혀 남기지 않고 12,000원으로 제품 A와 B를 살 수 있는 경우의 수는?(단, A만 모두 사거나 B만 모두 사는 것도 가능하다)

① 4가지　　　　　　　　　　　② 5가지

③ 6가지　　　　　　　　　　　④ 7가지

⑤ 8가지

**04** 다음은 대형마트 이용자를 대상으로 소비자 만족도를 조사한 결과이다. 이에 대한 설명으로 옳은 것은?(단, 소수점 셋째 자리에서 반올림한다)

<대형마트 업체별 소비자 만족도>

(단위 : 점/5점 만점)

| 업체명 | 종합 만족도 | 서비스 품질 | | | | | 서비스 쇼핑 체험 |
|---|---|---|---|---|---|---|---|
| | | 쇼핑 체험 편리성 | 상품 경쟁력 | 매장환경 / 시설 | 고객접점 직원 | 고객관리 | |
| A마트 | 3.72 | 3.97 | 3.83 | 3.94 | 3.70 | 3.64 | 3.48 |
| B마트 | 3.53 | 3.84 | 3.54 | 3.72 | 3.57 | 3.58 | 3.37 |
| C마트 | 3.64 | 3.96 | 3.73 | 3.87 | 3.63 | 3.66 | 3.45 |
| D마트 | 3.56 | 3.77 | 3.75 | 3.44 | 3.61 | 3.42 | 3.33 |

<대형마트 인터넷 · 모바일쇼핑 소비자 만족도>

(단위 : %, 점/5점 만점)

| 분야별 이용 만족도 | 이용률 | A마트 | B마트 | C마트 | D마트 |
|---|---|---|---|---|---|
| 인터넷쇼핑 | 65.4 | 3.88 | 3.80 | 3.88 | 3.64 |
| 모바일쇼핑 | 34.6 | 3.95 | 3.83 | 3.91 | 3.69 |

① 인터넷쇼핑과 모바일쇼핑의 소비자 만족도가 가장 큰 차이를 보이는 곳은 D마트이다.

② 종합만족도는 5점 만점에 평균 3.61점이며, 업체별로는 A마트가 가장 높고, C마트, B마트, D마트 순서로 나타났다.

③ 서비스 품질 부문에 있어 대형마트는 평균적으로 쇼핑 체험 편리성에 대한 만족도가 상대적으로 가장 높게 평가되었으며, 반대로 고객접점직원 서비스가 가장 낮게 평가되었다.

④ 대형마트를 이용하면서 느낀 감정이나 기분을 반영한 서비스 쇼핑 체험 부문의 만족도는 평균 3.41점으로 서비스 품질 부문들보다 낮았다.

⑤ 대형마트 인터넷쇼핑 이용률이 65.4%로 모바일쇼핑에 비해 높으나, 만족도에서는 모바일쇼핑이 평균 0.1점 더 높게 평가되었다.

**05** A와 B는 1.2km 떨어진 직선거리의 양 끝에서부터 12분 동안 마주 보고 달려 한 지점에서 만났다. B는 A보다 1.5배가 빠르다고 할 때, A의 속도는?

① 28m/분  
② 37m/분  
③ 40m/분  
④ 48m/분  
⑤ 53m/분

**06** 다음은 착공 전후 주요 6개 분야에 대한 신문과 방송의 보도내용을 분석한 자료이다. 〈보기〉 중 이에 대한 설명으로 옳은 것을 모두 고르면?

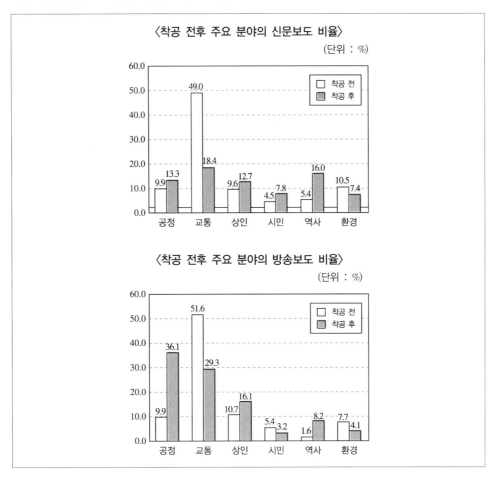

〈착공 전후 주요 분야의 신문보도 비율〉

〈착공 전후 주요 분야의 방송보도 비율〉

---

**보기**

㉠ 신문과 방송에서 각각 착공 전에 가장 높은 보도 비율을 보인 두 분야 모두 착공 후 보도 비율이 감소했다.

㉡ 교통은 착공 후에도 신문과 방송 모두에서 가장 많이 보도된 분야이다.

㉢ 착공 전에 비해 착공 후 교통에 대한 보도 비율의 감소폭은 방송보다 신문에서 더 큰 것으로 나타났다.

㉣ 착공 전 대비 착공 후 보도 비율의 증가율이 신문과 방송 모두에서 가장 큰 분야는 역사이다.

㉤ 착공 전 교통에 대한 보도 비율은 신문보다는 방송에서 더 높은 것으로 나타났다.

① ㉠, ㉡, ㉤　　　　　　　　　② ㉠, ㉢, ㉣

③ ㉡, ㉢, ㉣　　　　　　　　　④ ㉠, ㉡, ㉣, ㉤

⑤ ㉠, ㉢, ㉣, ㉤

**07** 다음은 K기업 체육대회 결과이다. 〈보기〉 중 이에 대한 설명으로 옳은 것을 모두 고르면?

〈종목별 체육대회 결과〉

- K기업은 청팀과 백팀으로 나누어 체육대회를 진행하였다.
- 각 팀에 속한 부서의 점수를 합산하여 청팀과 백팀의 최종점수를 산정하며, 최종점수가 더 높은 쪽이 승리한다.
- 종목별로 부서들이 획득한 승점은 다음과 같다.

(단위 : 점)

| 구분 | | 청팀 | | | 백팀 | | |
|---|---|---|---|---|---|---|---|
| | | 재정팀 | 운영팀 | 기획팀 | 전략팀 | 기술팀 | 지원팀 |
| 구기 종목 | 축구 | 590 | 742 | 610 | 930 | 124 | 248 |
| | 배구 | 470 | 784 | 842 | 865 | 170 | 443 |
| 육상 종목 | 50m 달리기 | 471 | 854 | 301 | 441 | 653 | 321 |
| | 100m 달리기 | 320 | 372 | 511 | 405 | 912 | 350 |

보기

ㄱ. 모든 종목에서 가장 높은 승점을 획득한 부서는 운영팀이며, 가장 낮은 승점을 획득한 부서는 기술팀이다.
ㄴ. 청팀이 축구에서 획득한 승점은 청팀이 구기종목에서 획득한 승점의 45% 미만이다.
ㄷ. 체육대회 결과, 백팀의 최종점수는 청팀의 최종점수의 75% 이상이다.
ㄹ. 백팀이 구기종목에서 획득한 승점은 백팀이 육상종목에서 획득한 승점의 85% 이상이다.

① ㄱ, ㄴ
② ㄱ, ㄷ
③ ㄴ, ㄷ
④ ㄴ, ㄹ
⑤ ㄷ, ㄹ

**08** 다음과 같이 일정한 규칙으로 수를 나열할 때, 빈칸에 들어갈 수는 무엇인가?

| 12.3 | 15 | 7.5 | 10.2 | ( ) | 7.8 | 3.9 |

① 4.2
② 5.1
③ 6.3
④ 7.2
⑤ 8.4

※ 다음은 외국인 직접투자의 투자건수 비율과 투자금액 비율을 투자규모별로 나타낸 자료이다. 이어지는 질문에 답하시오. [9~10]

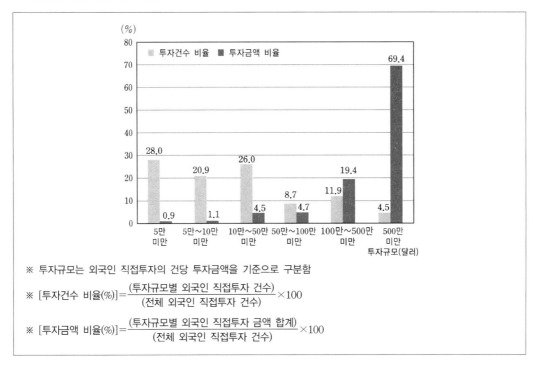

※ 투자규모는 외국인 직접투자의 건당 투자금액을 기준으로 구분함

※ [투자건수 비율(%)] $= \dfrac{\text{(투자규모별 외국인 직접투자 건수)}}{\text{(전체 외국인 직접투자 건수)}} \times 100$

※ [투자금액 비율(%)] $= \dfrac{\text{(투자규모별 외국인 직접투자 금액 합계)}}{\text{(전체 외국인 직접투자 건수)}} \times 100$

**09** 다음 중 투자규모가 50만 달러 미만인 투자건수 비율은?

① 55.3%
② 62.8%
③ 68.6%
④ 74.9%
⑤ 83.6.3%

**10** 다음 중 100만 달러 이상의 투자건수 비율은?

① 16.4%
② 19.6%
③ 23.5%
④ 26.1%
⑤ 30.7%

**01** 다음 글에 나타난 조직의 특징으로 가장 적절한 것은?

> K공사의 사내 봉사 동아리에 소속된 70여 명의 임직원이 연탄 나르기 봉사활동을 펼쳤다. 이날 임직원들은 지역 주민들이 보다 따뜻하게 겨울을 날 수 있도록 연탄 총 3,000장과 담요를 직접 전달했다. 사내 봉사 동아리에 소속된 김대리는 "매년 진행하는 연말 연탄 나눔 봉사활동을 통해 지역사회에 도움의 손길을 전할 수 있어 기쁘다."라며 "오늘의 작은 손길이 큰 불씨가 되어 많은 분들이 따뜻한 겨울을 보내길 바란다."라고 말했다.

① 인간관계에 따라 형성된 자발적인 조직
② 이윤을 목적으로 하는 조직
③ 규모와 기능 그리고 규정이 조직화되어 있는 조직
④ 조직구성원들의 행동을 통제할 장치가 마련되어 있는 조직
⑤ 공익을 요구하지 않는 조직

**02** 다음 회의록을 참고할 때, 고객지원팀의 강대리가 해야 할 일로 적절하지 않은 것은?

〈회의록〉

| 회의일시 | 2024년 ○○월 ○○일 | 부서 | 기획팀, 시스템개발팀, 고객지원팀 |
|---|---|---|---|
| 참석자 | 기획팀 김팀장, 박대리 / 시스템개발팀 이팀장, 김대리 / 고객지원팀 유팀장, 강대리 | | |
| 회의안건 | 홈페이지 내 이벤트 신청 시 발생하는 오류로 인한 고객 불만에 따른 대처방안 | | |
| 회의내용 | • 홈페이지 고객센터 게시판 내 이벤트 신청 오류 관련 불만 글 확인<br>• 이벤트 페이지 내 오류 발생 원인에 대한 확인 필요<br>• 상담원의 미숙한 대응으로 고객들의 불만 증가(대응 매뉴얼 부재)<br>• 홈페이지 고객센터 게시판에 사과문 게시<br>• 고객 불만 대응 매뉴얼 작성 및 이벤트 신청 시스템 개선<br>• 추후 유사한 이벤트 기획 시 기획안 공유 필요 | | |

① 민원 처리 및 대응 매뉴얼 작성
② 상담원 대상으로 CS 교육 실시
③ 홈페이지 내 사과문 게시
④ 오류 발생 원인 확인 및 신청 시스템 개선
⑤ 고객센터 게시판 모니터링

**03** 다음 중 국제매너에 대한 설명으로 옳지 않은 것은?

① 미국에서 택시 탑승 시에는 가급적 운전자 옆자리에 앉지 않는다.

② 라틴아메리카 사람들은 약속시간보다 조금 늦게 도착하는 것이 예의라고 생각한다.

③ 인도에서도 악수가 보편화되어 남녀 상관없이 악수를 청할 수 있다.

④ 아프리카에서 상대방의 눈을 바라보며 대화하는 것은 예의에 어긋난다.

⑤ 미국 사람들은 시간 약속을 매우 중요하게 생각한다.

PART 4

**04** 경영활동을 이루는 구성요소를 감안할 때, 다음 〈보기〉 중 경영활동을 수행하고 있다고 볼 수 없는 것은?

> **보기**
>
> (가) 다음 시즌 우승을 목표로 해외 전지훈련에 참여하여 열심히 구슬땀을 흘리고 있는 선수단과 이를 운영하는 구단 직원들
>
> (나) 자발적인 참여로 뜻을 같이한 동료들과 함께 매주 어려운 이웃을 찾아다니며 봉사활동을 펼치고 있는 S씨
>
> (다) 교육지원대대장으로서 사병들의 교육이 원활하게 진행될 수 있도록 훈련장 관리와 유지에 최선을 다하고 있는 원대령과 참모진
>
> (라) 영화 촬영을 앞두고 시나리오와 제작 콘셉트를 회의하기 위해 모인 감독 및 스태프와 출연 배우들
>
> (마) 대기업을 그만두고 가족들과 함께 조그만 무역회사를 차려 손수 제작한 밀짚 가방을 동남아로 수출하고 있는 B씨

① (가)  ② (나)

③ (다)  ④ (라)

⑤ (마)

**05** 다음 중 K사가 해외 시장 개척을 앞두고 기존의 조직 구조를 개편할 경우, 추가해야 할 조직으로 적절하지 않은 것은?

K사는 몇 년 전부터 자체 기술로 개발한 제품의 판매 호조로 인해 기대 이상의 수익을 창출하게 되었다. 경쟁 업체들이 모방할 수 없는 독보적인 기술력을 앞세워 국내 시장을 공략한 결과, 이미 더 이상의 국내 시장 경쟁자들은 없다고 할 만큼 탄탄한 시장 점유율을 확보하였다. 이러한 K사의 사장은 올 초부터 해외 시장 진출의 꿈을 갖고 필요한 자료를 수집하기 시작하였다. 충분한 자금력을 확보한 K사는 우선 해외 부품 공장을 인수한 후 현지에 생산 기지를 건설하여 국내에서 생산되는 물량의 절반 정도를 현지로 이전하여 생산하고, 이를 통한 물류비 절감으로 주변국들부터 시장을 넓혀가겠다는 야심찬 계획을 가지고 있다. 한국 본사에서는 내년까지 4 ~ 5곳의 해외 거래처를 더 확보하여 지속적인 해외 시장 개척에 매진한다는 중장기 목표를 대내외에 천명해 둔 상태이다.

① 해외관리팀
② 기업회계팀
③ 외환업무팀
④ 국제법무팀
⑤ 통관물류팀

**06** 다음 글의 밑줄 친 마케팅 기법에 대한 설명으로 옳은 것을 〈보기〉에서 모두 고르면?

기업들이 신제품을 출시하면서 한정된 수량만 제작 판매하는 한정판 제품을 잇따라 내놓고 있다. 이번 기회가 아니면 더 이상 구입할 수 없다는 메시지를 끊임없이 던지며 소비자의 호기심을 자극하는 한정 판매 마케팅 기법이다. K자동차 회사는 가죽 시트와 일부 외형이 기존 제품과 다른 모델을 8,000대 한정 판매하였는데, 단기간에 매진을 기록하였다.

보기
㉠ 소비자의 충동 구매를 유발하기 쉽다.
㉡ 이윤 증대를 위한 경영 혁신의 한 사례이다.
㉢ 의도적으로 공급의 가격탄력성을 크게 하는 방법이다.
㉣ 소장 가치가 높은 상품을 대상으로 하면 더 효과적이다.

① ㉠, ㉡
② ㉠, ㉢
③ ㉡, ㉣
④ ㉠, ㉡, ㉣
⑤ ㉡, ㉢, ㉣

**07** 다음 중 집단의사결정의 장점으로 적절하지 않은 것은?

① 집단이 가진 지식과 정보로 인해 더 효과적인 결정을 할 수 있다.

② 다양한 구성원이 있기 때문에 다양한 시각으로 문제를 볼 수 있다.

③ 특정 구성원들의 의견이 잘 반영된 의사결정이 이루어질 수 있다.

④ 의사결정에 참여한 사람들이 해결책을 수월하게 수용할 수 있게 한다.

⑤ 모두 참여하여 결정된 사항이기 때문에 실천할 때 동기부여가 높다.

**08** 다음은 K사 영업부에서 근무하는 S사원의 일일업무일지이다. 업무일지에 적힌 내용 중 영업부의 주요 업무로 적절하지 않은 것은 모두 몇 가지인가?

〈S사원의 일일업무일지〉

| 부서명 | 영업부 | 작성일자 | 2024년 11월 11일 |
|---|---|---|---|
| 작성자 | S | | |

| 금일 업무 내용 | 명일 업무 내용 |
|---|---|
| • 시장 조사 계획 수립 | • 신규 거래처 견적 작성 및 제출 |
| • 시장 조사 진행(출장) | • 전사 소모품 관리 |
| • 신규 거래처 개척 | • 발주서 작성 및 발주 |
| • 판매 방침 및 계획 회의 | • 사원 급여 정산 |
| • 전사 공채 진행 | • 매입마감 |

① 2가지

② 3가지

③ 4가지

④ 5가지

⑤ 6가지

**09** 다음 글에 나타난 조직의 정의를 토대로 할 때, 조직의 사례로 적절하지 않은 것은?

조직은 두 사람 이상이 공동의 목표를 달성하기 위해 의식적으로 구성된 상호작용과 조정을 행하는 행동의 집합체이다. 그러나 단순히 사람들이 모였다고 해서 조직이라고 하지는 않는다. 조직은 목적을 가지고 있고, 구조가 있으며, 목적을 달성하기 위해 구성원들은 서로 협동적인 노력을 하고, 외부 환경과도 긴밀한 관계를 가지고 있다. 조직은 일반적으로 재화나 서비스의 생산이라는 경제적 기능과 조직구성원들에게 만족감을 주고 협동을 지속시키는 사회적 기능을 갖는다.

① 병원에서 일하고 있는 의사와 간호사
② 유기견을 구조하고 보호하는 시민단체
③ 백화점에 모여 있는 직원과 고객
④ 편의점을 운영 중인 가족
⑤ 다문화 가정을 돕고 있는 종교단체

**10** K씨는 취업스터디에서 마이클 포터의 본원적 경쟁 전략을 토대로 기업의 경영 전략을 정리하고자 한다. 다음 중 〈보기〉의 내용이 바르게 분류된 것은?

• 차별화 전략 : 가격 이상의 가치로 브랜드 충성심을 이끌어 내는 전략이다.
• 원가우위 전략 : 업계에서 가장 낮은 원가로 우위를 확보하는 전략이다.
• 집중화 전략 : 특정 세분시장만 집중공략하는 전략이다.

> **보기**
> ㉠ L기업은 S/W에 집중하기 위해 H/W의 한글전용 PC분야를 한국계기업과 전략적으로 제휴하고 회사를 설립해 조직체에 위양하였으며 이후 고유분야였던 S/W에 자원을 집중하였다.
> ㉡ B마트는 재고 네트워크를 전산화하여 원가를 절감하고 양질의 제품을 최저가격에 판매하고 있다.
> ㉢ A호텔은 5성급 호텔로 하루 숙박비용이 상당히 비싸지만, 환상적인 풍경과 더불어 친절한 서비스를 제공하고 객실 내 제품이 모두 최고급으로 비치되어 있어 이용객들에게 높은 만족도를 준다.

|  | 차별화 전략 | 원가우위 전략 | 집중화 전략 |
|---|---|---|---|
| ① | ㉠ | ㉡ | ㉢ |
| ② | ㉠ | ㉢ | ㉡ |
| ③ | ㉡ | ㉠ | ㉢ |
| ④ | ㉢ | ㉠ | ㉡ |
| ⑤ | ㉢ | ㉡ | ㉠ |

## | 03 |  대인관계능력

**01**  다음은 고객불만 처리 프로세스 8단계를 나타낸 자료이다. B사원의 고객불만 처리 대응을 볼 때, 고객불만 처리 프로세스 8단계에서 B사원이 빠뜨린 항목은?

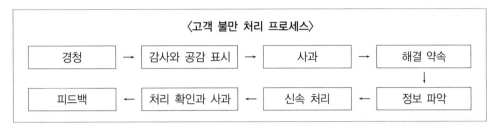

〈고객 불만 처리 프로세스〉

경청 → 감사와 공감 표시 → 사과 → 해결 약속
↓
피드백 ← 처리 확인과 사과 ← 신속 처리 ← 정보 파악

B사원 : 안녕하세요. K쇼핑몰입니다. 무엇을 도와드릴까요?
고객 : 아, 정말, 제가 고른 옷 사이즈랑 다른 사이즈가 왔는데 이거 어떻게 해결할 건가요? 3일 후에 이 옷 입고 소개팅 나가려고 했는데 정말 답답하네요. 당장 보상하세요!
B사원 : 고객님, 주문하신 옷이 잘못 배송되었나 보군요. 화내시는 점 충분히 이해합니다. 정말 죄송합니다.
고객 : 아니, 그래서 어떻게 해결할 건데요.
B사원 : 네, 고객님. 우선 최대한 빠른 시일 내로 교환해 드릴 수 있도록 최선을 다하겠습니다. 우선 제가 고객님의 구매 내역과 재고 확인을 해 보고 등록하신 번호로 다시 연락드리겠습니다. 전화 끊고 잠시만 기다려 주시기 바랍니다.
(B사원은 구매 내역과 재고를 확인하고, 10분 후 고객에게 다시 전화를 건다)
고객 : 여보세요.
B사원 : 고객님, 안녕하세요. K쇼핑몰입니다. 재고 확인 결과 다행히 사이즈가 남아 있어서 오늘 바로 배송해 드릴 예정입니다. 오늘 배송 시 내일 도착 예정이어서 말씀하셨던 약속 날짜 전에 옷을 받으실 수 있을 겁니다. 잘못 보내드린 옷은 택배를 받으실 때 반송 처리해 주시면 되겠습니다. 정말 죄송합니다.
고객 : 다행이네요. 일단 알겠습니다. 앞으로 조심 좀 해 주세요.
(B사원은 통화를 끝내고, 배송이 잘못된 원인과 자신의 응대에 잘못이 없었는지 확인한다)

① 감사와 공감 표시
② 사과
③ 해결 약속
④ 정보 파악
⑤ 처리 확인과 사과

PART 4

> 귀하는 새로 추진하고 있는 중요한 프로젝트의 팀장을 맡았다. 그런데 어느 날부턴가 점점 사무실 분위기가 심상치 않다. 귀하는 프로젝트의 원활한 진행을 위해 동료 간 화합이 무엇보다 중요하다고 생각하기 때문에 팀원들의 업무 행태를 관심 있게 지켜보기 시작했다. 그 결과, A사원이 사적인 약속 등을 핑계로 업무를 미루거나 주변의 눈치를 살피며 불성실한 자세로 근무하는 모습을 발견하였다. 또한, 발생한 문제에 대해 변명만 늘어놓는 태도로 일관해 프로젝트를 함께 진행하는 동료 직원들의 불만은 점점 쌓여만 가고 있다.

**02** '썩은 사과의 법칙'에 의하면, 팀 리더는 팀워크를 무너뜨리는 썩은 사과가 있을 때는 먼저 문제 상황에 대해 대화를 나누어 스스로 변화할 기회를 주어야 한다. 하지만 그 후로도 변화하지 않는다면 결단력을 가지고 썩은 사과를 내보내야 한다. 다음 중 귀하가 팀장으로서 취해야 할 행동을 썩은 사과의 법칙의 관점에서 설명한 내용으로 옳지 않은 것은?

① A사원의 업무 행태가 끝내 변화하지 않을 경우 A사원을 팀에서 내보내야 한다.

② 팀장으로서 먼저 A사원과 문제 상황에 대하여 대화를 나눠야 한다.

③ 직원의 문제에 대해 명확한 지적보다는 간접적으로 인지하게 하여 스스로 변화할 기회를 준다.

④ A사원은 조직의 비전이나 방향은 생각하지 않고 자기중심적으로 행동하며 조직에 방해가 되는 사람이다.

⑤ 성실하지 못한 A사원의 행동으로 인해 업무에 상당한 지장이 발생하고 있다고 할지라도 A사원에게 변화할 기회를 주어야 한다.

**03** 멤버십의 유형은 마인드를 나타내는 독립적 사고 축과 행동을 나타내는 적극적 실천 축으로 나누어진다. 이에 따라 멤버십 유형은 수동형·실무형·소외형·순응형·주도형으로 구분된다. 다음 중 직장 동료와 팀장의 시각으로 볼 때, A사원의 업무 행태가 속하는 멤버십 유형으로 옳은 것은?

① 소외형                    ② 순응형

③ 실무형                    ④ 수동형

⑤ 주도형

**04** 다음 〈보기〉 중 갈등해결방법으로 옳은 것을 모두 고르면?

> **보기**
> ㉠ 사람들이 당황하는 모습을 보는 것은 되도록 피한다.
> ㉡ 사람들과 눈을 자주 마주친다.
> ㉢ 어려운 문제는 피하지 말고 맞선다.
> ㉣ 논쟁을 통해 해결한다.
> ㉤ 어느 한쪽으로 치우치지 않는다.

① ㉠, ㉡, ㉣          ② ㉠, ㉢, ㉤
③ ㉡, ㉢, ㉣          ④ ㉡, ㉢, ㉤
⑤ ㉢, ㉣, ㉤

PART 4

**05** 다음 상황에서 K대리가 G대리에게 해 줄 수 있는 조언으로 가장 적절한 것은?

> G대리 : 나 참, A과장님 왜 그러시는지 이해를 못하겠네.
> K대리 : 무슨 일이야?
> G대리 : 아니, 어제 내가 회식자리에서 A과장님께 장난을 좀 쳤거든. 근데 A과장님이 내 장난을 잘 받아 주시길래 아무렇지 않게 넘어갔는데, 오늘 A과장님이 나에게 어제 일로 화를 내시는 거 있지?

① 부하직원인 우리가 참고 이해하는 것이 좋을 것 같아.
② 본인이 실수했다고 느꼈을 때 바로 사과하는 것이 중요해.
③ A과장님께 본인이 무엇을 잘못했는지 확실히 물어보는 것이 어때?
④ 직원회의 시간에 이 문제에 대해 확실히 짚고 넘어가는 것이 좋겠어.
⑤ 업무에 성과를 내서 A과장님 기분을 풀어드리는 것이 좋을 것 같아.

**06** 다음 중 불만족 고객에 대한 설명으로 옳지 않은 것은?

① 고객의 불평은 서비스를 개선하는 데 중요한 정보를 제공하기도 한다.
② 빨리빨리 유형을 상대할 경우 잠자코 고객의 의견을 경청하고 사과를 한다.
③ 거만형 유형을 상대할 경우 정중하게 대하는 것이 좋다.
④ 의심형 유형을 상대할 경우 분명한 증거나 근거를 제시한다.
⑤ 트집형 유형을 상대할 경우 이야기를 경청하고 맞장구치며 상대를 설득해간다.

**07** 다음 글에서 설명하는 리더십 유형으로 가장 적절한 것은?

> • 리더는 조직구성원들 중 한 명일 뿐이며, 다른 조직구성원들보다 경험이 더 풍부하겠지만 다른 구성원들보다 더 비중 있게 대우받아서는 안 된다.
> • 집단의 모든 구성원들은 의사결정 및 팀의 방향을 설정하는 데 참여한다.
> • 집단의 모든 구성원들은 집단의 행동의 성과 및 결과에 대해 책임을 공유한다.

① 파트너십 유형　　　　　　　　② 민주주의에 근접한 유형
③ 독재자 유형　　　　　　　　　④ 변혁적 유형
⑤ 자유방임적 유형

**08** K사에 근무하는 R부장은 현재 자신의 부서에 팀워크가 부족하다는 것을 느끼고 있다. 이를 해결하기 위해 R부장이 아침회의 전에 부서 사원들에게 효과적인 팀워크를 위한 조언을 하고자 할 때, 조언 내용으로 가장 적절한 것은?

① 자기중심적인 개인주의가 필요합니다.
② 사원들 간의 사고방식 차이는 있을 수 없습니다.
③ 강한 자신감보다는 신중함이 필요합니다.
④ 솔직한 대화로 서로를 이해해야 합니다.
⑤ 조직에 대한 이해보다는 나 자신을 이해해야 합니다.

**09** 다음은 오렌지 하나 때문에 다투고 있는 두 딸을 위한 K씨의 협상 방법을 보여주는 사례이다. K씨의 협상 방법에 대한 문제점은 무엇인가?

> 어느 날 K씨의 두 딸이 오렌지 하나를 가지고 서로 다투고 있었다. K씨는 두 딸에게 오렌지를 공평하게 반쪽으로 나눠주는 것이 가장 좋은 해결책이라 생각하여 반으로 갈라 주었다. 하지만 K씨는 두 딸의 행동에 놀라고 말았다. 오렌지의 반쪽을 챙긴 큰 딸은 알맹이는 버리고 껍질만 챙겼으며, 작은 딸은 알맹이만 먹고 껍질은 버린 것이다. 두 딸에게 이유를 물어보니 제빵학원에 다니는 큰 딸은 오렌지 케이크를 만들기 위해 껍질이 필요했던 것이고, 작은 딸은 오렌지 과즙이 먹고 싶어서 알맹이를 원했던 것이다. 결과적으로 K씨의 해결책은 두 딸 모두에게 만족스럽지 않은 일이 되었다.

① 협상당사자들에게 친근하게 다가가지 않았다.
② 협상에 대한 갈등 원인을 확인하지 않았다.
③ 협상의 통제권을 확보하지 않았다.
④ 협상당사자의 특정 입장만 고집하였다.
⑤ 협상당사자에 대해 너무 많은 염려를 하였다.

**10** 다음 〈보기〉 중 팀워크를 통한 조직 목표 달성의 효과성 개선을 위한 노력으로 적절한 것을 모두 고르면?

> **보기**
> ㄱ. A부서는 외부 조직과의 협업에서 문제가 발생할 경우를 대비하여 절차상의 하자 제거를 최우선시함으로써 책임 소재를 명확히 한다.
> ㄴ. B부서는 추진사업 선정에 있어 부서 내 의견이 불일치하는 경우, 부서장의 의견에 따라 사안을 결정한다.
> ㄷ. C부서는 사업 계획단계에서 평가지표를 미리 선정하고, 해당 지표에 따라 사업의 성패 여부를 판단한다.
> ㄹ. D부서는 비효율적인 결재 절차를 간소화하기 위해 팀을 수평적 구조로 재편하였다.

① ㄱ, ㄴ                    ② ㄱ, ㄷ
③ ㄴ, ㄷ                    ④ ㄴ, ㄹ
⑤ ㄷ, ㄹ

**01**  다음 중 산업 재해에 해당되는 사례가 아닌 것은?

① 산업활동 중의 사고로 인해 사망하는 경우

② 근로자가 휴가 기간 중 사고로 부상당한 경우

③ 회사에 도보로 통근을 하는 도중 교통사고를 당하는 경우

④ 일용직, 계약직, 아르바이트생이 산업활동 중 부상당하는 경우

⑤ 유해 물질에 의한 중독 등으로 직업성 질환에 걸리거나 신체적 장애를 가져오는 경우

**02**  다음 뉴스 내용에서 볼 수 있는 기술경영자의 능력으로 가장 적절한 것은?

> 앵커 : 현재 국제 원유 값이 고공 행진을 계속하면서 석유자원에서 탈피하려는 기술 개발이 활발히 진행되고 있는데요. 석유자원을 대체하고 에너지의 효율성을 높일 수 있는 연구개발 현장을 이은경 기자가 소개합니다.
>
> 기자 : 네. 여기는 메탄올을 화학 산업에 많이 쓰이는 에틸렌과 프로필렌, 부탄 등의 경질 올레핀으로 만드는 공정 현장입니다. 석탄과 바이오매스, 천연가스를 원료로 만들어진 메탄올에서 촉매반응을 통해 경질 올레핀을 만들기 때문에 석유 의존도를 낮출 수 있는 기술을 볼 수 있는데요. 기존 석유 나프타 열분해 공정보다 수율이 높고, 섭씨 400도 이하에서 제조가 가능해 온실가스는 물론 에너지 비용을 50% 이상 줄일 수 있어 화제가 되고 있습니다.

① 기술을 효과적으로 평가할 수 있는 능력

② 기술 전문 인력을 운용할 수 있는 능력

③ 조직 내의 기술 이용을 수행할 수 있는 능력

④ 새로운 제품개발 시간을 단축할 수 있는 능력

⑤ 빠르고 효과적으로 새로운 기술을 습득하고 기존의 기술에서 탈피하는 능력

※ 다음 글을 읽고 이어지는 질문에 답하시오. [3~4]

국립과학수사연구원은 K공단과 함께 조사한 결과 지난달 십여 명이 부상을 입은 A역 에스컬레이터의 역주행 사고는 내부 모터의 감속기를 연결하는 연결부 부분에 우수의 유입 및 부품 노후화 등으로 인한 마모가 원인이 된 것으로 보인다고 밝혔다. 모터의 동력 전달 불량으로 제동장치가 작동하지 않았고 탑승객 하중을 견디지 못하여 역주행 사고가 발생하였다고 추정한 것이다. 국립과학수사연구소에서는 사고의 정확한 원인을 밝히기 위해 이상이 발생한 부품을 수거하여 정밀 감식을 진행한 후 정확한 원인을 밝힐 것이라고 말했다.

**03** 다음 사고예방대책의 원리 5단계 중 윗글에 해당하는 단계는 어느 단계인가?

① 안전 관리 조직      ② 사실의 발견
③ 평가 및 분석      ④ 시정책의 선정
⑤ 시정책의 적용

**04** 사고의 정밀 감식 결과, 사고의 원인은 에스컬레이터에서 걷거나 뛰는 행위로 인한 반복적이고 지속적인 충격하중으로 밝혀졌다고 한다. 다음 중 이 재해의 원인에 해당하는 것은?

① 기술(Engineering)      ② 규제(Enforcement)
③ 사람(Man)      ④ 매체(Media)
⑤ 기계(Mechanic)

※ 다음은 K공사에서 발표한 전력수급 비상단계 발생 시 행동요령에 대한 자료이다. 이어지는 질문에 답하시오. [5~6]

<전력수급 비상단계 발생 시 행동요령>

■ 가정
1. 전기 냉난방기기의 사용을 중지합니다.
2. 다리미, 청소기, 세탁기 등 긴급하지 않은 모든 가전기기의 사용을 중지합니다.
3. TV, 라디오 등을 통해 신속하게 재난상황을 파악하여 대처합니다.
4. 안전, 보안 등을 위한 최소한의 조명을 제외한 실내외 조명은 모두 소등합니다.

■ 사무실
1. 건물관리자는 중앙조절식 냉난방설비의 가동을 중지하거나 온도를 낮춥니다.
2. 사무실 내 냉난방설비의 가동을 중지합니다.
3. 컴퓨터, 프린터, 복사기, 냉온수기 등 긴급하지 않은 모든 사무기기 및 설비의 전원을 차단합니다.
4. 안전, 보안 등을 위한 최소한의 조명을 제외한 실내외 조명은 모두 소등합니다.

■ 공장
1. 사무실 및 공장 내 냉난방기의 사용을 중지합니다.
2. 컴퓨터, 복사기 등 각종 사무기기의 전원을 일시적으로 차단합니다.
3. 꼭 필요한 경우를 제외한 사무실 조명은 모두 소등하고 공장 내부의 조명도 최소화합니다.
4. 비상발전기의 가동을 점검하고 운전 상태를 확인합니다.

■ 상가
1. 냉난방설비의 가동을 중지합니다.
2. 안전 · 보안용을 제외한 모든 실내 조명등과 간판 등을 일시 소등합니다.
3. 식기건조기, 냉온수기 등 식재료의 부패와 관련 없는 가전제품의 가동을 중지하거나 조정합니다.
4. 자동문, 에어커튼의 사용을 중지하고 환기팬 가동을 일시 정지합니다.

**05** 다음 중 전력수급 비상단계 발생 시 행동요령에 대한 설명으로 적절하지 않은 것은?

① 가정에 있을 경우 대중 매체를 통해 재난상황에 대한 정보를 파악할 수 있다.

② 사무실에 있을 경우 즉시 사용이 필요하지 않은 복사기, 컴퓨터 등의 전원을 차단하여야 한다.

③ 가정에 있을 경우 모든 실내외 조명을 소등하여야 한다.

④ 공장에 있을 경우 비상발전기 가동을 준비해야 한다.

⑤ 전력 회복을 위해 한동안 사무실의 업무가 중단될 수 있다.

**06** 다음 〈보기〉 중 전력수급 비상단계 발생 시 행동요령에 따른 행동으로 적절하지 않은 것을 모두 고르면?

> **보기**
> ㉠ 집에 있던 김사원은 세탁기 사용을 중지하고 실내 조명을 최소화하였다.
> ㉡ 본사 전력관리실에 있던 이주임은 사내 중앙보안시스템의 전원을 즉시 차단하였다.
> ㉢ 공장에 있던 박주임은 즉시 공장 내부 조명 밝기를 최소화하였다.
> ㉣ 상가에서 횟집을 운영하는 최사장은 모든 냉동고의 전원을 차단하였다.

① ㉠, ㉡                    ② ㉠, ㉢

③ ㉡, ㉢                    ④ ㉡, ㉣

⑤ ㉢, ㉣

※ 실내 공기 관리에 대한 필요성을 느낀 K기업은 사무실에 공기청정기를 구비하기로 결정하였다. 다음 자료를 보고 이어지는 질문에 답하시오. [7~9]

〈제품설명서〉

■ 설치 확인하기
- 직사광선이 닿지 않는 실내공간에 두십시오(제품 오작동 및 고장의 원인이 될 수 있습니다).
- TV, 라디오, 전자제품 등과 간격을 두고 설치하십시오(전자파 장애로 오작동의 원인이 됩니다).
- 단단하고 평평한 바닥에 두십시오(약하고 기울어진 바닥에 설치하면 이상 소음 및 진동이 생길 수 있습니다).
- 벽면과 10cm 이상 간격을 두고 설치하십시오(공기청정 기능을 위해 벽면과 간격을 두고 설치하는 것이 좋습니다).
- 습기가 적고 통풍이 잘되는 장소에 두십시오(감전되거나 제품에 녹이 발생할 수 있고, 제품 성능이 저하될 수 있습니다).

■ 필터 교체하기

| 종류 | 표시등 | 청소주기 | 교체주기 |
|---|---|---|---|
| 프리필터 | – | 2회/월 | 반영구 |
| 탈취필터 | 필터 교체 표시등 켜짐 | – | 6개월 ~ 1년 |
| 헤파필터 | | | |

- 실내의 청정한 공기 관리를 위해 교체주기에 맞게 필터를 교체해 주세요.
- 필터 교체주기는 사용 환경에 따라 차이가 날 수 있습니다.
- 냄새가 심하게 날 경우 탈취필터를 확인 및 교체해 주세요.

■ 스마트에어 서비스 등록하기
1) 앱스토어에서 '스마트에어'를 검색하여 앱을 설치합니다(안드로이드 8.0 오레오 이상 / iOS 9.0 이상의 사양에 최적화되어 있으며, 사용자의 스마트폰에 따라 일부 기능은 지원하지 않을 수 있습니다).
2) 스마트에어 서비스 앱을 실행하여 회원가입 완료 후 로그인합니다.
3) 새 기기 추가 선택 후 제품을 선택합니다.
4) 공기청정기 기기의 페어링 모드를 작동시켜 주세요(기기의 Wi-Fi 버튼과 수면모드 버튼을 동시에 눌러 주세요).
5) 기기명이 나타나면 기기를 선택해 주세요.
6) 완료 버튼을 눌러 기기등록을 완료합니다.

- 지원가능 Wi-Fi 무선공유기 사양(802.11b/f/n 2.4GHz)을 확인하세요.
- 자동 Wi-Fi 연결상태 관리 모드를 해제해 주세요.
- 스마트폰의 Wi-Fi 고급설정 모드에서 '신호 약한 Wi-Fi 끊기 항목'과 관련된 기능이 있다면 해제해 주세요.
- 스마트폰의 Wi-Fi 고급설정 모드에서 '신호 세기'와 관련된 기능이 있다면 '전체'를 체크해 주세요.
- Wi-Fi가 듀얼 밴드 공유기인 경우 〈Wi-Fi 5GHz〉가 아닌 일반 〈Wi-Fi〉를 선택해 주세요.

■ 스마트에어 서비스 이용하기
스마트에어 서비스는 스마트기기를 통해 공기청정기를 페어링하여 언제 어디서나 원하는 대로 공기를 정화할 수 있는 똑똑한 서비스입니다.

**07** 제품설명서를 참고하여 공기청정기를 적절한 장소에 설치하고자 한다. 다음 중 공기청정기 설치
장소로 적절하지 않은 곳은?

① 직사광선이 닿지 않는 실내
② 부드러운 매트 위
③ 벽면과 10cm 이상 간격을 확보할 수 있는 곳
④ 습기가 적고 통풍이 잘되는 곳
⑤ 사내방송용 TV와 거리가 먼 곳

**08** 다음 중 필터 교체와 관련하여 숙지해야 할 사항으로 가장 적절한 것은?

① 프리필터는 1개월에 2회 이상 청소해야 한다.
② 탈취필터는 6개월 주기로 교체해야 한다.
③ 헤파필터는 6개월 주기로 교체해야 한다.
④ 프리필터는 1년 주기로 교체해야 한다.
⑤ 냄새가 심하게 날 경우 탈취필터를 청소해야 한다.

**09** A씨는 외근이나 퇴근 후에도 공기청정기를 사용할 수 있도록 스마트폰을 통해 스마트에어 서비스
등록을 시도하였으나, 기기 등록에 계속 실패하였다. 다음 중 기기등록을 위해 확인해야 할 사항으
로 옳지 않은 것은?

① 스마트폰이 지원 가능한 사양인지 OS 버전을 확인한다.
② 공기청정기에서 페어링 모드가 작동하고 있는지 확인한다.
③ 무선공유기가 지원 가능한 사양인지 확인한다.
④ 스마트폰의 자동 Wi-Fi 연결상태 관리 모드를 확인한다.
⑤ 스마트폰의 Wi-Fi 고급설정 모드에서 '개방형 Wi-Fi' 관련 항목을 확인한다.

**10** 다음 〈보기〉 중 지속가능한 기술의 사례로 적절한 것을 모두 고르면?

㉠ A사는 카메라를 들고 다니지 않으면서도 사진을 찍고 싶어 하는 소비자들을 위해 일회용 카메라 대신 재활용이 쉽고, 재사용도 가능한 카메라를 만들어내는 데 성공했다.

㉡ 잉크, 도료, 코팅에 쓰이던 유기 용제 대신에 물로 대체한 수용성 수지를 개발한 B사는 휘발성 유기화합물의 배출이 줄어듦과 동시에 대기오염 물질을 줄임으로써 소비자들로부터 찬사를 받고 있다.

㉢ C사는 가구처럼 맞춤 제작하는 냉장고를 선보였다. 맞춤 양복처럼 가족수와 식습관, 라이프스타일, 주방 형태 등을 고려해 1도어부터 4도어까지 여덟 가지 타입의 모듈을 자유롭게 조합하고, 세 가지 소재와 아홉 가지 색상을 매치해 공간에 어울리는 나만의 냉장고를 꾸밀 수 있게 된 것이다.

㉣ D사는 기존에 소각처리해야 했던 석유화학 옥탄올 공정을 변경하여 폐수처리로 전환하고, 공정 최적화를 통해 화약 제조 공정에 발생하는 질소의 양을 원천적으로 감소시키는 공정 혁신을 이루었다. 이로 인해 연간 4천 톤의 오염 물질 발생량을 줄였으며, 약 60억 원의 원가도 절감했다.

㉤ 등산 중 갑작스러운 산사태를 만나거나 길을 잃어서 조난 상황이 발생한 경우 골든타임 확보가 무척 중요하다. 이를 위해 E사는 조난객의 상황 파악을 위한 5G 통신 모듈이 장착된 비행선을 선보였다. 이 비행선은 현재 비행거리와 시간이 짧은 드론과 비용과 인력 소모가 많이 드는 헬기에 비해 매우 효과적일 것으로 기대하고 있다.

① ㉠, ㉡, ㉢

② ㉠, ㉡, ㉣

③ ㉠, ㉢, ㉤

④ ㉡, ㉢, ㉣

⑤ ㉡, ㉢, ㉤

## | 05 | 정보능력

**01** 다음 프로그램의 실행 결과로 옳은 것은?

```
#include 〈stdio.h〉
void main( ) {
    int temp = 0;
    int i = 10;

    temp = i++;
    temp = i--;

    printf("%d, %d", temp, i);
}
```

① 10, 10
② 11, 10
③ 11, 11
④ 10, 11
⑤ 11, 12

**02** 다음 중 K대학교의 문제를 해결하기 위한 대안으로 가장 적절한 것은?

K대학교는 현재 학생 관리 프로그램, 교수 관리 프로그램, 성적 관리 프로그램의 3개의 응용 프로그램을 갖추고 있다. 학생 관리 프로그램은 학생 정보를 저장하고 있는 파일을 이용하고 교수 관리 프로그램은 교수 정보 파일, 성적 관리 프로그램은 성적 정보 파일을 이용한다. 즉, 각각의 응용 프로그램은 개별적인 파일을 이용한다.
이런 경우, 파일에는 많은 정보가 중복 저장되어 있다. 그렇기 때문에 중복된 정보가 수정되면 관련된 모든 파일을 수정해야 하는 불편함이 있다. 예를 들어, 한 학생이 자퇴하게 되면 학생 정보 파일뿐만 아니라 교수 정보 파일, 성적 정보 파일도 수정해야 하는 것이다.

① 와이파이 구축
② 유비쿼터스 구축
③ RFID 구축
④ NFC 구축
⑤ 데이터베이스 구축

**03** K공사에서 근무하고 있는 S사원은 2024년 10월 발전소별 생산실적을 엑셀을 이용해 정리하려고 한다. 다음 (A) ~ (E) 셀에 S사원이 입력해야 할 함수로 옳지 않은 것은?

| | A | B | C | D | E | F | G |
|---|---|---|---|---|---|---|---|
| 1 | | | | | | | |
| 2 | | | | 2024년 10월 발전소별 생산실적 | | | |
| 3 | | | | | | | |
| 4 | | 구분 | 열용량(Gcal) | 전기용(MW) | 열생산(Gcal) | 발전량(MWh) | 발전량의 순위 |
| 5 | | 파주 | 404 | 516 | 144,600 | 288,111 | (B) |
| 6 | | 판교 | 172 | 146 | 94,657 | 86,382 | |
| 7 | | 광교 | 138 | 145 | 27,551 | 17 | |
| 8 | | 수원 | 71 | 43 | 42,353 | 321,519 | |
| 9 | | 화성 | 407 | 512 | 141,139 | 6,496 | |
| 10 | | 청주 | 105 | 61 | 32,510 | 4,598 | |
| 11 | | 대구 | 71 | 44 | 46,477 | 753 | |
| 12 | | 삼송 | 103 | 99 | 2,792 | 4,321 | |
| 13 | | 평균 | | (A) | (E) | | |
| 14 | | | | | | | |
| 15 | | | | | 열용량의 최댓값(Gcal) | 열생산량 중 세 번째로 높은 값(Gcal) | |
| 16 | | | | | (C) | (D) | |

① (A) : =AVERAGE(D5:D12)

② (B) : =RANK(F5,$F$5:$F$12,1)

③ (C) : =MAX(C5:C12)

④ (D) : =LARGE(E5:E12,3)

⑤ (E) : =AVERAGE(E5:E12)

04 K씨는 고객들의 주민등록번호 앞자리를 정리해 생년, 월, 일로 구분하고자 한다. 각 셀에 사용해야 할 함수식으로 옳은 것은?

| | A | B | C | D | E |
|---|---|---|---|---|---|
| 1 | 이름 | 주민등록번호 앞자리 | 생년 | 월 | 일 |
| 2 | 김천국 | 950215 | | | |
| 3 | 김지옥 | 920222 | | | |
| 4 | 박세상 | 940218 | | | |
| 5 | 박우주 | 630521 | | | |
| 6 | 강주변 | 880522 | | | |
| 7 | 홍시요 | 891021 | | | |
| 8 | 조자주 | 910310 | | | |

① [C2] : =LEFT(B2,2)  ② [D3] : =LEFT(B3,4)

③ [E7] : =RIGHT(B7,3)  ④ [D8] : =MID(B7,3,2)

⑤ [E4] : =MID(B4,4,2)

05 다음 중 분산처리 시스템의 특징으로 옳지 않은 것은?

① 작업을 병렬적으로 수행함으로써 사용자에게 빠른 반응 시간과 빠른 처리시간을 제공한다.

② 사용자들이 비싼 자원을 쉽게 공유하여 사용할 수 있고, 작업의 부하를 균등하게 유지할 수 있다.

③ 작업 부하를 분산시킴으로써 반응 시간을 항상 일관성 있게 유지할 수 있다.

④ 분산 시스템에 구성 요소를 추가하거나 삭제할 수 없다.

⑤ 다수의 구성요소가 존재하므로 일부가 고장 나더라도 나머지 일부는 계속 작동 가능하기 때문에 사용 가능도가 향상된다.

**06** 다음 프로그램의 실행 결과로 옳은 것은?

```
#include ⟨stdio.h⟩
void main( ) {
  int a = 10;
  float b = 1.3;
  double c;
  c = a + b;
  printf("%.2lf", c);
}
```

① 11
② 11.3
③ 11.30
④ .30
⑤ .3

**07** 다음 중 Windows에서 [표준 사용자 계정]의 사용자가 할 수 있는 작업으로 옳지 않은 것은?

① 사용자 자신의 암호를 변경할 수 있다.
② 마우스 포인터의 모양을 변경할 수 있다.
③ 관리자가 설정해 놓은 프린터를 프린터 목록에서 제거할 수 있다.
④ 사용자의 사진으로 자신만의 바탕 화면을 설정할 수 있다.
⑤ 사용자만의 고유한 파일 및 설정을 가질 수 있다.

**08** 다음 시트에서 [A2:A4] 영역의 데이터를 이용하여 [C2:C4] 영역처럼 표시하려고 할 때, [C2] 셀에 입력할 수식으로 옳은 것은?

| ▲ | A | B | C |
|---|---|---|---|
| 1 | 주소 | 사원 수 | 출신지 |
| 2 | 서귀포시 | 10 | 서귀포 |
| 3 | 여의도동 | 90 | 여의도 |
| 4 | 김포시 | 50 | 김포 |

① =LEFT(A2,LEN(A2)−1)

② =RIGHT(A2,LENGTH(A2))−1

③ =MID(A2,1,VALUE(A2))

④ =LEFT(A2,TRIM(A2))−1

⑤ =MID(A2,LENGTH(A3))

**09** 다음 글을 읽고 정보에 대한 설명으로 옳지 않은 것은?

우리가 필요로 하는 정보의 가치는 여러 가지 상황에 따라서 아주 달라질 수 있다. 다시 말해 정보의 가치를 평가하는 절대적인 기준은 없다는 것이다. 즉, 정보의 가치는 우리의 요구, 사용 목적, 그것이 활용되는 시기와 장소에 따라서 다르게 평가된다.

적시성과 독점성은 정보의 핵심적인 특성이다. 따라서 정보는 우리가 원하는 시간에 제공되어야 하며, 원하는 시간에 제공되지 못하는 정보는 정보로서의 가치가 없어지게 될 것이다. 또한 정보는 아무리 중요한 내용이라도 공개가 되고 나면, 그 가치가 급격하게 떨어지는 것이 보통이다. 따라서 정보는 공개 정보보다는 반공개 정보가, 반공개 정보보다는 비공개 정보가 더 큰 가치를 가질 수 있다. 그러나 비공개 정보는 정보의 활용이라는 면에서 경제성이 떨어지고, 공개 정보는 경쟁성이 떨어지게 된다. 따라서 정보는 공개 정보와 비공개 정보를 적절히 구성함으로써 경제성과 경쟁성을 동시에 추구해야 한다.

① 정보는 시의성이 있어야 높은 가치를 갖는다.

② 정보는 일반적으로 독점성이라는 핵심적 특징을 갖는다.

③ 비공개 정보는 반공개 정보에 비해 정보의 활용 측면에서 경제성이 더 높다.

④ 공개 정보는 반공개 정보에 비해 경쟁성이 떨어진다.

⑤ 공개 정보와 비공개 정보 모두 적절히 배분하여 정보를 구성해야 한다.

**10** 다음은 사내 동호회 활동 현황에 대해 정리한 자료이다. 사원번호 중에서 오른쪽 숫자 네 자리만 추출하려고 할 때, [F13] 셀에 입력해야 할 함수식으로 옳은 것은?

| | A | B | C | D | E | F |
|---|---|---|---|---|---|---|
| 1 | 사내 동호회 활동 현황 | | | | | |
| 2 | 사원번호 | 사원명 | 부서 | 구내번호 | 직책 | |
| 3 | AC1234 | 고상현 | 영업부 | 1457 | 부장 | |
| 4 | AS4251 | 정지훈 | 기획부 | 2356 | 사원 | |
| 5 | DE2341 | 김수호 | 홍보부 | 9546 | 사원 | |
| 6 | TE2316 | 박보영 | 기획부 | 2358 | 대리 | |
| 7 | PP0293 | 김지원 | 홍보부 | 9823 | 사원 | |
| 8 | BE0192 | 이성경 | 총무부 | 3545 | 과장 | |
| 9 | GS1423 | 이민아 | 영업부 | 1458 | 대리 | |
| 10 | HS9201 | 장준하 | 총무부 | 3645 | 부장 | |
| 11 | | | | | | |
| 12 | | | | | | 사원번호 |
| 13 | | | | | | 1234 |
| 14 | | | | | | 4251 |
| 15 | | | | | | 2341 |
| 16 | | | | | | 2316 |
| 17 | | | | | | 0293 |
| 18 | | | | | | 0192 |
| 19 | | | | | | 1423 |
| 20 | | | | | | 9201 |

① =LEFT(A3,3)

② =RIGHT(A3,4)

③ =LEFT(A3,3,4)

④ =MID(A3,1,2)

⑤ =CHOOSE(2,A3,A4,A5,A6)

01   K공사는 직원들의 교양 증진을 위해 사내 도서관에 도서를 추가로 구비하고자 한다. 새로 구매할 도서는 직원들을 대상으로 한 사전조사 결과를 바탕으로 선정점수를 결정한다. 다음 〈조건〉에 따라 추가로 구매할 도서를 선정할 때, 최종 선정될 도서가 바르게 짝지어진 것은?

<table>
<thead>
<tr><th colspan="4">〈후보 도서 사전조사 결과〉</th></tr>
<tr><th>도서명</th><th>저자</th><th>흥미도 점수(점)</th><th>유익성 점수(점)</th></tr>
</thead>
<tbody>
<tr><td>재테크, 답은 있다</td><td>정우택</td><td>6</td><td>8</td></tr>
<tr><td>여행학개론</td><td>W. George</td><td>7</td><td>6</td></tr>
<tr><td>부장님의 서랍</td><td>김수권</td><td>6</td><td>7</td></tr>
<tr><td>IT혁명의 시작</td><td>정인성, 유오진</td><td>5</td><td>8</td></tr>
<tr><td>경제정의론</td><td>S. Collins</td><td>4</td><td>5</td></tr>
<tr><td>건강제일주의</td><td>임시학</td><td>8</td><td>5</td></tr>
</tbody>
</table>

조건

• K공사는 전 직원들을 대상으로 후보 도서들에 대한 사전조사를 하였다. 각 후보 도서에 대한 흥미도 점수와 유익성 점수는 전 직원들이 10점 만점으로 부여한 점수의 평균값이다.
• 흥미도 점수와 유익성 점수를 3 : 2의 가중치로 합산하여 1차 점수를 산정하고, 1차 점수가 높은 후보 도서 3개를 1차 선정한다.
• 1차 선정된 후보 도서 중 해외저자의 도서는 가점 1점을 부여하여 2차 점수를 산정한다.
• 2차 점수가 가장 높은 2개의 도서를 최종 선정한다. 만일 선정된 후보 도서들의 2차 점수가 모두 동일한 경우, 유익성 점수가 가장 낮은 후보 도서는 탈락시킨다.

① 재테크, 답은 있다 / 여행학개론
② 재테크, 답은 있다 / 건강제일주의
③ 여행학개론 / 부장님의 서랍
④ 여행학개론 / 건강제일주의
⑤ IT혁명의 시작 / 건강제일주의

PART 4

**02** K회사 재무팀에서는 주말 사무보조 직원을 채용하기 위해 공고문을 게재하였으며, 지원자 명단은 다음과 같다. 최소비용으로 가능한 많은 인원을 채용하고자 한다면 몇 명의 지원자를 채용할 수 있겠는가?(단, 급여는 지원자가 희망하는 금액으로 지급한다)

---

〈사무보조 직원 채용 공고문〉

• 업무내용 : 문서수발, 전화응대 등
• 지원자격 : 경력, 성별, 나이, 학력 무관
• 근무조건 : 장기(6개월 이상, 협의불가) / 주말 11:00 ~ 22:00(협의가능)
• 급여 : 협의결정
• 연락처 : 02-000-0000

〈지원자 명단〉

| 성명 | 희망근무기간 | 근무가능시간 | 최소근무시간<br>(하루 기준) | 희망 임금<br>(시간당/원) |
|---|---|---|---|---|
| 박소다 | 10개월 | 11:00 ~ 18:00 | 3시간 | 7,500 |
| 서창원 | 12개월 | 12:00 ~ 20:00 | 2시간 | 8,500 |
| 한승희 | 8개월 | 18:00 ~ 22:00 | 2시간 | 7,500 |
| 김병우 | 4개월 | 11:00 ~ 18:00 | 4시간 | 7,000 |
| 우병지 | 6개월 | 15:00 ~ 20:00 | 3시간 | 7,000 |
| 김래원 | 10개월 | 16:00 ~ 22:00 | 2시간 | 8,000 |
| 최지홍 | 8개월 | 11:00 ~ 18:00 | 3시간 | 7,000 |

※ 지원자 모두 주말 이틀 중 하루만 출근하기를 원함
※ 하루에 2회 이상 출근은 불가함

---

① 2명
② 3명
③ 4명
④ 5명
⑤ 6명

**03** K회사 B과장이 내년에 해외근무 신청을 위해서는 의무 교육이수 기준을 만족해야 한다. B과장이 지금까지 글로벌 경영교육 17시간, 해외사무영어교육 50시간, 국제회계교육 24시간을 이수하였다면, 의무 교육이수 기준에 미달인 과목과 그 과목의 부족한 점수는 몇 점인가?

〈의무 교육이수 기준〉

(단위 : 점)

| 구분 | 글로벌 경영 | 해외사무영어 | 국제회계 |
|---|---|---|---|
| 이수 완료 점수 | 15 | 60 | 20 |
| 시간당 점수 | 1 | 1 | 2 |

※ 초과 이수 시간은 시간당 0.2점으로 환산하여 해외사무영어 점수에 통합한다.

| | 과목 | 점수 | | 과목 | 점수 |
|---|---|---|---|---|---|
| ① | 해외사무영어 | 6.8점 | ② | 해외사무영어 | 7.0점 |
| ③ | 글로벌 경영 | 7.0점 | ④ | 국제회계 | 6.8점 |
| ⑤ | 국제회계 | 5.8점 | | | |

**04** K스포츠용품 쇼핑몰을 운영하는 B씨는 최근 ○○축구사랑재단으로부터 대량주문을 접수받았다. 다음 대화를 토대로 거래가 원활히 성사되었다면, 해당 거래에 의한 총매출액은 얼마인가?

A씨 : 안녕하세요? ○○축구사랑재단 구매담당자입니다. 이번에 축구공 기부행사를 진행할 예정이어서 견적을 받아 보았으면 합니다. 초등학교 2곳, 중학교 3곳, 고등학교 1곳에 각 용도에 맞는 축구공으로 300개씩 배송했으면 합니다. 그리고 견적서에 배송료 등 기타 비용이 있다면 함께 추가해서 보내 주세요.

B씨 : 네, 저희 쇼핑몰을 이용해 주셔서 감사합니다. 5천만 원 이상의 대량구매 건에 대해서 전체 주문금액의 10%를 할인하고 있습니다. 또한 기본 배송료는 5,000원이지만 3천만 원 이상 구매 시 무료 배송을 제공해 드리고 있습니다. 고객님의 정보로 견적서를 보내 드리겠습니다. 감사합니다.

〈쇼핑몰 취급 축구공 규격 및 가격〉

| 구분 | 3호 | 4호 | 5호 |
|---|---|---|---|
| 무게(g) | 300 ~ 320 | 350 ~ 390 | 410 ~ 450 |
| 둘레(mm) | 580 | 640 | 680 |
| 지름(mm) | 180 | 200 | 220 |
| 용도 | 8세 이하 어린이용 | 8 ~ 13세 초등학생용 | 14세 이상 사용, 시합용 |
| 판매가격 | 25,000원 | 30,000원 | 35,000원 |

① 5,100만 원
② 5,400만 원
③ 5,670만 원
④ 6,000만 원
⑤ 6,100만 원

※ 다음은 K회사의 신입사원 채용시험 결과와 영역별 가중치에 대한 자료이다. 이어지는 질문에 답하시오. [5~6]

**〈신입사원 채용시험 결과〉**

(단위 : 점)

| 구분 | 언어 | 수리 | 정보 | 상식 | 인성 |
|:---:|:---:|:---:|:---:|:---:|:---:|
| A | 90 | 80 | 90 | 80 | 90 |
| B | 80 | 90 | 80 | 90 | 90 |
| C | 90 | 70 | 100 | 90 | 80 |
| D | 80 | 90 | 100 | 100 | 80 |
| E | 100 | 80 | 70 | 80 | 90 |

**〈영역별 가중치〉**

| 언어 | 수리 | 정보 | 상식 | 인성 |
|:---:|:---:|:---:|:---:|:---:|
| 30% | 30% | 10% | 10% | 20% |

※ 가중치를 고려하여 채용시험 성적 총점을 산출하고 합격자를 정한다.

**05** 5명 중 점수가 가장 높은 상위 2명을 합격자로 선정하였을 때, 합격자를 바르게 나열한 것은?

① A, B             ② A, D

③ B, C             ④ B, D

⑤ D, E

**06** 합격자 선발기준에서 인성에 대한 가중치를 높이고자 인성 점수와 수리 점수의 가중치를 서로 바꾸었다. 점수가 가장 높은 상위 2명을 합격자로 선정하였을 때, 합격자를 바르게 나열한 것은?

① A, B             ② A, D

③ A, E             ④ B, D

⑤ D, E

**07** 다음 대화 내용을 읽고 A팀장과 B사원이 함께 시장조사를 하러 갈 수 있는 가장 적절한 시간은 언제인가?(단, 근무시간은 09:00 ~ 18:00, 점심시간은 12:00 ~ 13:00이다)

> A팀장 : B씨, 저번에 우리가 함께 진행했던 제품이 오늘 출시된다고 하네요. 시장에서 어떤 반응이 있는지 조사하러 가야 할 것 같아요.
>
> B사원 : 네, 팀장님. 그런데 오늘 갈 수 있을지 의문입니다. 우선 오후 4시에 사내 정기 강연이 예정되어 있고 초청강사가 와서 시간관리 강의를 한다고 합니다. 아마 두 시간 정도 걸릴 것 같은데, 저는 강연 준비로 30분 정도 일찍 가야 할 것 같습니다. 그리고 부서장님께서 요청하셨던 기획안도 오늘 퇴근 전까지 제출해야 하는데, 팀장님 검토시간까지 고려하면 두 시간 정도 소요될 것 같습니다.
>
> A팀장 : 오늘도 역시 할 일이 참 많네요. 지금이 11시니까 열심히 업무를 하면 한 시간 정도는 시장에 다녀올 수 있겠네요. 먼저 기획안부터 마무리 짓도록 합시다.
>
> B사원 : 네, 알겠습니다. 팀장님, 오늘 점심은 된장찌개 괜찮으시죠? 바쁘니까 예약해 두겠습니다.

① 11:00 ~ 12:00  ② 13:00 ~ 14:00
③ 14:00 ~ 15:00  ④ 15:00 ~ 16:00
⑤ 16:00 ~ 17:00

**08** 다음 대화에서 시간관리에 대해 바르게 이해하고 있는 사람은?

> A사원 : 나는 얼마 전에 맡은 중요한 프로젝트도 무사히 마쳤어. 나는 회사에서 주어진 일을 잘하고 있기 때문에 시간관리도 잘하고 있다고 생각해.
>
> B사원 : 나는 평소에는 일의 진도가 잘 안 나가는 편인데, 마감일을 앞두면 이상하게 일이 더 잘돼. 나는 오히려 시간에 쫓겨야 일이 잘되니까 괜히 시간을 관리할 필요가 없어.
>
> C사원 : 나는 달력에 모든 일정을 표시해 두었어. 이번 달에 해야 할 일도 포스트잇에 표시해 두고 있지. 이 정도면 시간관리를 잘하고 있는 것 아니겠어?
>
> D사원 : 내가 하는 일은 시간관리와는 조금 거리가 있어. 나는 영감이 떠올라야 작품을 만들 수 있는데 어떻게 일정에 맞춰서 할 수 있겠어. 시간관리는 나와 맞지 않는 일이야.
>
> E사원 : 마감 기한을 넘기더라도 일을 완벽하게 끝내야 한다는 생각은 잘못되었다고 생각해. 물론 완벽하게 일을 끝내는 것도 중요하지만, 모든 일은 정해진 기한을 넘겨서는 안 돼.

① A사원  ② B사원
③ C사원  ④ D사원
⑤ E사원

※ 다음 비품 가격표를 보고 이어지는 질문에 답하시오. [9~10]

〈비품 가격표〉

| 품명 | 수량(개) | 단가(원) |
|---|---|---|
| 라벨지 50mm(SET) | 1 | 18,000 |
| 1단 받침대 | 1 | 24,000 |
| 블루투스 마우스 | 1 | 27,000 |
| ★특가★ 탁상용 문서수동세단기 | 1 | 36,000 |
| AAA건전지(SET) | 1 | 4,000 |

※ 3단 받침대는 개당 2,000원 추가
※ 라벨지 91mm 사이즈 변경 구매 시 SET당 5% 금액 추가
※ 블루투스 마우스 3개 이상 구매 시 건전지 3SET 무료 증정

**09** K공사에서는 다음 분기 비품 구매를 하려고 한다. 주문서를 토대로 주문할 때 총 주문 금액은?

| 주문서 | | | |
|---|---|---|---|
| 라벨지 50mm | 2SET | 1단 받침대 | 1개 |
| 블루투스 마우스 | 5개 | AAA건전지 | 5SET |

① 148,000원
② 183,000원
③ 200,000원
④ 203,000원
⑤ 205,000원

**10** 비품 구매를 담당하는 A사원은 주문 수량을 잘못 기재해서 주문 내역을 수정하였다. 수정 내역대로 비품을 주문했을 때 총 주문 금액은?

| 주문서 | | | |
|---|---|---|---|
| 라벨지 91mm | 4SET | 3단 받침대 | 2개 |
| 블루투스 마우스 | 3개 | AAA건전지 | 3SET |
| 탁상용 문서수동세단기 | 1개 | – | – |

① 151,000원
② 244,600원
③ 252,600원
④ 256,600원
⑤ 262,600원

# PART 5

합격의 공식 시대에듀 www.sdedu.co.kr

# 채용 가이드

# 01 | 블라인드 채용 소개

## 1. 블라인드 채용이란?

채용 과정에서 편견이 개입되어 불합리한 차별을 야기할 수 있는 출신지, 가족관계, 학력, 외모 등의 편견요인은 제외하고, 직무능력만을 평가하여 인재를 채용하는 방식입니다.

## 2. 블라인드 채용의 필요성

- 채용의 공정성에 대한 사회적 요구
  - 누구에게나 직무능력만으로 경쟁할 수 있는 균등한 고용기회를 제공해야 하나, 아직도 채용의 공정성에 대한 불신이 존재
  - 채용상 차별금지에 대한 법적 요건이 권고적 성격에서 처벌을 동반한 의무적 성격으로 강화되는 추세
  - 시민의식과 지원자의 권리의식 성숙으로 차별에 대한 법적 대응 가능성 증가
- 우수인재 채용을 통한 기업의 경쟁력 강화 필요
  - 직무능력과 무관한 학벌, 외모 위주의 선발로 우수인재 선발기회 상실 및 기업경쟁력 약화
  - 채용 과정에서 차별 없이 직무능력중심으로 선발한 우수인재 확보 필요
- 공정한 채용을 통한 사회적 비용 감소 필요
  - 편견에 의한 차별적 채용은 우수인재 선발을 저해하고 외모·학벌 지상주의 등의 심화로 불필요한 사회적 비용 증가
  - 채용에서의 공정성을 높여 사회의 신뢰수준 제고

## 3. 블라인드 채용의 특징

편견요인을 요구하지 않는 대신 직무능력을 평가합니다.

※ 직무능력중심 채용이란?
기업의 역량기반 채용, NCS기반 능력중심 채용과 같이 직무수행에 필요한 능력과 역량을 평가하여 선발하는 채용방식을 통칭합니다.

## 4. 블라인드 채용의 평가요소

직무수행에 필요한 지식, 기술, 태도 등을 과학적인 선발기법을 통해 평가합니다.

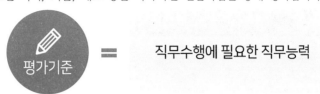

※ 과학적 선발기법이란?
  직무분석을 통해 도출된 평가요소를 서류, 필기, 면접 등을 통해 체계적으로 평가하는 방법으로 입사지원서, 자기소개서,
  직무수행능력평가, 구조화 면접 등이 해당됩니다.

## 5. 블라인드 채용 주요 도입 내용

- 입사지원서에 인적사항 요구 금지
  - 인적사항에는 출신지역, 가족관계, 결혼여부, 재산, 취미 및 특기, 종교, 생년월일(연령), 성별, 신장
    및 체중, 사진, 전공, 학교명, 학점, 외국어 점수, 추천인 등이 해당
  - 채용 직무를 수행하는 데 있어 반드시 필요하다고 인정될 경우는 제외
    예 특수경비직 채용 시 : 시력, 건강한 신체 요구
      연구직 채용 시 : 논문, 학위 요구 등
- 블라인드 면접 실시
  - 면접관에게 응시자의 출신지역, 가족관계, 학교명 등 인적사항 정보 제공 금지
  - 면접관은 응시자의 인적사항에 대한 질문 금지

## 6. 블라인드 채용 도입의 효과성

- 구성원의 다양성과 창의성이 높아져 기업 경쟁력 강화
  - 편견을 없애고 직무능력 중심으로 선발하므로 다양한 직원 구성 가능
  - 다양한 생각과 의견을 통하여 기업의 창의성이 높아져 기업경쟁력 강화
- 직무에 적합한 인재선발을 통한 이직률 감소 및 만족도 제고
  - 사전에 지원자들에게 구체적이고 상세한 직무요건을 제시함으로써 허수 지원이 낮아지고, 직무에
    적합한 지원자 모집 가능
  - 직무에 적합한 인재가 선발되어 직무이해도가 높아져 업무효율 증대 및 만족도 제고
- 채용의 공정성과 기업이미지 제고
  - 블라인드 채용은 사회적 편견을 줄인 선발 방법으로 기업에 대한 사회적 인식 제고
  - 채용과정에서 불합리한 차별을 받지 않고 실력에 의해 공정하게 평가를 받을 것이라는 믿음을 제공
    하고, 지원자들은 평등한 기회와 공정한 선발과정 경험

# 02 | 서류전형 가이드

## 01 채용공고문

### 1. 채용공고문의 변화

| 기존 채용공고문 | 변화된 채용공고문 |
|---|---|
| • 취업준비생에게 불충분하고 불친절한 측면 존재<br>• 모집분야에 대한 명확한 직무관련 정보 및 평가기준 부재<br>• 해당분야에 지원하기 위한 취업준비생의 무분별한 스펙 쌓기 현상 발생 | • NCS 직무분석에 기반한 채용공고를 토대로 채용전형 진행<br>• 지원자가 입사 후 수행하게 될 업무에 대한 자세한 정보 공지<br>• 직무수행내용, 직무수행 시 필요한 능력, 관련된 자격, 직업기초능력 제시<br>• 지원자가 해당 직무에 필요한 스펙만을 준비할 수 있도록 안내 |
| • 모집부문 및 응시자격<br>• 지원서 접수<br>• 전형절차<br>• 채용조건 및 처우<br>• 기타사항 | • 채용절차<br>• 채용유형별 선발분야 및 예정인원<br>• 전형방법<br>• 선발분야별 직무기술서<br>• 우대사항 |

### 2. 지원 유의사항 및 지원요건 확인

채용 직무에 따른 세부사항을 공고문에 명시하여 지원자에게 적격한 지원 기회를 부여함과 동시에 채용과정에서의 공정성과 신뢰성을 확보합니다.

| 구성 | 내용 | 확인사항 |
|---|---|---|
| 모집분야 및 규모 | 고용형태(인턴 계약직 등), 모집분야, 인원, 근무지역 등 | 채용직무가 여러 개일 경우 본인이 해당되는 직무의 채용규모 확인 |
| 응시자격 | 기본 자격사항, 지원조건 | 지원을 위한 최소자격요건을 확인하여 불필요한 지원을 예방 |
| 우대조건 | 법정·특별·자격증 가점 | 본인의 가점 여부를 검토하여 가점 획득을 위한 사항을 사실대로 기재 |
| 근무조건 및 보수 | 고용형태 및 고용기간, 보수, 근무지 | 본인이 생각하는 기대수준에 부합하는지 확인하여 불필요한 지원을 예방 |
| 시험방법 | 서류·필기·면접전형 등의 활용방안 | 전형방법 및 세부 평가기법 등을 확인하여 지원전략 준비 |
| 전형일정 | 접수기간, 각 전형 단계별 심사 및 합격자 발표일 등 | 본인의 지원 스케줄을 검토하여 차질이 없도록 준비 |
| 제출서류 | 입사지원서(경력·경험기술서 등), 각종 증명서 및 자격증 사본 등 | 지원요건 부합 여부 및 자격 증빙서류 사전에 준비 |
| 유의사항 | 임용취소 등의 규정 | 임용취소 관련 법적 또는 기관 내부 규정을 검토하여 해당여부 확인 |

직무기술서란 직무수행의 내용과 필요한 능력, 관련 자격, 직업기초능력 등을 상세히 기재한 것으로 입사 후 수행하게 될 업무에 대한 정보가 수록되어 있는 자료입니다.

## 1. 채용분야

설명

NCS 직무분류 체계에 따라 직무에 대한 「대분류 – 중분류 – 소분류 – 세분류」 체계를 확인할 수 있습니다. 채용 직무에 대한 모든 직무기술서를 첨부하게 되며 실제 수행 업무를 기준으로 세부적인 분류정보를 제공합니다.

| 채용분야 | 분류체계 | | | |
|---|---|---|---|---|
| 사무행정 | 대분류 | 중분류 | 소분류 | 세분류 |
| 분류코드 | 02. 경영 · 회계 · 사무 | 03. 재무 · 회계 | 01. 재무 | 01. 예산 |
| | | | | 02. 자금 |
| | | | 02. 회계 | 01. 회계감사 |
| | | | | 02. 세무 |

## 2. 능력단위

설명

직무분류 체계의 세분류 하위능력단위 중 실질적으로 수행할 업무의 능력만 구체적으로 파악할 수 있습니다.

| | | | |
|---|---|---|---|
| 능력단위 | (예산) | 03. 연간종합예산수립<br>05. 확정예산 운영 | 04. 추정재무제표 작성<br>06. 예산실적 관리 |
| | (자금) | 04. 자금운용 | |
| | (회계감사) | 02. 자금관리<br>05. 회계정보시스템 운용<br>07. 회계감사 | 04. 결산관리<br>06. 재무분석 |
| | (세무) | 02. 결산관리<br>07. 법인세 신고 | 05. 부가가치세 신고 |

## 3. 직무수행내용

설명

세분류 영역의 기본정의를 통해 직무수행내용을 확인할 수 있습니다. 입사 후 수행할 직무내용을 구체적으로 확인할 수 있으며, 이를 통해 입사서류 작성부터 면접까지 직무에 대한 명확한 이해를 바탕으로 자신의 희망직무 인지 아닌지, 해당 직무가 자신이 알고 있던 직무가 맞는지 확인할 수 있습니다.

| | |
|---|---|
| 직무수행내용 | (예산) 일정기간 예상되는 수익과 비용을 편성, 집행하며 통제하는 일 |
| | (자금) 자금의 계획 수립, 조달, 운용을 하고 발생 가능한 위험 관리 및 성과평가 |
| | (회계감사) 기업 및 조직 내 · 외부에 있는 의사결정자들이 효율적인 의사결정을 할 수 있도록 유용한 정보를 제공, 제공된 회계정보의 적정성을 파악하는 일 |
| | (세무) 세무는 기업의 활동을 위하여 주어진 세법범위 내에서 조세부담을 최소화시키는 조세전략을 포함하고 정확한 과세소득과 과세표준 및 세액을 산출하여 과세당국에 신고 · 납부하는 일 |

PART 5

## 4. 직무기술서 예시

| | |
|---|---|
| 태도 | (예산) 정확성, 분석적 태도, 논리적 태도, 타 부서와의 협조적 태도, 설득력 |
| | (자금) 분석적 사고력 |
| | (회계 감사) 합리적 태도, 전략적 사고, 정확성, 적극적 협업 태도, 법률준수 태도, 분석적 태도, 신속성, 책임감, 정확한 판단력 |
| | (세무) 규정 준수 의지, 수리적 정확성, 주의 깊은 태도 |
| 우대 자격증 | 공인회계사, 세무사, 컴퓨터활용능력, 변호사, 워드프로세서, 전산회계운용사, 사회조사분석사, 재경관리사, 회계관리 등 |
| 직업기초능력 | 의사소통능력, 문제해결능력, 자원관리능력, 대인관계능력, 정보능력, 조직이해능력 |

## 5. 직무기술서 내용별 확인사항

| 항목 | 확인사항 |
|---|---|
| 모집부문 | 해당 채용에서 선발하는 부문(분야)명 확인 예 사무행정, 전산, 전기 |
| 분류체계 | 지원하려는 분야의 세부직무군 확인 |
| 주요기능 및 역할 | 지원하려는 기업의 전사적인 기능과 역할, 산업군 확인 |
| 능력단위 | 지원분야의 직무수행에 관련되는 세부업무사항 확인 |
| 직무수행내용 | 지원분야의 직무군에 대한 상세사항 확인 |
| 전형방법 | 지원하려는 기업의 신입사원 선발전형 절차 확인 |
| 일반요건 | 교육사항을 제외한 지원 요건 확인(자격요건, 특수한 경우 연령) |
| 교육요건 | 교육사항에 대한 지원요건 확인(대졸 / 초대졸 / 고졸 / 전공 요건) |
| 필요지식 | 지원분야의 업무수행을 위해 요구되는 지식 관련 세부항목 확인 |
| 필요기술 | 지원분야의 업무수행을 위해 요구되는 기술 관련 세부항목 확인 |
| 직무수행태도 | 지원분야의 업무수행을 위해 요구되는 태도 관련 세부항목 확인 |
| 직업기초능력 | 지원분야 또는 지원기업의 조직원으로서 근무하기 위해 필요한 일반적인 능력사항 확인 |

## 1. 입사지원서의 변화

| 기존지원서 | | 능력중심 채용 입사지원서 |
|---|---|---|
| 직무와 관련 없는 학점, 개인신상, 어학점수, 자격, 수상경력 등을 나열하도록 구성 | VS | 해당 직무수행에 꼭 필요한 정보들을 제시할 수 있도록 구성 |

| 직무기술서 | | 인적사항 | 성명, 연락처, 지원분야 등 작성 (평가 미반영) |
|---|---|---|---|
| 직무수행내용 | | 교육사항 | 직무지식과 관련된 학교교육 및 직업교육 작성 |
| 요구지식 / 기술 | ➡ | 자격사항 | 직무관련 국가공인 또는 민간자격 작성 |
| 관련 자격증 | | 경력 및 경험사항 | 조직에 소속되어 일정한 임금을 받거나(경력) 임금 없이(경험) 직무와 관련된 활동 내용 작성 |
| 사전직무경험 | | | |

## 2. 교육사항

- 지원분야 직무와 관련된 학교 교육이나 직업교육 혹은 기타교육 등 직무에 대한 지원자의 학습 여부를 평가하기 위한 항목입니다.
- 지원하고자 하는 직무의 학교 전공교육 이외에 직업교육, 기타교육 등을 기입할 수 있기 때문에 전공 제한 없이 직업교육과 기타교육을 이수하여 지원이 가능하도록 기회를 제공합니다.
(기타교육 : 학교 이외의 기관에서 개인이 이수한 교육과정 중 지원직무와 관련이 있다고 생각되는 교육내용)

| 구분 | 교육과정(과목)명 | 교육내용 | 과업(능력단위) |
|---|---|---|---|
|  |  |  |  |
|  |  |  |  |

PART 5

## 3. 자격사항

- 채용공고 및 직무기술서에 제시되어 있는 자격 현황을 토대로 지원자가 해당 직무를 수행하는 데 필요한 능력을 가지고 있는지를 평가하기 위한 항목입니다.
- 채용공고 및 직무기술서에 기재된 직무관련 필수 또는 우대자격 항목을 확인하여 본인이 보유하고 있는 자격사항을 기재합니다.

| 자격유형 | 자격증명 | 발급기관 | 취득일자 | 자격증번호 |
|---|---|---|---|---|
|  |  |  |  |  |
|  |  |  |  |  |

## 4. 경력 및 경험사항

- 직무와 관련된 경력이나 경험 여부를 표현하도록 하여 직무와 관련한 능력을 갖추었는지를 평가하기 위한 항목입니다.
- 해당 기업에서 직무를 수행함에 있어 필요한 사항만을 기록하게 되어 있기 때문에 직무와 무관한 스펙을 갖추지 않아도 됩니다.
- 경력 : 금전적 보수를 받고 일정기간 동안 일했던 경우
- 경험 : 금전적 보수를 받지 않고 수행한 활동

※ 기업에 따라 경력 / 경험 관련 증빙자료 요구 가능

| 구분 | 조직명 | 직위 / 역할 | 활동기간(년 / 월) | 주요과업 / 활동내용 |
|---|---|---|---|---|
|  |  |  |  |  |
|  |  |  |  |  |

**Tip**

입사지원서 작성 방법
○ 경력 및 경험사항 작성
- 직무기술서에 제시된 지식, 기술, 태도와 지원자의 교육사항, 경력(경험)사항, 자격사항과 연계하여 개인의 직무역량에 대해 스스로 판단 가능
○ 인적사항 최소화
- 개인의 인적사항, 학교명, 가족관계 등을 노출하지 않도록 유의

부적절한 입사지원서 작성 사례
- 학교 이메일을 기입하여 학교명 노출
- 거주지 주소에 학교 기숙사 주소를 기입하여 학교명 노출
- 자기소개서에 부모님이 재직 중인 기업명, 직위, 직업을 기입하여 가족관계 노출
- 자기소개서에 석·박사 과정에 대한 이야기를 언급하여 학력 노출
- 동아리 활동에 대한 내용을 학교명과 더불어 언급하여 학교명 노출

## 1. 자기소개서의 변화

- 기존의 자기소개서는 지원자의 일대기나 관심 분야, 성격의 장·단점 등 개괄적인 사항을 묻는 질문으로 구성되어 지원자가 자신의 직무능력을 제대로 표출하지 못합니다.
- 능력중심 채용의 자기소개서는 직무기술서에 제시된 직업기초능력(또는 직무수행능력)에 대한 지원자의 과거 경험을 기술하게 함으로써 평가 타당도의 확보가 가능합니다.

| 1. 우리 회사와 해당 지원 직무분야에 지원한 동기에 대해 기술해 주세요. |
| --- |
| |
| 2. 자신이 경험한 다양한 사회활동에 대해 기술해 주세요. |
| |
| 3. 지원 직무에 대한 전문성을 키우기 위해 받은 교육과 경험 및 경력사항에 대해 기술해 주세요. |
| |
| 4. 인사업무 또는 팀 과제 수행 중 발생한 갈등을 원만하게 해결해 본 경험이 있습니까? 당시 상황에 대한 설명과 갈등의 대상이 되었던 상대방을 설득한 과정 및 방법을 기술해 주세요. |
| |
| 5. 과거에 있었던 일 중 가장 어려웠던(힘들었었던) 상황을 고르고, 어떤 방법으로 그 상황을 해결했는지를 기술해 주세요. |
| |

PART 5

자기소개서 작성 방법

① 자기소개서 문항이 묻고 있는 평가 역량 추측하기

예시

- 팀 활동을 하면서 갈등 상황 시 상대방의 니즈나 의도를 명확히 파악하고 해결하여 목표 달성에 기여했던 경험에 대해서 작성해 주시기 바랍니다.
- 다른 사람이 생각해내지 못했던 문제점을 찾고 이를 해결한 경험에 대해 작성해 주시기 바랍니다.

② 해당 역량을 보여줄 수 있는 소재 찾기(시간×역량 매트릭스)

예시

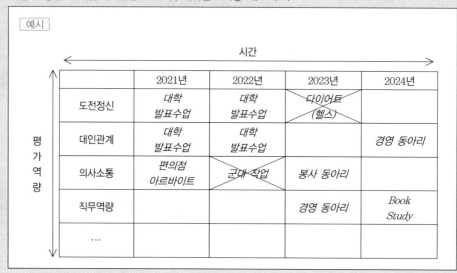

| 평가역량 \ 시간 | 2021년 | 2022년 | 2023년 | 2024년 |
|---|---|---|---|---|
| 도전정신 | 대학 발표수업 | 대학 발표수업 | ~~다이어트 (헬스)~~ | |
| 대인관계 | 대학 발표수업 | 대학 발표수업 | | 경영 동아리 |
| 의사소통 | 편의점 아르바이트 | ~~군대 작업~~ | 봉사 동아리 | |
| 직무역량 | | | 경영 동아리 | *Book Study* |
| … | | | | |

③ 자기소개서 작성 Skill 익히기
- 두괄식으로 작성하기
- 구체적 사례를 사용하기
- '나'를 중심으로 작성하기
- 직무역량 강조하기
- 경험 사례의 차별성 강조하기

# 03 | 인성검사 소개 및 모의테스트

## 01　인성검사 유형

인성검사는 지원자의 성격특성을 객관적으로 파악하고 그것이 각 기업에서 필요로 하는 인재상과 가치에 부합하는가를 평가하기 위한 검사입니다. 인성검사는 KPDI(한국인재개발진흥원), K-SAD(한국사회적성개발원), KIRBS(한국행동과학연구소), SHR(에스에이치알) 등의 전문기관을 통해 각 기업의 특성에 맞는 검사를 선택하여 실시합니다. 대표적인 인성검사의 유형에는 크게 다음과 같은 세 가지가 있으며, 채용 대행업체에 따라 달라집니다.

### 1. KPDI 검사

조직적응성과 직무적합성을 알아보기 위한 검사로 인성검사, 인성역량검사, 인적성검사, 직종별 인적성검사 등의 다양한 검사 도구를 구현합니다. KPDI는 성격을 파악하고 정신건강 상태 등을 측정하고, 직무검사는 해당 직무를 수행하기 위해 기본적으로 갖추어야 할 인지적 능력을 측정합니다. 역량검사는 특정 직무 역할을 효과적으로 수행하는 데 직접적으로 관련 있는 개인의 행동, 지식, 스킬, 가치관 등을 측정합니다.

### 2. KAD(Korea Aptitude Development) 검사

K-SAD(한국사회적성개발원)에서 실시하는 적성검사 프로그램입니다. 개인의 성향, 지적 능력, 기호, 관심, 흥미도를 종합적으로 분석하여 적성에 맞는 업무가 무엇인가 파악하고, 직무수행에 있어서 요구되는 기초능력과 실무능력을 분석합니다.

### 3. SHR 직무적성검사

직무수행에 필요한 종합적인 사고 능력을 다양한 적성검사(Paper and Pencil Test)로 평가합니다. SHR의 모든 직무능력검사는 표준화 검사입니다. 표준화 검사는 표본집단의 점수를 기초로 규준이 만들어진 검사이므로 개인의 점수를 규준에 맞추어 해석·비교하는 것이 가능합니다. S(Standardized Tests), H(Hundreds of Version), R(Reliable Norm Data)을 특징으로 하며, 직군·직급별 특성과 선발 수준에 맞추어 검사를 적용할 수 있습니다.

인성검사는 특히 면접질문과 관련성이 높습니다. 면접관은 지원자의 인성검사 결과를 토대로 질문을 하기 때문입니다. 일관적이고 이상적인 답변을 하는 것이 가장 좋지만, 실제 시험은 매우 복잡하여 전문가라 해도 일정 성격을 유지하면서 답변을 하는 것이 힘듭니다. 또한, 인성검사에는 라이 스케일(Lie Scale) 설문이 전체 설문 속에 교묘하게 섞여 들어가 있으므로 겉치레적인 답을 하게 되면 회답태도의 허위성이 그대로 드러나게 됩니다. 예를 들어 '거짓말을 한 적이 한 번도 없다.'에 '예'로 답하고, '때로는 거짓말을 하기도 한다.'에 '예'라고 답하여 라이 스케일의 득점이 올라가게 되면 모든 회답의 신빙성이 사라지고 '자신을 돋보이게 하려는 사람'이라는 평가를 받을 수 있으므로 주의해야 합니다. 따라서 모의테스트를 통해 인성검사의 유형과 실제 시험 시 어떻게 문제를 풀어야 하는지 연습해 보고 체크한 부분 중 자신의 단점과 연결되는 부분은 면접에서 질문이 들어왔을 때 어떻게 대처해야 하는지 생각해 보는 것이 좋습니다.

## 03 유의사항

### 1. 기업의 인재상을 파악하라!

인성검사를 통해 개인의 성격 특성을 파악하고 그것이 기업의 인재상과 가치에 부합하는지를 평가하는 시험이기 때문에 해당 기업의 인재상을 먼저 파악하고 시험에 임하는 것이 좋습니다. 모의테스트에서 인재상에 맞는 가상의 인물을 설정하고 문제에 답해 보는 것도 많은 도움이 됩니다.

### 2. 일관성 있는 대답을 하라!

짧은 시간 안에 다양한 질문에 답을 해야 하는데, 그 안에는 중복되는 질문이 여러 번 나옵니다. 이때 앞서 자신이 체크했던 대답을 잘 기억해뒀다가 일관성 있는 답을 하는 것이 중요합니다.

### 3. 모든 문항에 대답하라!

많은 문제를 짧은 시간 안에 풀려다 보니 다 못 푸는 경우도 종종 생깁니다. 하지만 대답을 누락하거나 끝까지 다 못했을 경우 좋지 않은 결과를 가져올 수도 있으니 최대한 주어진 시간 안에 모든 문항에 답할 수 있도록 해야 합니다.

※ 모의테스트는 질문 및 답변 유형 연습을 위한 것으로 실제 시험과 다를 수 있습니다.
※ 인성검사는 정답이 따로 없는 유형의 검사이므로 결과지를 제공하지 않습니다.

| 번호 | 내용 | 예 | 아니요 |
|:---:|---|:---:|:---:|
| 001 | 나는 솔직한 편이다. | ☐ | ☐ |
| 002 | 나는 리드하는 것을 좋아한다. | ☐ | ☐ |
| 003 | 법을 어겨서 말썽이 된 적이 한 번도 없다. | ☐ | ☐ |
| 004 | 거짓말을 한 번도 한 적이 없다. | ☐ | ☐ |
| 005 | 나는 눈치가 빠르다. | ☐ | ☐ |
| 006 | 나는 일을 주도하기보다는 뒤에서 지원하는 것을 선호한다. | ☐ | ☐ |
| 007 | 앞일은 알 수 없기 때문에 계획은 필요하지 않다. | ☐ | ☐ |
| 008 | 거짓말도 때로는 방편이라고 생각한다. | ☐ | ☐ |
| 009 | 사람이 많은 술자리를 좋아한다. | ☐ | ☐ |
| 010 | 걱정이 지나치게 많다. | ☐ | ☐ |
| 011 | 일을 시작하기 전 재고하는 경향이 있다. | ☐ | ☐ |
| 012 | 불의를 참지 못한다. | ☐ | ☐ |
| 013 | 처음 만나는 사람과도 이야기를 잘 한다. | ☐ | ☐ |
| 014 | 때로는 변화가 두렵다. | ☐ | ☐ |
| 015 | 나는 모든 사람에게 친절하다. | ☐ | ☐ |
| 016 | 힘든 일이 있을 때 술은 위로가 되지 않는다. | ☐ | ☐ |
| 017 | 결정을 빨리 내리지 못해 손해를 본 경험이 있다. | ☐ | ☐ |
| 018 | 기회를 잡을 준비가 되어 있다. | ☐ | ☐ |
| 019 | 때로는 내가 정말 쓸모없는 사람이라고 느낀다. | ☐ | ☐ |
| 020 | 누군가 나를 챙겨주는 것이 좋다. | ☐ | ☐ |
| 021 | 자주 가슴이 답답하다. | ☐ | ☐ |
| 022 | 나는 내가 자랑스럽다. | ☐ | ☐ |
| 023 | 경험이 중요하다고 생각한다. | ☐ | ☐ |
| 024 | 전자기기를 분해하고 다시 조립하는 것을 좋아한다. | ☐ | ☐ |

PART 5

| 025 | 감시받고 있다는 느낌이 든다. | ☐ | ☐ |
| 026 | 난처한 상황에 놓이면 그 순간을 피하고 싶다. | ☐ | ☐ |
| 027 | 세상엔 믿을 사람이 없다. | ☐ | ☐ |
| 028 | 잘못을 빨리 인정하는 편이다. | ☐ | ☐ |
| 029 | 지도를 보고 길을 잘 찾아간다. | ☐ | ☐ |
| 030 | 귓속말을 하는 사람을 보면 날 비난하고 있는 것 같다. | ☐ | ☐ |
| 031 | 막무가내라는 말을 들을 때가 있다. | ☐ | ☐ |
| 032 | 장래의 일을 생각하면 불안하다. | ☐ | ☐ |
| 033 | 결과보다 과정이 중요하다고 생각한다. | ☐ | ☐ |
| 034 | 운동은 그다지 할 필요가 없다고 생각한다. | ☐ | ☐ |
| 035 | 새로운 일을 시작할 때 좀처럼 한 발을 떼지 못한다. | ☐ | ☐ |
| 036 | 기분 상하는 일이 있더라도 참는 편이다. | ☐ | ☐ |
| 037 | 업무능력은 성과로 평가받아야 한다고 생각한다. | ☐ | ☐ |
| 038 | 머리가 맑지 못하고 무거운 느낌이 든다. | ☐ | ☐ |
| 039 | 가끔 이상한 소리가 들린다. | ☐ | ☐ |
| 040 | 타인이 내게 자주 고민상담을 하는 편이다. | ☐ | ☐ |

※ 모의테스트는 질문 및 답변 유형 연습을 위한 것으로 실제 시험과 다를 수 있습니다.
※ 인성검사는 정답이 따로 없는 유형의 검사이므로 결과지를 제공하지 않습니다.

※ 이 성격검사의 각 문항에는 서로 다른 행동을 나타내는 네 개의 문장이 제시되어 있습니다. 이 문장들을 비교하여, 자신의 평소 행동과 가장 가까운 문장을 'ㄱ' 열에 표기하고, 가장 먼 문장을 'ㅁ' 열에 표기하십시오.

**01**　나는 _____

|  | ㄱ | ㅁ |
|---|---|---|
| A. 실용적인 해결책을 찾는다. | ☐ | ☐ |
| B. 다른 사람을 돕는 것을 좋아한다. | ☐ | ☐ |
| C. 세부 사항을 잘 챙긴다. | ☐ | ☐ |
| D. 상대의 주장에서 허점을 잘 찾는다. | ☐ | ☐ |

**02**　나는 _____

|  | ㄱ | ㅁ |
|---|---|---|
| A. 매사에 적극적으로 임한다. | ☐ | ☐ |
| B. 즉흥적인 편이다. | ☐ | ☐ |
| C. 관찰력이 있다. | ☐ | ☐ |
| D. 임기응변에 강하다. | ☐ | ☐ |

**03**　나는 _____

|  | ㄱ | ㅁ |
|---|---|---|
| A. 무서운 영화를 잘 본다. | ☐ | ☐ |
| B. 조용한 곳이 좋다. | ☐ | ☐ |
| C. 가끔 울고 싶다. | ☐ | ☐ |
| D. 집중력이 좋다. | ☐ | ☐ |

**04**　나는 _____

|  | ㄱ | ㅁ |
|---|---|---|
| A. 기계를 조립하는 것을 좋아한다. | ☐ | ☐ |
| B. 집단에서 리드하는 역할을 맡는다. | ☐ | ☐ |
| C. 호기심이 많다. | ☐ | ☐ |
| D. 음악을 듣는 것을 좋아한다. | ☐ | ☐ |

**05** 나는 _____

| | ㄱ | ㅁ |
|---|---|---|
| A. 타인을 늘 배려한다. | ☐ | ☐ |
| B. 감수성이 예민하다. | ☐ | ☐ |
| C. 즐겨하는 운동이 있다. | ☐ | ☐ |
| D. 일을 시작하기 전에 계획을 세운다. | ☐ | ☐ |

**06** 나는 _____

| | ㄱ | ㅁ |
|---|---|---|
| A. 타인에게 설명하는 것을 좋아한다. | ☐ | ☐ |
| B. 여행을 좋아한다. | ☐ | ☐ |
| C. 정적인 것이 좋다. | ☐ | ☐ |
| D. 남을 돕는 것에 보람을 느낀다. | ☐ | ☐ |

**07** 나는 _____

| | ㄱ | ㅁ |
|---|---|---|
| A. 기계를 능숙하게 다룬다. | ☐ | ☐ |
| B. 밤에 잠이 잘 오지 않는다. | ☐ | ☐ |
| C. 한 번 간 길을 잘 기억한다. | ☐ | ☐ |
| D. 불의를 보면 참을 수 없다. | ☐ | ☐ |

**08** 나는 _____

| | ㄱ | ㅁ |
|---|---|---|
| A. 종일 말을 하지 않을 때가 있다. | ☐ | ☐ |
| B. 사람이 많은 곳을 좋아한다. | ☐ | ☐ |
| C. 술을 좋아한다. | ☐ | ☐ |
| D. 휴양지에서 편하게 쉬고 싶다. | ☐ | ☐ |

**09** 나는 _____

| | ㄱ | ㅁ |
|---|---|---|
| A. 뉴스보다는 드라마를 좋아한다. | ☐ | ☐ |
| B. 길을 잘 찾는다. | ☐ | ☐ |
| C. 주말엔 집에서 쉬는 것이 좋다. | ☐ | ☐ |
| D. 아침에 일어나는 것이 힘들다. | ☐ | ☐ |

**10** 나는 _____

| | ㄱ | ㅁ |
|---|---|---|
| A. 이성적이다. | ☐ | ☐ |
| B. 할 일을 종종 미룬다. | ☐ | ☐ |
| C. 어른을 대하는 게 힘들다. | ☐ | ☐ |
| D. 불을 보면 매혹을 느낀다. | ☐ | ☐ |

**11** 나는 _____

| | ㄱ | ㅁ |
|---|---|---|
| A. 상상력이 풍부하다. | ☐ | ☐ |
| B. 예의 바르다는 소리를 자주 듣는다. | ☐ | ☐ |
| C. 사람들 앞에 서면 긴장한다. | ☐ | ☐ |
| D. 친구를 자주 만난다. | ☐ | ☐ |

**12** 나는 _____

| | ㄱ | ㅁ |
|---|---|---|
| A. 나만의 스트레스 해소 방법이 있다. | ☐ | ☐ |
| B. 친구가 많다. | ☐ | ☐ |
| C. 책을 자주 읽는다. | ☐ | ☐ |
| D. 활동적이다. | ☐ | ☐ |

PART 5

# 04 | 면접전형 가이드

## 01 면접유형 파악

### 1. 면접전형의 변화

기존 면접전형에서는 일상적이고 단편적인 대화나 지원자의 첫인상 및 면접관의 주관적인 판단 등에 의해서 입사 결정 여부를 판단하는 경우가 많았습니다. 이러한 면접전형은 면접 내용의 일관성이 결여되거나 직무 관련 타당성이 부족하였고, 면접에 대한 신뢰도에 영향을 주었습니다.

| 기존 면접(전통적 면접) | | 능력중심 채용 면접(구조화 면접) |
|---|---|---|
| • 일상적이고 단편적인 대화<br>• 인상, 외모 등 외부 요소의 영향<br>• 주관적인 판단에 의존한 총점 부여<br><br>⇩<br><br>• 면접 내용의 일관성 결여<br>• 직무관련 타당성 부족<br>• 주관적인 채점으로 신뢰도 저하 | VS | • 일관성<br>　– 직무관련 역량에 초점을 둔 구체적 질문 목록<br>　– 지원자별 동일 질문 적용<br>• 구조화<br>　– 면접 진행 및 평가 절차를 일정한 체계에 의해 구성<br>• 표준화<br>　– 평가 타당도 제고를 위한 평가 Matrix 구성<br>　– 척도에 따라 항목별 채점, 개인 간 비교<br>• 신뢰성<br>　– 면접진행 매뉴얼에 따라 면접위원 교육 및 실습 |

### 2. 능력중심 채용의 면접 유형

① 경험 면접
  • 목적 : 선발하고자 하는 직무 능력이 필요한 과거 경험을 질문합니다.
  • 평가요소 : 직업기초능력과 인성 및 태도적 요소를 평가합니다.
② 상황 면접
  • 목적 : 특정 상황을 제시하고 지원자의 행동을 관찰함으로써 실제 상황의 행동을 예상합니다.
  • 평가요소 : 직업기초능력과 인성 및 태도적 요소를 평가합니다.
③ 발표 면접
  • 목적 : 특정 주제와 관련된 지원자의 발표와 질의응답을 통해 지원자 역량을 평가합니다.
  • 평가요소 : 직무수행능력과 인지적 역량(문제해결능력)을 평가합니다.
④ 토론 면접
  • 목적 : 토의과제에 대한 의견수렴 과정에서 지원자의 역량과 상호작용능력을 평가합니다.
  • 평가요소 : 직무수행능력과 팀워크를 평가합니다.

## 1. 경험 면접

① 경험 면접의 특징
- 주로 직업기초능력에 관련된 지원자의 과거 경험을 심층 질문하여 검증하는 면접입니다.
- 직무능력과 관련된 과거 경험을 평가하기 위해 심층 질문을 하며, 이 질문은 지원자의 답변에 대하여 '꼬리에 꼬리를 무는 형식'으로 진행됩니다.

---

- 능력요소, 정의, 심사 기준
  - 평가하고자 하는 능력요소, 정의, 심사기준을 확인하여 면접위원이 해당 능력요소 관련 질문을 제시합니다.
- Opening Question
  - 능력요소에 관련된 과거 경험을 유도하기 위한 시작 질문을 합니다.
- Follow-up Question
  - 지원자의 경험 수준을 구체적으로 검증하기 위한 질문입니다.
  - 경험 수준 검증을 위한 상황(Situation), 임무(Task), 역할 및 노력(Action), 결과(Result) 등으로 질문을 구분합니다.

---

**경험 면접의 형태**

[면접관 1]  [면접관 2]  [면접관 3]          [면접관 1]  [면접관 2]  [면접관 3]

[지원자]                  [지원자 1]  [지원자 2]  [지원자 3]

〈일대다 면접〉                      〈다대다 면접〉

② 경험 면접의 구조

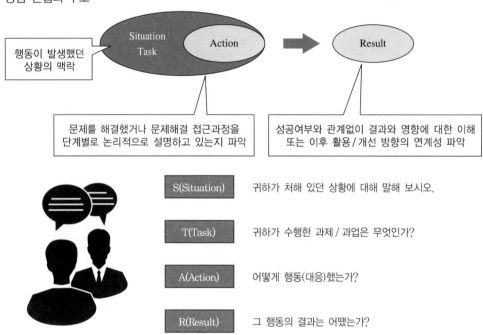

행동이 발생했던
상황의 맥락

문제를 해결했거나 문제해결 접근과정을
단계별로 논리적으로 설명하고 있는지 파악

성공여부와 관계없이 결과와 영향에 대한 이해
또는 이후 활용 / 개선 방향의 연계성 파악

S(Situation)　귀하가 처해 있던 상황에 대해 말해 보시오.

T(Task)　귀하가 수행한 과제 / 과업은 무엇인가?

A(Action)　어떻게 행동(대응)했는가?

R(Result)　그 행동의 결과는 어땠는가?

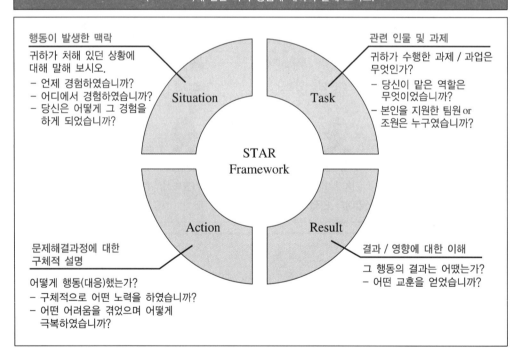

( 　　　 )에 관한 과거 경험에 대하여 말해 보시오.

행동이 발생한 맥락
귀하가 처해 있던 상황에
대해 말해 보시오.
– 언제 경험하였습니까?
– 어디에서 경험하였습니까?
– 당신은 어떻게 그 경험을
　하게 되었습니까?

Situation

관련 인물 및 과제
귀하가 수행한 과제 / 과업은
무엇인가?
– 당신이 맡은 역할은
　무엇이었습니까?
– 본인을 지원한 팀원 or
　조원은 누구였습니까?

Task

STAR
Framework

Action

Result

문제해결과정에 대한
구체적 설명
어떻게 행동(대응)했는가?
– 구체적으로 어떤 노력을 하였습니까?
– 어떤 어려움을 겪었으며 어떻게
　극복하였습니까?

결과 / 영향에 대한 이해
그 행동의 결과는 어땠는가?
– 어떤 교훈을 얻었습니까?

③ 경험 면접 질문 예시(직업윤리)

| 시작 질문 | |
|---|---|
| 1 | 남들이 신경 쓰지 않는 부분까지 고려하여 절차대로 업무(연구)를 수행하여 성과를 낸 경험을 구체적으로 말해 보시오. |
| 2 | 조직의 원칙과 절차를 철저히 준수하며 업무(연구)를 수행한 것 중 성과를 향상시킨 경험에 대해 구체적으로 말해 보시오. |
| 3 | 세부적인 절차와 규칙에 주의를 기울여 실수 없이 업무(연구)를 마무리한 경험을 구체적으로 말해 보시오. |
| 4 | 조직의 규칙이나 원칙을 고려하여 성실하게 일했던 경험을 구체적으로 말해 보시오. |
| 5 | 타인의 실수를 바로잡고 원칙과 절차대로 수행하여 성공적으로 업무를 마무리하였던 경험에 대해 말해 보시오. |

| 후속 질문 | | |
|---|---|---|
| 상황<br>(Situation) | 상황 | 구체적으로 언제, 어디에서 경험한 일인가? |
| | | 어떤 상황이었는가? |
| | 조직 | 어떤 조직에 속해 있었는가? |
| | | 그 조직의 특성은 무엇이었는가? |
| | | 몇 명으로 구성된 조직이었는가? |
| | 기간 | 해당 조직에서 얼마나 일했는가? |
| | | 해당 업무는 몇 개월 동안 지속되었는가? |
| | 조직규칙 | 조직의 원칙이나 규칙은 무엇이었는가? |
| 임무<br>(Task) | 과제 | 과제의 목표는 무엇이었는가? |
| | | 과제에 적용되는 조직의 원칙은 무엇이었는가? |
| | | 그 규칙을 지켜야 하는 이유는 무엇이었는가? |
| | 역할 | 당신이 조직에서 맡은 역할은 무엇이었는가? |
| | | 과제에서 맡은 역할은 무엇이었는가? |
| | 문제의식 | 규칙을 지키지 않을 경우 생기는 문제점 / 불편함은 무엇인가? |
| | | 해당 규칙이 왜 중요하다고 생각하였는가? |
| 역할 및 노력<br>(Action) | 행동 | 업무 과정의 어떤 장면에서 규칙을 철저히 준수하였는가? |
| | | 어떻게 규정을 적용시켜 업무를 수행하였는가? |
| | | 규정은 준수하는 데 어려움은 없었는가? |
| | 노력 | 그 규칙을 지키기 위해 스스로 어떤 노력을 기울였는가? |
| | | 본인의 생각이나 태도에 어떤 변화가 있었는가? |
| | | 다른 사람들은 어떤 노력을 기울였는가? |
| | 동료관계 | 동료들은 규칙을 철저히 준수하고 있었는가? |
| | | 팀원들은 해당 규칙에 대해 어떻게 반응하였는가? |
| | | 규칙에 대한 태도를 개선하기 위해 어떤 노력을 하였는가? |
| | | 팀원들의 태도는 당신에게 어떤 자극을 주었는가? |
| | 업무추진 | 주어진 업무를 추진하는 데 규칙이 방해되진 않았는가? |
| | | 업무수행 과정에서 규정을 어떻게 적용하였는가? |
| | | 업무 시 규정을 준수해야 한다고 생각한 이유는 무엇인가? |

| | | |
|---|---|---|
| 결과<br>(Result) | 평가 | 규칙을 어느 정도나 준수하였는가? |
| | | 그렇게 준수할 수 있었던 이유는 무엇이었는가? |
| | | 업무의 성과는 어느 정도였는가? |
| | | 성과에 만족하였는가? |
| | | 비슷한 상황이 온다면 어떻게 할 것인가? |
| | 피드백 | 주변 사람들로부터 어떤 평가를 받았는가? |
| | | 그러한 평가에 만족하는가? |
| | | 다른 사람에게 본인의 행동이 영향을 주었다고 생각하는가? |
| | 교훈 | 업무수행 과정에서 중요한 점은 무엇이라고 생각하는가? |
| | | 이 경험을 통해 느낀 바는 무엇인가? |

## 2. 상황 면접

### ① 상황 면접의 특징

직무 관련 상황을 가정하여 제시하고 이에 대한 대응능력을 직무관련성 측면에서 평가하는 면접입니다.

- 상황 면접 과제의 구성은 크게 2가지로 구분
  - 상황 제시(Description) / 문제 제시(Question or Problem)
- 현장의 실제 업무 상황을 반영하여 과제를 제시하므로 직무분석이나 직무전문가 워크숍 등을 거쳐 현장성을 높임
- 문제는 상황에 대한 기본적인 이해능력(이론적 지식)과 함께 실질적 대응이나 변수 고려능력(실천적 능력) 등을 고르게 질문해야 함

---

**상황 면접의 형태**

[면접관 1]　[면접관 2]

[연기자 1]　[연기자 2]　　　　　　　　[면접관 1]　[면접관 2]

[지원자]　　　　　　　　　　[지원자 1]　[지원자 2]　[지원자 3]

〈시뮬레이션〉　　　　　　　　　　　〈문답형〉

② 상황 면접 예시

| | | |
|---|---|---|
| 상황<br>제시 | 인천공항 여객터미널 내에는 다양한 용도의 시설(사무실, 통신실, 식당, 전산실, 창고<br>면세점 등)이 설치되어 있습니다. | 실제 업무<br>상황에 기반함 |
| | 금년에 소방배관의 누수가 잦아 메인 배관을 교체하는 공사를 추진하고 있으며, 당신<br>은 이번 공사의 담당자입니다. | 배경 정보 |
| | 주간에는 공항 운영이 이루어져 주로 야간에만 배관 교체 공사를 수행하던 중, 시공하<br>는 기능공의 실수로 배관 연결 부위를 잘못 건드려 고압배관의 소화수가 누출되는<br>사고가 발생하였으며, 이로 인해 인근 시설물에 누수에 의한 피해가 발생하였습니다. | 구체적인 문제 상황 |
| 문제<br>제시 | 일반적인 소방배관의 배관연결(이음)방식과 배관의 이탈(누수)이 발생하는 원인<br>에 대해 설명해 보시오. | 문제 상황 해결을 위한<br>기본 지식 문항 |
| | 담당자로서 본 사고를 현장에서 긴급히 처리하는 프로세스를 제시하고, 보수완료<br>후 사후적 조치가 필요한 부분 및 재발방지 방안에 대해 설명해 보시오. | 문제 상황 해결을 위한<br>추가 대응 문항 |

## 3. 발표 면접

① 발표 면접의 특징
- 직무관련 주제에 대한 지원자의 생각을 정리하여 의견을 제시하고, 발표 및 질의응답을 통해 지원자
의 직무능력을 평가하는 면접입니다.
- 발표 주제는 직무와 관련된 자료로 제공되며, 일정 시간 후 지원자가 보유한 지식 및 방안에 대한
발표 및 후속 질문을 통해 직무적합성을 평가합니다.

---

- 주요 평가요소
  – 설득적 말하기 / 발표능력 / 문제해결능력 / 직무관련 전문성
- 이미 언론을 통해 공론화된 시사 이슈보다는 해당 직무분야에 관련된 주제가 발표면접의 과제로 선
정되는 경우가 최근 들어 늘어나고 있음
- 짧은 시간 동안 주어진 과제를 빠른 속도로 분석하여 발표문을 작성하고 제한된 시간 안에 면접관에
게 효과적인 발표를 진행하는 것이 핵심

---

발표 면접의 형태

[면접관 1]  [면접관 2]

[면접관 1]  [면접관 2]

[지원자]

〈개별 과제 발표〉

[지원자 1]  [지원자 2]  [지원자 3]

〈팀 과제 발표〉

※ 면접관에게 시각적 효과를 사용하여 메시지를 전달하는 쌍방향 커뮤니케이션 방식
※ 심층면접을 보완하기 위한 방안으로 최근 많은 기업에서 적극 도입하는 추세

② 발표 면접 예시

1. 지시문

> 당신은 현재 A사에서 직원들의 성과평가를 담당하고 있는 팀원이다. 인사팀은 지난주부터 사내 조직문화관련 인터뷰를 하던 도중 성과평가제도에 관련된 개선 니즈가 제일 많다는 것을 알게 되었다. 이에 팀장님은 인터뷰 결과를 종합하려 성과평가제도 개선 아이디어를 A4용지에 정리하여 신속 보고할 것을 지시하셨다. 당신에게 남은 시간은 1시간이다. 자료를 준비하는 대로 당신은 팀원들이 모인 회의실에서 5분 간 발표할 것이며, 이후 질의응답을 진행할 것이다.

2. 배경자료

> <성과평가제도 개선에 대한 인터뷰>
>
> 최근 A사는 회사 사세의 급성장으로 인해 작년보다 매출이 두 배 성장하였고, 직원 수 또한 두 배로 증가하였다. 회사의 성장은 임금, 복지에 대한 상승 등 긍정적인 영향을 주었으나 업무의 불균형 및 성과보상의 불평등 문제가 발생하였다. 또한 수시로 입사하는 신입직원과 경력직원, 퇴사하는 직원들까지 인원들의 잦은 변동으로 인해 평가해야 할 대상이 변경되어 현재의 성과평가제도로는 공정한 평가가 어려운 상황이다.
>
> [생산부서 김상호]
> 우리 팀은 지난 1년 동안 생산량이 급증했기 때문에 수십 명의 신규인력이 급하게 채용되었습니다. 이 때문에 저희 팀장님은 신규 입사자들의 이름조차 기억 못할 때가 많이 있습니다. 성과평가를 제대로 하고 있는지 의문이 듭니다.
>
> [마케팅 부서 김흥민]
> 개인의 성과평가의 취지는 충분히 이해합니다. 그러나 현재 평가는 실적기반이나 정성적인 평가가 많이 포함되어 있어 객관성과 공정성에는 의문이 드는 것이 사실입니다. 이러한 상황에서 평가제도를 재수립하지 않고, 인센티브에 계속 반영한다면, 평가제도에 대한 반감이 커질 것이 분명합니다.
>
> [교육부서 홍경민]
> 현재 교육부서는 인사팀과 밀접하게 일하고 있습니다. 그럼에도 인사팀에서 실시하는 성과평가제도에 대한 이해가 부족한 것 같습니다.
>
> [기획부서 김경호 차장]
> 저는 저의 평가자 중 하나가 연구부서의 팀장님인데, 일 년에 몇 번 같이 일하지 않는데 어떻게 저를 평가할 수 있을까요? 특히 연구팀은 저희가 예산을 배정하는데, 저에게는 좋지만….

## 4. 토론 면접

① 토론 면접의 특징
  • 다수의 지원자가 조를 편성해 과제에 대한 토론(토의)을 통해 결론을 도출해가는 면접입니다.
  • 의사소통능력, 팀워크, 종합인성 등의 평가에 용이합니다.

> • 주요 평가요소
>   – 설득적 말하기, 경청능력, 팀워크, 종합인성
> • 의견 대립이 명확한 주제 또는 채용분야의 직무 관련 주요 현안을 주제로 과제 구성
> • 제한된 시간 내 토론을 진행해야 하므로 적극적으로 자신 있게 토론에 임하고 본인의 의견을 개진할
>   수 있어야 함

토론 면접의 형태

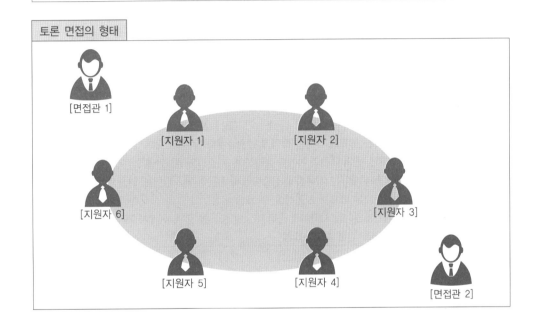

② 토론 면접 예시

| 고객 불만 고충처리 |
| --- |

### 1. 들어가며

최근 우리 상품에 대한 고객 불만의 증가로 고객고충처리 TF가 만들어졌고 당신은 여기에 지원해 배치받았다. 당신의 업무는 불만을 가진 고객을 만나서 애로사항을 듣고 처리해 주는 일이다. 주된 업무로는 고객의 니즈를 파악해 방향성을 제시해 주고 그 해결책을 마련하는 일이다. 하지만 경우에 따라서 고객의 주관적인 의견으로 인해 제대로 된 방향으로 의사결정을 하지 못할 때가 있다. 이럴 경우 설득이나 논쟁을 해서라도 의견을 관철시키는 것이 좋을지 아니면 고객의 의견대로 진행하는 것이 좋을지 결정해야 할 때가 있다. 만약 당신이라면 이러한 상황에서 어떤 결정을 내릴 것인지 여부를 자유롭게 토론해 보시오.

### 2. 1분 자유 발언 시 준비사항

• 당신은 의견을 자유롭게 개진할 수 있으며 이에 따른 불이익은 없습니다.

• 토론의 방향성을 이해하고, 내용의 장점과 단점이 무엇인지 문제를 명확히 말해야 합니다.

• 합리적인 근거에 기초하여 개선방안을 명확히 제시해야 합니다.

• 제시한 방안을 실행 시 예상되는 긍정적·부정적 영향요인도 동시에 고려할 필요가 있습니다.

### 3. 토론 시 유의사항

• 토론 주제문과 제공해드린 메모지, 볼펜만 가지고 토론장에 입장할 수 있습니다.

• 사회자의 지정 또는 발표자가 손을 들어 발언권을 획득할 수 있으며, 사회자의 통제에 따릅니다.

• 토론회가 시작되면, 팀의 의견과 논거를 정리하여 1분간의 자유발언을 할 수 있습니다. 순서는 사회자가 지정합니다. 이후에는 자유롭게 상대방에게 질문하거나 답변을 하실 수 있습니다.

• 핸드폰, 서적 등 외부 매체는 사용하실 수 없습니다.

• 논제에 벗어나는 발언이나 지나치게 공격적인 발언을 할 경우, 위에서 제시한 유의사항을 지키지 않을 경우 불이익을 받을 수 있습니다.

## 1. 면접 Role Play 편성

- 교육생끼리 조를 편성하여 면접관과 지원자 역할을 교대로 진행합니다.
- 지원자 입장과 면접관 입장을 모두 경험해 보면서 면접에 대한 적응력을 높일 수 있습니다.

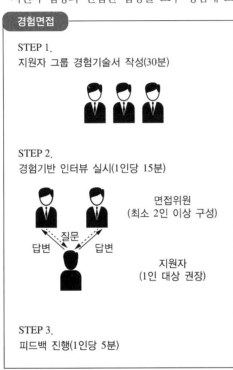

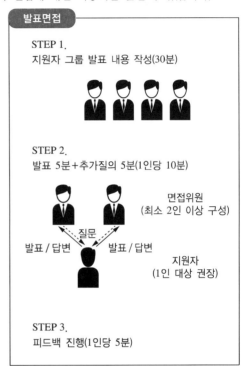

> **Tip**

면접 준비하기
1. 면접 유형 확인 필수
   - 기업마다 면접 유형이 상이하기 때문에 해당 기업의 면접 유형을 확인하는 것이 좋음
   - 일반적으로 실무진 면접, 임원면접 2차례에 거쳐 면접을 실시하는 기업이 많고 실무진 면접과 임원 면접에서 평가요소가 다르기 때문에 유형에 맞는 준비방법이 필요
2. 후속 질문에 대한 사전 점검
   - 블라인드 채용 면접에서는 주요 질문과 함께 후속 질문을 통해 지원자의 직무능력을 판단
     → STAR 기법을 통한 후속 질문에 미리 대비하는 것이 필요

PART 5

# 05 | 강원랜드 면접 기출질문

강원랜드의 면접전형은 多 대 多 방식의 구조화된 블라인드 면접으로, 과제 기반 면접과 경험 기반 면접으로 진행된다. 토론 면접인 과제 기반 면접은 의사소통, 문제해결, 대인관계, 적극성 등을 평가한다. 종합 면접인 경험 기반 면접은 직업윤리, 조직이해, 자기개발, 조직적합 등을 평가한다.

- 30초 동안 자기소개를 해 보시오. [2024년]
- 강원랜드에 지원한 이유를 말해 보시오. [2024년]
- 강원랜드에 입사하기 위해 무엇을 준비했는지 말해 보시오. [2024년]
- 최근 가장 성과를 냈던 일에 대해 말해 보시오. [2024년]
- 지원한 분야와 다른 분야로 입사할 수 있는지 말해 보시오. [2024년]
- 대학 생활 때 주로 했던 일에 대해 말해 보시오. [2024년]
- 지원한 분야와 관련된 일을 했던 경험에 대해 말해 보시오. [2024년]
- 지원한 분야에 가장 필요한 역량이 무엇이라고 생각하는지 말해 보시오. [2024년]
- 동료와의 불화를 해결한 경험에 대해 말해 보시오. [2024년]
- 해당 분야를 선택한 이유를 말해 보시오.
- 지원한 분야에서 가장 중요한 덕목이 무엇이라고 생각하는지 말해 보시오.
- 본인의 장점과 단점에 대해 말해 보시오.
- 입사 후 포부를 말해 보시오.
- 살면서 가장 열심히 해 본 일에 대해 말해 보시오.
- 지금까지 본인이 달성한 가장 큰 업적은 무엇인지 말해 보시오.
- 최근 가장 중요한 의사결정을 했던 경험에 대해 말해 보시오.
- 본인의 경험을 기반으로 단체 생활에서 가장 중요한 것은 무엇이라고 생각하는지 말해 보시오.
- 직장상사와 트러블이 발생할 경우 어떻게 대처할 것인지 말해 보시오.
- 공동 작업에 참여하지 않는 팀원이 있다면 어떻게 대처할 것인지 말해 보시오.
- 새로운 조직에 잘 적응하기 위한 본인만의 방법을 말해 보시오.
- 일하면서 가장 참기 힘든 점이 있다면 말해 보시오.
- 고객이 질문을 하였는데 본인이 잘 모르는 내용이라면 어떻게 대처할 것인지 말해 보시오.
- 강원랜드의 미래 비전에 대해 말해 보시오.
- 강원랜드가 지역상생을 해야 하는 이유를 말해 보시오.
- 4차 산업혁명과 관련하여 강원랜드가 나아가야 할 방향에 대해 말해 보시오.
- 강원랜드의 ESG 관련 발전 방안에 대해 말해 보시오.
- 코로나19로 인해 내수 관광까지 위축된 상황에서 강원랜드가 나아가야 할 방향에 대해 말해 보시오.
- 요즘은 평생직장이라는 개념이 사라지고 있는데, 강원랜드에서 얼마나 근무하고 싶은지 말해 보시오.
- 카지노 딜러로서 가장 중요한 자세가 무엇이라고 생각하는지 말해 보시오.
- 일하는 것에 있어서 이것만은 참을 수 없다고 생각하는 행동에 대해 말해 보시오.

- 새로운 직장에서 잘 적응할 수 있는 본인만의 방법을 말해 보시오.
- 이전 공동체 생활을 하면서 제일 잘했다고 생각하는 행동은 무엇인지 말해 보시오.
- 살면서 가장 스트레스 받았던 경험에 대해 말해 보시오.
- 남들이 말하는 본인의 단점에 대해 말해 보시오.
- 본인은 마무리하는 사람인지, 아니면 시작하는 사람인지 말해 보시오.
- 살면서 겪었던 가장 큰 고난에 대해 말해 보시오.
- 서비스란 무엇이라고 생각하는지 말해 보시오.
- 면접관이 고객이라고 생각하고 가장 자신 있는 표정을 지어 보시오.
- 지원한 분야의 구체적인 업무를 설명해 보시오.
- 국내 다른 카지노에 내국인 출입 허가에 대한 본인의 의견을 말해 보시오.
- 조직의 프로세스를 개선하기 위해 주도적으로 업무를 수행했던 경험에 대해 말해 보시오.
- 최근 이슈가 되고 있는 뉴스를 하나 골라 본인의 의견을 말해 보시오.
- 학창 시절의 동아리 활동, 아르바이트 경험 중 가장 기억에 남는 사건에 대해 말해 보시오.
- 한국 기업의 가장 큰 문제점이 무엇이라고 생각하는지 말해 보시오.
- 강원랜드의 폐광지역 지원 사업에 대해 아는 대로 설명해 보시오.
- 신체적으로 힘든 일이 많은데 그런 부분을 감당할 수 있는지, 있다면 어느 정도까지 가능한지 말해 보시오.
- 돈 계산을 실수했다면 어떻게 대처할 것인지 말해 보시오.
- 입사 후 5년 뒤에 뭘 하고 있을지 말해 보시오.
- 이전 회사를 퇴사한 이유를 말해 보시오.
- 카지노에 대하여 어떻게 생각하는지 말해 보시오.
- 본인의 취미에 대해 말해 보시오.
- 지원한 분야의 업무와 비슷한 경험이 있다면 말해 보시오.
- 가게에 도둑이 들었는데 알고 보니 지인일 경우, 어떻게 대처할 것인지 말해 보시오.
- 역사란 무엇이라고 생각하는지 말해 보시오.
- 딜러가 되고 싶은 이유를 말해 보시오.
- 준비한 자기소개 말고, 즉석에서 자기소개를 해 보시오.
- 강원랜드의 비전에 대해 말해 보시오.
- 본인 삶의 장기적인 계획에 대해 말해 보시오.
- 도박은 선인지, 아니면 악인지 말해 보시오.
- 도박중독의 기준은 무엇이라고 생각하는지 말해 보시오.
- 싫어하는 상사 스타일에 대해 말해 보시오.
- 전공이 지원한 분야와 연관성이 없는데 어떻게 지원하게 되었는지 말해 보시오.
- 영어로 자기소개를 해 보시오.
- 강원랜드에 대해 아는 것이 있다면 모두 말해 보시오.
- 최근 읽은 서적 중 가장 기억에 남는 책과 그 이유를 말해 보시오.
- 현재 베스트셀러 중 아는 것이 있다면 말해 보시오.
- 배우자를 선택할 때 가장 중요하게 생각하는 것은 무엇인지 말해 보시오.
- 존경하는 인물에 대해 말해 보시오.
- 같이 일하기 싫은 조직원의 유형을 말해 보시오.
- 조직 생활을 하면서 본인의 가장 큰 단점은 무엇이라고 생각하는지 말해 보시오.
- 강원랜드를 색깔로 표현해 보시오.
- 카지노에 대해 아는 대로 설명해 보시오.

- 본인을 한 단어로 표현해 보시오.
- 전문적 지식이 필요하지 않은 프로젝트에서 2명, 4명, 8명 단위로 팀원을 모아 프로젝트를 할 수 있다면 몇 명이서 프로젝트를 진행할 것인지 말해 보시오.
- 입사 후 다른 사원에게 어떤 사람으로 기억되고 싶은지 말해 보시오.
- 학창 시절을 어떻게 보냈는지 말해 보시오.

배우는 사람은 모름지기 심신을 수련해야 한다.

- 퇴계 이황 -

인생은 빨리 달리는 자가 승리하는 시합이 아니다.

– 다산 정약용 –

# 현재 나의 실력을 객관적으로 파악해 보자!

# 모바일 OMR
## 답안채점 / 성적분석 서비스

도서에 수록된 모의고사에 대한 객관적인 결과(정답률, 순위)를 종합적으로 분석하여 제공합니다.

| OMR 입력 | 성적분석 | 채점결과 |
|---|---|---|

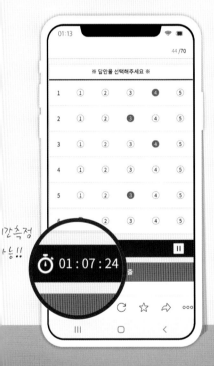

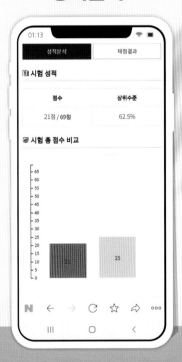

※OMR 답안채점 / 성적분석 서비스는 등록 후 30일간 사용 가능합니다.

도서 내 모의고사 우측 상단에 위치한 QR코드 찍기 → 로그인 하기 → '시작하기' 클릭 → '응시하기' 클릭 → 나의 답안을 모바일 OMR 카드에 입력 → '성적분석 & 채점결과' 클릭 → 현재 내 실력 확인하기

2025
최신판

판매량
★★★★★
1위
강원랜드
YES24

# 강원랜드

## 정답 및 해설

NCS+한국사+영어+모의고사 4회

편저 | SDC(Sidae Data Center)

기출복원문제부터
대표유형 및
모의고사까지

## 한 권으로
## 마무리!

SDC

SDC는 시대에듀 데이터 센터의 약자로
약 30만 개의 NCS · 적성 문제 데이터를
바탕으로 최신 출제경향을 반영하여
문제를 출제합니다.

시대에듀

# Add+

합격의 공식 시대에듀 www.sdedu.co.kr

## 2024년 주요 공기업
## NCS 기출복원문제

**끝까지 책임진다! 시대에듀!**

QR코드를 통해 도서 출간 이후 발견된 오류나 개정법령, 변경된 시험 정보, 최신기출문제, 도서 업데이트 자료 등이 있는지 확인해 보세요! **시대에듀 합격 스마트 앱**을 통해서도 알려 드리고 있으니 구글 플레이나 앱 스토어에서 다운받아 사용하세요. 또한, 파본 도서인 경우에는 구입하신 곳에서 교환해 드립니다.

| 01 | 02 | 03 | 04 | 05 | 06 | 07 | 08 | 09 | 10 | 11 | 12 | 13 | 14 | 15 | 16 | 17 | 18 | 19 | 20 |
|----|----|----|----|----|----|----|----|----|----|----|----|----|----|----|----|----|----|----|----|
| ③ | ④ | ⑤ | ③ | ② | ③ | ① | ③ | ④ | ⑤ | ② | ③ | ③ | ① | ④ | ② | ① | ⑤ | ① | ② |
| 21 | 22 | 23 | 24 | 25 | 26 | 27 | 28 | 29 | 30 | 31 | 32 | 33 | 34 | 35 | 36 | 37 | 38 | 39 | 40 |
| ① | ④ | ③ | ③ | ② | ④ | ③ | ② | ② | ④ | ② | ④ | ③ | ④ | ① | ② | ④ | ③ | ② | ③ |
| 41 | 42 | 43 | 44 | 45 | 46 | 47 | 48 | 49 | 50 | | | | | | | | | | |
| ③ | ③ | ③ | ⑤ | ② | ③ | ② | ② | ① | ⑤ | | | | | | | | | | |

## 01
정답 ③

제시된 시는 신라시대 6두품 출신의 문인인 최치원이 지은 『촉규화』이다. 최치원은 자신을 향기 날리는 탐스런 꽃송이에 비유하여 뛰어난 학식과 재능을 뽐내고 있지만, 수레와 말 탄 사람에 비유한 높은 지위의 사람들이 자신을 외면하는 현실을 한탄하고 있다.

> **최치원**
> 신라시대 6두품 출신의 문인으로, 12세에 당나라로 유학을 간 후 6년 만에 당의 빈공과에 장원으로 급제할 정도로 학문적 성취가 높았다. 그러나 당나라에서 제대로 인정을 받지 못했으며, 신라에 돌아와서도 6두품이라는 출신의 한계로 원하는 만큼의 관직에 오르지는 못하였다. 『촉규화』는 최치원이 당나라 유학시절에 지은 시로 알려져 있으며, 자신을 알아주지 않는 시대에 대한 개탄을 담고 있다. 최치원은 인간 중심의 보편성과 그에 따른 다양성을 강조하였으며, 신라의 쇠퇴로 인해 이러한 그의 정치 이념과 사상은 신라 사회에서는 실현되지 못하였으나 이후 고려 국가의 체제 정비에 영향을 미쳤다.

## 02
정답 ④

네 번째 문단에서 백성들이 적지 않고, 토산품이 구비되어 있지만 이로운 물건이 세상에 나오지 않고, 그렇게 하는 방법을 모르기 때문에 경제를 윤택하게 하는 것 자체를 모른다고 하였다. 따라서 조선의 경제가 윤택하지 못한 이유를 생산량의 부족이 아니라 유통의 부재로 보고 있다.

오답분석

① 세 번째 문단에서 쓸모없는 물건을 사용하여 유용한 물건을 유통하고 거래하지 않는다면 유용한 물건들이 대부분 한 곳에 묶여서 고갈될 것이라고 하며 유통이 원활하지 않은 현실을 비판하고 있다.
② 세 번째 문단에서 옛날의 성인과 제왕은 유통의 중요성을 알고 있었기 때문에 주옥과 화폐 등의 물건을 조성하여 재물이 원활하게 유통될 수 있도록 노력했다고 하며 재물 유통을 위한 성현들의 노력을 제시하고 있다.
③ 여섯 번째 문단에서 재물을 우물에 비유하여 설명하고 있다. 재물의 소비를 하지 않으면 물을 길어내지 않는 우물처럼 말라 버릴 것이며, 소비를 한다면 물을 퍼내는 우물처럼 물이 가득할 것이라며 재물에 대한 소비가 경제의 규모를 늘릴 것이라고 강조하고 있다.
⑤ 여섯 번째 문단에서 비단옷을 입지 않으면 비단을 짜는 사람과 베를 짜는 여인 등 관련 산업 자체가 황폐해질 것이라고 하고 있다. 따라서 산업의 발전을 위한 적당한 사치(소비)가 있어야 함을 제시하고 있다.

## 03

정답 ⑤

'말로는 친한 듯 하나 속으로는 해칠 생각이 있음'을 뜻하는 한자성어는 '口蜜腹劍(구밀복검)'이다.
• 刻舟求劍(각주구검) : 융통성 없이 현실에 맞지 않는 낡은 생각을 고집하는 어리석음

오답분석
① 水魚之交(수어지교) : 아주 친밀하여 떨어질 수 없는 사이
② 結草報恩(결초보은) : 죽은 뒤에라도 은혜를 잊지 않고 갚음
③ 靑出於藍(청출어람) : 제자나 후배가 스승이나 선배보다 나음
④ 指鹿爲馬(지록위마) : 윗사람을 농락하여 권세를 마음대로 함

## 04

정답 ③

③에서 '뿐이다'는 체언(명사, 대명사, 수사)인 '셋'을 수식하므로 조사로 사용되었다. 따라서 앞말과 붙여 써야 한다.

오답분석
① 종결어미 '-는지'는 앞말과 붙여 써야 한다.
② '만큼'은 용언(동사, 형용사)인 '애쓴'을 수식하므로 의존명사로 사용되었다. 따라서 앞말과 띄어 써야 한다.
④ '큰지'와 '작은지'는 모두 연결어미 '-ㄴ지'로 쓰였으므로 앞말과 붙여 써야 한다.
⑤ '-판'은 앞의 '씨름'과 합성어를 이루므로 붙여 써야 한다.

## 05

정답 ②

'채이다'는 '차이다'의 잘못된 표기이다. 따라서 '차였다'로 표기해야 한다.
• 차이다 : 주로 남녀 관계에서 일방적으로 관계가 끊기다.

오답분석
① 금세 : 지금 바로. '금시에'의 준말
③ 핼쑥하다 : 얼굴에 핏기가 없고 파리하다.
④ 낯설다 : 전에 본 기억이 없어 익숙하지 아니하다.
⑤ 곰곰이 : 여러모로 깊이 생각하는 모양

## 06

정답 ③

한자어에서 'ㄹ' 받침 뒤에 연결되는 'ㄷ, ㅅ, ㅈ'은 된소리로 발음되므로 [몰쌍식]으로 발음해야 한다.

오답분석
①·④ 받침 'ㄴ'은 'ㄹ'의 앞이나 뒤에서 [ㄹ]로 발음하지만, 결단력, 공권력, 상견례 등에서는 [ㄴ]으로 발음한다.
② 받침 'ㄱ(ㄲ, ㅋ, ㄳ, ㄺ), ㄷ(ㅅ, ㅆ, ㅈ, ㅊ, ㅌ, ㅎ), ㅂ(ㅍ, ㄼ, ㄿ, ㅄ)'은 'ㄴ, ㅁ' 앞에서 [ㅇ, ㄴ, ㅁ]으로 발음한다.
⑤ 받침 'ㄷ, ㅌ(ㄾ)'이 조사나 접미사의 모음 'ㅣ'와 결합되는 경우에는 [ㅈ, ㅊ]으로 바꾸어서 뒤 음절 첫소리로 옮겨 발음한다.

## 07

정답 ①

$865 \times 865 + 865 \times 270 + 135 \times 138 - 405$
$= 865 \times 865 + 865 \times 270 + 135 \times 138 - 135 \times 3$
$= 865 \times (865 + 270) + 135 \times (138 - 3)$
$= 865 \times 1,135 + 135 \times 135$
$= 865 \times (1,000 + 135) + 135 \times 135$
$= 865 \times 1,000 + (865 + 135) \times 135$
$= 865,000 + 135,000$
$= 1,000,000$
따라서 식을 계산하여 나온 수의 백의 자리는 0, 십의 자리는 0, 일의 자리는 0이다.

## 08

터널의 길이를 $x$m라 하면 다음과 같은 식이 성립한다.

$$\frac{x+200}{60} : \frac{x+300}{90} = 10 : 7$$

$$\frac{x+300}{90} \times 10 = \frac{x+200}{60} \times 7$$

$$\rightarrow 600(x+300) = 630(x+200)$$

$$\rightarrow 30x = 54,000$$

$$\therefore x = 1,800$$

따라서 터널의 길이는 1,800m이다.

## 09

나열된 수의 규칙은 (첫 번째 수)×[(두 번째 수)−(세 번째 수)]=(네 번째 수)이다.
따라서 빈칸에 들어갈 수는 9×(16−9)=63이다.

## 10

제시된 수열은 +3, +5, +7, +9, … 씩 증가하는 수열이다.
따라서 빈칸에 들어갈 수는 97+21=118이다.

## 11

A반과 B반 모두 2번의 경기를 거쳐 결승에 만나는 경우는 다음과 같다.

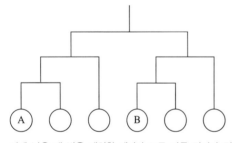

이때 남은 네 반을 배치할 때마다 모두 다른 경기가 진행되므로 구하고자 하는 경우의 수는 4!=24가지이다.

## 12

첫 번째 조건에 따라 ①, ②는 70대 이상에서 도시의 여가생활 만족도(1.7점)가 같은 연령대의 농촌(ㄹ) 만족도(3.5점)보다 낮으므로 제외되고, 두 번째 조건에 따라 도시에서 10대의 여가생활 만족도는 농촌에서 10대(1.8점)의 2배보다 높으므로 1.8×2=3.6점을 초과해야 하나 ④는 도시에서 10대(ㄱ)의 여가생활 만족도가 3.5점이므로 제외된다. 또한, 세 번째 조건에 따라 ⑤는 도시에서 여가생활 만족도가 가장 높은 연령대인 40대(3.9점)보다 30대(ㄴ)가 4.0점으로 높으므로 제외된다.
따라서 마지막 조건까지 만족하는 것은 ③이다.

## 13

가격을 10,000원 인상할 때 판매량은 $(10,000-160)$개이고, 20,000원 인상할 때 판매량은 $(10,000-320)$개이다. 또한, 가격을 10,000원 인하할 때 판매량은 $(10,000+160)$개이고, 20,000원 인하할 때 판매량은 $(10,000+320)$개이다. 그러므로 가격이 $(500,000+10,000x)$원일 때 판매량은 $(10,000-160x)$개이므로, 총 판매금액을 $y$원이라 하면 $(500,000+10,000x)\times(10,000-160x)$원이 된다.

$y$는 $x$에 대한 이차식이므로 이를 표준형으로 표현하면 다음과 같다.

$$y=(500,000+10,000x)\times(10,000-160x)$$
$$=-1,600,000\times(x+50)\times(x-62.5)$$
$$=-1,600,000\times(x^2-12.5x-3,125)$$
$$=-1,600,000\times\left(x-\frac{25}{4}\right)^2+1,600,000\times\left(\frac{25}{4}\right)^2+1,600,000\times3,125$$

따라서 $x=\dfrac{25}{4}$일 때 총 판매금액이 최대이지만 가격은 10,000원 단위로만 변경할 수 있으므로 $\dfrac{25}{4}$와 가장 가까운 자연수인 $x=6$일 때 총 판매금액이 최대가 되고, 제품의 가격은 $500,000+10,000\times6=560,000$원이 된다.


## 14

방사형 그래프는 여러 평가 항목에 대하여 중심이 같고 크기가 다양한 원 또는 다각형을 도입하여 구역을 나누고, 각 항목에 대한 도수 등을 부여하여 점을 찍은 후 그 점끼리 이어 생성된 다각형으로 자료를 분석할 수 있다. 따라서 방사형 그래프인 ①을 사용하면 항목별 균형을 쉽게 파악할 수 있다.


## 15

3월의 경우 K톨게이트를 통과한 영업용 승합차 수는 229천 대이고, 영업용 대형차 수는 139천 대이다.
$139\times2=278>229$이므로 3월의 영업용 승합차 수는 영업용 대형차 수의 2배 미만이다.
따라서 모든 달에서 영업용 승합차 수는 영업용 대형차 수의 2배 이상이 아니므로 옳지 않은 설명이다.

[오답분석]
① 월별 전체 승용차 수와 전체 승합차 수의 합은 다음과 같다.
  - 1월 : $3,807+3,125=6,932$천 대
  - 2월 : $3,555+2,708=6,263$천 대
  - 3월 : $4,063+2,973=7,036$천 대
  - 4월 : $4,017+3,308=7,325$천 대
  - 5월 : $4,228+2,670=6,898$천 대
  - 6월 : $4,053+2,893=6,946$천 대
  - 7월 : $3,908+2,958=6,866$천 대
  - 8월 : $4,193+3,123=7,316$천 대
  - 9월 : $4,245+3,170=7,415$천 대
  - 10월 : $3,977+3,073=7,050$천 대
  - 11월 : $3,953+2,993=6,946$천 대
  - 12월 : $3,877+3,040=6,917$천 대

  따라서 전체 승용차 수와 전체 승합차 수의 합이 가장 많은 달은 9월이고, 가장 적은 달은 2월이다.
② 4월을 제외하고 K톨게이트를 통과한 비영업용 승합차 수는 월별 3,000천 대(=300만 대)를 넘지 않는다.
③ 모든 달에서 (영업용 대형차 수)$\times10\geq$ (전체 대형차 수)이므로 영업용 대형차 수의 비율은 모든 달에서 전체 대형차 수의 10% 이상이다.
⑤ 승용차가 가장 많이 통과한 달은 9월이고, 이때 영업용 승용차 수의 비율은 9월 전체 승용차 수의 $\dfrac{140}{4,245}\times100\fallingdotseq3.3\%$로 3% 이상이다.

2024년 주요 공기업 NCS 기출복원문제 · 5

## 16

정답 ②

제시된 열차의 부산역 도착시간을 계산하면 다음과 같다.
- KTX
  8:00(서울역 출발) → 10:30(부산역 도착)
- ITX-청춘
  7:20(서울역 출발) → 8:00(대전역 도착) → 8:15(대전역 출발) → 11:05(부산역 도착)
- ITX-마음
  6:40(서울역 출발) → 7:20(대전역 도착) → 7:35(대전역 출발) → 8:15(울산역 도착) → 8:30(울산역 출발) → 11:00(부산역 도착)
- 새마을호
  6:30(서울역 출발) → 7:30(대전역 도착) → 7:40(ITX-마음 출발 대기) → 7:55(대전역 출발) → 8:55(울산역 도착) → 9:10(울산역 출발) → 10:10(동대구역 도착) → 10:25(동대구역 출발) → 11:55(부산역 도착)
- 무궁화호
  5:30(서울역 출발) → 6:50(대전역 도착) → 7:05(대전역 출발) → 8:25(울산역 도착) → 8:35(ITX-마음 출발 대기) → 8:50(울산역 출발) → 10:10(동대구역 도착) → 10:30(새마을호 출발 대기) → 10:45(동대구역 출발) → 12:25(부산역 도착)

따라서 가장 늦게 도착하는 열차는 무궁화호로, 12시 25분에 부산역에 도착한다.

오답분석
① ITX-청춘은 11시 5분에 부산역에 도착하고, ITX-마음은 11시에 부산역에 도착한다.
③ ITX-마음은 정차역인 대전역과 울산역에서 다른 열차와 시간이 겹치지 않는다.
④ 부산역에 가장 빨리 도착하는 열차는 KTX로, 10시 30분에 도착한다.
⑤ 무궁화호는 울산역에서 8시 15분에 도착한 ITX-마음으로 인해 8시 35분까지 대기하며, 동대구역에서 10시 10분에 도착한 새마을호로 인해 10시 30분까지 대기한다.

## 17

정답 ①

A과장과 팀원 1명은 7시 30분까지 K공사에서 사전 회의를 가져야 하므로 8시에 출발하는 KTX만 이용할 수 있다. 남은 팀원 3명은 11시 30분까지 부산역에 도착해야 하므로 10시 30분에 도착하는 KTX, 11시 5분에 도착하는 ITX-청춘, 11시에 도착하는 ITX-마음을 이용할 수 있고, 이 중 가장 저렴한 열차를 이용해야 하므로 ITX-마음을 이용한다. 따라서 KTX 2인, ITX-마음 3인의 요금을 계산하면 $(59,800 \times 2) + (42,600 \times 3) = 119,600 + 127,800 = 247,400$원이다.

## 18

정답 ⑤

A는 B의 부정적인 의견들을 구조화하여 B가 그러한 논리를 가지게 된 궁극적 원인인 경쟁력 부족을 찾아내었고, 이러한 원인을 해소할 수 있는 방법을 찾아 자신의 계획을 재구축하여 B에게 설명하였다. 따라서 제시문에서 나타난 논리적 사고의 구성요소는 '상대 논리의 구조화'이다.

오답분석
① 설득 : 논증을 통해 나의 생각을 다른 사람에게 이해·공감시키고, 타인이 내가 원하는 행동을 하도록 하는 것이다.
② 구체적인 생각 : 상대가 말하는 것을 잘 알 수 없을 때, 이미지를 떠올리거나 숫자를 활용하는 등 구체적인 방법을 활용하여 생각하는 것이다.
③ 생각하는 습관 : 논리적 사고를 개발하기 위해 일상적인 모든 것에서 의문점을 가지고 그 원인을 생각해 보는 습관이다.
④ 타인에 대한 이해 : 나와 상대의 주장이 서로 반대될 때, 상대의 주장 전부를 부정하지 않고 상대의 인격을 존중하는 것이다.

## 19

정답 ①

마지막 조건에 따라 C는 두 번째에 도착하게 되고, 첫 번째 조건에 따라 A – B가 순서대로 도착했으므로 A, B는 첫 번째로 도착할수 없다. 또한 두 번째 조건에 따라 D는 E보다 늦어야 하므로 가능한 경우를 정리하면 다음과 같다.

| 구분 | 첫 번째 | 두 번째 | 세 번째 | 네 번째 | 다섯 번째 |
| --- | --- | --- | --- | --- | --- |
| 경우 1 | E | C | A | B | D |
| 경우 2 | E | C | D | A | B |

따라서 E는 항상 가장 먼저 도착한다.

## 20

정답 ②

전제 1의 전건(P)인 'TV를 오래 보면'은 후건(Q)인 '눈이 나빠진다.'가 성립하는 충분조건이며, 후건은 전건의 필요조건이 된다(P → Q). 그러나 삼단논법에서 단순히 전건을 부정한다고 해서 후건 또한 부정되지는 않는다(~ P → ~ Q, 역의 오류). 철수가 TV를 오래 보지 않아도 눈이 나빠질 수 있는 가능성은 얼마든지 있기 때문이다. 이러한 형식적 오류를 '전건 부정의 오류'라고 한다.

오답분석
① 사개명사의 오류 : 삼단논법에서 개념이 4개일 때 성립하는 오류이다(A는 B이고, A와 C는 모두 D이다. 따라서 B는 C이다).
③ 후건 긍정의 오류 : 후건을 긍정한다고 전건 또한 긍정이라고 하는 오류이다(P → Q이므로 Q → P이다. 이의 오류).
④ 선언지 긍정의 오류 : 어느 한 명제를 긍정하는 것이 필연적으로 다른 명제의 부정을 도출한다고 여기는 오류이다(A는 B와 C이므로 A가 B라면 반드시 C는 아니다. ∵ B와 C 둘 다 해당할 가능성이 있음).
⑤ 매개념 부주연의 오류 : 매개념(A)이 외연 전부(B)에 대하여 성립되지 않을 때 발생하는 오류이다(A는 B이고, C는 B이므로 A는 C이다).

## 21

정답 ①

K공단에서 위촉한 자문 약사는 다제약물 관리사업 대상자가 먹고 있는 약물의 복용상태, 부작용, 중복 등을 종합적으로 검토하고 그 결과를 바탕으로 상담, 교육 및 처방조정 안내를 실시한다. 또한 우리나라는 2000년에 시행된 의약 분업의 결과, 일부 예외사항을 제외하면 약사는 환자에게 약물의 처방을 할 수 없다. 따라서 약사는 환자의 약물점검 결과를 의사에게 전달하여 처방에 반영될수 있도록 할 뿐 직접적인 처방을 할 수는 없다.

오답분석
② 다제약물 관리사업으로 인해 중복되는 약물을 파악하고 조치할 수 있다. 실제로 세 번째 문단의 다제약물 관리사업 평가에서 효능이 유사한 약물을 중복해서 복용하는 환자가 40.2% 감소되는 등의 효과가 확인되었다.
③ 다제약물 관리사업은 10종 이상의 약을 복용하는 만성질환자를 대상으로 약물관리 서비스를 제공하는 사업이다.
④ 병원의 경우 입원 및 외래환자를 대상으로 의사, 약사 등으로 구성된 다학제팀이 약물관리 서비스를 제공하는 반면, 지역사회에서는 다학제 협업 시스템이 미흡하다는 의견이 나오고 있다. 이에 K공단은 도봉구 의사회와 약사회, 전문가로 구성된 지역협의체를 구성하여 의·약사 협업 모형을 개발하였다.

## 22

정답 ④

제시문의 첫 번째 문단은 아토피 피부염의 정의를 나타내므로 이어서 연결될 수 있는 문단은 아토피 피부염의 원인을 설명하는 (라) 문단이다. 또한, (가) 문단의 앞부분 내용이 (라) 문단의 뒷부분과 연계되므로 (가) 문단이 다음에 오는 것이 적절하다. 그리고 (나) 문단의 첫 번째 문장에서 앞의 약물치료와 더불어 일상생활에서의 예방법을 말하고 있으므로 (나) 문단의 앞에는 아토피 피부염의 약물치료 방법인 (다) 문단이 오는 것이 가장 자연스럽다. 따라서 (라) – (가) – (다) – (나)의 순서로 나열해야 한다.

## 23

제시문은 뇌경색이 발생하는 원인과 발생했을 때 치료 방법을 소개하고 있다. 따라서 글의 주제로 가장 적절한 것은 '뇌경색의 발병 원인과 치료 방법'이다.

오답분석

① 뇌경색의 주요 증상에 대해서는 제시문에서 언급하고 있지 않다.
② 뇌경색 환자는 기전에 따라 항혈소판제나 항응고제 약물 치료를 한다고 하였지만, 글의 전체 내용을 담는 주제는 아니다.
④ 뇌경색이 발생했을 때의 조치사항은 제시문에서 언급하고 있지 않다.

## 24

정답 ③

2021년의 건강보험료 부과 금액은 전년 대비 $69,480-63,120=6,360$십억 원 증가하였다. 이는 2020년 건강보험료 부과 금액의 10%인 $63,120\times0.1=6,312$십억 원보다 크므로 2021년의 건강보험료 부과 금액은 전년 대비 10% 이상 증가하였음을 알 수 있다. 2022년 또한 $76,775-69,480=7,295$십억 $>69,480\times0.1=6,948$십억 원이므로 건강보험료 부과 금액은 전년 대비 10% 이상 증가하였다.

오답분석

① 제시된 자료를 통해 확인할 수 있다.
② 연도별 전년 대비 1인당 건강보험 급여비 증가액을 구하면 다음과 같다.
  • 2020년 : $1,400,000-1,300,000=100,000$원
  • 2021년 : $1,550,000-1,400,000=150,000$원
  • 2022년 : $1,700,000-1,550,000=150,000$원
  • 2023년 : $1,900,000-1,700,000=200,000$원
  따라서 1인당 건강보험 급여비가 전년 대비 가장 크게 증가한 해는 2023년이다.
④ 2019년 대비 2023년의 1인당 건강보험 급여비 증가율은 $\dfrac{1,900,000-1,300,000}{1,300,000}\times100 ≒ 46\%$이므로 40% 이상 증가하였다.

## 25

정답 ②

'잎이 넓다.'를 P, '키가 크다.'를 Q, '더운 지방에서 자란다.'를 R, '열매가 많이 맺힌다.'를 S라 하면, 첫 번째 명제는 P → Q, 두 번째 명제는 ~P → ~R, 네 번째 명제는 R → S이다. 두 번째 명제의 대우인 R → P와 첫 번째 명제인 P → Q에 따라 R → P → Q이므로 네 번째 명제가 참이 되려면 Q → S인 명제 또는 이와 대우 관계인 ~S → ~Q인 명제가 필요하다.

오답분석

① ~P → S이므로 참인 명제가 아니다.
③ 제시된 모든 명제와 관련이 없는 명제이다.
④ R → Q와 대우 관계인 명제이지만, 네 번째 명제가 참임을 판단할 수 없다.

## 26

정답 ④

'풀을 먹는 동물'을 P, '몸집이 크다.'를 Q, '사막에서 산다.'를 R, '물속에서 산다.'를 S라 하면, 첫 번째 명제는 P → Q, 두 번째 명제는 R → ~S, 네 번째 명제는 S → Q이다. 네 번째 명제가 참이 되려면 두 번째 명제와 대우 관계인 S → ~R에 의해 ~R → P인 명제 또는 이와 대우 관계인 ~P → R인 명제가 필요하다.

오답분석

① Q → S로 네 번째 명제의 역이지만, 어떤 명제가 참이라고 해서 그 역이 반드시 참이 될 수는 없다.
② 제시된 모든 명제와 관련이 없는 명제이다.
③ R → Q이므로 참인 명제가 아니다.

## 27

모든 1과 사원은 가장 실적이 많은 2과 사원보다 실적이 많고, 3과 사원 중 일부는 가장 실적이 많은 2과 사원보다 실적이 적다. 따라서 3과 사원 중 일부는 모든 1과 사원보다 실적이 적다.

## 28

- A : 초청 목적이 6개월가량의 외국인 환자의 간병이므로 G-1-10 비자를 발급받아야 한다.
- B : 초청 목적이 국내 취업조건을 모두 갖춘 자의 제조업체 취업이므로 E-9-1 비자를 발급받아야 한다.
- C : 초청 목적이 K대학교 교환학생이므로 D-2-6 비자를 발급받아야 한다.
- D : 초청 목적이 국제기구 정상회의 참석이므로 A-2 비자를 발급받아야 한다.

## 29

나열된 수의 규칙은 [(첫 번째 수)+(두 번째 수)]×(세 번째 수)-(네 번째 수)=(다섯 번째 수)이다.
따라서 빈칸에 들어갈 수는 $(9+7)\times5-1=79$이다.

## 30

두 주사위 A, B를 던져 나온 수를 각각 $a$, $b$라 할 때, 가능한 순서쌍 $(a, b)$의 경우의 수는 $6\times6=36$가지이다.
이때 $a=b$의 경우의 수는 (1, 1), (2, 2), (3, 3), (4, 4), (5, 5), (6, 6)인 6가지이므로 $a\neq b$의 경우의 수는 $36-6=30$가지이다.
따라서 $a\neq b$일 확률은 $\dfrac{30}{36}=\dfrac{5}{6}$이다.

## 31

$$\frac{\text{(빨간색 공 2개 중 1개를 뽑는 경우의 수)}\times\text{(노란색 공 3개 중 2개를 뽑는 경우의 수)}}{\text{(전체 공 5개 중 3개를 뽑는 경우의 수)}}=\frac{{}_2C_1\times{}_3C_2}{{}_5C_3}=\frac{2\times3}{\dfrac{5\times4\times3}{3\times2\times1}}=\frac{3}{5}$$

## 32

A씨와 B씨가 만날 때 A씨의 이동거리와 B씨의 이동거리의 합은 산책로의 둘레 길이와 같다.
그러므로 두 번째 만났을 때 (A씨의 이동거리)+(B씨의 이동거리)=2×(산책로의 둘레 길이)이다. 이때 A씨가 출발 후 $x$시간이 지났다면 다음 식이 성립한다.

$$3x+7\left(x-\frac{1}{2}\right)=4$$

$$\rightarrow 3x+7x-\frac{7}{2}=4$$

$$\therefore x=\frac{15}{20}$$

그러므로 $\dfrac{15}{20}$시간, 즉 45분이 지났음을 알 수 있다.
따라서 A씨와 B씨가 두 번째로 만날 때의 시각은 오후 5시 45분이다.

## 33

모니터 화면을 분할하는 단축키는 '〈Window 로고 키〉+〈화살표 키〉'이다. 임의의 폴더나 인터넷 창 등이 열린 상태에서 '〈Window 로고 키〉+〈왼쪽 화살표 키〉'를 입력하면 모니터 중앙을 기준으로 절반씩 좌우로 나눈 후 열린 폴더 및 인터넷 창 등을 왼쪽 절반 화면으로 밀어서 띄울 수 있다. 이 상태에서 다른 폴더나 인터넷 창 등을 열고 '〈Window 로고 키〉+〈오른쪽 화살표 키〉'를 입력하면 같은 형식으로 오른쪽이 활성화된다. 또한, 왼쪽 또는 오른쪽으로 분할된 상태에서 〈Window 로고 키〉+〈위쪽 / 아래쪽 화살표 키〉'를 입력하여 최대 4분할까지 가능하다. 단 '〈Window 로고 키〉+〈위쪽 / 아래쪽 화살표 키〉'를 먼저 입력하여 화면을 상하로 분할할 수는 없다. 좌우 분할이 안 된 상태에서 '〈Window 로고 키〉+〈위쪽 / 아래쪽 화살표 키〉'를 입력하면 창을 최소화 / 원래 크기 / 최대 크기로 변경할 수 있다.

## 34

'〈Window 로고 키〉+〈D〉'를 입력하면 활성화된 모든 창을 최소화하고 바탕화면으로 돌아갈 수 있으며, 이 상태에서 다시 '〈Window 로고 키〉+〈D〉'를 입력하면 단축키를 입력하기 전 상태로 되돌아간다. 비슷한 기능을 가진 단축키로 '〈Window 로고 키〉+〈M〉'이 있지만, 입력하기 전 상태의 화면으로 되돌아갈 수는 없다.

오답분석

① 〈Window 로고 키〉+〈R〉 : 실행 대화 상자를 여는 단축키이다.
② 〈Window 로고 키〉+〈I〉 : 설정 창을 여는 단축키이다.
③ 〈Window 로고 키〉+〈L〉 : PC를 잠그거나 계정을 전환하기 위해 잠금화면으로 돌아가는 단축키이다.

## 35

특정 텍스트를 다른 텍스트로 수정하는 함수는 「=SUBSTITUTE(참조 텍스트,수정해야 할 텍스트,수정한 텍스트,[위치])」이며, [위치]가 빈칸이면 모든 수정해야 할 텍스트가 수정한 텍스트로 수정된다.
따라서 입력해야 할 함수식은 「=SUBSTITUTE("서울특별시 영등포구 홍제동","영등포","서대문")」이다.

오답분석

② IF(조건,참일 때 값,거짓일 때 값) 함수는 조건부가 참일 때 TRUE 값을 출력하고, 거짓일 때 FALSE 값을 출력하는 함수이다. "서울특별시 영등포구 홍제동"="영등포"는 항상 거짓이므로 빈칸으로 출력된다.
③ MOD(수,나눌 수) 함수는 입력한 수를 나눌 수로 나누었을 때 나머지를 출력하는 함수이므로 텍스트를 입력하면 오류가 발생한다.
④ NOT(인수) 함수는 입력된 인수를 부정하는 함수이며, 인수는 1개만 입력할 수 있다.

## 36

제시된 조건이 포함되는 셀의 수를 구하는 조건부 함수를 사용한다. 따라서 「=COUNTIF(B2:B16,">50000")」를 입력해야 한다.

## 37

지정된 자릿수 이하의 수를 버림하는 함수는 「=ROUNDDOWN(버림할 수,버림할 자릿수)」이다. 따라서 입력해야 할 함수는 「=ROUNDDOWN((AVERAGE(B2:B16)),−2)」이다.

오답분석

① LEFT 함수는 왼쪽에서 지정된 차례까지의 텍스트 또는 인수를 출력하는 함수이다. 따라서 「=LEFT((AVERAGE(B2:B16)),2)」를 입력하면 '65'가 출력된다.
② RIGHT 함수는 오른쪽에서 지정된 차례까지의 텍스트 또는 인수를 출력하는 함수이다. 따라서 「=RIGHT((AVERAGE(B2:B16)),2)」를 입력하면 '33'이 출력된다.
③ ROUNDUP 함수는 지정된 자릿수 이하의 수를 올림하는 함수이다. 따라서 「=ROUNDUP((AVERAGE(B2:B16)),−2)」를 입력하면 '65,400'이 출력된다.

## 38

오전 10시부터 오후 12시까지 근무를 할 수 있는 사람은 B뿐이고, 오후 6시부터 오후 8시까지 근무를 할 수 있는 사람은 D뿐이다. A와 C가 남은 오후 12시부터 오후 6시까지 나누어 근무해야 하지만, A는 오후 5시까지 근무할 수 있고 모든 직원의 최소 근무시간은 2시간이므로 A가 오후 12시부터 4시까지 근무하고, C가 오후 4시부터 오후 6시까지 근무할 때 인건비가 최소이다.
각 직원의 근무시간과 인건비를 정리하면 다음과 같다.

| 직원 | 근무시간 | 인건비 |
|---|---|---|
| B | 오전 10:00 ~ 오후 12:00 | 10,500×1.5×2=31,500원 |
| A | 오후 12:00 ~ 오후 4:00 | 10,000×1.5×4=60,000원 |
| C | 오후 4:00 ~ 오후 6:00 | 10,500×1.5×2=31,500원 |
| D | 오후 6:00 ~ 오후 8:00 | 11,000×1.5×2=33,000원 |

따라서 가장 적은 인건비는 31,500+60,000+31,500+33,000=156,000원이다.

## 39

「COUNTIF(셀의 범위,"조건")」 함수는 어떤 범위에서 제시되는 조건이 포함되는 셀의 수를 구하는 함수이다. 판매량이 30개 이상인 과일의 수를 구해야 하므로 [C9] 셀에 들어갈 함수식은 「=COUNTIF(C2:C8,">=30")」이다.

오답분석

① MID 함수 : 지정한 셀의 텍스트의 일부를 추출하는 함수이다.
③ MEDIAN 함수 : 지정한 셀의 범위의 중간값을 구하는 함수이다.
④ AVERAGEIF 함수 : 어떤 범위에 포함되는 셀의 평균을 구하는 함수이다.
⑤ MIN 함수 : 지정한 셀의 범위의 최솟값을 구하는 함수이다.

## 40

**팔로워십의 유형**

| 구분 | 자아상 | 동료 / 리더의 시각 | 조직에 대한 자신의 느낌 |
|---|---|---|---|
| 소외형 | • 자립적인 사람<br>• 일부러 반대의견 제시<br>• 조직의 양심 | • 냉소적<br>• 부정적<br>• 고집이 셈 | • 자신을 인정해 주지 않음<br>• 적절한 보상이 없음<br>• 불공정하고 문제가 있음 |
| 순응형 | • 기쁜 마음으로 과업 수행<br>• 팀플레이를 함<br>• 리더나 조직을 믿고 헌신함 | • 아이디어가 없음<br>• 인기 없는 일은 하지 않음<br>• 조직을 위해 자신의 요구를 양보 | • 기존 질서를 따르는 것이 중요<br>• 리더의 의견을 거스르지 못함<br>• 획일적인 태도와 행동에 익숙함 |
| 실무형 | • 조직의 운영 방침에 민감<br>• 사건을 균형 잡힌 시각으로 봄<br>• 규정과 규칙에 따라 행동함 | • 개인의 이익을 극대화하기 위한 흥정에 능함<br>• 적당한 열의와 수완으로 업무 진행 | • 규정 준수를 강조<br>• 명령과 계획의 빈번한 변경<br>• 리더와 부하 간의 비인간적 풍토 |
| 수동형 | • 판단과 사고를 리더에 의존<br>• 지시가 있어야 행동 | • 하는 일이 없음<br>• 제 몫을 하지 못함<br>• 업무 수행에는 감독이 필요 | • 조직이 나의 아이디어를 원치 않음<br>• 노력과 공헌을 해도 소용이 없음<br>• 리더는 항상 자기 마음대로 함 |

# 41

**정답** ③

**갈등의 과정 단계**

1. 의견 불일치 : 서로 생각이나 신념, 가치관, 성격이 다르므로 다른 사람들과의 의견 불일치가 발생한다. 의견 불일치는 상대방의 생각과 동기를 설명하는 기회를 주고 대화를 나누다 보면 오해가 사라지고 더 좋은 관계로 발전할 수 있지만, 그냥 내버려 두면 심각한 갈등으로 발전하게 된다.

2. 대결 국면 : 의견 불일치가 해소되지 않아 발생하며, 단순한 해결방안은 없고 다른 새로운 해결점을 찾아야 한다. 대결 국면에 이르게 되면 감정이 개입되어 상대방의 주장에 대한 문제점을 찾기 시작하고, 자신의 입장에 대해서는 그럴듯한 변명으로 옹호하면서 양보를 완강히 거부하는 상태에 이르는 등 상대방의 입장은 부정하면서 자기주장만 하려고 한다. 서로의 입장을 고수하려는 강도가 높아지면 긴장은 높아지고 감정적인 대응이 더욱 격화된다.

3. 격화 국면 : 상대방에 대하여 더욱 적대적으로 변하며, 설득을 통해 문제를 해결하기보다 강압적·위협적인 방법을 쓰려고 하며, 극단적인 경우 언어폭력이나 신체적 폭행으로 번지기도 한다. 상대방에 대한 불신과 좌절, 부정적인 인식이 확산되면서 갈등 요인이 다른 요인으로 번지기도 한다. 격화 국면에서는 상대방의 생각이나 의견, 제안을 부정하고, 상대방은 그에 대한 반격을 함으로써 자신들의 반격을 정당하게 생각한다.

4. 진정 국면 : 계속되는 논쟁과 긴장이 시간과 에너지를 낭비하고 있음을 깨달으며, 갈등상태가 무한정 유지될 수 없다는 것을 느끼고 흥분과 불안이 가라앉으면서 이성과 이해의 원상태로 돌아가려 한다. 이후 협상이 시작된다. 협상과정을 통해 쟁점이 되는 주제를 논의하고 새로운 제안을 하고 대안을 모색하게 된다. 진정 국면에서는 중재자, 조정자 등의 제3자가 개입함으로써 갈등 당사자 간에 신뢰를 쌓고 문제를 해결하는 데 도움이 되기도 한다.

5. 갈등의 해소 : 진정 국면에 들어서면 갈등 당사자들은 문제를 해결하지 않고는 자신들의 목표를 달성하기 어렵다는 것을 알게 된다. 모두가 만족할 수 없는 경우도 있지만, 불일치한 서로 간의 의견을 일치하려고 한다. 갈등의 해소는 회피형, 지배 또는 강압형, 타협형, 순응형, 통합 또는 협력형 등의 방법으로 이루어진다.

# 42

**정답** ③

원만한 직업생활을 위해 직업인이 갖추어야 할 직업윤리는 근로윤리와 공동체윤리로 나누어지며, 각 윤리의 덕목은 다음과 같다.

• 근로윤리 : 일에 대한 존중을 바탕으로 근면하고, 성실하고, 정직하게 업무에 임하는 자세
 − 근면한 태도(㉠)
 − 정직한 행동(㉺)
 − 성실한 자세(㉷)

• 공동체윤리 : 인간존중을 바탕으로 봉사하며, 책임감 있게 규칙을 준수하고, 예의바른 태도로 업무에 임하는 자세
 − 봉사와 책임 의식(㉡)
 − 준법성(㉢)
 − 예절과 존중(㉣)

# 43

**정답** ③

직장 내 괴롭힘이 성립하려면 다음의 행위 요건이 성립해야 한다.
• 직장에서의 지위 또는 관계 등의 우위를 이용할 것
• 업무상 적정 범위를 넘는 행위일 것
• 신체적·정신적 고통을 주거나 근무환경을 악화시키는 행위일 것

A팀장이 지위를 이용하여 B사원에게 수차례 업무를 지시했지만 이는 업무상 필요성이 있는 정당한 지시이며, 완수해야 하는 적정 업무에 해당하므로 직장 내 괴롭힘으로 보기 어렵다.

**오답분석**

① 업무 이외에 개인적인 용무를 자주 지시하는 것은 업무상 적정 범위를 넘은 행위이다.
② 업무배제는 업무상 적정 범위를 넘은 행위로, 직장 내 괴롭힘의 주요 사례이다.
④ A대리는 동기인 B대리보다 지위상의 우위는 없으나, 다른 직원과 함께 수적 우위를 이용하여 괴롭혔으므로 직장 내 괴롭힘에 해당한다.
⑤ 지시나 주의, 명령행위의 모습이 폭행이나 과도한 폭언을 수반하는 등 사회 통념상 상당성을 결여하였다면 업무상 적정 범위를 넘었다고 볼 수 있으므로 직장 내 괴롭힘에 해당한다.

## 44

S는 자신의 일이 능력과 적성에 맞다 여기고 발전을 위해 열성을 가지고 성실히 노력하고 있다. 따라서 S의 사례에서 나타난 직업윤리 의식은 천직 의식이다.

**직업윤리 의식**
- 소명 의식 : 자신이 맡은 일은 하늘에 의해 맡겨진 일이라고 생각하는 태도이다.
- 천직 의식 : 자신의 일이 자신의 능력과 적성에 꼭 맞다 여기고 그 일에 열성을 가지고 성실히 임하는 태도이다.
- 직분 의식 : 자신이 하고 있는 일이 사회나 기업을 위해 중요한 역할을 하고 있다고 믿고 자신의 활동을 수행하는 태도이다.
- 책임 의식 : 직업에 대한 사회적 역할과 책무를 충실히 수행하고 책임을 다하는 태도이다.
- 전문가 의식 : 자신의 일이 누구나 할 수 있는 것이 아니라 해당 분야의 지식과 교육을 밑바탕으로 성실히 수행해야만 가능한 것이라 믿고 수행하는 태도이다.
- 봉사 의식 : 직업 활동을 통해 다른 사람과 공동체에 대하여 봉사하는 정신을 갖추고 실천하는 태도이다.

## 45

**경력개발의 단계별 내용**
1. 직업 선택
    - 최대한 여러 직업의 정보를 수집하여 탐색한 후 나에게 적합한 최초의 직업을 선택함
    - 관련 학과 외부 교육 등 필요한 교육을 이수함
2. 조직 입사
    - 원하는 조직에서 일자리를 얻음
    - 정확한 정보를 토대로 적성에 맞는 적합한 직무를 선택함
3. 경력 초기
    - 조직의 규칙과 규범에 대해 배움
    - 직업과 조직에 적응해 감
    - 역량(지식, 기술, 태도)을 증대시키고 꿈을 추구해 나감
4. 경력 중기
    - 경력 초기를 재평가하고 더 업그레이드된 꿈으로 수정함
    - 성인 중기에 적합한 선택을 하고 지속적으로 열심히 일함
5. 경력 말기
    - 지속적으로 열심히 일함
    - 자존심을 유지함
    - 퇴직 준비의 자세한 계획을 세움(경력 중기부터 준비하는 것이 바람직)

## 46

나열된 수는 짝수 개이므로 수를 작은 수부터 순서대로 나열했을 때, 가운데에 있는 두 수의 평균이 중앙값이다.

- 빈칸의 수가 7 이하인 경우 : 가운데에 있는 두 수는 7, 8이므로 중앙값은 $\frac{7+8}{2}=7.5$이다.

- 빈칸의 수가 8인 경우 : 가운데에 있는 두 수는 8, 8이므로 중앙값은 8이다.

- 빈칸의 수가 9 이상인 경우 : 가운데에 있는 두 수는 8, 9이므로 중앙값은 $\frac{8+9}{2}=8.5$이다.

따라서 중앙값이 8일 때 빈칸에 들어갈 수는 8이다.

## 47

정답 ②

$1 \sim 200$의 자연수 중에서 2, 3, 5 중 어느 것으로도 나누어떨어지지 않는 수의 개수는 각각 2의 배수, 3의 배수, 5의 배수가 아닌 수의 개수이다.

• $1 \sim 200$의 자연수 중 2의 배수의 개수 : $\frac{200}{2} = 100$이므로 100개이다.

• $1 \sim 200$의 자연수 중 3의 배수의 개수 : $\frac{200}{3} = 66 \cdots 2$이므로 66개이다.

• $1 \sim 200$의 자연수 중 5의 배수의 개수 : $\frac{200}{5} = 40$이므로 40개이다.

• $1 \sim 200$의 자연수 중 6의 배수의 개수 : $\frac{200}{6} = 33 \cdots 2$이므로 33개이다.

• $1 \sim 200$의 자연수 중 10의 배수의 개수 : $\frac{200}{10} = 20$이므로 20개이다.

• $1 \sim 200$의 자연수 중 15의 배수의 개수 : $\frac{200}{15} = 13 \cdots 5$이므로 13개이다.

• $1 \sim 200$의 자연수 중 30의 배수의 개수 : $\frac{200}{30} = 6 \cdots 20$이므로 6개이다.

따라서 $1 \sim 200$의 자연수 중에서 2, 3, 5 중 어느 것으로도 나누어떨어지지 않는 수의 개수는 $200 - [(100 + 66 + 40) - (33 + 20 + 13) + 6] = 200 - (206 - 66 + 6) = 54$개이다.

## 48

정답 ②

A지점에서 출발하여 최단거리로 이동하여 B지점에 도착하기까지 가능한 경로의 수를 구하면 다음과 같다.

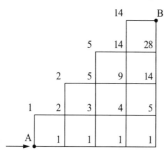

따라서 구하고자 하는 경우의 수는 $14 + 28 = 42$가지이다.

## 49

정답 ①

분침은 60분에 1바퀴 회전하므로 1분 지날 때 분침은 $\frac{360}{60} = 6°$ 움직이고, 시침은 12시간에 1바퀴 회전하므로 1분 지날 때 시침은 $\frac{360}{12 \times 60} = 0.5°$ 움직인다.

따라서 4시 30분일 때 시침과 분침이 만드는 작은 부채꼴의 각도는 $6 \times 30 - 0.5 \times (60 \times 4 + 30) = 180 - 135 = 45°$이므로, 부채꼴의 넓이와 전체 원의 넓이의 비는 $\frac{45}{360} = \frac{1}{8}$이다.

# 50

2020~2023년 동안 전년 대비 전체 설비 발전량의 증감량과 신재생 설비 발전량의 증가량은 다음과 같다.

- 2020년
  전체 설비 발전량 : $563,040-570,647=-7,607$GWh, 신재생 설비 발전량 : $33,500-28,070=5,430$GWh
- 2021년
  전체 설비 발전량 : $552,162-563,040=-10,878$GWh, 신재생 설비 발전량 : $38,224-33,500=4,724$GWh
- 2022년
  전체 설비 발전량 : $576,810-552,162=24,648$GWh, 신재생 설비 발전량 : $41,886-38,224=3,662$GWh
- 2023년
  전체 설비 발전량 : $594,400-576,810=17,590$GWh, 신재생 설비 발전량 : $49,285-41,886=7,399$GWh

따라서 전체 설비 발전량의 증가량이 가장 많은 해는 2022년이고, 신재생 설비 발전량의 증가량이 가장 적은 해 또한 2022년이다.

오답분석

① 2020~2023년 기력 설비 발전량의 전년 대비 증감 추이는 '감소 - 감소 - 증가 - 감소'이지만, 전체 설비 발전량의 전년 대비 증감 추이는 '감소 - 감소 - 증가 - 증가'이다.
② 2019~2023년 전체 설비 발전량의 1%와 수력 설비 발전량을 비교하면 다음과 같다.
  - 2019년 : $7,270 > 570,647\times0.01 ≒ 5,706$GWh
  - 2020년 : $6,247 > 563,040\times0.01 ≒ 5,630$GWh
  - 2021년 : $7,148 > 552,162\times0.01 ≒ 5,522$GWh
  - 2022년 : $6,737 > 576,810\times0.01 ≒ 5,768$GWh
  - 2023년 : $7,256 > 594,400\times0.01 = 5,944$GWh

  따라서 2019~2023년 동안 수력 설비 발전량은 항상 전체 설비 발전량의 1% 이상이다.
③ 2019~2023년 전체 설비 발전량의 5%와 신재생 설비 발전량을 비교하면 다음과 같다.
  - 2019년 : $28,070 < 570,647\times0.05 ≒ 28,532$GWh
  - 2020년 : $33,500 > 563,040\times0.05 = 28,152$GWh
  - 2021년 : $38,224 > 552,162\times0.05 ≒ 27,608$GWh
  - 2022년 : $41,886 > 576,810\times0.05 ≒ 28,841$GWh
  - 2023년 : $49,285 > 594,400\times0.05 = 29,720$GWh

  따라서 2019년 신재생 설비 발전량은 전체 설비 발전량의 5% 미만이고, 그 외에는 5% 이상이다.
④ 신재생 설비 발전량은 꾸준히 증가하였지만 원자력 설비 발전량은 2022년에 전년 대비 감소하였다.

말은 망령되게 하지 말아야 한다.
기품을 지키되 사치하지 말 것이고,
지성을 갖추되 자랑하지 말라.

- 신사임당 -

# PART 1

# 직업기초능력평가

# 01 | 의사소통능력

## 대표기출유형 01 | 기출응용문제

### 01
정답 ③

제시문은 VOD서비스의 등장으로 방송국이 프로그램의 순수한 재미와 완성도에 집중하게 될 것이라고 추측했을 뿐, 이러한 양상이 방송국 간의 과도한 광고유치 경쟁을 불러일으킬 것이라고는 언급하지 않았다.

### 02
정답 ④

아이들이 따뜻한 구들에 누워 자는 것이 습관이 되어 사지의 활동량이 적어 발육이 늦어진 것이지, 체온을 높였기 때문에 발육이 늦어진 것은 아니다.

### 03
정답 ①

마지막 문단에서 과거제 출신의 관리들이 공동체에 대한 소속감이 낮고 출세 지향적이었다는 내용을 확인할 수 있다.

[오답분석]
② 마지막 문단에서 과거제를 통해 임용된 관리들은 승진을 위해서 빨리 성과를 낼 필요가 있었기에, 지역 사회를 위해 장기적인 정책을 추진하기보다 가시적이고 단기적인 결과만을 중시하는 부작용을 가져왔다고 하였으므로 적절하지 않다.
③ 첫 번째 문단에서 황종희가 '벽소'와 같은 옛 제도를 되살리는 방법으로 과거제를 보완하자고 주장했다는 내용을 확인할 수 있다. 따라서 벽소는 과거제를 없애고자 등장한 새로운 제도가 아니라 과거제를 보완하고자 되살린 옛 제도이므로 적절하지 않다.
④ 두 번째 문단에서 과거제는 학습 능력 이외의 인성이나 실무 능력을 평가할 수 없다는 이유로 시험의 익명성에 대한 회의도 있었다고 하였으므로 적절하지 않다.
⑤ 첫 번째 문단에서 고염무는 관료제의 상층에는 능력주의적 제도를 유지하되, 지방관인 지현들은 지위를 평생 유지시켜 주고 세습의 길까지 열어 놓는 방안을 제안했다고 했으므로 적절하지 않다.

### 04
정답 ②

'에너지 하베스팅은 열, 빛, 운동, 바람, 진동, 전자기 등 주변에서 버려지는 에너지를 모아 전기를 얻는 기술을 의미한다.'라는 내용을 통해서 버려진 에너지를 전기라는 에너지로 다시 만든다는 것을 알 수 있다.

[오답분석]
① 무체물인 에너지도 재활용이 가능하다고 했으므로 적절하지 않은 내용이다.
③ 에너지 하베스팅은 열, 빛, 운동, 바람, 진동, 전자기 등 주변에서 버려지는 에너지를 모아 전기를 얻는 기술이라고 하였고, 다른 에너지에 대한 언급은 없으므로 적절하지 않은 내용이다.
④ 태양광을 이용하는 광 에너지 하베스팅, 폐열을 이용하는 열에너지 하베스팅이라고 구분하여 언급한 것을 통해 다른 에너지원에 속한다는 것을 알 수 있다.
⑤ '사람이 많이 다니는 인도 위에 버튼식 패드를 설치하여 사람이 밟을 때마다 전기가 생산되도록 하는 것이다.'라고 했으므로 사람의 체온을 이용한 신체 에너지 하베스팅 기술이라기보다 진동이나 압력을 가해 이용하는 진동 에너지 하베스팅이 적절하다.

## 01

정답 ③

제시문의 내용은 크게 두 부분으로 나눌 수 있다. 글의 앞부분에서는 맥주의 주원료에 대해서 설명하고, 글의 뒷부분에서는 맥주의 제조공정 중 발효에 대해 설명하며 이에 따른 맥주의 종류에 대해 제시하고 있다. 따라서 제시문의 제목으로 가장 적절한 것은 ③이다.

## 02

정답 ②

제시문은 텔레비전의 언어가 개인의 언어 습관에 미치는 악영향을 경계하면서, 올바른 언어 습관을 길들이기 위해 문학 작품의 독서를 강조하고 있다.

## 03

정답 ①

제시문의 첫 번째 문단에서는 사회적 자본이 늘어나면 정치 참여도가 높아진다는 주장을 하였고, 두 번째 문단에서는 사회적 자본의 개념을 사이버공동체에 도입하였으나 현실과 잘 맞지 않는다고 하면서 사회적 자본의 한계를 서술했다. 그리고 마지막 문단에서는 사회적 자본만으로는 정치 참여가 늘어나기 어렵고 정치적 자본의 매개를 통해서 정치 참여가 활성화된다는 주장을 하고 있다. 따라서 ①이 제시문의 주제로 가장 적절하다.

## 01

정답 ①

제시문은 친환경 농업이 주목받는 이유에 대해 설명하면서 농약이 줄 수 있는 피해에 대해 다루고 있다. 따라서 (가) '친환경 농업은 건강과 직결되어 있기 때문에 각광받고 있다.' → (나) '병충해를 막기 위해 사용된 농약은 완전히 제거하기 어려우며 신체에 각종 손상을 입힌다.' → (다) '생산량 증가를 위해 사용한 농약과 제초제가 오히려 인체에 해를 입힐 수 있다.'의 순서로 나열해야 한다.

## 02

정답 ②

제시문은 K놀이공원이 음식물쓰레기로 인한 낭비의 심각성을 인식하여 환경부와 함께 음식문화 개선대책 협약을 맺었고, 이 협약으로 인해 대기업 중심의 국민적인 음식문화 개선 운동이 확산될 것이라는 내용의 글이다. 따라서 (나) 음식물쓰레기로 인한 낭비에 대한 심각성을 인식한 K놀이공원과 환경부 → (라) 음식문화 개선대책 협약 체결 → (다) 협약에 따라 사업장별 특성에 맞는 음식물쓰레기 감량 활동을 전개하는 K놀이공원 → (가) 협약을 계기로 대기업 중심의 범국민적 음식문화 개선 운동이 확산될 것을 기대하는 환경부 국장의 순서로 나열해야 한다.

## 01

정답  ③

제시문은 사람에게 오직 한 가지 변할 수 있는 것이 있는데 그것은 마음과 뜻이라고 하며, 사람들이 뜻을 가지고 앞으로 나아가려 하지 않고 가만히 기다리기만 한다고 비판하고 있다. 따라서 ③이 필자가 가장 중요하게 생각하는 것이다.

## 02

정답  ②

오답분석

① 제시문을 통해 힘의 반대 방향으로 오목하게 들어갈 경우 효과적으로 견딜 수 있다는 것을 알 수 있다.
③·⑤ 제시문을 통해 원기둥 모양의 캔이 생산 재료를 가장 적게 사용할 수 있다는 것을 알 수 있다.
④ 갈비뼈는 외부를 향해 오목한 모양이므로 외부로부터의 충격에 효과적으로 견딜 수 있다.

## 03

정답  ③

③은 교환되는 내용이 양과 질의 측면에서 정확히 대등하지 않기 때문에 비대칭적 상호주의의 예시이다.

## 01

정답  ①

첫 번째 빈칸에는 문장의 서술어가 '때문이다'로 되어 있으므로 빈칸에는 이와 호응하는 '왜냐하면'이 와야 한다. 다음으로 두 번째 빈칸에는 문장의 내용이 앞 문장과 상반되는 내용이 아닌, 앞 문장을 부연하는 내용이므로 병렬 기능의 접속 부사 '그리고'가 들어가야 한다. 마지막으로 세 번째 빈칸은 내용상 결론에 해당하므로 '그러므로'가 적절하다.

## 02

정답  ①

• 첫 번째 빈칸 : 공간 정보가 정보 통신 기술의 발전으로 시간에 따른 변화를 반영할 수 있게 되었다는 빈칸 뒤의 내용을 통해 빈칸에는 시간에 따른 공간의 변화를 포함한 공간 정보를 이용할 수 있게 되면서 '최적의 경로 탐색'이 가능해졌다는 내용의 ㉠이 적절함을 알 수 있다.
• 두 번째 빈칸 : ㉡은 빈칸 앞 문장의 '탑승할 버스 정류장의 위치, 다양한 버스 노선, 최단 시간 등을 분석하여 제공하는' 지리정보시스템이 '더 나아가' 제공하는 정보에 관해 이야기한다. 따라서 빈칸에는 ㉡이 적절하다.
• 세 번째 빈칸 : 빈칸 뒤의 내용에서는 공간 정보가 활용되고 있는 다양한 분야와 앞으로 활용될 수 있는 분야를 이야기하고 있으므로 빈칸에는 공간 정보의 활용 범위가 계속 확대되고 있다는 ㉢이 적절함을 알 수 있다.

## 03

정답  ①

갑돌이의 성품이 탁월하다고 볼 수 있는 것은 그의 성품이 곧고 자신감이 충만하며, 다수의 옳지 않은 행동에 대하여 비판의 목소리를 낼 것이고 그렇게 하는 데 별 어려움을 느끼지 않을 것이기 때문이다. 또한, 세 번째 문단에 따르면 탁월한 성품은 올바른 훈련을 통해 올바른 일을 바르고 즐겁게 그리고 어려워하지 않으며 처리할 수 있는 능력을 뜻한다. 따라서 아리스토텔레스의 입장에서는 '엄청난 의지를 발휘'하고 자신과의 '힘든 싸움'을 해야 했던 병식이보다는 잘못된 일에 '별 어려움' 없이 '비판의 목소리'를 내는 갑돌이의 성품을 탁월하다고 여길 것이다.

## 01

정답  ④

'먹고 난 뒤의 그릇을 씻어 정리하는 일'을 뜻하는 어휘는 '설거지'이다.

오답분석
① ~로서 : 지위나 신분 또는 자격을 나타내는 격조사
② 왠지 : 왜 그런지 모르게. 또는 뚜렷한 이유도 없이
③ 드러나다 : 가려져 있거나 보이지 않던 것이 보이게 됨
⑤ 밑동 : 긴 물건의 맨 아랫동아리

## 02

정답  ⑤

• 체청(諦聽) : 주의하여 자세하게 듣다.

오답분석
① 순응(順應) : 환경이나 변화에 적응하여 익숙하여지거나 체계, 명령 따위에 적응하여 따르다.
② 순종(順從) : 다른 사람. 특히 윗사람의 말이나 의견 따위에 순순히 따르다.
③ 복종(服從) : 남의 명령이나 의사를 그대로 따라서 좇다.
④ 맹종(盲從) : 옳고 그름을 가리지 않고 남이 시키는 대로 덮어놓고 따르다.

## 03

정답  ③

대부분의 수입신고는 보세구역 반입 후에 행해지므로 보세운송 절차와 보세구역 반입 절차는 반드시 함께 이루어져야 한다. 따라서
ⓒ에는 '이끌어 지도함. 또는 길이나 장소를 안내함'을 의미하는 '인도(引導)'보다 '어떤 일과 더불어 생김'을 의미하는 '수반(隨伴)'
이 더 적절하다.

오답분석
① 적하(積荷) : 화물을 배나 차에 실음. 또는 그 화물
② 반출(搬出) : 운반하여 냄
④ 적재(積載) : 물건이나 짐을 선박, 차량 따위의 운송 수단에 실음
⑤ 화주(貨主) : 화물의 임자

## 01

수주대토(守株待兔)란 이전부터 행해지던 관습이나 사례들을 융통성 없이 계속하여 따르는 발전 없는 사람을 일컫는 한자성어로, 제시문에서 '단순히 안전 구호를 외치며 안전 체조를 하던 과거 방식을 고집하는 일부 건설사'와 관련된 한자성어이다.

[오답분석]

① 각주구검(刻舟求劍) : 어리석고 우둔하여 현실과 맞지 않는 융통성 없는 행동을 하는 사람을 의미하는 한자성어이다. 제시문에서 일부 건설사가 현실과 맞지 않는 방식을 고집하는 것은 어리석고 우둔하기보다는 낡은 과거 방식을 계속하여 고집하는 것이므로 '수주대토'가 더 적절하다.
③ 자강불식(自强不息) : 스스로 강인하게 매진하여 쉬지 않고 끊임없이 목표를 향해 나아가는 것을 의미하는 한자성어이다.
④ 오하아몽(吳下阿蒙) : 힘은 있으나 배워서 얻은 지식이 없는 사람을 비웃는 말로 쓰이는 한자성어이다.
⑤ 일취월장(日就月將) : 하루가 다르게 더 좋은 상태로 나아간다는 의미의 한자성어이다.

## 02

제시문은 모든 일에는 지켜야 할 질서와 차례가 있음에도 불구하고 이를 무시한 채 무엇이든지 빠르게 처리하려는 한국의 '빨리빨리' 문화에 대해 설명하고 있다. 따라서 제시문과 관련 있는 속담으로는 '일의 순서도 모르고 성급하게 덤빔'을 의미하는 속담인 '우물에 가 숭늉 찾는다.'가 가장 적절하다.

[오답분석]

① 모양이나 형편이 서로 비슷하고 인연이 있는 것끼리 서로 잘 어울리고, 사정을 보아주며, 감싸주기 쉬움을 비유적으로 이르는 말이다.
③ 속으로는 가기를 원하면서 겉으로는 만류하는 체한다는 뜻으로, 속생각은 전혀 다르면서도 말로만 그럴듯하게 인사치레함을 비유적으로 이르는 말이다.
④ 한마디 말을 듣고도 여러 가지 사실을 미루어 알아낼 정도로 매우 총기가 있다는 말이다.
⑤ 작은 힘이라도 꾸준히 계속하면 큰일을 이룰 수 있음을 비유적으로 이르는 말이다.

# 02 | 문제해결능력

## 대표기출유형 01 기출응용문제

### 01

정답 ③

제시된 A ~ D 네 명의 진술을 정리하면 다음과 같다.

| 구분 | 진술 1 | 진술 2 |
|------|--------|--------|
| A | C는 B를 이길 수 있는 것을 냈다. | B는 가위를 냈다. |
| B | A는 C와 같은 것을 냈다. | A가 편 손가락의 수는 B보다 적다. |
| C | B는 바위를 냈다. | A ~ D는 같은 것을 내지 않았다. |
| D | A, B, C 모두 참 또는 거짓을 말한 순서가 동일하다. | 이 판은 승자가 나온 판이었다. |

먼저 A ~ D는 반드시 가위, 바위, 보 세 가지 중 하나를 내야 하므로 그 누구도 같은 것을 내지 않았다는 C의 진술 2는 거짓이 된다. 따라서 C의 진술 중 진술 1이 참이 되므로 B가 바위를 냈다는 것을 알 수 있다. 이때, B가 가위를 냈다는 A의 진술 2는 참인 C의 진술 1과 모순되므로 A의 진술 중 진술 2가 거짓이 되는 것을 알 수 있다. 결국 A의 진술 중 진술 1이 참이 되므로 C는 바위를 낸 B를 이길 수 있는 보를 냈다는 것을 알 수 있다.

한편, 바위를 낸 B는 손가락을 펴지 않으므로 A가 편 손가락의 수가 자신보다 적었다는 B의 진술 2는 거짓이 된다. 따라서 B의 진술 중 진술 1이 참이 되므로 A는 C와 같은 보를 냈다는 것을 알 수 있다.

이를 바탕으로 A ~ C의 진술에 대한 참, 거짓 여부와 가위바위보를 정리하면 다음과 같다.

| 구분 | 진술 1 | 진술 2 | 가위바위보 |
|------|--------|--------|-----------|
| A | 참 | 거짓 | 보 |
| B | 참 | 거짓 | 바위 |
| C | 참 | 거짓 | 보 |

따라서 참 또는 거짓에 대한 A ~ C의 진술 순서가 동일하므로 D의 진술 1은 참이 되고, 진술 2는 거짓이 되어야 한다. 이때, 승자가 나오지 않으려면 D는 반드시 A ~ C와 다른 것을 내야 하므로 가위를 낸 것을 알 수 있다.

오답분석

① B와 같은 것을 낸 사람은 없다.
② 보를 낸 사람은 2명이다.
④ B가 기권했다면 가위를 낸 D가 이기게 된다.
⑤ 바위를 낸 사람은 1명이다.

### 02

정답 ③

가장 먼저 오전 9시에 B과 진료를 본다면 오전 10시에 진료가 끝나고, 셔틀을 타고 본관으로 이동하면 오전 10시 30분이 된다. 이후 C과 진료를 이어보면 오후 12시 30분이 되고, 점심시간 이후 바로 A과 진료를 본다면 오후 2시에 진료를 다 받을 수 있다. 따라서 가장 빠른 경로는 B − C − A이다.

## 03

세 번째 조건에 따라 A는 청소기를 제외한 프리미엄형 가전을 총 2개 골랐는데, 네 번째 조건에 따라 B가 청소기를 가져가지 않으므로 A는 청소기 일반형, C는 청소기 프리미엄형을 가져가야 한다. 또한, 다섯 번째 조건을 만족시키기 위해 A가 가져가는 프리미엄형 가전 종류의 일반형을 B가 가져가야 하며, 여섯 번째 조건을 만족시키기 위해 전자레인지는 C가 가져가야 한다. 이를 표로 정리하면 다음과 같다.

| 구분 | A | B | C |
|---|---|---|---|
| 경우 1 | 냉장고(프), 세탁기(프), 청소기(일) | 냉장고(일), 세탁기(일), 에어컨(프 or 일) | 에어컨(프 or 일), 청소기(프), 전자레인지 |
| 경우 2 | 세탁기(프), 에어컨(프), 청소기(일) | 세탁기(일), 에어컨(일), 냉장고(프 or 일) | 냉장고(프 or 일), 청소기(프), 전자레인지 |
| 경우 3 | 냉장고(프), 에어컨(프), 청소기(일) | 냉장고(일), 에어컨(일), 세탁기(프 or 일) | 세탁기(프 or 일), 청소기(프), 전자레인지 |

㉠ C는 반드시 전자레인지를 가져간다.
㉢ B는 반드시 일반형 가전 2개를 가져가며, 나머지 1개는 프리미엄형일 수도, 일반형일 수도 있다.

[오답분석]
㉡ A는 반드시 청소기를 가져간다.
㉣ C는 청소기 프리미엄형을 가져간다.


## 04

가대리와 마대리의 진술이 서로 모순이므로, 둘 중 한 사람은 거짓을 말하고 있다.
ⅰ) 가대리의 진술이 거짓인 경우
  가대리의 말이 거짓이라면 나사원의 말도 거짓이 되고, 라사원의 말도 거짓이 되므로 모순이 된다.
ⅱ) 가대리의 진술이 진실인 경우
  가대리, 나사원, 라사원의 말이 진실이 되고, 다사원과 마대리의 말이 거짓이 된다.
• 진실
  - 가대리 : 가대리・마대리 출근, 결근 사유 모름
  - 나사원 : 다사원 출근, 가대리 진술은 진실
  - 라사원 : 나사원 진술은 진실
• 거짓
  - 다사원 : 라사원 결근 → 라사원 출근
  - 마대리 : 라사원 결근, 라사원이 가대리한테 결근 사유 전함 → 라사원 출근, 가대리는 결근 사유 듣지 못함
따라서 나사원이 출근하지 않았다.


## 05

세 번째와 일곱 번째 조건에 의해 자전거 동호회에 참여한 직원은 남직원 1명이다. 또한 다섯 번째 조건에 의해 과장과 부장은 자전거 동호회 또는 영화 동호회에 참여하게 된다. 이때, 여덟 번째 조건에 의해 부장은 영화 동호회에 참여하므로 과장은 자전거 동호회에 참여한다. 따라서 자전거 동호회에 참여한 직원의 성은 남자이고, 직급은 과장이다. 다음으로 네 번째 조건에 의해 여직원 1명이 영화 동호회에 참여하므로 영화 동호회에 참여한 직원의 성은 여자이고, 직급은 부장이다. 남은 동호회는 농구, 축구, 야구, 테니스 동호회 중에서 여섯 번째 조건에 의해 참여 인원이 없는 동호회가 2개이므로, 어떤 동호회의 참여 인원은 2명이다. 아홉 번째 조건에 의해 축구에 참여한 직원의 성은 남자이고, 여덟 번째 조건에 의해 야구 동호회에 참여한 직원의 성은 여자이고, 직급은 주임이다. 또한, 일곱 번째 조건에 의해 야구 동호회에 참여한 직원 수는 1명이므로 남은 축구 동호회에 참여한 직원은 2명이고, 성은 남자이며, 직급은 각각 대리와 사원이다.

## 06

정답 ④

주어진 조건을 정리해 보면 다음과 같다.

| 구분 | 미국 | 영국 | 중국 | 프랑스 |
|------|------|------|------|--------|
| 올해 | D | C | B | A |
| 작년 | C | A | D | B |

따라서 항상 참인 것은 ④이다.

대표기출유형 02 기출응용문제

## 01

정답 ③

리스크 관리 능력의 부족은 기업 내부환경의 약점 요인에 해당한다. 위협은 외부환경 요인에 해당하므로 위협 요인에는 회사 내부를 제외한 외부에서 비롯되는 요인이 들어가야 한다.

## 02

정답 ②

ㄱ. 회사가 가지고 있는 신속한 제품 개발 시스템의 강점을 활용하여 새로운 해외시장의 소비자 기호를 반영한 제품을 개발하는 것은 강점을 통해 기회를 포착하는 SO전략에 해당한다.
ㄷ. 공격적 마케팅을 펼치고 있는 해외 저가 제품과 달리 오히려 회사가 가지고 있는 차별화된 제조 기술을 활용하여 고급화 전략을 추구하는 것은 강점으로 위협을 회피하는 ST전략에 해당한다.

오답분석

ㄴ. 저임금을 활용한 개발도상국과의 경쟁 심화와 해외 저가 제품의 공격적 마케팅을 고려하면 국내에 화장품 생산 공장을 추가로 건설하는 것은 적절한 전략으로 볼 수 없다. 약점을 보완하여 위협을 회피하는 전략을 활용하기 위해서는 오히려 저임금의 개발도상국에 공장을 건설하여 가격 경쟁력을 확보하는 것이 더 적절하다.
ㄹ. 낮은 브랜드 인지도가 약점이기는 하나, 해외시장에서의 한국 제품에 대한 선호가 증가하고 있는 점을 고려하면 현지 기업의 브랜드로 제품을 출시하는 것은 적절한 전략으로 볼 수 없다. 약점을 보완하여 기회를 포착하는 전략을 활용하기 위해서는 오히려 한국 제품임을 강조하는 홍보 전략을 세우는 것이 더 적절하다.

## 01

정답 ①

음료의 종류별로 주문이 필요한 팀을 정리하면 다음과 같다.
- 이온음료 : 총 1팀(총무팀)
- 탄산음료 : 총 4팀(총무팀, 개발팀, 홍보팀, 고객지원팀)
- 에너지음료 : 총 3팀(개발팀, 홍보팀, 고객지원팀)
- 커피 : 총 5팀(총무팀, 개발팀, 영업팀, 홍보팀, 고객지원팀)

음료 구매 시 각 음료의 최소 구비 수량의 1.5배를 구매해야 하므로 이온음료는 9캔, 탄산음료는 18캔, 에너지음료는 15캔, 커피는 45캔씩 구매해야 한다. 그러므로 구매해야 하는 전체 음료의 수는 다음과 같다.
- 이온음료 : $9 \times 1 = 9$캔
- 탄산음료 : $18 \times 4 = 72$캔
- 에너지음료 : $15 \times 3 = 45$캔
- 커피 : $45 \times 5 = 225$캔

따라서 음료는 정해진 묶음으로만 판매하므로 이온음료는 12캔, 탄산음료는 72캔, 에너지음료는 48캔, 커피는 240캔을 구매해야 한다.

## 02

정답 ⑤

강좌 1회당 수강료는 플라잉 요가가 $\dfrac{330,000}{20} = 16,500$원이고, 가방 공방은 $\dfrac{360,000}{12} = 30,000$원이다. 따라서 플라잉 요가는 가방 공방보다 강좌 1회당 수강료가 $30,000 - 16,500 = 13,500$원 저렴하다.

[오답분석]
① 운동 프로그램인 세 강좌는 모두 오전 시간에 신청할 수 있으며, 공방 프로그램의 강좌시간은 모두 오후 1시 이후에 시작하므로 가능하다.
② 가방 공방의 강좌시간은 2시간 30분이며, 액세서리 공방은 2시간이므로 가방 공방 강좌시간이 30분 더 길다.
③ 공방 중 하나를 수강하는 경우 오후 1시 이전에 수강이 가능한 필라테스와 플라잉 요가를 모두 들을 수 있으므로 최대 두 프로그램을 들을 수 있다.
④ 프로그램을 최대로 수강하는 경우는 필라테스와 플라잉 요가를 오전에 수강하고, 오후에는 액세서리 공방, 가방 공방, 복싱 중 한 강좌를 듣는 것이다. 따라서 세 강좌 중 가장 비싼 수강료는 가방 공방이므로 총 수강료가 가장 비싼 경우는 가방 공방을 수강하는 것이다.

## 03

정답 ③

제시된 조건을 항목별로 정리하면 다음과 같다.
- 부서배치
  - 성과급 평균은 48만 원이므로, A는 영업부 또는 인사부에서 일한다.
  - B와 D는 비서실, 총무부, 홍보부 중에서 일한다.
  - C는 인사부에서 일한다.
  - D는 비서실에서 일한다.
  따라서 A - 영업부, B - 총무부, C - 인사부, D - 비서실, E - 홍보부에서 일한다.
- 휴가
  - A는 D보다 휴가를 늦게 간다.
  따라서 C - D - B - A 또는 D - A - B - C 순으로 휴가를 간다.
- 성과급
  - D사원 : 60만 원
  - C사원 : 40만 원

① A : 20만×3=60만 원, C : 40만×2=80만 원
② C가 제일 먼저 휴가를 갈 경우, A가 제일 마지막으로 휴가를 가게 된다.
④ 휴가를 가지 않은 E는 두 배의 성과급을 받기 때문에 총 120만 원의 성과급을 받게 되고, D의 성과급은 60만 원이기 때문에 두 사람의 성과급 차이는 두 배이다.
⑤ C가 제일 마지막에 휴가를 갈 경우, B는 A보다 휴가를 늦게 출발한다.

## 대표기출유형 04 　기출응용문제

### 01

정답 ④

발행형태가 4로, 전집이기 때문에 한 권으로만 출판된 것이 아님을 알 수 있다.

① 국가번호가 05(미국)로, 미국에서 출판되었다.
② 서명식별번호는 1011로, 1011번째 발행되었다. 441은 발행자의 번호로, 출판사의 발행자번호가 441이라는 것을 의미한다.
③ 발행자번호는 441로, 세 자리로 이루어져 있다.
⑤ 도서의 내용이 710(한국어)이지만, 도서가 한국어로 되어 있는지는 알 수 없다.

### 02

정답 ②

A/S 접수 현황에서 잘못 기록된 일련번호는 총 7개이다.

| 분류 1 | • ABE1C6<u>100121</u> → 일련번호가 09999 이상인 것은 없음<br>• MBE1D<u>B</u>001403 → 제조월 표기기호 중 'B'는 없음 |
|---|---|
| 분류 2 | • MBP2CO<u>120202</u> → 일련번호가 09999 이상인 것은 없음<br>• ABE2D<u>0</u>001063 → 제조월 표기기호 중 '0'은 없음 |
| 분류 3 | • CBL3<u>S</u>8005402 → 제조연도 표기기호 중 'S'는 없음 |
| 분류 4 | • SBE4D5<u>101483</u> → 일련번호가 09999 이상인 것은 없음<br>• CBP4D6<u>100023</u> → 일련번호가 09999 이상인 것은 없음 |

### 03

정답 ④

제조연도는 시리얼 번호 중 앞에서 다섯 번째 알파벳으로 알 수 있다. 2019년은 'A', 2020년은 'B'로 표기되어 있으며, A/S 접수 현황에서 찾아보면 총 9개이다.

### 04

정답 ③

A/S 접수 현황에서 제품 시리얼 번호를 보면 네 번째 자리의 숫자가 분류 1에는 '1', 분류 2에는 '2', 분류 3에는 '3', 분류 4에는 '4'로 나눠져 있음을 알 수 있다. 따라서 네 번째 자리가 의미하는 메모리 용량이 시리얼 번호를 분류하는 기준이다.

## 05

정답 ④

알파벳 순서에 따라 숫자로 변환하면 다음과 같다.

| A | B | C | D | E | F | G | H | I | J | K | L | M |
|---|---|---|---|---|---|---|---|---|---|---|---|---|
| 1 | 2 | 3 | 4 | 5 | 6 | 7 | 8 | 9 | 10 | 11 | 12 | 13 |
| N | O | P | Q | R | S | T | U | V | W | X | Y | Z |
| 14 | 15 | 16 | 17 | 18 | 19 | 20 | 21 | 22 | 23 | 24 | 25 | 26 |

'INTELLECTUAL'의 품번을 규칙에 따라 정리하면 다음과 같다.
- 1단계 : 9(I), 14(N), 20(T), 5(E), 12(L), 12(L), 5(E), 3(C), 20(T), 21(U), 1(A), 12(L)
- 2단계 : 9+14+20+5+12+12+5+3+20+21+1+12=134
- 3단계 : |(14+20+12+12+3+20+12)-(9+5+5+21+1)|=|93-41|=52
- 4단계 : (134+52)÷4+134=46.5+134=180.5
- 5단계 : 180.5를 소수점 첫째 자리에서 버림하면 180이다.

따라서 제품의 품번은 '180'이다.

---

## 대표기출유형 05 | 기출응용문제

### 01

정답 ②

창의적 사고는 선천적으로 타고 날 수도 있지만, 후천적 노력에 의해 개발이 가능하기 때문에 조언으로 적절하지 않다.

[오답분석]
① 새로운 경험을 찾아 나서는 사람은 적극적이고, 모험심과 호기심 등을 가진 사람으로 창의력 교육훈련에 필요한 요소를 가지고 있는 사람이다.
③ 창의적인 사고는 창의력 교육훈련을 통해 후천적 노력에 의해서도 개발이 가능하다.
④ 창의력은 본인 스스로 자신의 틀에서 벗어나도록 노력하는 것으로 통상적인 사고가 아니라, 기발하고 독창적인 것을 말한다.
⑤ 창의적 사고는 전문지식보다 자신의 경험 및 기존의 정보를 특정한 요구 조건에 맞추거나 유용하도록 새롭게 조합시킨 것이다.

### 02

정답 ②

**창의적 사고를 개발하는 방법**
- 자유 연상법 : 어떤 생각에서 다른 생각을 계속해서 떠올리는 작용을 통해 어떤 주제에서 생각나는 것을 계속해서 열거해 나가는 방법 [예] 브레인스토밍
- 강제 연상법 : 각종 힌트에서 강제적으로 연결지어서 발상하는 방법 [예] 체크리스트
- 비교 발상법 : 주제와 본질적으로 닮은 것을 힌트로 하여 새로운 아이디어를 얻는 방법 [예] NM법, Synetics

## 03

정답 ③

브레인스토밍(Brainstorming)
- 한 사람이 생각하는 것보다 다수가 생각하는 것이 아이디어가 많다.
- 아이디어 수가 많을수록 질적으로 우수한 아이디어가 나올 수 있다.
- 아이디어는 비판이 가해지지 않으면 많아진다.

오답분석

① 스캠퍼(Scamper) 기법 : 창의적 사고를 유도하여 신제품이나 서비스 등을 생각하는 발상 도구이다.
② 여섯 가지 색깔 모자(Six Thinking Hats) : 각각 중립적, 감정적, 부정적, 낙관적, 창의적, 이성적 사고를 뜻하는 여섯 가지 색의 모자를 차례로 바꾸어 쓰면서 모자 색깔이 뜻하는 유형대로 생각해 보는 방법이다.
④ TRIZ(Teoriya Resheniya Izobretatelskikh Zadatch) : 문제에 대하여 이상적인 결과를 정하고, 그 결과를 얻는 데 모순이 되는 것을 찾아 모순을 극복할 수 있는 해결안을 찾는 40가지 방법에 대한 이론이다.
⑤ Logic Tree : 문제의 원인을 깊이 파고들거나 해결책을 구체화할 때 제한된 시간 안에 넓이와 깊이를 추구하는 데 도움이 되는 기술로, 주요 과제를 나무 모양으로 분해하여 정리하는 기술이다.

## 04

정답 ④

퍼실리테이션은 커뮤니케이션을 통한 문제해결 방법으로, 구성원의 동기 강화, 팀워크 향상 등을 이룰 수 있다. 이는 구성원이 자율적으로 실행하는 것으로, 제3자가 합의점이나 줄거리를 준비해놓고 예정대로 결론을 도출하는 것이 아니다.

## 05

정답 ①

분석적 사고
- 성과 지향의 문제 : 기대하는 결과를 명시하고 효과적으로 달성하는 방법을 사전에 구상하고 실행에 옮긴다.
- 가설 지향의 문제 : 현상 및 원인분석 전에 지식과 경험을 바탕으로 일의 과정이나 결과, 결론을 가정한 다음 검증 후 사실일 경우 다음 단계의 일을 수행한다.
- 사실 지향의 문제 : 일상 업무에서 일어나는 상식, 편견을 타파하여 사고와 행동을 객관적 사실로부터 시작한다.

## 06

정답 ④

㉠은 Logic Tree에 대한 설명으로 문제 도출 단계에서 사용되며, ㉡은 3C 분석 방법에 대한 설명으로 문제 인식 단계의 환경 분석 과정에서 사용된다. ㉢은 Pilot Test에 대한 설명으로 실행 및 평가 단계에서 사용된다. 마지막으로 ㉣은 해결안을 그룹화하는 방법으로 해결안을 도출하는 해결안 개발 단계에서 사용된다. 따라서 문제해결절차에 따라 문제해결 방법을 나열하면 ㉡ → ㉠ → ㉣ → ㉢의 순서가 된다.

# 03 | 직업윤리

## 대표기출유형 01 | 기출응용문제

### 01 정답 ⑤

성실한 태도는 어떤 일에 목적을 정해 놓고 가치 있는 것들을 이루기 위해 정성을 다해 노력하는 모습을 의미한다. 따라서 ⑤는 성실한 태도의 사례로 적절하지 않다.

### 02 정답 ⑤

생계를 위해 어쩔 수 없이 기계적인 노동을 하며 부지런함을 유지하는 것 역시 외부로부터 강요당한 근면으로서 근면의 한 유형이다.

### 03 정답 ①

ㄱ. 상대를 속이려는 의도가 있다면 침묵도 거짓말에 해당할 수 있다.
ㄴ. 한국 사회에는 남에게 피해를 주기 위한 거짓말보다 자기들의 입장과 처지를 보호하기 위한 보호적 거짓말이 많다.

[오답분석]
ㄷ. 거짓말에서 보호하려는 대상은 비단 말하는 사람 자신에게만 한정되지 않고, 그 사람과 우호적 관계를 맺고 있는 제3자의 보호를 위한 목적으로 행해지는 것도 많이 있다.
ㄹ. 타성적 거짓말은 잘못된 것이 아니라는 인식을 갖는 경향이 있으며, 심지어는 거짓말을 하는 것이 올바른 것이라는 잘못된 자기신념으로까지 진전되는 경우도 있다.

### 04 정답 ④

[오답분석]
㉠ㆍ㉢ 외부로부터 강요당한 근면에 해당한다.

### 05 정답 ④

(가)의 입장을 반영하면 국가 청렴도가 낮은 문제를 해결하기 위해서는 청렴을 강조한 전통 윤리를 지킬 필요가 있다. 이에 개인을 넘어서 공동체, 나아가 국가의 공사(公事)를 우선하는 봉공 정신, 청빈한 생활 태도를 유지하면서 국가의 일에 충심을 다하려는 청백리 정신을 실천하는 자세가 필요하다.

### 06 정답 ⑤

피해가 없다더라도 정직하지 못한 행태를 지적하여야 정직한 사회를 구축할 수 있다.

## 07

직장에서 자신의 재테크를 위해 컴퓨터를 사용하는 등 사적인 일로 업무시간에 개인적인 용무를 보는 것은 직업윤리에 어긋나는 행위이다.

## 08

준법이란 민주 시민으로서 기본적으로 지켜야 하는 의무이자 생활 자세이며, 민주 사회에서 법과 규칙을 준수하는 것은 시민으로서의 자신의 권리를 보장받고, 다른 사람의 권리를 보호해 주며, 사회 질서를 유지하는 역할을 한다. 어떻게 보면 별 것 아니라고 생각될 수 있는 교통질서이지만, 한 사람의 질서 거부가 전체 시스템의 마비로 이어질 수 있다. 그리고 그 피해는 결국 다른 사람은 물론 나 자신에게도 돌아오게 되기 때문에 개개인의 준법의식이 매우 중요하다.

## 대표기출유형 02　기출응용문제

## 01

같은 회사이고 동료이기 때문에 동료의 일도 나의 업무라고 생각하고 도와주는 것이 책임감 있는 행동이다.

## 02

오답분석

① B는 기업의 목적이 이윤 추구에 있음을 부정하는 것이 아니라 추가적으로 기업의 사회적 책임도 강조하는 입장이다.
③ㆍ④ B의 입장에 해당한다.
⑤ A와 B 모두 기업의 이윤 추구를 부정하지는 않았다.

## 03

직장인 K씨는 자신이 벌인 일을 책임감 있게 마무리하지 못하여 주변 동료들에게 피해를 주고 있다. 따라서 K씨에게 해 줄 수 있는 조언으로는 ②가 적절하다.

## 04

일을 하다가 예상하지 못한 상황이 일어났을 때 그 이유에 대해 고민해보는 것은 필요하다. 다시 같은 상황을 겪지 않도록 대처해야 하기 때문이다. 그러나 그 이유에 대해서만 계속 매달리는 것은 시간과 에너지를 낭비하는 일이다. 최대한 객관적으로 이유를 분석한 뒤 결과를 수용하고 신속하게 대책을 세우는 것이 바람직하다.

## 05

우수한 직업인의 자세에는 해당할 수 있으나, 직업윤리에서 제시하는 직업인의 기본자세에는 해당하지 않는다.

[오답분석]
② 나의 일을 필요로 하는 사람에게 봉사한다는 마음가짐이 필요하며, 직무를 수행하는 과정에서 다른 사람과 긴밀히 협력하는 협동 정신이 요구된다.
③ 직업이란 신이 나에게 주신 거룩한 일이며, 일을 통하여 자신의 존재를 실현하고 사회적 역할을 담당하는 것이니 자기의 직업을 사랑하며, 긍지와 자부심을 갖고 성실하게 임하는 마음가짐이 있어야 한다.
④ 법규를 준수하고 직무상 요구되는 윤리기준을 준수해야 하며, 공정하고 투명하게 업무를 처리해야 한다.
⑤ 협력체제에서 각자의 책임을 충실히 수행할 때 전체 시스템의 원만한 가동이 가능하며, 다른 사람에게 피해를 주지 않는다. 이러한 책임을 완벽하게 수행하기 위하여 자신이 맡은 분야에서 전문적인 능력과 역량을 갖추고, 지속적인 자기계발을 해야 한다.

## 06

제시문은 민주 시민으로서 기본적으로 지켜야 하는 의무와 생활 자세인 '준법 정신'에 대한 일화이다. 사회가 유지되기 위해서 준법 정신이 필요한 것처럼 직장생활에서도 조직의 운영을 위해 준법 정신이 필요하다.

[오답분석]
① 봉사(서비스)에 대한 설명이다.
② 근면에 대한 설명이다.
③ 책임에 대한 설명이다.
⑤ 정직과 신용에 대한 설명이다.

## 07

ㄱ, ㅁ은 Excellence, ㄴ은 Courtesy, ㄷ은 Image, ㄹ은 Emotion에 해당된다. 따라서 주어진 보기 5개 모두 서비스의 의미에 해당된다.

# 04 | 수리능력

## 대표기출유형 01 │ 기출응용문제

### 01

정답 ④

같은 시간 동안 혜영이와 지훈이의 이동거리의 비가 3 : 4이므로 속력의 비 또한 3 : 4이다.

따라서 혜영이의 속력을 $x$/min이라 하면 지훈이의 속력은 $\frac{4}{3}x$/min이다.

같은 지점에서 같은 방향으로 출발하여 다시 만날 때 두 사람의 이동거리의 차이는 1,800m이므로 식을 세우면 다음과 같다.

$\frac{4}{3}x \times 15 - x \times 15 = 1,800$

→ $5x = 1,800$

∴ $x = 360$

따라서 혜영이가 15분 동안 이동한 거리는 $360 \times 15 = 5,400$m이고, 지훈이가 15분 동안 이동한 거리는 $480 \times 15 = 7,200$m이므로 두 사람의 이동거리의 합은 12,600m이다.

### 02

정답 ④

처음 A그릇에 들어 있는 소금의 양은 $\frac{6}{100} \times 300 = 18$g이고, 처음 B그릇에 들어 있는 소금의 양은 $\frac{8}{100} \times 300 = 24$g이다.

A그릇에서 소금물 100g을 퍼서 B그릇에 옮겨 담으면 옮겨진 소금의 양은 $\frac{6}{100} \times 100 = 6$g이다.

따라서 B그릇에 들어 있는 소금물은 400g, 소금의 양은 $24 + 6 = 30$g이고, 농도는 $\frac{24+6}{300+100} = \frac{30}{400}$이다.

다시 B그릇에서 소금물 80g을 퍼서 A그릇에 옮겨 담을 때 옮겨진 소금의 양은 $\frac{30}{400} \times 80 = 6$g이다.

따라서 A그릇에는 소금물이 280g 들어 있고, 소금의 양은 $12 + 6 = 18$g이므로 농도는 $\frac{18}{280} \times 100 ≒ 6.4\%$이다.

### 03

정답 ③

희경이가 본사에서 나온 시각을 구하려면 오후 3시에서 본사에서 지점까지 걸린 시간만큼을 제하면 된다. 본사에서 지점까지 가는 데 $\frac{20}{60} + \frac{30}{90} = \frac{2}{3}$시간, 즉 40분이 걸렸으므로 오후 2시 20분에 본사에서 나왔다는 것을 알 수 있다.

### 04

정답 ④

• 팀장 한 명을 뽑는 경우의 수 : $_{10}C_1 = 10$가지

• 회계 담당 2명을 뽑는 경우의 수 : $_9C_2 = \frac{9 \times 8}{2!} = 36$가지

따라서 구하고자 하는 경우의 수는 $10 \times 36 = 360$가지이다.

## 05

정답 ③

옷의 정가를 $x$원이라 하고 식을 세우면 다음과 같다.

$x(1-0.2)(1-0.3)=280,000$

$\rightarrow 0.56x=280,000$

$\therefore x=500,000$

따라서 할인받은 금액은 $500,000-280,000=220,000$원이다.

## 06

정답 ⑤

둘레의 길이가 20cm이고, 넓이가 $24\text{cm}^2$이므로

$2(x+y)=20 \rightarrow x+y=10 \cdots \bigcirc$

$xy=24 \cdots \bigcirc$

직사각형의 가로 길이와 세로 길이를 각각 3cm씩 늘렸을 때, 늘어난 직사각형의 넓이는 다음과 같다.

$(x+3)(y+3)=xy+3x+3y+9$

$\rightarrow xy+3x+3y+9=xy+3(x+y)+9$

$\rightarrow 24+3\times10+9=63$

따라서 늘어난 넓이는 $63\text{cm}^2$이다.

## 07

정답 ②

인터넷 쇼핑몰의 등록 고객 수를 $x$명이라 하면 여성의 수는 $\frac{75}{100}x$명, 남성의 수는 $\frac{25}{100}x$명이다.

• 여성 등록 고객 중 우수고객의 수 : $\frac{75}{100}x\times\frac{40}{100}=\frac{3,000}{10,000}x$명

• 남성 등록 고객 중 우수고객의 수 : $\frac{25}{100}x\times\frac{30}{100}=\frac{750}{10,000}x$명

그러므로 우수고객 중 여성일 확률은 $\dfrac{\frac{3,000}{10,000}x}{\frac{3,000}{10,000}x+\frac{750}{10,000}x}=\frac{3,000}{3,750}=\frac{4}{5}$이다.

따라서 등록 고객 중 한 명을 임의로 뽑았을 때 우수고객이 여성일 확률은 $\frac{4}{5}=80\%$이다.

## 08

정답 ④

B를 거치는 A와 C의 최단 경로는 A와 B 사이의 경로와 B와 C 사이의 경로를 나눠서 구할 수 있다.

• A와 B의 최단 경로의 경우의 수 : $\frac{5!}{3!\times2!}=10$가지

• B와 C의 최단 경로의 경우의 수 : $\frac{3!}{1!\times2!}=3$가지

따라서 B를 거치는 A와 C의 최단 경로의 경우의 수는 $3\times10=30$가지이다.

## 09

새로 구입할 전체 모니터 개수를 $a$대라 가정하면 인사부는 $\frac{2}{5}a$대, 총무부는 $\frac{1}{3}a$대의 모니터를 교체한다.

연구부의 경우 인사부에서 교체할 모니터 개수의 $\frac{1}{3}$을 교체하므로 $\left(\frac{2}{5}a \times \frac{1}{3}\right)$대이고, 마케팅부는 400대를 교체한다.

이를 토대로 새로 구입할 전체 모니터 개수 $a$대에 대한 방정식을 세우면 다음과 같다.

$$\frac{2}{5}a + \frac{1}{3}a + \left(\frac{2}{5}a \times \frac{1}{3}\right) + 400 = a$$

$$\rightarrow a\left(\frac{2}{5} + \frac{1}{3} + \frac{2}{15}\right) + 400 = a$$

$$\rightarrow 400 = a\left(1 - \frac{13}{15}\right)$$

$$\therefore \ a = 400 \times \frac{15}{2} = 3,000$$

따라서 K공사에서 새로 구입할 모니터 개수는 3,000대이다.

---

### 대표기출유형 02 　기출응용문제

## 01

앞의 항에 $+7$, $-16$을 번갈아 가며 적용하는 수열이다.
따라서 (　)$=49-16=33$이다.

## 02

$n$항을 자연수라 하면 $n$항에 $\times 2$를 하고 $(n+1)$항을 더한 값이 $(n+2)$항이 되는 수열이다.
따라서 (　)$=21 \times 2 + 43 = 85$이다.

## 03

앞의 두 항을 더하면 다음 항이 되는 피보나치 수열이다.
$1+2=A \rightarrow A=3$
$13+21=B \rightarrow B=34$
$\therefore \ B-A=34-3=31$

## 01

2023년 관광 수입이 가장 많은 국가는 중국(44,400백만 달러)이며, 가장 적은 국가는 한국(17,300백만 달러)이다. 두 국가의 2024년 관광 지출 대비 관광 수입 비율을 계산하면 다음과 같다.

- 한국 : $\dfrac{13,400}{30,600} \times 100 ≒ 43.8\%$

- 중국 : $\dfrac{32,600}{257,700} \times 100 ≒ 12.7\%$

따라서 두 국가의 비율 차이는 $43.8 - 12.7 = 31.1\%$이다.

## 02

K통신회사의 기본요금을 $x$원이라 하면 8월과 9월의 요금 계산식은 각각 다음과 같다.

$x + 60a + 30 \times 2a = 21,600 \rightarrow x + 120a = 21,600 \cdots \bigcirc$

$x + 20a = 13,600 \cdots \bigcirc\!\bigcirc$

$\bigcirc - \bigcirc\!\bigcirc$을 하면

$100a = 8,000$

$\therefore \ a = 80$

## 01

10대의 인터넷 공유활동을 참여율이 높은 순서대로 나열하면 '커뮤니티 이용 → 퍼나르기 → 블로그 운영 → UCC 게시 → 댓글달기'이다. 반면 30대는 '커뮤니티 이용 → 퍼나르기 → 블로그 운영 → 댓글달기 → UCC 게시'이다. 따라서 활동 순위가 서로 같지 않다.

오답분석

① 20대가 다른 연령대에 비해 참여율이 비교적 높은 편임을 자료에서 쉽게 확인할 수 있다.

② 대부분의 활동에서 남성이 여성보다 참여율이 높지만, 블로그 운영에서는 여성의 참여율이 더 높다.

③ 남녀 간의 참여율 격차가 가장 큰 영역은 13.8%인 댓글달기이며, 가장 적은 영역은 2.7%인 커뮤니티 이용이다.

⑤ 40대는 다른 영역과 달리 댓글달기 활동에서는 다른 연령대보다 높은 참여율을 보이고 있다.

## 02

ㄱ. 자료를 보면 접촉신청 건수는 4월부터 7월까지 매월 증가한 것을 알 수 있다.

ㄷ. 6월 생사확인 건수는 11,795건으로, 접촉신청 건수 18,205건의 70%인 약 12,744건 이하이다. 따라서 옳은 설명이다.

오답분석

ㄴ. 6월부터 7월까지 생사확인 건수는 전월과 동일하였으나, 서신교환 건수는 증가하였으므로 옳지 않은 설명이다.

ㄹ. 5월과 8월의 상봉 건수는 동일하다. 따라서 서신교환 건수만 비교해 보면, 8월은 5월보다 $12,288 - 12,274 = 14$건이 더 많으므로 상봉 건수 대비 서신교환 건수 비율은 증가하였음을 알 수 있다.

## 03

㉠ 자료에 따르면 생사확인 건수는 6월과 7월에 전월 대비 불변이므로 옳지 않은 설명이다.

㉢ 접촉신청 건수는 자료에서 7월을 포함하여 매월 증가하고 있으므로 옳지 않은 설명이다.

오답분석

㉡ 서신교환의 경우 3월 대비 8월 증가율은 $\dfrac{12,288-12,267}{12,267} \times 100 = 0.2\%$로 2% 미만이지만, 매월 증가 추세를 보이고 있으므로 옳은 설명이다.

㉣ 전체 이산가족 교류 건수는 항목별 매월 동일하거나 증가하므로 옳은 설명이다.


## 04

정답 ②

2021년과 2024년 처리 건수 중 인용 건수 비율은 2021년은 $\dfrac{3,667}{32,737} \times 100 = 11.20\%$, 2024년은 $\dfrac{3,031}{21,080} \times 100 = 14.38\%$로, 2024년과 2021년 처리 건수 중 인용 건수 비율의 차이는 $14.38-11.20=3.18\%$이다. 따라서 처리 건수 중 인용 건수 비율은 2024년이 2021년에 비해 3% 이상 높다.

오답분석

ㄱ. 기타처리 건수의 전년 대비 감소율은 다음과 같다.

- 2022년 : $\dfrac{12,871-16,674}{16,674} \times 100 = -22.81\%$

- 2023년 : $\dfrac{10,166-12,871}{12,871} \times 100 = -21.02\%$

- 2024년 : $\dfrac{8,204-10,166}{10,166} \times 100 = -19.30\%$

ㄷ. 처리 건수 대비 조정합의 건수의 비율은 2022년은 $\dfrac{2,764}{28,744} \times 100 = 9.62\%$로, 2023년의 $\dfrac{2,644}{23,573} \times 100 = 11.22\%$보다 낮다.

ㄹ. 조정합의 건수 대비 의견표명 건수 비율은 2021년에는 $\dfrac{467}{2,923} \times 100 = 15.98\%$, 2022년에는 $\dfrac{474}{2,764} \times 100 = 17.15\%$, 2023년에는 $\dfrac{346}{2,644} \times 100 = 13.09\%$, 2024년에는 $\dfrac{252}{2,567} \times 100 = 9.82\%$이다. 조정합의 건수 대비 의견표명 건수 비율이 높은 순서로 나열하면 2022년 → 2021년 → 2023년 → 2024년이다. 또한, 평균처리일이 짧은 순서로 나열하면 2022년 → 2024년 → 2021년 → 2023년이다. 따라서 평균처리일 기간과 조정합의 건수 대비 의견표명 건수 비율의 순서는 일치하지 않는다.

CHAPTER 04 수리능력 • **37**

# 05 | 조직이해능력

## 대표기출유형 01 기출응용문제

### 01
정답 ①

**마이클 포터의 본원적 경쟁 전략**
- 차별화 전략 : 조직이 생산품이나 서비스를 차별화하여 고객에게 가치가 있고 독특하게 인식되도록 하는 전략으로, 이를 위해서는 연구개발이나 광고를 통하여 기술, 품질, 서비스, 브랜드 이미지를 개선할 필요가 있다.
- 원가우위 전략 : 원가절감을 통해 해당 산업에서 우위를 점하는 전략으로, 이를 위해서는 대량생산을 통해 단위 원가를 낮추거나 새로운 생산기술을 개발할 필요가 있다.
- 집중화 전략 : 특정 시장이나 고객에게 한정된 전략으로, 특정 산업을 대상으로 한다. 즉, 경쟁조직들이 소홀히 하고 있는 한정된 시장을 원가우위 전략이나 차별화 전략을 써서 집중 공략하는 방법이다.

### 02
정답 ①

(A)는 경영 전략 추진과정 중 환경 분석이며, 이는 외부환경 분석과 내부환경 분석으로 구분된다. 외부환경으로는 기업을 둘러싸고 있는 경쟁자, 공급자, 소비자, 법과 규제, 정치적 환경, 경제적 환경 등이 해당되며, 내부환경은 기업구조, 기업문화, 기업자원 등이 해당된다. 예산은 기업자원으로서 내부환경 분석의 성격을 가지며, 다른 사례들은 모두 외부환경 분석의 성격을 가짐을 알 수 있다.

## 대표기출유형 02 기출응용문제

### 01
정답 ④

조직은 영리성을 기준으로 영리조직과 비영리조직으로 구분할 수 있다.
㉠ 영리조직 : 재산상의 이익을 목적으로 활동하는 조직이다.
㉡ 비영리조직 : 자체의 이익을 추구하지 않고 공익을 목적으로 하는 조직이다.

### 02
정답 ⑤

조직 문화는 구성원 개개인의 개성을 인정하고 그 다양성을 강화하기보다는 구성원들의 행동을 통제하는 기능을 한다. 즉, 구성원을 획일화・사회화시킨다.

## 03

정답 ④

**조직 목표의 기능**
- 조직이 존재하는 정당성과 합법성 제공
- 조직이 나아갈 방향 제시
- 조직구성원 의사결정의 기준
- 조직구성원 행동수행의 동기유발
- 수행평가의 기준
- 조직설계의 기준

## 04

정답 ③

[오답분석]
- B : 사장 직속으로 4개의 본부가 있다는 설명은 적절하지만, 인사를 전담하고 있는 본부는 없으므로 적절하지 않다.
- C : 감사실이 분리되어 있다는 설명은 적절하지만, 사장 직속이 아니므로 적절하지 않다.

## 05

정답 ③

마케팅기획본부는 해외마케팅기획팀과 마케팅기획팀으로 구성된다고 했으므로 옳지 않다.

[오답분석]
①・② 마케팅본부의 마케팅기획팀과 해외사업본부의 해외마케팅기획팀을 통합해 마케팅기획본부가 신설된다고 했으므로 옳다.
④ 해외사업본부의 해외사업 1팀과 해외사업 2팀을 해외영업팀으로 통합하고 마케팅본부로 이동한다고 했으므로 옳다.
⑤ 구매・총무팀에서 구매팀과 총무팀이 분리되고 총무팀과 재경팀을 통합해 재무팀이 신설된다고 했으므로 옳다.

---

## 대표기출유형 03 | 기출응용문제

## 01

정답 ⑤

현재 시각이 오전 11시이므로 오전 중으로 처리하기로 한 업무를 가장 먼저 처리해야 한다. 따라서 오전 중으로 고객에게 보내기로 한 자료 작성(ㄹ)을 가장 먼저 처리한다. 다음으로 오늘까지 처리해야 하는 업무 두 가지(ㄱ, ㄴ) 중 비품 신청(ㄱ)보다는 부서장이 지시한 부서 업무 사항(ㄴ)을 먼저 처리하는 것이 적절하다. 그리고 특별한 상황이 아닌 이상 개인의 단독 업무보다는 타인・타 부서와 협조된 업무를 우선적으로 처리해야 한다. 따라서 '고객에게 보내기로 한 자료 작성(ㄹ) – 부서 업무 사항(ㄴ) – 인접 부서의 협조 요청(ㄷ) – 단독 업무인 비품 신청(ㄱ)'의 순서로 업무를 처리해야 한다.

## 02

정답 ⑤

A팀장이 요청한 중요 자료를 가장 먼저 전송하고, PPT 자료를 전송한다. 점심 예약전화는 오전 10시 이전에 처리해야 하고, 오전 내에 거래처 미팅일자 변경 전화를 해야 한다.

## 03

비품은 기관의 비품이나 차량 등을 관리하는 총무지원실에 신청해야 하며, 교육 일정은 사내 직원의 교육 업무를 담당하는 인사혁신실에서 확인해야 한다.

오답분석

기획조정실은 전반적인 조직 경영과 조직문화 형성, 예산 업무, 이사회, 국회 협력 업무, 법무 관련 업무를 담당한다.

## 04

인·적성검사 합격자의 조 구성은 은경씨가 하지만, 합격자에게 몇 조인지 미리 공지하는지는 알 수 없다.

## 05

예산집행 조정, 통제 및 결산 총괄 등 예산과 관련된 업무는 ⑩ 자산팀이 아닌 ⑦ 예산팀이 담당하는 업무이다. 자산팀은 물품구매와 장비·시설물 관리 등의 업무를 담당한다.

## 06

전문자격 시험의 출제정보를 관리하는 시스템의 구축·운영 업무는 정보화사업팀이 담당하는 업무로, 개인정보 보안과 관련된 업무를 담당하는 정보보안전담반의 업무로는 적절하지 않다.

# 06 | 대인관계능력

## 대표기출유형 01 · 기출응용문제

### 01
정답 ④

내부에서 팀원 간의 갈등이 발생한 경우 다른 팀원이 제3자로서 개입하여 이를 중재하고, 내부에서 갈등을 해결하여야 한다. 당사자에게 해결을 맡긴 채 회피하는 것은 옳지 않으며, 갈등 상황은 시간이 지남에 따라 더욱 악화되어 팀워크를 방해할 가능성이 커진다.

**팀워크 활성화 방안**
- 동료 피드백 장려하기
- 갈등을 해결하기
- 창의력 조성을 위해 협력하기
- 참여적으로 의사결정하기
- 구성원 동참 장려하기

### 02
정답 ③

시험 준비는 각자 자신의 성적을 위한 것으로, 팀워크의 특징인 공동의 목적을 위한 것으로 보기 어렵다. 또한, 상호관계성을 가지고 협력하는 업무로 보기 어려우므로 팀워크의 사례로 적절하지 않다.

## 대표기출유형 02 · 기출응용문제

### 01
정답 ②

정보 독점은 '지식이 권력의 힘'이라고 믿는 독재자 리더의 특징으로 볼 수 있다.

**변혁적 리더의 특징**
- 카리스마 : 변혁적 리더는 조직에 명확한 비전을 제시하고, 집단 구성원들에게 그 비전을 쉽게 전달할 수 있다.
- 자기 확신 : 변혁적 리더는 뛰어난 사업수완과 어떠한 의사결정이 조직에 긍정적으로 영향을 미치는지 예견할 수 있는 능력을 지니고 있다.
- 존경심과 충성심 유도 : 변혁적 리더는 구성원 개개인에게 시간을 할애하여 그들 스스로가 중요한 존재임을 깨닫게 하고, 존경심과 충성심을 불어넣는다.
- 풍부한 칭찬 : 변혁적 리더는 구성원이나 팀이 직무를 완벽히 수행했을 때 칭찬을 아끼지 않는다.
- 감화(感化) : 변혁적 리더는 사범이 되어 구성원들이 도저히 해낼 수 없다고 생각하는 일들을 구성원들로 하여금 할 수 있도록 자극을 주고 도움을 주는 일을 수행한다.

## 02

수동형 사원은 자신의 능력과 노력을 조직으로부터 인정받지 못해 자신감이 떨어지는 모습을 보인다. 따라서 자신의 업무에 대해 자신감을 키워주는 것이 적절하다.

오답분석

① 적절한 보상이 없다고 느끼는 소외형 사원에게 팀에 대한 협조의 조건으로 보상을 제시하는 것은 적절하지 않다.
② 리더는 팀원을 배제시키지 않고 팀 목표를 위해 팀원들이 자발적으로 업무에 참여하도록 노력해야 한다.
③ 순응형 사원에 대해서는 그들의 잠재력 개발을 통해 팀 발전을 위한 창의적인 모습을 갖도록 해야 한다.
④ 실무형 사원에 대해서는 징계를 통해 규정 준수를 억지로 강조하는 모습보다는 의사소통을 통해 규정을 이해시키는 것이 적절하다.

## 대표기출유형 03 기출응용문제

## 01

정답 ②

3단계는 상대방의 입장을 파악하는 단계이다. 따라서 자기 생각을 말한 뒤 K씨의 견해를 물으며 상대방의 입장을 파악하려는 ②가 그 예로 가장 적절하다.

## 02

정답 ④

'윈 – 윈(Win – Win) 관리법'은 갈등을 피하거나 타협하는 것이 아닌 모두에게 유리할 수 있도록 문제를 근본적으로 해결하는 방법이다. 귀하와 A사원이 공통적으로 가지는 근본적인 문제는 금요일에 일찍 퇴근할 수 없다는 것이므로, 금요일 업무시간 전에 청소를 할 수 있다면 귀하와 A사원 모두에게 유리할 수 있는 갈등해결방법이 된다.

오답분석

① '나도 지고 너도 지는 방법'인 회피형에 대한 방법이다.
② '나는 지고 너는 이기는 방법'인 수용형에 대한 방법이다.
③ '서로가 타협적으로 주고받는 방법'인 타협형에 대한 방법이다.
⑤ '나는 이기고 너는 지는 방법'인 경쟁형(지배형)에 대한 방법이다.

## 대표기출유형 04 기출응용문제

## 01

정답 ②

고객이 잘못 이해하고 있다고 하더라도 고객의 말에 반박하지 말고, 먼저 공감해야 한다. 즉, 고객이 그렇게 말할 수 있음을 이해하는 것이 중요하다.

## 02

정답 ③

고객 불만 처리 프로세스 중 '해결 약속' 단계에서는 고객이 불만을 느낀 상황에 대해 관심과 공감을 보이며, 문제의 빠른 해결을 약속해야 한다.

CHAPTER

# 07 기술능력

## 대표기출유형 01 기출응용문제

### 01

정답 ①

시스템적인 관점에서 인식하는 능력은 기술적 능력에 대한 것으로, 기술경영자의 역할보다는 기술관리자의 역할에 해당한다.

### 02

정답 ③

노하우는 경험적이고 반복적인 행위에 의해 얻어지는 것이며, 이러한 성격의 지식을 흔히 Technique 혹은 Art라고 부른다.

오답분석

①·⑤ 노하우에 대한 설명이다.
② 노와이에 대한 설명이다.
④ 기술은 원래 노하우의 개념이 강했으나, 시간이 지나면서 노와이와 노하우가 결합하게 되었다.

## 대표기출유형 02 기출응용문제

### 01

정답 ①

처음 왼쪽 모양과 바뀐 오른쪽 모양을 비교하면, 1번과 4번은 모양이 바뀌지 않고, 2번 기계는 시계 방향으로 90°, 3번 기계는 시계 반대 방향으로 90° 회전했다. 우선 2번 기계가 시계 방향으로 90° 회전하려면 'O' 또는 '□' 스위치를 눌러야 한다. 이때 '□' 스위치를 누를 경우, 결과가 같아지려면 3번 기계가 180° 회전해야 한다. 즉, 스위치를 추가로 2번 눌러야 한다. 그러므로 '□' 스위치를 누르면 안 된다. 결국 'O'와 '■' 스위치를 누르면 주어진 결과와 같은 형태가 된다.

### 02

정답 ②

제품설명서 중 A/S 신청 전 확인 사항을 살펴보면, 기능이 작동하지 않을 경우 수도필터가 막혔거나 착좌센서 오류가 원인이라고 제시되어 있다. 따라서 S사원으로부터 접수받은 현상(문제점)의 원인을 파악하려면 수도필터의 청결 상태를 확인하거나 비데의 착좌센서의 오류 여부를 확인해야 한다. 따라서 ②가 가장 적절하다.

## 03

정답 ①

02번의 문제에서 확인한 사항(원인)은 '수도필터의 청결 상태'이다. 이때, 수도필터의 청결 상태가 원인이 되는 또 다른 현상(문제점)으로는 수압이 약해지는 것이 있다. 따라서 ①이 가장 적절한 행동이다.

## 04

정답 ④

다른 전화기에서 울리는 전화를 내 전화기에서 받으려면 '당겨받기' 기능을 사용하면 된다.

## 05

정답 ②

전화걸기 중 세 번째 문항에 대한 것으로, 통화 중인 상태에서 다른 곳으로 전화를 걸기 원할 때의 사용방법을 설명하고 있다.

오답분석

① 전화받기에 해당하는 그림으로, 통화 중에 다른 전화를 받길 원할 때의 방법을 설명하고 있다.
③ 수신전환에 해당하는 그림으로, 다른 전화기로 수신을 전환하는 방법을 설명하고 있다.
④ 돌려주기에 해당하는 그림으로, 통화 중일 때 다른 전화기로 돌려주는 방법을 설명하고 있다.
⑤ 3자통화에 해당하는 그림으로, 통화 중일 때 제3자를 추가하여 통화하는 방법을 설명하고 있다.

# 08 | 정보능력

---

## 대표기출유형 01 | 기출응용문제

### 01

정답 ②

바이러스에 감염되는 경로로는 불법 무단 복제, 다른 사람들과 공동으로 사용하는 컴퓨터, 인터넷, 전자우편의 첨부파일 등이 있다.

> **바이러스를 예방할 수 있는 방법**
> • 다운로드한 파일이나 외부에서 가져온 파일은 반드시 바이러스 검사를 수행한 후에 사용한다.
> • 전자우편을 통해 감염될 수 있으므로 발신자가 불분명한 전자우편은 열어보지 않고 삭제한다.
> • 중요한 자료는 정기적으로 백업한다.
> • 바이러스 예방 프로그램을 램(RAM)에 상주시킨다.
> • 백신 프로그램의 시스템 감시 및 인터넷 감시 기능을 이용해서 바이러스를 사전에 검색한다.
> • 백신 프로그램의 업데이트를 통해 주기적으로 바이러스 검사를 수행한다.

### 02

정답 ③

세탁기 신상품의 컨셉이 중년층을 대상으로 하기 때문에 성별이 아닌 연령에 따라 자료를 분류하여 중년층의 세탁기 선호 디자인에 대한 정보가 필요함을 알 수 있다.

---

## 대표기출유형 02 | 기출응용문제

### 01

정답 ④

RANK 함수는 「=RANK(순위를 구하려는 수,목록의 배열 또는 셀 주소,순위를 정할 방법을 지정하는 수)」로 표시되고, '순위를 정할 방법을 지정하는 수'에서 0이면 내림차순, 1이면 오름차순으로 나타나게 된다. 따라서 [F8] 셀의 「=RANK(D8,D4:D8,0)」 함수의 결괏값은 4이다.

### 02

정답 ④

엑셀에서 〈F12〉와 〈Shift〉+〈F12〉는 '다른 이름으로 저장'의 단축키이다.

[오답분석]
① 〈Alt〉+〈F〉는 파일 메뉴 단축키이고, 〈Alt〉+〈N〉이 삽입 메뉴 단축키이다.
② 〈Alt〉+〈Enter〉는 한 셀에 두 줄 입력 단축키이고, 〈Alt〉+〈=〉이 자동합계 단축키이다.
③ 〈Shift〉+〈F5〉는 찾기 단축키이고, 〈Shift〉+〈F3〉이 함수 마법사 단축키이다.
⑤ 〈Ctrl〉+〈9〉는 행 숨기기 단축키이고, 〈Ctrl〉+〈F9〉가 창 최소화 단축키이다.

## 03

정답 ①

'AVERAGE(B3:E3)'는 [B3:E3] 범위의 평균을 나타낸다. 또한, IF 함수는 논리 검사를 수행하여 TRUE나 FALSE에 해당하는 값을 반환해 주는 함수이다. 즉, 「=IF(AVERAGE(B3:E3)>=90,"합격","불합격")」 함수는 [B3:E3] 범위의 평균이 90 이상일 경우 '합격'이, 그렇지 않을 경우 '불합격'이 입력된다. 따라서 [F3]~[F6]의 각 셀에 나타나는 [B3:E3], [B4:E4], [B5:E5], [B6:E6]의 평균값은 83, 87, 91, 92.5이므로 [F3]~[F6] 셀에 나타나는 결괏값이 바르게 연결된 것은 ①이다.

## 04

정답 ③

PROPER 함수는 단어의 첫 글자만 대문자로 나타내고 나머지는 소문자로 나타내주는 함수이다. 따라서 'Republic Of Korea'로 나와야 한다.

## 05

정답 ②

• [D11] 셀에 입력된 COUNTA 함수는 범위에서 비어 있지 않은 셀의 개수를 구하는 함수이다. [B3:D9] 범위에서 비어 있지 않은 셀의 개수는 숫자 '1' 10개와 '재제출 요망'으로 입력된 텍스트 2개로, 「=COUNTA(B3:D9)」의 결괏값은 12이다.
• [D12] 셀에 입력된 COUNT 함수는 범위에서 숫자가 포함된 셀의 개수를 구하는 함수이다. [B3:D9] 범위에서 숫자가 포함된 셀의 개수는 숫자 '1' 10개로, 「=COUNT(B3:D9)」의 결괏값은 10이다.
• [D13] 셀에 입력된 COUNTBLANK 함수는 범위에서 비어 있는 셀의 개수를 구하는 함수이다. [B3:D9] 범위에서 비어 있는 셀의 개수는 9개로, 「=COUNTBLANK(B3:D9)」의 결괏값은 9이다.

## 대표기출유형 03 │ 기출응용문제

## 01

정답 ⑤

바깥쪽 i-for문이 4번 반복되고 안쪽 j-for문이 6번 반복되므로 j-for문 안에 있는 문장은 총 24번 반복된다.

## 02

정답 ①

'strlen'은 문자열의 공백을 포함한 글자 수를 출력하는 함수이고, '₩n'은 줄 바꿈 명령어이다. 이때 '₩n'은 글자 수를 출력하는 함수에 포함되지 않았다. 따라서 "hello world"의 공백을 포함한 문자 수는 11이므로, 프로그램을 실행하면 11을 출력한다.

# 09 | 자원관리능력

## 대표기출유형 01 | 기출응용문제

### 01
정답 ④

팀원의 모든 스케줄이 비어 있는 시간대인 16:00 ~ 17:00가 가장 적절하다.

### 02
정답 ③

밴쿠버 지사에 메일이 도착한 밴쿠버 현지 시각은 4월 22일 오전 12시 15분이지만, 업무 시간이 아니므로 메일을 읽을 수 없다. 따라서 밴쿠버 지사에서 가장 빠르게 읽을 수 있는 시각은 전력 점검이 끝난 4월 22일 오전 10시 15분이다. 모스크바는 밴쿠버와 10시간의 시차가 있으므로 이때의 모스크바 현지 시각은 4월 22일 오후 8시 15분이다.

### 03
정답 ①

두 번째 조건에서 경유지는 서울보다 +1시간, 출장지는 경유지보다 −2시간이므로 출장지는 서울과 −1시간 차이다.
김대리가 서울에서 경유지를 거쳐 출장지까지 가는 과정을 서울 시각 기준으로 정리하면 다음과 같다.
서울 5일 오후 1시 35분 출발 → 오후 1시 35분+3시간 45분=오후 5시 20분 경유지 도착 → 오후 5시 20분+3시간 50분(대기시간)=오후 9시 10분 경유지에서 출발 → 오후 9시 10분+9시간 25분=6일 오전 6시 35분 출장지 도착
따라서 출장지에 도착했을 때 현지 시각은 서울보다 1시간 느리므로 오전 5시 35분이다.

### 04
정답 ④

선택지에서 요일은 두 요일씩 짝지어져 있으므로 8시간의 윤리교육을 같은 요일에 이수하기 위해서는 해당 요일의 오전 일정이 4일간 비워져 있어야 한다. 월요일에는 14일 최과장 연차로 가능한 날이 3일뿐이고, 화요일에는 8일 오전 워크숍, 29일 오전 성대리 외근으로 가능한 날이 3일뿐이라 수강할 수 없다. 또한 목요일도 3일 오전 본사 회장 방문으로 가능한 날이 3일뿐이다. 수요일에는 30일 오전 임원진 간담회가 있지만, 이 날을 제외하고도 4일 동안 윤리교육 수강이 가능하며, 금요일에는 25일에 김대리 반차가 있지만 오후이므로 4일 동안 윤리교육 수강이 가능하다. 따라서 윤리교육이 가능한 요일은 수요일과 금요일이다.

## 01

정답 ⑤

- K팀장은 1박으로만 숙소를 예약하므로 S닷컴을 통해 예약할 경우 할인적용을 받지 못한다.
- M투어를 통해 예약하는 경우 3박 이용 시 다음 달에 30% 할인쿠폰 1매가 제공되므로 9월에 30% 할인 쿠폰을 1개 사용할 수 있으며, K팀장은 총 숙박비용을 최소화하고자 하므로 9월 또는 10월에 30% 할인 쿠폰을 사용할 것이다.
- H트립을 이용하는 경우 6월부터 8월 사이 1박 이상 숙박 이용내역이 있을 시 10% 할인받을 수 있으므로 총 5번의 숙박 중 7월과 8월에 10% 할인받을 수 있다.
- T호텔스의 경우 멤버십 가입 여부에 따라 숙박비용을 비교해야 한다.

위의 조건을 고려하여 예약사이트별 숙박비용을 계산하면 다음과 같다.

| 예약사이트 | 총 숙박비용 |
|---|---|
| M투어 | $(120,500 \times 4) + (120,500 \times 0.7 \times 1) = 566,350$원 |
| H트립 | $(111,000 \times 3) + (111,000 \times 0.9 \times 2) = 532,800$원 |
| S닷컴 | $105,500 \times 5 = 527,500$원 |
| T호텔스 | • 멤버십 미가입 : $105,000 \times 5 = 525,000$원<br>• 멤버십 가입 : $(105,000 \times 0.9 \times 5) + 20,000 = 492,500$원 |

따라서 숙박비용이 가장 낮은 예약사이트는 T호텔스이며, 총 숙박비용은 492,500원이다.

## 02

정답 ④

B과장의 지출내역을 토대로 여비를 계산하면 다음과 같다.
- 운임 : 철도·선박·항공운임에 대해서만 지급한다고 규정하고 있으므로, 버스 또는 택시요금에 대해서는 지급하지 않는다. 따라서 철도운임만 지급되며 일반실을 기준으로 실비로 지급하므로, 여비는 $43,000 + 43,000 = 86,000$원이다.
- 숙박비 : 1박당 실비로 지급하되, 그 상한액은 40,000원이다. 그러나 출장기간이 2일 이상인 경우에는 출장기간 전체의 총액 한도 내에서 실비로 지급한다고 하였으므로, 3일간의 숙박비는 총 120,000원 내에서 실비가 지급된다. 따라서 B과장이 지출한 숙박비 $45,000 + 30,000 + 35,000 = 110,000$원 모두 여비로 지급된다.
- 식비 : 1일당 20,000원으로 여행일수에 따라 지급된다. 총 4일이므로 80,000원이 지급된다.
- 일비 : 1인당 20,000원으로 여행일수에 따라 지급된다. 총 4일이므로 80,000원이 지급된다.

따라서 B과장이 정산받은 여비의 총액은 $86,000 + 110,000 + 80,000 + 80,000 = 356,000$원이다.

## 03

정답 ①

B기업에서 오후 회의실 사용을 취소한다고 하였으므로, 오전 회의실 사용에 관해서는 고려하지 않아도 된다.

ⅰ) B기업에서 오후에 예약한 회의실

조건에서 예약 시 최소 인원은 수용 인원의 $\frac{1}{2}$ 이상이어야 한다고 하였으므로 충족하는 회의실은 세미나 3·4이다. 또한, 예약 가능한 회의실 중 비용이 저렴한 쪽을 선택한다고 하였으므로 세미나 3과 세미나 4의 사용료를 구하면 다음과 같다.
- 세미나 3 : 74,000(기본임대료)+37,000(추가임대료)+20,000(노트북 대여료)+50,000(빔프로젝터 대여료)=181,000원
- 세미나 4 : 110,000(기본임대료)+55,000(추가임대료)+20,000(노트북 대여료)+50,000(빔프로젝터 대여료)=235,000원

그러므로 B기업에서 오후에 예약한 회의실은 세미나 3이다.

ⅱ) B기업이 환불받을 금액

B기업에서는 이용일 4일 전에 사용을 취소했으므로 환불규칙에 의해 취소수수료 10%가 발생한다. 따라서 환불받을 금액을 구하면 $181,000 \times 0.9 = 162,900$원이다.

## 대표기출유형 03 기출응용문제

### 01
정답 ③

각 과제의 최종 점수를 구하기 전에 항목별로 최하위 점수가 부여된 과제는 제외하므로, 중요도에서 최하위 점수가 부여된 B, 긴급도에서 최하위 점수가 부여된 D, 적용도에서 최하위 점수가 부여된 E를 제외한다. 나머지 두 과제에 대하여 주어진 조건에 따라 최종 점수를 구해보면 다음과 같다. 가중치는 별도로 부여되므로 추가 계산한다.

• A : $(84+92+96)+(84\times0.3)+(92\times0.2)+(96\times0.1)=325.2$점
• C : $(95+85+91)+(95\times0.3)+(85\times0.2)+(91\times0.1)=325.6$점

따라서 최종 점수가 높은 C를 가장 먼저 수행해야 한다.

### 02
정답 ⑤

가격, 조명도, A/S 등의 요건이 주어진 조건에 모두 부합한다.

[오답분석]

① 예산이 150만 원이므로 예산을 초과하여 적절하지 않다.
② 신속한 A/S가 조건이므로 해외 A/S만 가능하여 적절하지 않다.
③ 조명도가 5,000lx 미만이므로 적절하지 않다.
④ 가격과 조명도 적절하고 특이사항도 문제없지만, 가격이 저렴한 제품을 우선으로 한다고 하였으므로 E가 적절하다.

## 대표기출유형 04 기출응용문제

### 01
정답 ③

먼저 모든 면접위원의 입사 후 경력은 3년 이상이어야 한다는 조건에 따라 A, E, F, H, I, L은 면접위원으로 선정될 수 없다. 이사 이상의 직급으로 6명 중 50% 이상 구성해야 하므로 자격이 있는 C, G, N은 반드시 면접위원으로 포함한다. 다음으로 인사팀을 제외한 부서는 두 명 이상 구성할 수 없으므로 이미 N이사가 선출된 개발팀은 더 선출할 수 없고, 인사팀은 반드시 2명을 포함해야 하므로 D과장은 반드시 선출된다. 이를 정리하면 다음과 같다.

| 구분 | 1 | 2 | 3 | 4 | 5 | 6 |
| --- | --- | --- | --- | --- | --- | --- |
| 경우 1 | C이사 | D과장 | G이사 | N이사 | B과장 | J과장 |
| 경우 2 | C이사 | D과장 | G이사 | N이사 | B과장 | K대리 |
| 경우 3 | C이사 | D과장 | G이사 | N이사 | J과장 | K대리 |

따라서 B과장이 면접위원으로 선출됐더라도 K대리가 선출되지 않는 경우도 있다.

### 02
정답 ①

평가지표 결과와 지표별 가중치를 이용하여 지원자들의 최종 점수를 계산하면 다음과 같다.

• A지원자 : $(3\times3)+(3\times3)+(5\times5)+(4\times4)+(4\times5)+5=84$점
• B지원자 : $(5\times3)+(5\times3)+(2\times5)+(3\times4)+(4\times5)+5=77$점
• C지원자 : $(5\times3)+(3\times3)+(3\times5)+(3\times4)+(5\times5)=76$점
• D지원자 : $(4\times3)+(3\times3)+(3\times5)+(5\times4)+(4\times5)+5=81$점
• E지원자 : $(4\times3)+(4\times3)+(2\times5)+(5\times4)+(5\times5)=79$점

따라서 K기업에서 채용할 지원자는 점수가 가장 높은 A, D지원자이다.

## 03

정답 ④

B동에 사는 변학도 씨는 매주 월, 화 오전 8시부터 오후 3시까지 하는 카페 아르바이트로 화~금 오전 9시 30분부터 오후 12시까지 진행되는 '그래픽 편집 달인되기'를 수강할 수 없다.

## 04

정답 ②

- C사원은 혁신성, 친화력, 책임감이 '상 – 상 – 중'으로 영업팀의 핵심역량에 부합하며, 창의성과 윤리성은 '하'이지만 영업팀에서 중요하게 생각하지 않는 역량이기에 영업팀으로의 부서배치가 적절하다.
- E사원은 혁신성, 책임감, 윤리성이 '중 – 상 – 하'로 지원팀의 핵심역량에 부합하므로 지원팀으로의 부서배치가 적절하다.

# PART 2

# 한국사

**CHAPTER 02** 적중예상문제

# 02 | 한국사 적중예상문제

| 01 | 02 | 03 | 04 | 05 | 06 | 07 | 08 | 09 | 10 | 11 | 12 | 13 | 14 | 15 | 16 | 17 | 18 | 19 | 20 |
|----|----|----|----|----|----|----|----|----|----|----|----|----|----|----|----|----|----|----|----|
| ② | ③ | ① | ① | ④ | ④ | ④ | ③ | ④ | ② | ① | ④ | ② | ③ | ① | ③ | ③ | ② | ② | ② |

| 21 | 22 | 23 | 24 | 25 | 26 | 27 | 28 | 29 | 30 | | | | | | | | | | |
|----|----|----|----|----|----|----|----|----|----|----|----|----|----|----|----|----|----|----|----|
| ③ | ③ | ③ | ④ | ③ | ③ | ① | ① | ① | ④ | | | | | | | | | | |

## 01

정답 ②

6 · 25 전쟁은 소련의 북한 남침 계획 승인 및 지원 약속, 한 · 미 상호 방위 원조 협정이 체결되었으나, 애치슨 라인에서 한국이 제외된 것이 배경이 되었다.

## 02

정답 ③

오답분석

병조는 오늘날의 국방부이며, 형조는 재판과 형벌을 결정하는 기관이다. 호조는 국가의 재정을, 예조는 제사와 음악, 교육을 담당한다.

## 03

정답 ①

여주 흔암리, 부여 송국리 유적에서 발견된 탄화미를 통해 청동기 시대에 한반도에서 벼농사가 시작되었다는 것을 알 수 있다.

오답분석

② 가락바퀴를 이용하여 원시적인 수공업이 이루어진 것은 신석기 시대이다.
③ 청동기 시대 유적은 만주와 한반도 일대에 폭넓게 분포되어 있다.
④ 조개껍데기 가면은 신석기 시대의 예술품이다.

## 04

정답 ①

(가) 고구려의 장수왕은 한성을 공격하여 백제의 개로왕을 죽이고 한강 유역을 장악하였다(475).
(나) 금관가야는 전기 가야 연맹을 이끌었으나 신라에 의해 멸망하였고, 일부 왕족들이 신라의 진골로 편입되었다.
따라서 (가)와 (나) 사이에는 백제의 문주왕이 고구려에 의해 한성이 함락되자 웅진으로 천도한 사건이 들어가야 한다.

## 05

정답 ④

제시문에서 설명하고 있는 나라는 부여이다. 부여는 수도(曾都)를 중심으로 동 · 서 · 남 · 북의 방위에 따라 4개 구역으로 나누어 관리하였으며 이를 사출도라 하였다. 부여의 중앙에는 가장 강력한 부족이 있고, 사출도의 부족과 부족연맹을 형성하였다.

## 06

ㄷ. 옥저 복속(태조왕, 56) → ㄱ. 낙랑 축출(미천왕, 313) → ㄴ. 불교 공인(372), 율령 반포(소수림왕, 373) → ㄹ. 평양 천도(장수왕, 427)

## 07

한국인 학생과 일본인 학생 간의 충돌 사건을 계기로 조선인 학생에 대한 차별과 식민지 교육에 저항하여 발생한 광주 학생 항일 운동에 대해 신간회가 진상 조사단을 파견하여 지원하였다(1929).

## 08

제시된 사료는 신돈이 권력을 잡은 후 죽는 내용으로, 밑줄 친 '왕'은 고려 공민왕이다. 국자감을 성균관으로 개편한 것은 충렬왕 때이다.

오답분석

① 원의 고려 내정 간섭 기구인 정동행성 중서성 이문소를 폐지하였다(1356).
② 무력으로 원에 빼앗겼던 쌍성총관부를 수복하였다(1356).
④ 무신 정권기에 설치된 정방을 폐지하였다(1352).

## 09

정간보는 세종대왕이 창안한 악보로, 동양에서 가장 오래된 악보이다. 1행에 32칸을 '우물 정(井)'자 모양으로 칸을 그리고, 한 칸을 1박으로 쳐서 음의 길이를 정확하게 표시하였다.

오답분석

① 악학궤범 : 성종 24년(1493)에 성현 등이 왕명을 받아 편찬한 악전이다. 한글로 가사를 표기하였고, 그림을 실어 궁중악·당악·향악에 대해 설명하였다.
② 석보상절 : 세종 28년(1446)에 수양대군이 왕명을 받아 세종의 아내 소헌왕후의 명복을 빌기 위해 지은 불경 언해집이다.
③ 악장가사 : 고려 말기부터 조선 초기의 악장과 속요를 모아 편찬한 책으로, 훈민정음이 창제된 이후 문자로 정착된 고려가요들이 실려 있다.

## 10

김대중 정부 출범 이후 북한과의 교류가 크게 확대되어 평양에서 최초로 남북 정상 회담이 이루어지면서 6·15 남북 공동 선언이 발표되었다(2000). 이를 통해 금강산 관광 사업의 활성화, 개성 공단 건설 운영에 관한 합의서 체결, 이산가족 상봉 등이 실현되었다.

## 11

6두품 세력은 학문적 식견과 실무 능력을 바탕으로 국왕을 보좌했지만, 신분적 제약으로 고위직 진출에는 한계가 있었다.

## 12

제시문은 안중근 의사가 옥중에서 집필한 『동양평화론』에 대한 내용이다. 안중근 의사는 동양평화 실현을 위해 『동양평화론』을 집필하기 시작하였으나, 완성되기 전 사형이 집행되어 미완성의 논책으로 남아있다.

오답분석

① 이병도에 대한 설명이다.
② 사회경제사학에 대한 설명이다. 대표적 학자로는 백남운, 이청원, 박극채 등이 있다.
③ 신채호에 대한 설명이다.

## 13

정답 ②

녹읍을 폐지하고, 관료전을 지급한 것은 신라 신문왕 때이다. 신문왕은 문무왕의 아들로, 김흠돌의 난을 진압하고 왕권을 강화하였으며, 녹읍을 폐지하고 일정한 조를 지급하는 관료전을 만들었다. 또한 유학교육기관인 국학을 설치하고, 지방제도를 정비하는 등의 업적을 남겼다.

## 14

정답 ③

빈칸에 들어갈 인물은 흥선대원군이다. 영조 때 군역의 폐단을 시정하기 위해 균역법을 실시하였으나 세도 정치기를 거치면서 삼정의 문란이 더욱 심해져 백성들의 생활이 매우 어려워졌다. 이에 흥선대원군은 군역의 폐단을 해결하기 위해 호포제를 실시하여 양반에게도 군포를 부과하였다.

오답분석

① 조선 태종 때 주자소를 설치하고 금속 활자인 계미자를 주조하였다.
② 조선 영조는 『속대전』을 편찬하여 통치 체제를 정비하였다(1746).
④ 조선 철종 때 임술 농민 봉기에 안핵사로 파견된 박규수는 민란의 원인이 삼정에 있다고 보고 삼정이정청의 설치를 건의하여 설치하였으나, 근본적인 문제를 해결하지는 못하였다.

## 15

정답 ①

신라는 내물왕 때 처음으로 마립간 칭호를 사용하였으며, 지증왕 때부터 왕의 칭호를 사용하였다.

## 16

정답 ③

제시된 사료는 고려 성종 때 최승로가 건의한 시무 28조이다. 성종은 경학박사·의학박사를 파견함으로써 교육 제도를 정비하였다.

오답분석

① 고려 인종 때 일로, 묘청과 정지상 등이 풍수지리설을 내세워 서경 천도를 주장하였다.
② 고려 현종 때 일로, 전국을 5도 양계, 경기로 크게 나누고, 그 안에 3경, 4도호부, 8목을 비롯하여 군·현·진을 설치하였다.
④ 고려 성종은 과도한 국가 재정 지출을 막기 위해 연등회와 팔관회 등의 불교행사를 폐지하였다.

## 17

정답 ③

(가)는 옥저의 민며느리제, (나)는 동예의 무천에 대한 설명이다. 같은 씨족끼리 혼인하지 않는 것은 동예의 족외혼 풍습이다.

오답분석

① 부여에 대한 설명이다.
② 고구려가 옥저에게 공물을 바친 것이 아니라, 옥저가 고구려에게 공물을 바쳤다.
④ 삼한에 대한 설명이다.

## 18

정답 ②

고려 경종 때 처음 시행된 시정 전시과는 관직 복무와 직역의 대가로 토지를 나눠주는 제도였다. 인품과 총 18등급으로 나눈 관등에 따라 곡물을 수취할 수 있는 전지와 땔감을 얻을 수 있는 시지를 주었고, 수급자들은 지급된 토지에 대해 수조권만 가졌다. 이후 목종 때의 개정 전시과는 인품에 관계없이 관등을 기준으로 지급하였고, 문종 때의 경정 전시과는 현직 관리에게만 지급하는 등 지급 기준이 점차 정비됐다.

## 19

발해는 8세기 중반부터 당의 문화를 적극적으로 수용하였다. 3성 6부의 중앙정치기구, 수도인 상경용천부의 도시 구조가 당의 수도인 장안과 유사한 점, 관료제도 및 관복제도 등에서 당의 문화를 상당 부분 수용한 면모를 볼 수 있다.

오답분석

④ 장보고는 당의 산둥 반도에 법화원을 세워 해외 포교원의 역할을 담당하였을 뿐만 아니라, 본국인 신라와의 연락기관 역할도 하였다.

## 20

제시된 사료에서 밑줄 친 '그'는 장영실이다. 1434년 세종 때 장영실과 합작해 물시계인 자격루를 만들었다. 자격루는 정밀 기계 장치와 자동시보 장치를 갖춘 뛰어난 물시계였다. 이후 1437년에는 정초와 함께 앙부일구(해시계)를 제작하였는데 이는 세계에서 유일하게 반구로 된 해시계였다.

오답분석

① 효종 4년(1653)에 김육의 건의에 따라 시헌력을 채택했다.
③ 비격진천뢰는 선조 때 화포장 이장손이 발명하였다.
④ 정조 16년(1792)에 정약용은 도르래를 이용한 거중기를 고안해 화성을 축조하는 데 크게 이바지했다.

## 21

제시된 사료에서 밑줄 친 '그 땅'은 금관가야이다. 제시된 사료는 금관가야의 마지막 왕인 김구해가 신라 법흥왕 때 나라를 바치면서 항복하는 모습을 보여주고 있다.

ㄴ. 김무력은 금관가야의 마지막 왕인 김구해의 아들로, 투항 후 관산성 전투에서 백제의 성왕을 전사시키는 큰 공을 세웠다. 신라의 삼국통일에 공헌한 김유신이 그의 손자이다.
ㄷ. 금관가야는 지금의 경남 김해 지역을 중심으로 발전하였으며, 낙동강 하류의 이점을 살려서 바다를 통한 중계무역과 문화적 발전을 하였다.

오답분석

ㄱ. 후기 가야연맹의 맹주로서 등장한 가야연맹체의 국가는 금관가야가 아닌 대가야이다.

## 22

'無偏無黨王道蕩蕩 無黨無偏王道平平(무편무당왕도탕탕 무당무편왕도평평)'은 어느 편에도 치우침 없이 공정한 경지를 뜻하는 말로, 여기서 탕평책이 유래되었다. 영조는 즉위하자 탕평 교서를 발표하고 탕평책을 시행하였다. 또한, 붕당 정치를 없애자는 생각을 가진 탕평파 중심의 운영을 통해 당파 간의 균형과 왕권 강화를 추구하였으며, 성균관 입구에 탕평비를 세우기도 하였다.

## 23

5소경은 사신이 관할하였으며, 장관이나 군주(총관, 도독)가 행정을 관할하도록 한 곳은 9주였다.

## 24

웅진 시대에 동성왕은 신라 소지왕과 결혼동맹(493)을 맺고 탐라를 복속(498)하였으며, 무령왕은 지방의 22담로에 왕족으로 파견하여 왕권을 강화하였다.

오답분석

㉠은 한성 시대, ㉡은 사비 시대에 있었던 일이다.

## 25

① 중추원 : 왕명 출납을 담당하였다.
② 어사대 : 풍속을 바로 잡고, 관리들의 잘못을 규탄하였다.
④ 삼사 : 국가 회계 업무를 담당하였다.

## 26

일제의 징용령은 1939년부터 시행되었다. 이 시기의 일제는 일본과 조선은 한 몸이라는 내선일체의 구호를 내세워 한글을 사용하지 못하게 하였고, 황국 신민 서사 암송, 창씨개명, 신사참배 등을 강요하였다. 중일 전쟁(1937)과 태평양 전쟁(1941 ~ 1945)을 일으킨 일제는 국가 총동원령을 시행하여 우리 민족을 전쟁에 강제 동원하고, 민족의 정체성을 말살하기 위해 황국 신민화 정책을 시행하였다. 또한 국민 징용령으로 한국인 노동력을 착취하고, 학도 지원병 제도, 징병 제도 등을 실시하여 젊은이들을 전쟁터로 강제 징집하였으며, 여자 정신대 근무령을 공포하여 젊은 여성들을 위안부로 삼는 만행을 저질렀다.

① 간도 참변 : 1920년
② 미쓰야 협정 : 1925년
④ 대전자령 전투 : 1933년

## 27

조선 세종 때 4군 6진을 개척하여 현재와 같은 국경선을 가지게 되었다.

## 28

일본은 발달한 조선의 문화를 받아들여 자국의 문화를 발전시킬 수 있는 계기가 되었으며, 특히 성리학과 도자기 문화 발달의 토대를 마련하였다.

## 29

고려의 성종은 불교 행사를 억제하고 국자감을 정비하였고, 광종은 과거제도를 처음 실시하였다. 이러한 개혁적 조치들은 유교 정치를 실현하고 왕권의 강화를 이루기 위한 것이다.

## 30

대한민국 임시정부는 3·1운동 직후인 1919년 4월에 중국 상하이에서 김구, 이승만을 중심으로 대한민국의 광복을 위하여 조직한 정부이며, 국민이 국가의 주인이 되는 민주 공화정을 채택했다.

① 독립신문을 발행하여 임시정부와 독립군의 활동을 국내외에 알렸다.
② 연통제와 교통국을 이용하여 비밀조직의 운영과 외교활동에 전념했다.
③ 한국광복군을 조직하여 일본에 선전포고를 하고, 광복을 위한 국내진공작전을 계획했으나 일본의 항복으로 무산되었다.

# PART 3

# 영어

**CHAPTER 01** 적중예상문제

# 01 | 영어 적중예상문제

| 01 | 02 | 03 | 04 | 05 | 06 | 07 | 08 | 09 | 10 | 11 | 12 | 13 | 14 | 15 | 16 | 17 | 18 | 19 | 20 |
|----|----|----|----|----|----|----|----|----|----|----|----|----|----|----|----|----|----|----|----|
| ④ | ① | ① | ④ | ④ | ③ | ① | ② | ④ | ② | ③ | ② | ④ | ② | ② | ④ | ④ | ④ | ② | ④ |
| 21 | 22 | 23 | 24 | 25 | 26 | 27 | 28 | 29 | 30 | | | | | | | | | | |
| ① | ① | ④ | ① | ③ | ② | ① | ④ | ① | ④ | | | | | | | | | | |

## 01

정답 ④

남자가 여자보다 수학을 잘한다는 것이 고정관념임을 밝히고 바로 역접 접속사 'but'이 나오므로, 뒤에는 이와 상반되는 내용이 나와야 함을 알 수 있다. 즉, 믿을만한(확실한) 증거가 거의 없다는 내용이 이어지는 것이 자연스러우므로 빈칸에는 'solid(단단한, 확실한)'가 적절하다.

오답분석

① 동시의
② 의심스러운, 수상쩍은
③ 불안정한

| 해석 |

남자가 수학에 있어 여자보다 우월하다는 것은 전형적인 고정관념이다. 그러나 이를 설명할 <u>확실한</u> 증거는 거의 없었다.

| 어휘 |

• stereotype : 고정관념

## 02

정답 ①

빈칸에 들어갈 단어는 역접 접속사 'but'으로 추론 가능하다. 앞부분에서 남부 인도인이 거무스름한 피부를 가졌다고 했으므로, 뒤에는 과학자들이 인도인은 백인이 가진 특성을 지녀서 그들을 흑인 아프리카인과 구별하기 힘들다는 내용이 와야 한다. 따라서 빈칸에는 'reluctant(주저하는)'가 적절하다.

오답분석

② 반가운, 환영하는
③ 다른
④ 기꺼이 하는

| 해석 |

남부 인도의 많은 사람들은 까무잡잡한 피부를 가졌다. 그러나 과학자들은 그들의 백색인종의 얼굴 특징들과 모발 형태 때문에 그들을 아프리카계 흑인으로 분류하기를 <u>주저해</u> 왔다.

| 어휘 |

• caucasoid : 코카서스 인종(의)[백색인종]

## 03

제시문은 모든 종류의 단체 운동을 함으로써 신체적 한계를 시험해 보는 어린 시절과 달리, 성인기에 도달하면 신체적 부상의 위험이나 스트레스가 적은 운동을 하는 경향이 있음을 설명하는 글이다.

**| 해석 |**

우리는 흔히 모든 종류의 단체 운동을 함으로써 신체적 한계를 시험해 보면서 어린 시절을 보낸다. 고등학생이 되면 두세 개의 단체 운동에 참여하기까지도 한다. 그것은 우리가 충분한 신체적 강인함을 가지고 있기 때문이다. 그러나 성인기에 도달하면 우리 중 절반이 넘는 사람이 여전히 운동하는 것을 즐기지만, 아주 적은 수의 사람들만이 최고 수준에서 경쟁할 수 있다. 다시 말해, 우리는 신체적으로 어린 시절만큼 강하지 않다는 것을 알게 된다. 자연스럽게 우리는 미식축구, 축구, 혹은 농구와 같이 (신체적) 충돌을 필요로 하는 단체 운동에서 벗어나 신체적 부상의 위험이 적거나, 몸에 스트레스를 더 적게 주는 운동으로 옮겨가게 된다. 사실 많은 사람들이 개인 운동으로 방향을 돌린다. 따라서 성인 세계에서는 단체 운동을 조직하는 것이 더 어려워진다.

## 04

제시문에서 Joni는 그녀가 탄 조랑말이 너무 작아 비가 와서 불어난 하천에 쓸려 내려갈 위기에 처해 있다. 따라서 Joni는 무척 겁이 나 있을 것이라 추측할 수 있다.

**| 해석 |**

Joni는 자신의 언니들과 승마를 하러 갔다. 그녀의 조랑말은 언니들 말들의 절반 크기라서 언니들에게 보조를 맞추느라 힘들었다. 큰 말들을 탄 언니들은 가장 깊은 부분에서 하천을 건너는 것이 재미있다고 생각했다. 그들은 Joni의 작은 조랑말이 조금 더 깊이 빠지는 것을 결코 알아차리지 못한 것처럼 보였다. 그 주 초에 비가 와서 하천은 갈색이고 물이 불었다. 자신의 조랑말이 하천의 한가운데로 걸어 들어가면서, Joni는 소용돌이치는 강물이 자신의 조랑말 다리를 세차게 흘러 돌아가는 것을 응시하며 창백해졌다. 그녀의 심장은 빨리 뛰기 시작했고, 입은 말라갔다.

## [5~6]

**| 해석 |**

(C) 체육 선생님이 교실로 들어와 내가 Matt와 싸우고 있는 것을 알아차렸다. 그는 우리를 육상 트랙으로 내보냈다. 그는 얼굴에 미소를 띠며 우리를 따라와서 말했다. "나는 너희 둘이 서로 손을 잡고 트랙을 달렸으면 한다." 학급 반장은 갑자기 크게 웃었고 우리는 매우 당황스러웠다. 주저하면서 나의 적과 나는 뛰기 시작했다. 바로 방금 전 주먹이었던 것이 이제 어색한 악수로 연결되어 있었다.

(B) 우리 둘 다 분노를 느끼며 강제로 뛰던 미니 마라톤 코스 내내, 나는 내 옆에 있던 그 큰 녀석을 쳐다보았던 것이 기억난다. 그의 코에서는 여전히 피가 조금 흐르고 있었다. 그의 눈은 눈물로 차 있었다. 그의 거대한 몸이 그의 속도를 늦추었다. 그 순간 갑자기 여기 나와 그렇게 다르지 않은 한 사람이 있다는 생각이 나에게 들었다. 나는 마지못해 뛰는 그 애도 같은 생각을 하고 있었다고 생각한다. 왜냐하면 우리 둘 다 서로를 쳐다보고 웃기 시작했기 때문이다. 이내, 우리는 좋은 친구가 되었다.

(A) 나는 이제 더 이상 그 큰 애를 같은 방식으로 보지 않았다. 내가 오랫동안 미워했던 멍청한 소년 대신에, 여기에 외적인 어떤 것을 훨씬 넘어서는 내적인 가치를 가진 나와 같은 누군가가 여기에 있었다. 내가 누군가와 강제로 손을 잡고 뛰면서 배웠던 것은 놀라웠다. 내 생애의 나머지 동안에 나는 다른 사람을 때리려고 손을 올린 적은 없었다.

## 05

친구와 싸우던 필자와 Matt를 체육 선생님이 목격하고 억지로 손을 잡게 해서 운동장을 뛰는 벌칙을 받는 부분인 (C)가 첫 번째 순서이고, 덩치 큰 친구의 힘들어하는 모습을 보며 서로가 다르지 않은 같은 사람이라는 생각에 쳐다보고 웃는 부분인 (B)가 두 번째 순서이다. 그리고 그 이후로 친구의 내면을 보며 평생 친구가 되었다는 (A)가 마지막 순서이다.

## 06

제시문이 시사하는 바는 마지막 단락인 (A)에서 '외적인 어떤 것을 훨씬 넘어서는 내적인 가치를 가진 나와 같은 누군가가 여기에 있었다.'에 잘 나타나 있다.

## 07
정답 ①

'결탁하다'는 의미로 가장 적절한 단어는 'collaborate'이다.

| 해석 |

정부는 제조업체들이 제품을 미성년자에게 판매하기 위해 결탁했다고 결론 내렸다.

| 어휘 |
• collaborate : 협력하다

## 08
정답 ②

다양한 문화가 섞여 있는 경우, 어떤 문화에서만 공유되는 추정에 대한 의존 때문에 그 문화에서는 통용되는 농담이 다른 문화에 속하는 사람에게는 매우 형편없이 전해진다고 하는 것이 옳다. 따라서 'well'을 'badly'로 고치는 것이 적절하다.

| 해석 |

사람들은 똑같은 방식으로 웃지만, 그들이 반드시 똑같은 것에 대해 웃는 것은 아니라고 한다. 이것이 단일 공동체에 적용된다면, 다양한 사회에서 사는 사람들에게는 훨씬 더 많이 적용된다. 왜냐하면 사람들이 재미있다고 느끼는 주제와 농담을 하기에 적절하다고 여기는 경우가 문화마다 매우 다양할 수 있기 때문이다. 바보 같아 보이는 행동과 관련된 어떤 스타일의 유머는 어느 곳에서든지 웃음을 자아내는 것으로 보장된다. 그러나 공유되는 추정에 대한 의존 때문에 대부분의 농담은 매우 잘(→ 형편없이) 전해진다. 이것은 특히 언어유희가 포함된 농담의 경우에서 눈에 띈다. 그러한 농담은 어려운데, 사실 어떤 경우에는 다른 언어로 번역하기가 불가능하다. 그래서 이러한 이유 때문에 외국인에게 농담을 말하려는 사람들의 시도가 자주 종종 멍하니 응시하는 것에 부딪치게 된다.

| 어휘 |
• amusing : 재미있는
• reliance : 의지
• assumption : 가정
• noticeable : 눈에 띄는
• play on words : 말장난, 언어유희
• blank stare : 멍한 응시, 의아한 눈초리

## 09
정답 ④

'비민주적'이라는 의미와 같은 맥락에서 'unselfish'는 적절하지 않다. 따라서 'unselfish'를 'selfish'로 고쳐야 한다.

| 해석 |

전통적인 미국인의 견해는 울타리가 미국의 풍경에서는 부적절하다는 것이었다. 이러한 개념은 19세기에 미국의 풍경에 대한 글에서 반복적으로 나타났다. 저자들은 잇따라 부서진 병으로 덮인 심하게 모욕적으로 냉대하는 영국인들의 큰 장벽을 비난했다. 미국의 첫 번째 근교의 조망에 상당한 영향을 끼쳤던 초기 조경사인 Frank J. Scott는 조경에서 울타리를 없애기 위해서 쉼 없이 일했다. 1870년에 쓴 글에서 그는 자연의 자유로운 우아함에 대한 이웃들의 경관을 좁히는 것이 이타적(→ 이기적)이고 비민주적이라고 주장했다. 오늘날 사실상 개방과 환영의 몸짓으로 모든 잔디가 거리에 솟아오르고 있는 미국의 근교를 운전하는 것은 그러한 경치가 얼마나 완전히 승리해 왔는지를 보는 것이다.

| 어휘 |
- landscape : 경치, 조경
- notion : 관념
- turn up : 나타나다
- insultingly : 모욕적으로
- inhospitable : 냉랭한, 푸대접하는
- out of place : 부적절한
- suburb : 교외
- tirelessly : 쉼 없이
- undemocratic : 비민주적인

## 10

제시문의 주제는 '전화로 이야기하는 방법'이다.

| 해석 |

전화는 우리의 일상생활의 큰 부분을 차지하게 되었다. 전화로 분명하게 이야기하는 것은 좋은 예절이다. 당신이 소리를 지를 필요는 없다. 당신은 이야기를 나누고 있는 사람에게 정중해야 한다.

| 어휘 |
- daily : 매일의
- manner : 예절
- necessary : 필요한
- polite : 예의바른, 정중한

## 11

제시문은 성공적인 면접은 세 가지 기본적인 단계를 따른다는 내용이므로 주제는 '성공적인 면접의 3단계'이다.

오답분석
① 취업에 대한 당신의 헌신을 보여주는 방법
② 면접을 하는 동안의 긍정적 태도
④ 면접을 하는 동안 당신의 능력을 보여주는 것의 중요성

| 해석 |

가장 성공적인 면접은 세 가지 기본 단계들을 따른다. 만약 당신이 그 단계들을 안다면, 당신은 당신의 취업 기회를 높이는 것이다. 첫 번째 단계는 약 3분간 지속되고 당신이 처음 자신을 소개할 때 일어난다. 이 3분 내에, 당신은 당신이 다른 사람들과 친하고 편하다는 것을 보여야 한다. 이때는 굳게 악수하고, 눈을 마주치고, 그리고 미소 지을 때이다. 두 번째 단계 동안에 당신은 당신의 기술과 능력을 설명해야 한다. 이때는 당신의 고용주에게 바로 얼마나 당신이 유능한 지를 보여줄 기회이다. 세 번째 단계는 비록 그것이 단지 1분 또는 2분만 지속되더라도 그 면접의 마지막에 온다. 이 단계는 여전히 중요하다. 고용주가 "연락드릴게요."라고 말할 때, 당신은 "괜찮으시다면 며칠 후에 제가 다시 연락드리겠습니다."와 같은 말을 해야 한다. 이와 같은 언급은 취업에 대한 당신의 헌신을 나타낸다.

| 어휘 |
- demonstrate : 시범 보이다, 증명하다
- at ease : 마음이 편안한
- be in touch : 연락하다, 연락하고 지내다
- check back : 다시 연락하다

## 12

빈칸 이후 B가 차단 프로그램을 설치하라는 해결책을 제시했으므로 빈칸에는 대처 방안을 묻는 ②가 적절하다.

오답분석
① 이메일 자주 쓰니?
③ 이 훌륭한 차단 프로그램을 어떻게 만들었니?
④ 이메일 계정 만드는 것 좀 도와줄래?

| 해석 |

A : 저런, 또 왔어! 정크 메일이 너무 많이 와!
B : 맞아. 난 하루에도 열 통 이상씩 받아.
A : 정크 메일이 들어오는 걸 막을 수 있을까?
B : 완전히 차단하기는 힘들 것 같아.
A : 뭔가 우리가 할 수 있는 게 없을까?
B : 글쎄, 설정 탭에서 차단 프로그램을 설치할 수 있어.
A : 차단 프로그램?
B : 그래. 차단 프로그램이 스팸 메일 일부를 거를 수 있거든.

## 13

정답 ④

제시문은 세계 각국의 음식과 식사 전통을 체험할 수 있는 행사에 대하여 안내하고 있는 글이다.

| 해석 |

정찬 모임에 참여하신 것을 환영하고 감사드립니다. 저희 모임은 독특한 식사 경험을 제공합니다. 여러분은 전 세계의 음식을 먹어 보게 되는데, 더 중요한 것은 각국의 식사 전통과 관습을 경험할 수 있는 기회를 가지게 된다는 것입니다. 예를 들어, 인도에서는 손을 사용해 음식을 먹습니다. 여러분이 포크와 나이프를 사용하는 데 익숙하시다면 이는 도전이 될 것입니다. 프랑스에서는 코스 요리로 식사를 하므로 프랑스식 식사를 위해서는 반드시 충분한 시간을 잡아 놓도록 하세요. 일본에서는 국물을 수저로 먹지 않으니 사발째 직접 마셔야만 합니다. 이러한 것들은 8월 말까지 매주 토요일 저녁에 여러분이 경험할 것들의 일부입니다. 저희는 여러분이 식사 체험을 즐기시기를 희망합니다.

## 14

정답 ②

'vanguard'는 '선봉'이라는 의미로 쓰였다. 따라서 이와 가장 유사한 단어는 '최전선'이라는 뜻을 가진 'forefront'이다.

| 해석 |

운동에 참여한 학생들은 그들이 혁명의 선봉에 있다고 생각하도록 기만당했다.

| 어휘 |
• turmoil : 혼란

## 15

정답 ②

밑줄 친 부분의 앞 문장은 그의 사업이 이익을 내지 못하고 있다는 내용이다. 따라서 그 사업은 곧 망하게 될 것이므로 'go under'의 의미를 추론할 수 있다. 이와 뜻이 가장 가까운 것은 'become bankrupt(파산하다)'이다.

오답분석
① 유명해지다
③ 강조하다
④ 본전치기를 하다

| 해석 |

오늘날의 기업 풍토에서 당신은 다른 사람들이 아직 생각하지 못한 아이디어를 제시할 만큼 영리해져야 한다. 유기농 사과 농부인 내 친구 김씨를 보라. 5년 전 그의 사업은 이윤을 내지 못하고 있었다. 그것은 막 도산할 참이었다. 그러더니 유기농 과일이 정말로 유행했다. 갑자기 모두가 그의 유기농 사과를 사고 싶어 하는 것처럼 보였다. 그는 그 뒤 새로운 무언가를 시도할 결심을 했다. 그는 우편 주문 사업을 시작했고, 그의 고객들이 그의 사과를 집에서 주문하고 그것들을 빨리 받을 수 있게 되었다. 판매는 날아올랐고 김씨는 훨씬 더 많은 돈을 벌었다. 이제 그는 일찍 은퇴하는 것에 대해 생각하는 중이다.

| 어휘 |
• business climate : 기업 풍토
• make a profit : 이윤을 내다
• catch on : 유행하다

## 16
정답 ④

제시문은 음악이 감정 전달을 통해 언어처럼 인간의 의사소통 방식이 될 수 있다는 내용이다. 하지만 ④는 음악이 감정 전달이 아닌 정보 전달을 한다는 내용이므로 부적절하다.

| 해석 |

음악이 실제로 언어냐, 아니냐 하는 것이 때때로 열띤 철학적 토론의 주제이기는 했어도, 음악은 언어라고 불려 왔다. 그것은 사용되는 정의에 달려 있다. 만일 '언어'를 개념이 상징화되고 전달될 수 있는 수단을 의미한다고 여긴다면, 확실히 음악은 그렇지 않다. 음악은 '언덕 위에 있는 집에는 침실이 세 개 있다.'라는 생각을 표현할 수 없다. 하지만 음악은 그것을 작곡하고, 연주하고, 듣는 사람들에게는 대체로 일관된 감정 반응을 자아낼 수 있다. (음악이 우리 청각의 자극제이기 때문에, 음악은 정보를 전달하는 것을 할 수 있고, 필연적으로 그러한 것이 분명하다.) 그러므로 대체로 언어와 음악 둘 다 소리의 흐름을 통해 발생하는 인간의 의사소통 형식이라는 점에서 공통점이 있다. 그리고 두 가지 경우 모두, 이 흐름들은 '덩어리로 나뉘어' 인지된다.

## 17
정답 ④

가뭄으로 인해 호수의 물이 줄고, 수력 발전이 줄어들자 전기료가 인상되어 우간다 사람들은 전기를 대체할 연료로 나무를 사용하였다. 결국 지나친 벌목이 토양의 질을 하락시켜 식량 문제가 도래한 것이다. 보기는 ④의 앞 내용을 정리하고 있으며, ④의 뒤에 나오는 문장은 전체 내용을 정리하는 결론이다. 따라서 보기가 들어가기에 가장 적절한 곳은 ④이다.

| 해석 |

개별적인 자원 문제 이외에도, 에너지, 식량, 물 사이의 관련성이 증가하고 있다. 그 결과 한 분야의 문제들이 다른 분야로 퍼져나가, 의존성의 파괴적 순환을 만들어 낼 수 있다. 예를 들어 우간다는 2004년과 2005년에 식량 공급을 위협하는 긴 가뭄을 겪었다. 그 나라는 거대한 빅토리아 호수에서 너무 많은 물을 사용하여 수위가 1미터까지 떨어졌고, 우간다는 그 호수에서의 수력 발전을 줄였다. 전기료는 거의 두 배가 되었고, 그래서 우간다 사람들은 연료로 더 많은 나무를 사용하기 시작했다. 사람들은 숲을 심하게 벌목해 갔고, 이는 토양의 질을 저하시켰다. 식량원에 대한 위협으로 시작된 가뭄이 전기 문제가 되었고, 결국 훨씬 더 심각한 식량 문제가 된 것이다. 이런 순환은 결국에는 모든 주민에게 있어 정치 불안과 재난으로 끝날 수 있다.

## 18
정답 ④

제시된 단어의 의미는 '충성스러운'으로, 이와 반대되는 '불충실한'의 의미를 가진 단어는 ④이다.

오답분석
① 불변의
② 헌신적인
③ 짜증난

## 19

제시된 단어의 의미는 '거절하다'로, 이와 반대되는 '받아들이다'의 의미를 가진 단어는 ②이다.

[오답분석]

① 거절하다
③ 집행하다
④ 보장하다


## 20

정답 ④

제시된 단어의 의미는 '모으다'로, 이와 반대되는 '흩뿌리다'의 의미를 가진 단어는 ④이다.

[오답분석]

① 모으다
② 완료하다
③ 결론을 내리다


## 21

정답 ①

(A) 첫 문장에서 감정은 상황적이라고 언급하였다. 따라서 감정 자체가 그것이 일어나는 상황과 연결되어(tied) 있다고 하는 것이 자연스럽다.
(B) 처한 상황에서 벗어나면, 그 상황과 연결되어 있던 감정은 사라지게(disappear) 된다.

| 해석 |

> 대부분의 사람에게 있어 감정은 상황적이다. 현 시점의 무언가가 여러분을 화나게 한다. 그 감정 자체는 그것이 일어나는 상황과 (A) 연결되어 있다. 그 감정의 상황 속에 남아 있는 한, 여러분은 화가 난 상태에 머물기 쉽다. 여러분이 그 상황을 벗어나면, 정반대가 사실이 된다. 여러분이 그 상황에서 벗어나자마자 그 감정은 (B) 사라지기 시작한다. 그 상황에서 벗어나게 되면 그 감정은 여러분을 붙잡지 못한다. 상담자는 내담자에게 그들을 괴롭히고 있는 그 어떤 것과 어느 정도 감정적 거리를 두라고 자주 충고한다. 그것을 이행하는 한 가지 쉬운 방법은 본인 화의 근원으로부터 여러분 자신을 지리적으로 떼어놓는 것이다.


## 22

정답 ①

제시문은 과거에는 완벽한 단백질인 줄 알았던 동물성 단백질이 사실은 지나친 콜레스테롤과 지방 함량으로 인해 사실 건강에 좋지 않다는 내용이다. 반면 콩 단백질로 대표되는 식물성 단백질은 콜레스테롤 함량이 높지 않다. 따라서 글의 마지막 부분은 동물성 단백질을 식물성 단백질로 대체해야 한다는 내용이며, 빈칸에는 '대체하다'의 의미를 가진 'replace'가 적절하다.

| 해석 |

> 과거에 동물성 단백질들은 단백질 함유량이 가장 높았기 때문에 우수하다고 인식되었다. 오늘날 많은 전문가들은 동물성 단백질이 건강한 상태에 비해 너무 많은 단백질을 갖고 있다고 믿는다. 왜냐하면 그것이 체내에 독소나 지방의 형태로 저장되기 때문이다. 동물성 단백질은 꼭 필요한 아미노산을 공급해 주는 완벽한 단백질이라고 생각되었다. 이제 우리는 이것이 건강에 좋지 않은 무기산도 포함하고 있다는 것을 안다. 동물성 단백질은 많은 철분과 아연을 공급해 주는 것 같았지만, 지금은 콜레스테롤, 지방과 칼로리도 공급하는 것으로 보인다. 휴스턴에 있는 Baylor 의과 대학의 중요한 연구에 따르면, 콩 단백질이 높은 식단을 섭취하는 남자는 동물성 단백질이 높은 식단을 섭취하는 남자와 비교해 콜레스테롤이 떨어지는 것을 경험했다. 그 연구는 남성이 반드시 그들의 육류 단백질 섭취를 식물성 단백질로 50%까지 대체해야 한다고 결론 내렸다.

**| 해석 |**

몇 년 전 나는 딸아이 학교의 사친회 모임에서 Phil이라는 이름의 남성을 만났다. 그를 만나자마자 아내가 Phil에 관하여 나에게 한 말이 생각났다. "그 사람은 모임에서 정말 골치 아픈 사람이에요." 나는 아내가 무슨 뜻으로 말했는지 금방 알게 되었다. 교장 선생님이 새로운 독서 프로그램을 설명하고 있을 때 Phil이 끼어들어 자기 아들이 어떻게 그것으로부터 이득을 얻을 수 있는지 물었다. 그 모임의 후반에 Phil은 다른 학부모의 관점을 고려하지 않고 논쟁을 벌였다. 집에 돌아와서 나는 아내에게 말했다. "Phil에 관해서 당신이 옳았어. 그는 무례하고 오만한 사람이야." 아내는 의아한 표정으로 나를 바라보았다. "Phil은 내가 당신에게 말한 사람이 아니에요."라고 아내는 말했다. "그 사람은 Bill이었어요. Phil은 실제로 아주 좋은 사람이에요." 무안해져 그 모임을 되짚어 생각해 보니, Phil이 다른 이들보다 더 많이 사람들의 말에 끼어들거나, 논쟁을 벌인 것은 아니었을지도 모른다는 점을 깨달았다. 더욱이, Phil이 교장 선생님의 말씀에 끼어들었다는 것도 그다지 분명하지는 않다는 것을 깨달았다. 내가 한 해석은 바로 그런 것, 그러니까 여러 가지 해석이 가능한 행동에 대한 무의식적인 해석이었던 것이다. 그릇된 정보에 기초하고 있을 때조차도 첫인상의 힘은 강하다는 것은 잘 알려진 사실이다. 그다지 분명하지 않은 것은 적응 무의식이 그 해석 행위를 하는 정도이다. Phil이 교장 선생님의 말씀에 끼어드는 것을 보았을 때, 나는 객관적으로 무례한 행동을 보고 있는 것처럼 느꼈다. 나의 적응 무의식이 Phil의 행동을 해석하여 나에게 현실로서 제시하고 있다는 것을 몰랐다. 그러므로 나는 내 자신의 예상을 인지하고 있었지만, 이 예상이 그의 행동에 대한 나의 해석에 얼마나 많은 영향을 끼치는지는 알지 못했다.

**| 어휘 |**

• parent-teachers' organization : 사친회
• quizzically : 의아한 표정으로
• sheepishly : 수줍게, 쑥스럽게
• be open to : ~에 대하여 열려 있다, ~이 가능하다
• extent : 범위, 정도

## 23

정답 ④

빈칸에는 '옳지 않은 정보'라는 의미의 단어가 들어가야 하므로 'faulty information'이 적절하다.

## 24

정답 ①

필자의 아내가 부정적으로 얘기한 사람은 Phil이 아니라 Bill이므로 ①은 적절하지 않다.

## 25

정답 ③

제시문은 편견에 근거한 첫인상의 힘에 관한 내용이므로 '옳지 않은 정보에 근거하더라도, 그 첫인상의 힘은 강하다.'가 글의 주제로 적절하다.

PART 3

## 26

마지막 문장을 통해 '어린이에게 책임감을 기를 수 있는 기회를 갖게 하라.'는 것이 글의 요지임을 알 수 있다.

오답분석

① 아이들이 그들의 숙제를 하는 것을 도와라.
③ 당신의 아이들의 이익을 위해 엄격한 규칙들을 세워라.
④ 아이들이 도움이 필요한 그들의 이웃을 돕도록 가르쳐라.

| 해석 |

아이들은 성장하여 집을 떠난다. 우리가 보고 있지 않는 동안 그들은 무력한 아기에서 성숙한 어른이 된다. 비결은 그들과 함께 노력하고 그들의 보조에 맞춰 주는 것이다. 우리는 그들을 위해 모든 것을 해 주려는 충동에 저항해야 하며, 그들이 혼자 힘으로 달걀 프라이를 하거나 쓰레기통에 페인트칠을 하게 내버려 둬야 한다. 그들이 사춘기에 다다를 무렵에, 우리는 그들이 처음으로 그들의 방을 깨끗이 정돈할 수 있기를 기대할 것이다. 그러나 그들은 전에 결코 그것을 해 본 적이 없다. 그들은 그것을 하는 방법을 배워야 하며, 그 배우는 과정의 일부는 그것을 해내는 게 아니라 형편없게, 혹은 우리가 그것을 하는 방식과 다르게 하는 것이다. 성장은 성가신 일이다. 우리의 일은 그들을 돕는 것이다. 즉, 그들에게 천천히, 조금씩 책임을 넘겨주는 것이다.

| 어휘 |

• adolescence : 사춘기
• helpless : 무력한
• nature : 성숙한
• keep pace with : ~와 보조를 맞추다
• urge : 충동
• tidy : 단정한
• messy : 어질러진, 성가신
• bit by bit : 조금씩, 점차로

## 27

제시문은 미국과 한국에서 아이들의 교육에 대한 서로 다른 부모님들의 견해를 이야기하고 있으므로 글의 주제로 '아이들의 교육에 대한 다른 견해들'이 적절하다.

오답분석

② 부모님을 위해 최선을 다하기
③ 좋은 부모가 되는 법
④ 옛날과 오늘날의 부모

| 해석 |

미국에서는 소년·소녀들이 독립적으로 되는 것이 중요하다. 부모들은 자녀들에게 다른 사람들의 도움 없이 일을 하도록 노력하라고 말한다. 한국에서는 사람들이 다른 사람들과 함께 일하는 데 능숙하며, 부모들은 자녀들에게 단체나 가족 속에서 최선을 다하라고 말한다.

| 어휘 |

• independent : 독립적인
• be good at : ~ 에 능숙하다
• do one's best : 최선을 다하다
• view : 견해

## 28

제시문은 인간은 각자가 다른 과거의 경험을 갖고 있고, 그것이 어떤 동일한 경험에 대해 서로 다른 의미를 부여하도록 영향을 끼친다는 내용이므로, 글의 요지로는 ④가 적절하다.

**| 해석 |**

인간의 의사소통에서 가장 중요한 측면들 가운데 한 가지는 과거의 경험들이 여러분의 행동에 영향을 끼치기 마련이라는 것이다. 여러분이 친구와 어떤 일에 대해 의논하기 시작할 때조차, 여러분은 인식의 차이가 존재한다는 것을 곧 발견할 것이다. 여러분이 지루하다고 생각하는 것을 여러분의 친구들은 재미있다고 생각할지 모른다. 여러분이 무의미하다고 생각하는 것을 그들은 의미 있게 생각할 수도 있다. 여러분이 받아들이는 메시지는 여러분 각각에게 같을지도 모른다. 그러나 각자 고유의 인성과 배경을 갖고 있기 때문에 다양한 감정과 기분을 느끼게 된다. 여러분은 각각 그 일에 서로 다른 배경을 가져와, 결과적으로 공유한 경험에 각자 다른 의미를 부여한다.

## 29

(A) 전치사 'for'은 '~ 동안'이라는 의미로 시간과 관련되어 사용한다. 따라서 'for a few seconds'는 '몇 초 동안'이라고 해석할 수 있다.

(B) 'with'는 수단의 의미로 쓰여 '~로, ~을/를 사용해서'라고 해석한다. 'a sound'를 'with a maximum of 151 decibels'가 수식하면서 '최대 151 데시벨을 가지는 소리'라고 해석한다. 비슷한 예시로는 'a house with a big backyard'를 들 수 있으며, 이때 'with'가 이끄는 전치사구가 뒤에서 'a house'를 수식하여 '큰 뒷마당을 가진 집'이라고 해석한다.

(C) 'in all directions'는 관용구로 '사방팔방으로'라는 뜻이다.

**| 해석 |**

우리는 소리를 무기로 사용할 수 있을까? 용의자가 너무 빨리 달아나서 경찰관이 그를 체포하지 못하는 상황을 상상해보자. 그 경찰관은 용의자를 그의 총으로 쏘고 싶지 않지만, 그녀는 용의자가 도망치게 놔둘 수는 없다. 이제 그녀는 총알 대신 소리로 용의자를 몇 초간 멍하게 만들 수 있는 총을 사용할 수 있다. 이 특별한 장치는 최고 151 데시벨의 소리를 만든다. 이 소리는 한 사람을 일시적으로 귀가 먹먹하게 만들기 충분할 정도로 고통스럽다. 여러 방향으로 이동하는 일반 음파와는 달리, 이 기기에서 발사되는 음파는 마치 레이저 광선처럼 조준이 가능하다. 이 고통스러운 소리는 목표가 된 사람에게 닿게 만든다. 이 소리가 최대 500미터까지 닿을 수 있다는 점은 이 장치를 강력한 무기로 만들어 준다.

## 30

산악인이 높은 봉우리를 오를 때, 어느 지점까지 오른 뒤에 며칠을 쉬어 주는 것은 고산병에 걸리지 않으려는 하나의 방책이다. 'get'은 고산병에 걸린다고 해석되므로 적절하지 않다.

**| 해석 |**

당신이 높이 올라갈수록 대기 속의 산소의 양은 감소한다. 저지대 사람들이 고지대 지역을 방문할 때는 고산병을 겪을 수도 있다. 산소의 부족은 그들을 피곤하고 어지럽고 아프다고 느끼게 만든다. 고지대에 살고 있는 사람들은 그들의 몸이 산소의 부족에 적응되어 있기 때문에 정상적으로 호흡할 수 있다. 고지대에 사는 운동선수들이 저지대에서 뛰어난 기량을 발휘할 수 있는 것도 같은 이유이다. 산악인들은 높은 봉우리를 오르려고 할 때, 어느 지점까지 오르고 며칠을 쉬어 줌으로써 고산병에 <u>걸린다(→ 피한다)</u>. 이것은 그들에게 훨씬 높은 곳을 오르기 전에 몸이 산소의 부족에 적응할 시간을 준다.

성공한 사람은 대개 지난번 성취한 것보다 다소 높게,
그러나 과하지 않게 다음 목표를 세운다.
이렇게 꾸준히 자신의 포부를 키워간다.

- 커트 르윈 -

# PART 4

합격의 공식 시대에듀 www.sdedu.co.kr

# 최종점검 모의고사

# 제1회 최종점검 모의고사

## 01 공통 영역

| 01 | 02 | 03 | 04 | 05 | 06 | 07 | 08 | 09 | 10 | 11 | 12 | 13 | 14 | 15 | 16 | 17 | 18 | 19 | 20 |
|---|---|---|---|---|---|---|---|---|---|---|---|---|---|---|---|---|---|---|---|
| ④ | ③ | ② | ④ | ⑤ | ⑤ | ③ | ④ | ④ | ② | ② | ③ | ③ | ① | ② | ① | ④ | ③ | ④ | ③ |

| 21 | 22 | 23 | 24 | 25 | 26 | 27 | 28 | 29 | 30 |
|---|---|---|---|---|---|---|---|---|---|
| ① | ⑤ | ③ | ① | ② | ④ | ① | ② | ⑤ | ② |

### 01 글의 제목  정답 ④

제시문은 중세 유럽에서 유래된 로열티 제도가 산업 혁명부터 현재까지 지적 재산권에 대한 보호와 가치 확보를 위해 발전되었음을 설명하고 있다. 따라서 가장 적절한 제목은 '로열티 제도의 유래와 발전'이다.

### 02 맞춤법  정답 ③

• 내로라하다 : 어떤 분야를 대표할 만하다.
• 그러다 보니 : 보조용언 '보다'가 앞 단어와 연결 어미로 이어지는 '-다 보다'의 구성으로 쓰이면 앞말과 띄어 쓴다.

[오답분석]
① 두가지를 → 두 가지를 / 조화시키느냐하는 → 조화시키느냐 하는
 • 두 가지를 : 수 관형사는 뒤에 오는 명사 또는 의존 명사와 띄어 쓴다.
 • 조화시키느냐 하는 : 어미 다음에 오는 말은 띄어 쓴다.
② 무엇 보다 → 무엇보다 / 인식해야 만 → 인식해야만
 • 무엇보다 : '보다'는 비교의 대상이 되는 말에 붙어 '~에 비해서'의 뜻을 나타내는 조사이므로 붙여 쓴다.
 • 인식해야만 : '만'은 한정, 강조를 의미하는 보조사이므로 붙여 쓴다.
④ 심사하는만큼 → 심사하는 만큼 / 한 달 간 → 한 달간
 • 심사하는 만큼 : 뒤에 나오는 내용의 원인, 근거를 의미하는 의존 명사이므로 띄어 쓴다.
 • 한 달간 : '동안'을 의미하는 접미사이므로 붙여 쓴다.
⑤ 삼라 만상은 → 삼라만상은 / 모순 되는 → 모순되는
 • 삼라만상 : 우주에 있는 온갖 사물과 현상을 의미하는 명사이므로 붙여 쓴다.
 • 모순되는 : '피동'의 뜻을 더하고 동사를 만드는 접미사 '되다'는 앞의 명사와 붙여 쓴다.

## 03　속담

정답　②

제시문에서 우려하고 있는 것은 외환 위기라는 표면적인 이유 때문에 무조건 외제 상품을 배척하는 행위이다. 즉, 문제의 본질을 잘못 이해하여 임기응변식의 대응을 하는 것에 문제를 제기하고 있는 것이다. 따라서 제시문과 가장 관련 있는 속담은 '언 발에 오줌 누기'이다.

### 오답분석

① 겉모양은 보잘것없으나 내용은 훨씬 훌륭함을 의미한다.
③ 성미가 몹시 급함을 의미한다.
④ 일이 이미 잘못된 뒤에는 손을 써도 소용이 없음을 의미한다.
⑤ 위급한 상황에 처해도 정신만 바로 차리면 위기를 벗어날 수 있음을 의미한다.

## 04　빈칸 삽입

정답　④

㉠ 두 번째 문단의 내용처럼 디지털 환경에서는 저작물을 원본과 동일하게 복제할 수 있고 용이하게 개작할 수 있기 때문에 ㉠과 같은 문제가 생겼다. 또한 이에 대한 결과로 ㉴ 바로 뒤의 내용처럼 디지털화된 저작물의 이용 행위가 공정 이용의 범주에 드는 것인지 가늠하기가 더 어려워졌고 그에 따른 처벌 위험도 커진 것이다. 따라서 ㉠의 위치는 ㉴가 가장 적절하다.
㉡ '이들'은 저작물의 공유 캠페인을 소개하는 네 번째 문단에서 언급한 캠페인 참여자들을 가리킨다. 따라서 ㉡의 위치는 ㉺가 가장 적절하다.

## 05　내용 추론

정답　⑤

제시문에서는 인공지능은 인간의 삶을 편리하게 돕는 도구일 뿐 인간과 같은 사고와 사회적 관계 형성이 불가능하다고 이야기한다. 즉, 이러한 인공지능을 통해서는 인간에 대한 타당한 판단 역시 불가능하다고 주장한다. 따라서 ㉠에 대한 글쓴이의 주장으로 가장 적절한 것은 ⑤이다.

### 오답분석

① 인공지능은 겉으로 드러난 인간의 말과 행동을 분석하지만, 통계적 분석을 할 뿐 타당한 판단을 할 수 없다.
② 인공지능은 인간의 삶을 편리하게 돕는 도구일 뿐이며, 인간과 상호 보완의 관계를 갖는다고 볼 수 없다.
③ 인공지능이 발전하더라도 인간과 같은 사고는 불가능하다.
④ 인공지능은 사회적 관계를 맺을 수 없다.

## 06　한자성어

정답　⑤

밑줄 친 ㉡에 해당하는 한자성어는 '손이 도리어 주인 노릇을 한다.'는 뜻으로, 부차적인 것을 주된 것보다 오히려 더 중요하게 여김을 이르는 말인 '객반위주(客反爲主)'이다.

### 오답분석

① 괄목상대(刮目相對) : '눈을 비비고 상대편을 본다.'는 뜻으로, 남의 학식이나 재주가 놀랄 만큼 부쩍 늚을 이르는 말이다.
② 청출어람(靑出於藍) : '쪽에서 뽑아낸 푸른 물감이 쪽보다 더 푸르다.'는 뜻으로, 제자나 후배가 스승이나 선배보다 나음을 비유적으로 이르는 말이다.
③ 과유불급(過猶不及) : '정도를 지나침은 미치지 못함과 같다.'는 뜻으로, 중용이 중요함을 이르는 말이다.
④ 당랑거철(螳螂拒轍) : 제 역량을 생각하지 않고, 강한 상대나 되지 않을 일에 덤벼드는 무모한 행동거지를 비유적으로 이르는 말이다.

## 07　문서 내용 이해

정답　③

사람은 한쪽 눈으로 얻을 수 있는 단안 단서만으로도 이전의 경험으로부터 추론에 의하여 세계를 3차원으로 인식할 수 있다. 즉, 사고로 한쪽 눈의 시력을 잃어도 남은 한쪽 눈에 맺히는 2차원의 상들은 다양한 실마리를 통해 입체 지각이 가능하다.

## 08 문단 나열 정답 ④

제시문은 정부가 제공하는 공공 데이터를 활용한 앱 개발에 대한 설명으로, 먼저 다양한 앱을 개발하려는 사람들을 통해 화제를 제시한 (라) 문단이 오는 것이 적절하며, 이러한 앱 개발에 있어 부딪히는 문제들을 제시한 (가) 문단이 그 뒤에 오는 것이 적절하다. 다음으로 이러한 문제들을 해결하기 위한 방법으로 공공 데이터를 제시하는 (나) 문단이 오고, 공공 데이터에 대한 추가 설명으로 공공 데이터를 위한 정부의 노력인 (다) 문단이 마지막으로 오는 것이 적절하다.

## 09 어휘 정답 ④

포상(褒賞) : 1. 칭찬하고 장려하여 상을 줌
　　　　　　2. 각 분야에서 나라 발전에 뚜렷한 공로가 있는 사람에게 정부가 칭찬하고 장려하여 상을 줌. 또는 그 상

오답분석

① 보훈(報勳) : 공훈에 보답함
② 공훈(功勳) : 나라나 회사를 위하여 두드러지게 세운 공로
③ 공로(功勞) : 일을 마치거나 목적을 이루는 데 들인 노력과 수고. 또는 일을 마치거나 그 목적을 이룬 결과로서의 공적
⑤ 공적(功績) : 노력과 수고를 들여 이루어 낸 일의 결과

## 10 글의 주제 정답 ②

제시문의 마지막 문단에서 '말이란 결국 생각의 일부분을 주워 담는 작은 그릇'이며, '말을 통하지 않고는 생각을 전달할 수가 없는 것'이라고 하며 말은 생각을 전달하기 위한 수단임을 주장하고 있다.

## 11 SWOT 분석 정답 ②

ㄱ. 기술개발을 통해 연비를 개선하는 것은 막대한 R&D 역량이라는 강점으로 휘발유의 부족 및 가격의 급등이라는 위협을 회피하거나 최소화하는 전략에 해당하므로 적절하다.
ㄹ. 생산설비에 막대한 투자를 했기 때문에 차량모델 변경의 어려움이라는 약점이 있고, 레저용 차량 전반에 대한 수요 침체 및 다른 회사들과의 경쟁이 심화되고 있으므로 생산량 감축을 고려할 수 있다.
ㅁ. 생산 공장을 한 곳만 가지고 있다는 약점이 있지만 새로운 해외시장이 출현하고 있는 기회를 살려서 국내 다른 지역이나 해외에 공장들을 분산 설립할 수 있을 것이다.
ㅂ. 막대한 R&D 역량이라는 강점을 이용하여 휘발유의 부족 및 가격의 급등이라는 위협을 회피하거나 최소화하기 위해 경유용 레저 차량 생산을 고려할 수 있다.

오답분석

ㄴ. 소형 레저용 차량에 대한 수요 증대라는 기회 상황에서 대형 레저용 차량을 생산하는 것은 적절하지 않은 전략이다.
ㄷ. 차량모델 변경의 어려움이라는 약점을 보완하는 전략도 아니고, 소형 또는 저가형 레저용 차량에 대한 선호가 증가하는 기회에 대응하는 전략도 아니다. 또한, 차량 안전 기준의 강화와 같은 규제 강화는 기회 요인이 아니라 위협 요인이다.
ㅅ. 내수 확대에 집중하는 것은 새로운 해외시장의 출현과 같은 기회를 살리는 전략이 아니다.

## 12 창의적 사고 정답 ③

자유연상법은 창의적 사고를 기를 수 있는 방법으로, 어떤 생각에서 다른 생각을 계속해서 떠올리는 작용을 통해 어떤 주제에서 생각나는 것을 계속해서 열거해 나가는 발산적 사고 방법이다.

오답분석

① 강제연상법 : 각종 힌트에 강제적으로 연결지어서 발상하는 방법이다.
② 비교발상법 : 주제의 본질과 닮은 것을 힌트로 발상하는 방법이다.

## 13 　창의적 사고　정답 ③

브레인스토밍은 5 ~ 8명 정도의 인원이 적당하며, 주제에 대한 전문가를 절반 이하로 구성하고, 다양한 분야의 사람들을 참석시키는 것이 다양한 의견을 도출하는 지름길이다.

<오답분석>
① A : 주제를 구체적이고 명확하게 선정한다.
② B : 구성원의 다양한 의견을 도출할 수 있는 사람을 리더로 선출한다.
④ D : 발언은 누구나 자유롭게 하고, 모든 발언 내용은 기록 후 구조화한다.
⑤ E : 제시된 아이디어는 비판해서는 안 되며, 실현가능한 아이디어를 평가한다.


## 14 　명제 추론　정답 ①

주어진 조건에 따라 들어가야 할 재료 순서를 배치해 보면 다음과 같다.

| 첫 번째 | 두 번째 | 세 번째 | 네 번째 | 다섯 번째 | 여섯 번째 | 일곱 번째 |
| --- | --- | --- | --- | --- | --- | --- |
| 바 | 다 | 마 | 나 | 사 | 라 | 가 |

따라서 두 번째로 넣어야 할 재료는 '다'이다.


## 15 　SWOT 분석　정답 ②

경쟁자의 시장 철수로 인한 새로운 시장 진입 가능성은 K공사가 가지고 있는 내부환경의 약점이 아닌 외부환경에서 비롯되는 기회에 해당한다.


## 16 　규칙 적용　정답 ①

입사순서는 해당 월의 누적 입사순서이므로 'W05230401'은 4월의 첫 번째 입사자임을 나타낼 뿐, 해당 사원이 2023년 홍보부서 최초의 여직원인지는 알 수 없다.


## 17 　규칙 적용　정답 ④

사원번호의 부서 구분 기준에 따라 여성 입사자 중 기획부에 입사한 사원을 정리하면 다음과 같다.

| | | | | | |
| --- | --- | --- | --- | --- | --- |
| M01230903 | W03231005 | M05230912 | W05230913 | W01231001 | W04231009 |
| W02230901 | M04231101 | W01230905 | W03230909 | M02231002 | W03231007 |
| M03230907 | M01230904 | W02230902 | M04231008 | M05231107 | M01231103 |
| M03230908 | M05230910 | M02231003 | M01230906 | M05231106 | M02231004 |
| M04231101 | M05230911 | W03231006 | W05231105 | W03231104 | M05231108 |

따라서 여성(W) 입사자 중 기획부(03)에 입사한 사원은 모두 5명이다.


## 18 　자료 해석　정답 ③

ㄱ. 공정 순서는 A → B·C → D → E → F로 전체 공정이 완료되기 위해서는 15분이 소요된다.
ㄷ. B공정이 1분 더 지연되어도 C공정에서 5분이 걸리기 때문에 전체 공정 시간에는 변화가 없다.

<오답분석>
ㄴ. 첫 제품 생산 후부터는 5분마다 1개의 제품이 생산되기 때문에 첫 제품 생산 후부터 1시간마다 12개의 제품이 생산된다.

## 19 | 명제 추론
정답 ④

주어진 조건에서 적어도 한 사람은 반대를 한다고 하였으므로, 한 명씩 반대한다고 가정하고 접근한다.

• A가 반대한다고 가정하는 경우
  첫 번째 조건에 의해 C는 찬성하고 E는 반대한다. 네 번째 조건에 의해 E가 반대하면 B도 반대한다. 이때, 두 번째 조건에서 B가 반대하면 A가 찬성하므로 모순이 발생한다. 따라서 A는 찬성이다.
• B가 반대한다고 가정하는 경우
  두 번째 조건에 의해 A는 찬성하고 D는 반대한다. 세 번째 조건에 의해 D가 반대하면 C도 반대한다. 이때, 첫 번째 조건의 대우에 의해 C가 반대하면 D가 찬성하므로 모순이 발생한다. 따라서 B는 찬성이다.

위의 두 경우에서 도출한 결론과 네 번째 조건의 대우를 함께 고려해보면 B가 찬성하면 E가 찬성하고 첫 번째 조건의 대우에 의해 D도 찬성이다. 따라서 A, B, D, E 모두 찬성이며, 마지막 조건에 의해 적어도 한 사람은 반대하므로 나머지 C가 반대임을 알 수 있다.

## 20 | 자료 해석
정답 ③

제시된 직원 투표 결과를 정리하면 다음과 같다.

(단위 : 표)

| 여행상품 | 1인당 비용(원) | 총무팀 | 영업팀 | 개발팀 | 홍보팀 | 공장1 | 공장2 | 합계 |
|---|---|---|---|---|---|---|---|---|
| A | 500,000 | 2 | 1 | 2 | 0 | 15 | 6 | 26 |
| B | 750,000 | 1 | 2 | 1 | 1 | 20 | 5 | 30 |
| C | 600,000 | 3 | 1 | 0 | 1 | 10 | 4 | 19 |
| D | 1,000,000 | 3 | 4 | 2 | 1 | 30 | 10 | 50 |
| E | 850,000 | 1 | 2 | 0 | 2 | 5 | 5 | 15 |
| 합계 | | 10 | 10 | 5 | 5 | 80 | 30 | 140 |

㉠ 가장 인기 높은 여행상품은 D이다. 그러나 공장1의 고려사항은 회사에 손해를 줄 수 있으므로, 2박 3일 여행상품이 아닌 1박 2일 여행상품 중 가장 인기 있는 B가 선택된다. 따라서 750,000×140＝105,000,000원이 필요하므로 옳다.
㉢ 공장1의 A, B 투표 결과가 바뀐다면 여행상품 A, B의 투표 수가 각각 31, 25표가 되어 선택되는 여행상품이 A로 변경된다.

오답분석
㉡ 가장 인기 높은 여행상품은 D이므로 옳지 않다.

## 21 | 봉사
정답 ①

봉사는 물질적인 보상이나 대가를 바라지 않고 사회의 공익, 행복을 위해서 하는 일이다. 따라서 적절한 보상에 맞춰 봉사에 참여하는 것은 적절하지 않다.

## 22 | 근면
정답 ⑤

잦은 지각을 일삼는 B사원에게 결여된 덕목은 근면으로, 이는 게으르지 않고 부지런한 것을 말한다. 직장에서의 근면한 생활을 위해서는 출근 시간을 엄수해야 하며, 술자리 등 개인적인 일로 업무에 지장이 없도록 해야 한다.

## 23 | 근면
정답 ③

직장에서의 근면한 생활을 위해서는 B사원과 같이 일에 지장이 없도록 항상 건강관리에 유의해야 하며, C대리와 같이 오늘 할 일을 내일로 미루지 않고, 업무 시간에 개인적인 일을 하지 않아야 한다.

오답분석
• A사원 : 항상 일을 배우는 자세로 임하여 열심히 해야 한다.
• D대리 : 사무실 내에서 메신저 등을 통해 사적인 대화를 나누지 않아야 한다.

## 24 책임 의식

직업윤리 덕목은 다음과 같다.
- 소명 의식 : 나에게 주어진 일이라 생각함. 반드시 해야 하는 일
- 천직 의식 : 태어나면서 나에게 주어진 재능
- 직분 의식 : 자아 실현을 통해 사회와 기업이 성장할 수 있다는 자부심
- 책임 의식 : 책무를 충실히 수행하고 책임을 다하는 태도
- 전문가 의식 : 자신의 일이 누구나 할 수 있는 것이 아니라 해당 분야의 지식과 교육을 바탕으로 성실히 수행해야만 가능한 것이라고 믿고 수행하는 태도
- 봉사 의식 : 소비자에게 내가 한 일로 인해 행복함을 주는 태도

따라서 책임 의식과 전문가 의식에 어긋난 행동이 된다.

## 25 윤리

더글러스는 소음방지 장치를 약속할 수 없다고 하면서 이스턴 항공사와 계약을 못해 매출로 인한 단기적 이익 및 주변의 부러움을 포기하였지만, 직업윤리를 선택함으로써 명예로움과 양심을 얻었다.

## 26 책임 의식

제시문에서는 경제적인 목적에 대한 내용을 확인할 수 없다. 직업은 경제적 목적 이외에 자신의 존재 가치를 실현하고 자기의 능력과 노력을 통하여 적극적으로 사회에 기여하기 위한 장이다.

> **직업인의 기본자세**
> - 소명 의식과 천직 의식을 가져야 한다.
> - 봉사 정신과 협동 정신이 있어야 한다.
> - 책임 의식과 전문 의식이 있어야 한다.
> - 공평무사한 자세가 필요하다.

## 27 윤리

인사를 교환한 뒤에는 바로 통화 목적(용건)을 말해야 한다.

## 28 책임 의식

L부장에게는 나 자신뿐만 아니라 나의 부서의 일은 내 책임이라고 생각하는 책임 의식이 필요하다.

## 29 윤리

- 기율 : 무관심이란 자신의 행위가 비윤리적이라는 것은 알고 있지만, 윤리적인 기준에 따라 행동해야 한다는 것을 중요하게 여기지 않는 것을 의미하므로 옳은 설명이다.
- 지현 : 무절제란 자신의 행위가 잘못이라는 것을 알고 그러한 행위를 하지 않으려고 함에도 불구하고 자신의 통제를 벗어나는 어떤 요인으로 인하여 비윤리적 행위를 저지르는 것이므로 옳은 설명이다.

[오답분석]
- 지원 : 비윤리적 행위의 주요 원인은 무지, 무관심, 무절제이며, 자유는 비윤리적 행위의 직접적 원인으로 볼 수 없다.
- 창인 : 어떤 사람이 악이라는 사실을 모른 채 선이라고 생각하여 노력하였다면, 이는 무관심이 아닌 무지에서 비롯된 것이다.

[오답분석]

① 명함은 두 손으로 건네되, 동시에 주고받을 때에는 부득이하게 한 손으로 건넨다.

③ 모르는 한자가 있을 때 물어보는 것은 실례가 아니다.

④ 명함을 동시에 주고받을 때는 오른손으로 주고 왼손으로 받는다.

⑤ 명함을 내밀 때는 정중하게 인사를 하고 나서 회사명과 이름을 밝히고 두 손으로 건네도록 한다.

---

## 02    개별 영역

## | 01 | 수리능력

| 01 | 02 | 03 | 04 | 05 | 06 | 07 | 08 | 09 | 10 |
|----|----|----|----|----|----|----|----|----|----|
| ④ | ④ | ③ | ⑤ | ① | ① | ② | ① | ④ | ③ |

### 01    수열 규칙                                       정답 ④

앞의 두 수의 합이 그 다음 항의 수인 피보나치 수열이다.

따라서 ( )=21+34=55이다.

### 02    자료 이해                                       정답 ④

전년 대비 하락한 항목은 2022년의 종합청렴도, 외부청렴도, 정책고객평가와 2023년의 내부청렴도, 2024년의 내부청렴도, 정책고객평가이다. 항목별 하락률을 구하면 다음과 같다.

• 2022년

  − 종합청렴도 : $\dfrac{8.21-8.24}{8.24} \times 100 ≒ -0.4\%$

  − 외부청렴도 : $\dfrac{8.35-8.56}{8.56} \times 100 ≒ -2.5\%$

  − 정책고객평가 : $\dfrac{6.90-7.00}{7.00} \times 100 ≒ -1.4\%$

• 2023년

  − 내부청렴도 : $\dfrac{8.46-8.67}{8.67} \times 100 ≒ -2.4\%$

• 2024년

  − 내부청렴도 : $\dfrac{8.12-8.46}{8.46} \times 100 ≒ -4.0\%$

  − 정책고객평가 : $\dfrac{7.78-7.92}{7.92} \times 100 ≒ -1.8\%$

따라서 전년 대비 가장 크게 하락한 항목은 2024년의 내부청렴도이다.

[오답분석]

① • 4년간 내부청렴도 평균 : $\dfrac{8.29+8.67+8.46+8.12}{4} ≒ 8.4$

   • 4년간 외부청렴도 평균 : $\dfrac{8.56+8.35+8.46+8.75}{4} ≒ 8.5$

   따라서 4년간 내부청렴도의 평균이 외부청렴도의 평균보다 낮다.

② 2022 ~ 2024년 외부청렴도와 종합청렴도의 증감 추이는 '감소 - 증가 - 증가'로 같다.
③ · ⑤ 그래프를 통해 알 수 있다.


## 03    자료 이해                                                            정답 ③

ⓒ (교원 1인당 원아 수)=$\dfrac{(원아\ 수)}{(교원\ 수)}$이다. 따라서 교원 1인당 원아 수가 적어지는 것은 원아 수 대비 교원 수가 늘어나기 때문이다.

ⓔ 제시된 자료만으로는 알 수 없다.


## 04    자료 계산                                                            정답 ⑤

사진별 개수에 따른 총용량을 구하면 다음과 같다.
• 반명함 : $150 \times 8,000 = 1,200,000$KB
• 신분증 : $180 \times 6,000 = 1,080,000$KB
• 여권 : $200 \times 7,500 = 1,500,000$KB
• 단체사진 : $250 \times 5,000 = 1,250,000$KB
사진 용량 단위 KB를 MB로 전환하면 다음과 같다.
• 반명함 : $1,200,000 \div 1,000 = 1,200$MB
• 신분증 : $1,080,000 \div 1,000 = 1,080$MB
• 여권 : $1,500,000 \div 1,000 = 1,500$MB
• 단체사진 : $1,250,000 \div 1,000 = 1,250$MB
따라서 모든 사진의 용량을 더하면 총 $1,200+1,080+1,500+1,250=5,030$MB이고, 5,030MB는 5.03GB이므로 필요한 USB의 최소 용량은 5GB이다.


## 05    응용 수리                                                            정답 ①

지혜와 주헌이가 함께 걸어간 거리는 $150 \times 30 = 4,500$m이고, 집에서 회사까지 거리는 $150 \times 50 = 7,500$m이다. 그러므로 지혜가 집에 가는 데 걸린 시간은 $150 \times 30 \div 300 = 15$분이고, 다시 회사까지 가는 데 걸린 시간은 $150 \times 50 \div 300 = 25$분이다. 따라서 주헌이가 회사에 도착하는 데 걸린 시간은 20분이고, 지혜가 걸린 시간은 40분이므로, 지혜는 주헌이가 도착하고 20분 후에 회사에 도착한다.


## 06    수열 규칙                                                            정답 ①

첫 번째 항부터 $\times 7$, $-11$을 번갈아 적용하는 수열이다.
따라서 (    )$=1,099-11=1,088$이다.


## 07    자료 이해                                                            정답 ②

월간 용돈을 5만 원 미만으로 받는 비율은 중학생 89.4%, 고등학생 60%로 중학생이 고등학생보다 높다.

[오답분석]
① 용돈을 받는 남학생과 여학생의 비율은 각각 82.9%, 85.4%이다. 따라서 여학생이 더 높다.
③ 고등학교 전체 인원을 100명이라 한다면 그중에 용돈을 받는 학생은 약 80.8명이다. 80.8명 중에 용돈을 5만 원 이상 받는 학생의 비율은 40%이므로 $80.8 \times 0.4 ≒ 32.3$명이다.
④ 전체에서 금전출납부의 기록, 미기록 비율은 각각 30%, 70%이다. 따라서 기록하는 비율이 더 낮다.
⑤ 용돈을 받지 않는 중학생과 고등학생 비율은 각각 12.4%, 19.2%이다. 따라서 용돈을 받지 않는 고등학생 비율이 더 높다.

## 08 　응용 수리

정답　①

8명의 선수 중 4명을 뽑는 경우의 수는 $_8C_4 = \dfrac{8 \times 7 \times 6 \times 5}{4 \times 3 \times 2 \times 1} = 70$가지이고, A, B, C를 포함하여 4명을 뽑는 경우의 수는 A, B, C를 제외한 5명 중 1명을 뽑으면 되므로 $_5C_1 = 5$가지이다.

따라서 8명의 후보 선수 중 4명을 뽑을 때, A, B, C를 포함하여 뽑을 확률은 $\dfrac{5}{70} = \dfrac{1}{14}$이다.


## 09 　자료 계산

정답　④

A, B, E구의 1인당 소비량을 각각 $a$, $b$, $e$kg이라고 하자.
제시된 조건을 식으로 나타내면 다음과 같다.
- 첫 번째 조건 : $a + b = 30 \cdots$ ㉠
- 두 번째 조건 : $a + 12 = 2e \cdots$ ㉡
- 세 번째 조건 : $e = b + 6 \cdots$ ㉢
㉢을 ㉡에 대입하여 식을 정리하면
$a + 12 = 2(b + 6) \rightarrow a - 2b = 0 \cdots$ ㉣
㉠−㉣을 하면 $3b = 30 \rightarrow b = 10$, $a = 20$, $e = 16$
A ~ E구의 변동계수를 구하면 다음과 같다.
- A구 : $\dfrac{5}{20} \times 100 = 25\%$
- B구 : $\dfrac{4}{10} \times 100 = 40\%$
- C구 : $\dfrac{6}{30} \times 100 = 20\%$
- D구 : $\dfrac{4}{12} \times 100 ≒ 33.33\%$
- E구 : $\dfrac{8}{16} \times 100 = 50\%$

따라서 변동계수가 3번째로 큰 곳은 D구이다.


## 10 　응용 수리

정답　③

A소금물에 첨가한 물의 양은 $a$g, 버린 B소금물의 양은 $b$g, 늘어난 A소금물과 줄어든 B소금물을 합친 소금물의 양은 500g이다. 농도는 10%라고 하였으므로 다음 식이 성립한다.
$(200 + a) + (300 - b) = 500 \rightarrow a - b = 0 \cdots$ ㉠
$(200 \times 0.1) + (300 - b) \times 0.2 = 500 \times 0.1 \rightarrow 20 + 60 - 0.2b = 50 \rightarrow 0.2b = 30 \rightarrow b = 150 \cdots$ ㉡
따라서 ㉡을 ㉠에 대입하면 $a = 150$이므로, A소금물에 첨가한 물의 양은 150g이다.

## | 02 | 조직이해능력

| 01 | 02 | 03 | 04 | 05 | 06 | 07 | 08 | 09 | 10 |
|----|----|----|----|----|----|----|----|----|----|
| ③ | ③ | ② | ③ | ⑤ | ① | ④ | ② | ④ | ⑤ |

## 01　경영 전략

정답 ③

경영활동은 조직의 효과성을 높이기 위해 총수입 극대화, 총비용 극소화를 통해 이윤을 창출하는 외부경영활동과, 조직내부에서 인적, 물적 자원 및 생산기술을 관리하는 내부경영활동으로 구분할 수 있다. 인도네시아 현지 시장의 규율을 조사하는 것은 시장진출을 준비하는 과정으로 외부경영활동에 해당된다.

[오답분석]

① 추후 진출 예정인 인도네시아 시장 고객들의 성향을 미리 파악하는 것은 외부경영활동이다.

② 가동률이 급락한 중국 업체를 대신해 국내 업체들과의 협력안을 검토하는 것은 내부 생산공정 관리와 같이 내부경영활동에 해당된다.

④ 내부 엔진 조립 공정을 개선하면 생산성을 증가시킬 수 있다는 피드백에 따라 이를 위한 기술개발에 투자하는 것은 생산관리로서 내부경영활동에 해당된다.

⑤ 다수의 직원들이 유연근무제를 원한다는 설문조사 결과에 따라 유연근무제의 일환인 탄력근무제를 도입하여 능률적으로 인력을 관리하는 것은 내부경영활동에 해당한다.

## 02　경영 전략

정답 ③

회의의 내용으로 보아 의사결정방법 중 브레인스토밍 기법을 사용하고 있다. 브레인스토밍은 문제에 대한 제안이 자유롭게 이어질수록, 아이디어는 많을수록 좋으며, 제안한 모든 아이디어를 종합하여 해결책을 내는 방법이다. 따라서 다른 직원의 의견에 대해 반박을 한 D주임의 태도는 브레인스토밍에 적절하지 않다.

## 03　조직 구조

정답 ②

조직의 변화에 있어서 실현 가능성과 구체성은 중요한 요소이다.

[오답분석]

① 조직의 변화는 조직에 영향을 주는 환경의 변화를 인지하는 것에서부터 시작된다. 영향이 있는 변화들로 한정하지 않으면 지나치게 방대한 요소를 고려하게 되어 비효율이 발생한다.

③ 조직구성원들이 현실에 안주하고 변화를 기피하는 경향이 강할수록 환경 변화를 인지하지 못한다.

④ 변화를 실행하려는 조직은 기존 규정을 개정해서라도 환경에 적응하여야 한다.

⑤ 조직의 변화는 '환경 변화 인지 – 조직 변화 방향 수립 – 조직 변화 실행 – 변화 결과 평가' 순으로 이루어진다.

## 04　조직 구조

정답 ③

조직은 목적을 가지고 있어야 하고, 구조가 있으며, 목적을 달성하기 위해 구성원들은 서로 협동적인 노력을 하고, 외부 환경과 긴밀한 관계를 가지고 있어야 한다. 따라서 야구장에 모인 관중들은 동일한 목적만 가지고 있을 뿐 구조를 갖춘 조직으로 볼 수 없다.

PART 4

## 05 　조직 구조

정답　⑤

조직체계 구성 요소 중 규칙 및 규정은 조직의 목표나 전략에 따라 수립되며, 조직구성원들의 활동범위를 제약하고 일관성을 부여하는 기능을 한다. 인사규정·총무규정·회계규정 등이 이에 해당한다.

오답분석
① 조직 목표 : 조직이 달성하려는 장래의 상태로, 대기업, 정부부처, 종교단체를 비롯하여 심지어 작은 가게도 달성하고자 하는 목표를 가지고 있다. 조직의 목표는 미래지향적이지만 현재의 조직행동의 방향을 결정하는 역할을 한다.
② 경영자 : 조직의 전략, 관리 및 운영활동을 주관하며, 조직구성원들과 의사결정을 통해 조직이 나아갈 바를 제시하고 조직의 유지와 발전에 대해 책임을 지는 사람이다.
③ 조직 문화 : 조직이 지속되게 되면서 조직구성원들 간의 생활양식이나 가치를 서로 공유하게 되는 것을 말하며, 조직구성원들의 사고와 행동에 영향을 미치며 일체감과 정체성을 부여하고 조직이 안정적으로 유지되게 한다.
④ 조직 구조 : 조직 내의 부문 사이에 형성된 관계로 조직 목표를 달성하기 위한 조직구성원들의 상호작용을 보여준다.


## 06 　업무 종류

정답　①

일반적으로 기획부의 업무는 제시된 표처럼 사업계획이나 경영점검 등 경영활동 전반에 걸친 기획 업무가 주를 이루며, 사옥 이전 관련 발생 비용 산출은 회계부, 대내외 홍보는 총무부에서 담당한다.


## 07 　경영 전략

정답　④

경영참가제도의 가장 큰 목적은 경영의 민주성을 제고하는 것이다. 근로자 또는 노동조합이 경영과정에 참여하여 자신의 의사를 반영함으로써 공동으로 문제를 해결하고, 노사 간의 세력 균형을 이룰 수 있다.

오답분석
① 근로자와 노동조합이 경영과정에 참여함으로써 경영자의 고유한 권리인 경영권은 약화된다.
②·⑤ 경영능력이 부족한 근로자가 경영에 참여할 경우 합리적인 의사결정이 어렵고, 의사결정이 늦어질 수 있다.
③ 노동조합의 대표자가 소속 조합원의 노동조건과 기타 요구조건에 관하여 경영자와 대등한 입장에서 교섭하는 노동조합의 단체교섭 기능은 경영참가제도를 통해 경영자의 고유한 권리인 경영권을 약화시키고, 오히려 경영참가제도를 통해 분배문제를 해결함으로써 노동조합의 단체교섭 기능이 약화될 수 있다.


## 08 　경영 전략

정답　②

브레인스토밍은 비판이나 반박 없이 최대한 다양한 의견을 도출하는 방법이므로, 상대방이 제시한 아이디어를 비판하고 있는 B대리는 브레인스토밍에 적합하지 않은 태도를 보였다.


## 09 　업무 종류

정답　④

홈페이지 운영 등은 정보사업팀에서 한다.

오답분석
① 1개의 감사실과 11개의 팀으로 되어 있다.
② 예산 기획과 경영 평가는 전략기획팀에서 관리한다.
③ 평가 특성에 따라 경영 평가(전략기획팀), 성과 평가(인재개발팀), 품질 평가(평가관리팀) 등 각각 다른 팀에서 담당한다.
⑤ 감사실을 두어 감사, 부패방지 및 지도 점검을 하게 하였다.


## 10 　업무 종류

정답　⑤

품질 평가에 대한 관련 민원은 평가관리팀이 담당하고 있다.

| 01 | 02 | 03 | 04 | 05 | 06 | 07 | 08 | 09 | 10 |
|---|---|---|---|---|---|---|---|---|---|
| ① | ④ | ④ | ③ | ② | ④ | ① | ③ | ① | ④ |

## 01    고객 서비스        정답 ①

고부가가치 상품을 중심으로 설명하고 판매하는 것은 자신과 회사 등의 이익을 향상시키지만, 고객 만족도를 향상시키지는 않는다. 고객에게 필요한 것을 충족시켜야 고객의 만족도를 향상시키고, 지속적인 상품을 구매할 가능성이 커진다.

## 02    팀워크        정답 ④

사람들이 집단에 머물고, 계속 남아 있기를 원하게 만드는 힘은 응집력이다. 팀워크는 단순히 사람들이 모여 있는 것이 아니라 목표달성의 의지를 가지고 성과를 내는 것이다.

> **팀워크와 응집력**
> • 팀워크 : 팀 구성원이 공동의 목적을 달성하기 위해 상호관계성을 가지고 서로 협력하여 일을 해 나가는 것
> • 응집력 : 사람들로 하여금 집단에 머물도록 만들고, 그 집단의 멤버로서 계속 남아 있기를 원하게 만드는 힘

## 03    리더십        정답 ④

뚜껑의 법칙에서 뚜껑은 리더를 의미하며, 뚜껑의 크기로 표현되는 리더의 역량이 조직의 성과를 이끈다는 것을 의미한다. 리더의 역량이 작다면 부하직원이 아무리 뛰어나도 병목 현상이 발생할 수 있는 것이다.

## 04    팀워크        정답 ③

A사의 사례는 팀워크의 중요성과 주의할 점을 보여주고, K병원의 사례는 공통된 비전으로 인한 팀워크의 성공을 보여준다. 두 사례 모두 팀워크에 대한 내용이지만, 개인 간의 차이를 중시해야 한다는 것은 언급되지 않았다.

## 05    갈등 관리        정답 ②

상황 2는 통합형 갈등해결 방법이지만, ②는 타협형 갈등해결 방법에 대한 설명을 하고 있다.

**오답분석**

① 회피형 갈등해결 방법 : 회피형은 자신과 상대방에 대한 관심이 모두 낮은 경우로, 갈등 상황에 대하여 상황이 나아질 때까지 문제를 덮어두거나 위협적인 상황에서 피하고자 하는 경우를 말한다. 회피형은 개인의 갈등상황으로부터 철회 또는 회피하는 것으로, 상대방의 욕구와 본인의 욕구를 모두 만족시킬 수 없게 된다. 이 전략은 '나도 지고, 너도 지는 방법(I Lose – You Lose)'을 말한다.

③ 수용형 갈등해결 방법 : 수용형은 자신에 대한 관심은 낮고 상대방에 대한 관심은 높은 경우로, '나는 지고, 너는 이기는 방법(I Lose – You Win)'을 말한다.

④ 경쟁형 갈등해결 방법 : 경쟁형은 지배형(Dominating)이라고도 하는데, 자신에 대한 관심은 높고 상대방에 대한 관심은 낮은 경우로, '나는 이기고, 너는 지는 방법(I Win – You Lose)'을 말한다. 경쟁형은 상대방의 목표 달성을 희생시키면서 자신의 목표를 이루기 위해 전력을 다하는 전략이다. 이 전략은 제로섬(Zero – Sum) 개념을 의미한다.

⑤ 타협형 갈등해결 방법 : 자신에 대한 관심과 상대방에 대한 관심이 중간 정도인 경우로, 서로가 받아들일 수 있는 결정을 하기 위하여 타협적으로 주고받는 방식(Give and Take)을 말한다. 즉, 갈등 당사자들이 반대의 끝에서 시작하여 중간 정도 지점에서 타협하여 해결점을 찾는 것이다. 그러나 갈등 당사자 간에 불신이 클 때 이 방법은 성공하기 어렵다.

PART 4

## 06 갈등 관리

곽재우 과장과 김성태 과장의 갈등의 원인은 원칙상 택시비는 비용청구 대상이 되지 않는다는 출장비 지급 규정 및 절차에 대한 이견 때문이다.

오답분석

①·②·③·⑤ 갈등의 쟁점 중 감정적 문제에 해당한다.


## 07 갈등 관리

상황 2와 같은 통합형 갈등해결 방법에서는 문제해결을 위하여 서로 간에 정보를 교환하면서 서로의 차이를 인정하고 배려하는 신뢰감과 공개적인 대화를 필요로 한다.

①은 수용형 갈등해결 방법으로, 상대방이 거친 요구를 해오는 경우에 전형적으로 나타나는 반응이다. 이 경우 자신의 관심이나 요구를 희생함으로써 상대방의 의지에 따르는 경향을 보인다.


## 08 고객 서비스

고객의 불만유형은 크게 거만형, 의심형, 트집형, 빨리빨리형으로 4가지가 있다. 이 중 제시된 상황의 고객은 제품의 기능에 대해 믿지 못하고 있으므로 의심형에 해당한다. 의심형에는 분명한 증거나 근거를 제시해 고객이 확신을 갖도록 유도하는 대처가 필요하다.

오답분석

①·② 트집을 잡는 유형의 고객에게 적합한 방법으로, 이 외에도 '손님의 말씀이 맞습니다. 역시 손님께서 정확하십니다.' 하고 고객의 지적이 옳음을 표시한 후 '저도 그렇게 생각하고 있습니다만…' 하고 설득하는 것도 좋다.

④·⑤ 거만한 유형의 고객에게 적합한 방법으로, 이들에게는 정중하게 대하는 것이 가장 좋은 방법이다.


## 09 팀워크

**효과적인 팀의 특징**

- 팀의 사명과 목표를 명확하게 기술한다.
- 결과에 초점을 맞춘다.
- 조직화가 잘 되어 있다.
- 팀 풍토를 발전시킨다.
- 객관적인 결정을 내린다.
- 의견의 불일치를 건설적으로 해결한다.
- 창조적으로 운영된다.
- 역할과 책임을 명료화시킨다.
- 개인의 강점을 활용한다.
- 팀 자체의 효과성을 평가한다.
- 개방적으로 의사소통한다.
- 리더십 역량을 공유하며 구성원 상호 간 지원을 아끼지 않는다.


## 10 리더십

리더는 구성원이 목표 의식을 분명히 할 수 있도록 목표를 명확히 설정하고, 이를 위한 활동을 지원하여 자발적인 노력을 격려함으로써 조직 목표를 달성하기 위해 노력해야 한다. '무엇을 할까?'보다 '어떻게 할까?'에 초점을 두는 것은 리더가 아닌 관리자의 성향이며, 리더는 '무엇을 할까?'에 초점을 맞추어야 한다.

# | 04 | 기술능력

| 01 | 02 | 03 | 04 | 05 | 06 | 07 | 08 | 09 | 10 |
|----|----|----|----|----|----|----|----|----|----|
| ① | ④ | ③ | ④ | ② | ④ | ② | ① | ③ | ③ |

## 01 　기술 이해

정답 ①

벤치마킹 데이터를 수집하고 분석하는 과정에서는 여러 보고서를 동시에 보고 붙이고 자르는 작업을 용이하게 해주는 문서 편집 시스템을 이용하는 것이 매우 유용하다.

## 02 　기술 이해

정답 ④

동일한 업종이지만 윤리적 문제가 발생할 여지가 없는 이유는 고객을 공유하지 않는 비경쟁적 관계에 해당하기 때문이다. 또한 문화와 제도적 차이가 있다는 내용으로 보아 국가가 다른 '글로벌 벤치마킹'에 해당된다는 것을 짐작할 수 있다.

## 03 　기술 적용

정답 ③

아이를 혼자 두지 않고, 항상 벨트를 채워야 한다는 것은 유아용 식탁 의자의 장소 선정 시 고려해야 할 사항보다 사용 시 주의해야 할 사항으로 적절하다.

## 04 　기술 적용

정답 ④

연마 세제나 용제는 유아용 식탁 의자를 손상시킬 수 있으므로 사용하지 않는다.

## 05 　기술 이해

정답 ②

제시문은 기술혁신의 예측 어려움, 즉 불확실성에 대해 설명하고 있으므로 ②가 가장 적절하다.

오답분석

① 기술개발로부터 이로 인한 기술혁신의 가시적인 성과가 나타나기까지는 비교적 장시간이 필요하다.
③ 인간의 지식과 경험은 빠른 속도로 축적되고 학습되는 데 반해, 기술개발에 참가한 엔지니어의 지식은 문서화되기 어렵기 때문에 다른 사람들에게 쉽게 전파될 수 없고, 해당 엔지니어들이 그 기업을 떠나는 경우 기술과 지식의 손실이 크게 발생하여 기술개발을 지속할 수 없는 경우가 종종 발생한다. 이는 기술혁신의 지식 집약적 활동이라는 특성 때문이다.
④ 기술혁신은 기업의 기존 조직 운영 절차나 제품구성, 생산방식, 나아가 조직의 권력구조 자체에도 새로운 변화를 야기함으로써 조직의 이해관계자 간의 갈등을 유발하는데, 이는 기술혁신으로 인해 조직 내에서도 이익을 보는 집단과 손해를 보는 집단이 생기기 때문이다.
⑤ 기술혁신은 연구개발 부서 단독으로 수행될 수 없다. 예를 들어 새로운 제품에 관한 아이디어는 마케팅 부서를 통해 고객으로부터 수집되었을 것이며, 원재료나 설비는 구매 부서를 통해 얻어졌을 것이기 때문이다. 이처럼 기술혁신은 부서 간의 상호의존성을 갖고 있다.

## 06 　산업 재해

정답 ④

하인리히의 법칙은 큰 사고로 인해 산업 재해가 일어나기 전에 작은 사고나 징후인 '불안전한 행동 및 상태'가 보인다는 주장이다.

## 07 　기술 적용

정답 ②

감기약과 같은 약품류는 투입 불가능한 물질이다.

PART 4

## 08 　기술 적용

음식물이 잘 안 섞이면 모터 불량일 수 있으므로 고장접수를 해야 한다.

오답분석

② 분해 잔여물에서 청국장 냄새가 나는 것은 정상적인 분해 과정이다.
③ 음식물쓰레기를 완전 분해하지 않은 상태에서 제품을 끄면 벌레가 발생할 수 있다.
④ 내부에서 부딪히는 소리가 나면 음식물쓰레기 중 딱딱한 물질이 포함되어 있을 수 있다.
⑤ '뽀드득' 소리는 음식물쓰레기가 건조할 때 발생할 수 있다.

## 09 　기술 적용

전자레인지를 사용하면서 불꽃이 튀는 경우와 조리 상태에 만족하지 않을 때 확인해야 할 사항에 사무실, 전자레인지의 전압을 확인해야 한다는 내용은 명시되어 있지 않다.

## 10 　기술 이해

**기술능력이 뛰어난 사람의 특징**
• 실질적 해결을 필요로 하는 문제를 인식한다.
• 인식된 문제를 위한 다양한 해결책을 개발하고 평가한다.
• 실제적 문제를 해결하기 위해 지식이나 기타 자원을 선택, 최적화시키며 적용한다.
• 주어진 한계 속에서 제한된 자원을 가지고 일한다.
• 기술적 해결에 대한 효용성을 평가한다.
• 여러 상황 속에서 기술의 체계와 도구를 사용하고 배울 수 있다.

# | 05 | 정보능력

| 01 | 02 | 03 | 04 | 05 | 06 | 07 | 08 | 09 | 10 |
|----|----|----|----|----|----|----|----|----|----|
| ④ | ① | ② | ① | ④ | ① | ② | ⑤ | ② | ③ |

## 01    프로그램 언어(코딩)

1부터 100까지의 값은 변수 x에 저장한다. 1, 2, 3, …에서 초기값은 1이고, 최종값은 100이며, 증분값은 1씩 증가시키면 된다. 즉, 1부터 100까지를 덧셈하려면 99단계를 반복 수행해야 하므로 결과는 5050이 된다.

## 02    엑셀 함수

정답  ①

AVERAGE로 평균을 구하고, 올림은 ROUNDUP(수,자릿수)으로 구할 수 있다. 자릿수는 소수점 이하 숫자를 기준으로 하여 일의 자릿수는 0, 십의 자릿수는 −1, 백의 자릿수는 −2, 천의 자릿수는 −3으로 표시한다.

## 03    정보 이해

정답  ②

비프음이 길게 1번, 짧게 1번 울릴 때는 메인보드의 오류이므로 메인보드를 교체하거나 A/S 점검을 해야 한다.

## 04    엑셀 함수

정답  ①

원하는 행 전체에 서식을 넣고 싶다면 [열 고정] 형태로 조건부 서식을 넣어야 한다. [A2:D9]까지 영역을 잡고 조건부 서식 → 새 규칙 → 수식을 사용하여 서식을 지정할 셀 결정까지 들어간 다음 「=$D2<3」을 넣고 서식을 넣으면 적용된다.

## 05    정보 이해

정답  ④

윈도우에서 현재 사용하고 있는 창을 닫을 때는 〈Ctrl〉+〈W〉를 눌러야 한다.

## 06    엑셀 함수

정답  ①

(가)의 SUMPRODUCT 함수는 배열 또는 범위의 대응되는 값끼리 곱해서 그 합을 구하는 함수이다.
「=SUMPRODUCT(B4:B10,C4:C10,D4:D10)」는 (B4×C4×D4)+(B5×C5×D5)+ ⋯ +(B10×C10×D10)의 값으로 나타난다. 따라서 (가) 셀에 나타나는 값은 2,610이다.

## 07    엑셀 함수

정답  ②

「=SMALL(B3:B9,2)」은 [B3:B9] 범위에서 2번째로 작은 값을 구하는 함수이므로 7이 출력된다. 「=MATCH(7,B3:B9,0)」는 [B3:B9] 범위에서 7의 위치 값을 나타내므로 값은 4가 나온다. 따라서 「=INDEX(A3:E9,4,5)」의 결괏값은 [A3:E9]의 범위에서 4행, 5열에 위치한 대전이다.

## 08 정보 이해
정답 ⑤

제시문에서는 '응용프로그램과 데이터베이스를 독립시킴으로써 데이터를 변경시키더라도 응용프로그램은 변경되지 않는다.'라고 하였다. 따라서 데이터 논리적 의존성이 아니라 데이터 논리적 독립성이 적절하다.

오답분석

① '다량의 데이터는 사용자의 질의에 대한 신속한 응답 처리를 가능하게 한다.'라는 내용이 실시간 접근성에 해당한다.
② '삽입, 삭제, 수정, 갱신 등을 통하여 항상 최신의 데이터를 유동적으로 유지할 수 있으며'라는 내용을 통해 데이터베이스는 그 내용을 변화시키면서 계속적인 진화를 하고 있음을 알 수 있다.
③ '여러 명의 사용자가 동시에 공유할 수 있고'라는 부분에서 동시 공유가 가능함을 알 수 있다.
④ '각 데이터를 참조할 때는 사용자가 요구하는 내용에 따라 참조가 가능함'이라는 부분에서 내용에 의한 참조인 것을 알 수 있다.


## 09 프로그램 언어(코딩)
정답 ②

numPtr을 역참조(*)하여 출력했을 때 변수 num의 값 10을 출력하려면 변수 num의 주소(&)를 numPtr에 대입하여 출력하면 된다.


## 10 정보 이해
정답 ③

정보화 사회의 심화로 정보의 중요성이 높아지면, 그 필요성에 따라 정보에 대한 요구가 폭증한다. 또한 방대한 지식을 토대로 정보 생산 속도도 증가하므로 더욱 많은 정보가 생성된다. 따라서 이러한 정보들을 토대로 사회의 발전 속도는 더욱 증가하므로 정보의 변화 속도도 증가한다.

오답분석

① 개인 생활을 비롯하여 정치, 경제, 문화, 교육, 스포츠 등 거의 모든 분야의 사회생활에서 정보에 의존하는 경향이 점점 더 커지기 때문에 정보화 사회는 정보의 사회적 중요성이 가장 많이 요구된다.
② 정보화의 심화로 인해 정보 독점성이 더욱 중요한 이슈가 되어 국가 간 갈등이 발생할 수 있지만, 이보다는 실물 상품뿐만 아니라 노동, 자본, 기술 등의 생산 요소와 교육과 같은 서비스의 국제 교류가 활발해서 세계화가 진전된다.
④ 정보관리주체들이 존재하지만, 정보이동 경로가 다양화되는 만큼 개인들에게는 개인정보 보안, 효율적 정보 활용 등을 위해 정보관리의 필요성이 더욱 커진다.
⑤ 정보화 사회는 지식정보와 관련된 산업이 부가가치를 높일 수 있는 산업으로 각광받으나, 그렇다고 해서 물질이나 에너지 산업의 부가가치 생산성이 저하되지 않는다. 오히려 풍부한 정보와 지식을 토대로 다른 산업의 생산성이 증대될 수 있다.

# | 06 |  자원관리능력

| 01 | 02 | 03 | 04 | 05 | 06 | 07 | 08 | 09 | 10 |
|----|----|----|----|----|----|----|----|----|----|
| ④ | ① | ③ | ④ | ③ | ④ | ④ | ③ | ③ | ② |

## 01 인원 선발

**정답** ④

직원들의 당직 근무 일정을 정리하면 다음과 같다.

| 구분 | 월 | 화 | 수 | 목 | 구분 | 월 | 화 | 수 | 목 |
|------|----|----|----|----|------|----|----|----|----|
| 오전 | 공주원<br>지한준<br>김민정 | 이지유<br>최유리 | 강리환<br>이영유 | 공주원<br>강리환<br>이건율 | 오후 | 이지유<br>최민관 | 최민관<br>이영유<br>강지공 | 공주원<br>지한준<br>강지공<br>김민정 | 최유리 |
| | **금** | **토** | **일** | **-** | | **금** | **토** | **일** | **-** |
| | 이지유<br>지한준<br>이건율 | 김민정<br>최민관<br>강지공 | 이건율<br>최민관 | - | | 이영유<br>강지공 | 강리환<br>최유리<br>이영유 | 이지유<br>김민정 | - |

당직 근무 규칙에 따르면 오후 당직의 경우 최소 2명이 근무해야 한다. 그러나 목요일 오후에 최유리 1명만 근무하므로 최소 1명의 근무자가 더 필요하다. 이때, 한 사람이 같은 날 오전·오후 당직을 모두 할 수 없으므로 목요일 오전 당직 근무자인 공주원, 강리환, 이건율은 제외된다. 또한 당직 근무는 주당 5회 미만이므로, 이번 주에 4번의 당직 근무가 예정된 근무자 역시 제외된다. 따라서 제외할 사항에 해당되지 않는 지한준의 당직 근무 일정을 추가해야 한다.

## 02 비용 계산

**정답** ①

최단시간으로 가는 방법은 택시만 이용하는 방법이고, 최소비용으로 가는 방법은 버스만 이용하는 방법이다.
- 최단시간으로 가는 방법의 비용 : 2,000(기본요금)+100×4(추가요금)=2,400원
- 최소비용으로 가는 방법의 비용 : 500원
∴ (최단시간으로 가는 방법의 비용)−(최소비용으로 가는 방법의 비용)=2,400−500=1,900원

## 03 시간 계획

**정답** ③

대중교통 이용 방법이 정해져 있을 경우, 비용을 최소화하기 위해서는 회의장에서의 대기시간을 최소화하는 동시에 지각하지 않아야 한다. 거래처에서 회의장까지 2분이 소요되므로 정민이는 오후 1시 58분에 거래처에 도착해야 한다. K회사에서 B지점까지는 버스를, B지점에서 거래처까지는 택시를 타고 이동한다고 하였으므로 환승시간을 포함하여 걸리는 시간은 3×2(버스 소요시간)+2(환승 소요시간)+1×3(택시 소요시간)=11분이다. 따라서 오후 1시 58분−11분=오후 1시 47분에 출발해야 한다.

## 04 품목 확정

**정답** ④

D는 물품을 분실한 경우로, 보관 장소를 파악하지 못한 경우와 비슷할 수 있으나 분실한 경우에는 물품을 다시 구입하지 않으면 다시 사용할 수 없다는 점에서 차이가 있다. 물품을 분실한 경우 물품을 다시 구입해야 하므로 경제적인 손실을 가져올 수 있으며, 경우에 따라 동일한 물품이 시중에서 판매되지 않는 경우가 있을 수도 있다.

## 05 시간 계획

정답 ③

엘리베이터는 한 번에 최대 세 개 층을 이동할 수 있으며, 올라간 다음에는 반드시 내려와야 한다는 조건에 따라 청원경찰이 최소
시간으로 6층을 순찰하고, 다시 1층으로 돌아올 수 있는 방법은 다음과 같다.

1층 → 3층 → 2층 → 5층 → 4층 → 6층 → 3층 → 4층 → 1층

이때, 이동에만 소요되는 시간은 2+1+3+1+2+3+1+3=16분이다.

따라서 청원경찰이 6층을 모두 순찰하고 1층으로 돌아오기까지 소요되는 시간은 60(=10분×6층)+16=76분=1시간 16분이다.

## 06 인원 선발

정답 ④

제시된 자료를 이용해 총점과 순위를 구하면 다음과 같다.

(단위 : 점)

| 업체 | 총점(순위) | 품질 점수 | 가격 점수 | 직원규모 점수 |
| --- | --- | --- | --- | --- |
| 갑 | 92.1(2위) | 44 | 38.4 | 9.7 |
| 을 | 92.2(1위) | 42.5 | 40 | 9.7 |
| 병 | 91.3(3위) | 43.5 | 38.4 | 9.4 |

병이 현재보다 직원규모를 10명 더 늘릴 때 직원규모 점수가 0.3점 올라가 갑과 가격 점수, 직원규모 점수가 동일하지만 품질
점수에서 0.5점이 뒤처지므로 갑보다 더 높은 총점을 받을 수 없다.

[오답분석]

② 직원규모 점수가 9.7점으로 같다.

③ 가격 점수가 0.8점 올라가므로 올바른 판단이다.

## 07 비용 계산

정답 ④

대리와 이사장은 2급 이상 차이 나기 때문에 A대리는 이사장과 같은 호텔 등급의 객실에서 묵을 수 있다.

[오답분석]

① 비행기 요금은 실비이기 때문에 총비용은 변동이 있을 수 있다.

② 숙박비 5만 원, 교통비 2만 원, 일비 6만 원, 식비 4만 원으로 C차장의 출장비는 17만 원이다.

③ 같은 조건이라면 이사장과 이사는 출장비가 같다.

⑤ 부장과 차장은 출장비가 다르기 때문에 부장이 더 많이 받는다.

## 08 비용 계산

정답 ③

• A부장의 숙박비 : 80,000×9=720,000원

• P차장의 숙박비 : 50,000×9=450,000원

따라서 P차장의 호텔을 한 단계 업그레이드했을 때, 720,000−450,000=270,000원 이득이다.

## 09 인원 선발

정답 ③

주어진 조건에 의하면 C참가자는 재료손질 역할을 원하지 않고, A참가자는 세팅 및 정리 역할을 원하고, D참가자 역시 재료손질
역할을 원하지 않는다. A참가자가 세팅 및 정리 역할을 하면 A참가자가 받을 수 있는 가장 높은 점수는 90+9=99점이고, C·D참
가자는 요리보조, 요리 두 역할을 나눠하면 된다. 마지막으로 B참가자는 어떤 역할이든지 자신 있으므로 재료손질을 담당하면
된다.

C·D참가자가 요리보조와 요리 역할을 나눠가질 때, D참가자는 기존 점수가 97점이므로, 요리를 선택할 경우 97+7=104점이
되어 100점이 넘어가므로 요리 역할을 선택할 수 없다. 따라서 A참가자는 세팅 및 정리, B참가자는 재료손질, C참가자는 요리,
D참가자는 요리보조 역할을 담당하면 모든 참가자들의 의견을 수렴하면서 참가자 모두 최종점수가 100점을 넘지 않는다.

하루에 6명 이상 근무해야 하기 때문에 2명까지만 휴가를 중복으로 쓸 수 있다. G사원이 4일 동안 휴가를 쓰면서 최대 휴가 인원이 2명만 중복되게 하려면 6 ~ 11일만 가능하다.

[오답분석]

① G사원은 4일 이상 휴가를 사용해야 하기 때문에 3일인 7 ~ 11일은 불가능하다.

③ · ④ · ⑤ 4일 이상 휴가를 사용하지만 하루에 6명 미만의 인원이 근무하게 되어 불가능하다.

## 01 공통 영역

| 01 | 02 | 03 | 04 | 05 | 06 | 07 | 08 | 09 | 10 | 11 | 12 | 13 | 14 | 15 | 16 | 17 | 18 | 19 | 20 |
|---|---|---|---|---|---|---|---|---|---|---|---|---|---|---|---|---|---|---|---|
| ④ | ④ | ④ | ③ | ④ | ④ | ① | ④ | ④ | ⑤ | ⑤ | ④ | ④ | ③ | ⑤ | ① | ② | ① | ② | ④ |
| 21 | 22 | 23 | 24 | 25 | 26 | 27 | 28 | 29 | 30 | | | | | | | | | | |
| ⑤ | ③ | ④ | ③ | ④ | ③ | ① | ③ | ⑤ | ④ | | | | | | | | | | |

### 01 　글의 주제 　　　　　　　　　　　　　　　　　　　　　　　　　　정답 ④

제시문에서는 작품을 올바르게 이해하기 위해서는 기존의 편협한 사고방식이나 태도에 얽매이지 말고 나름대로의 날카로운 안목과 감수성을 길러야 함을 강조하고 있다. 따라서 미술 작품을 올바르게 감상하기 위해 우리가 지녀야 할 태도를 제시하려는 것임을 알 수 있다.

### 02 　빈칸 삽입 　　　　　　　　　　　　　　　　　　　　　　　　　　정답 ④

탄소배출권거래제는 의무감축량을 초과 달성했을 경우 초과분을 거래할 수 있는 제도이다. 따라서 온실가스의 초과 달성분을 구입 혹은 매매할 수 있음을 추측할 수 있으며, 빈칸 이후 문단에서도 탄소배출권을 일종의 현금화가 가능한 자산으로 언급함으로써 이러한 추측을 돕고 있다. 따라서 ④가 빈칸에 들어갈 말로 가장 적절하다.

### 03 　속담 　　　　　　　　　　　　　　　　　　　　　　　　　　정답 ④

④는 뛰어난 사람이 없는 곳에서 보잘것없는 사람이 득세함을 비유적으로 이르는 말이다.

오답분석
① 싸움을 통해 오해를 풀어 버리면 오히려 더 가까워지게 된다.
② 무슨 일을 잘못 생각한 후에야 이랬더라면 좋았을 것을 하고 후회한다.
③ 굶주렸던 사람이 배가 부르도록 먹으면 만족하게 된다.
⑤ 기껏 한 일이 결국 남 좋은 일이 되었다.

### 04 　맞춤법 　　　　　　　　　　　　　　　　　　　　　　　　　　정답 ③

'어찌 된'의 뜻을 나타내는 관형사는 '웬'이므로, '어찌 된 일로'라는 의미를 가진 '웬일'로 써야 한다.

오답분석
① 메다 : 어떤 감정이 북받쳐 목소리가 잘 나지 않음
② 치다꺼리 : 남의 자잘한 일을 보살펴서 도와줌
④ 베다 : 날이 있는 연장 따위로 무엇을 끊거나 자르거나 가름
⑤ 지그시 : 슬며시 힘을 주는 모양

**05** 글의 주제

제시문에서는 '장애인 편의 시설에 대한 새로운 시각'이 필요하다고 밝히고, 장애인 편의 시설이 '우리 모두에게 유용함'을 강조하고 있다. 또한 보편적 디자인의 시각으로 바라볼 때 '장애인 편의 시설은 우리 모두에게 편리하고 안전한 시설로 인식될 것'이라고 하였다. 따라서 제시문의 주제로 가장 적절한 것은 ④이다.

**06** 문서 내용 이해

정답 ④

제시문에 따르면 최근 수면장애 환자의 급격한 증가를 통해 한국인의 수면의 질이 낮아지고 있음을 알 수 있다. 현재 한국인의 짧은 수면시간도 문제지만, 수면의 질 저하도 심각한 문제가 되고 있다.

오답분석

① 다른 국가에 비해 근무 시간이 많아 수면시간이 짧은 것일 뿐, 수면시간이 근무 시간보다 짧은지는 알 수 없다.
② 40 ~ 50대 중 · 장년층 수면장애 환자는 전체의 36.6%로 가장 큰 비중을 차지한다.
③ 수면장애 환자는 여성이 42만 7,000명으로 29만 1,000명인 남성보다 1.5배 정도 더 많다.
⑤ 폐경기 여성의 경우 여성호르몬인 에스트로겐이 줄어들면서 아세틸콜린 신경전달 물질의 분비가 저하됨에 따라 여러 형태의 불면증이 동반된다. 즉, 에스트로겐의 증가가 아닌 감소가 불면증에 영향을 미친다.

**07** 문단 나열

정답 ①

제시문은 2,500년 전 인간과 현대의 인간의 공통점을 언급하며 2,500년 전에 쓰인 『논어』가 현대에서 지니는 가치에 대하여 설명하고 있다. 따라서 (가)『논어』가 쓰인 2,500년 전 과거와 현대의 차이점 → (마) 2,500년 전의 책인 『논어』가 폐기되지 않고 현대에서도 읽히는 이유에 대한 의문 → (나) 인간이라는 공통점을 지닌 2,500년 전 공자와 우리들 → (다) 2,500년의 시간이 흐르는 동안 인간의 달라진 부분과 달라지지 않은 부분에 대한 설명 → (라) 시대가 흐름에 따라 폐기될 부분을 제외하더라도 여전히 오래된 미래로서의 가치를 지니는 『논어』 순으로 나열하는 것이 적절하다.

**08** 어휘

정답 ④

㉠ 혼잡(混雜) : 여럿이 한데 뒤섞이어 어수선함
㉡ 혼동(混同) : 구별하지 못하고 뒤섞어서 생각함
㉢ 혼선(混線) : 말이나 일 따위를 서로 다르게 파악하여 혼란이 생김

오답분석

• 요란(搖亂) : 시끄럽고 떠들썩함
• 소동(騷動) : 사람들이 놀라거나 흥분하여 시끄럽게 법석거리고 떠들어 대는 일
• 갈등(葛藤) : 개인이나 집단 사이에 목표나 이해관계가 달라 서로 적대시하거나 충돌함. 또는 그런 상태

**09** 한자성어

정답 ④

'당랑거철(螳螂拒轍)'은 제 역량을 생각하지 않고 강한 상대나 되지 않을 일에 덤벼드는 무모한 행동거지를 비유하는 말로, 댐 건설 사업 공모에 무리하게 참여한 K건설회사의 상황에 가장 적절한 한자성어이다.

오답분석

① 각골난망(刻骨難忘) : 은혜를 입은 고마움이 뼈에 깊이 새겨져 잊히지 않음을 뜻한다.
② 난공불락(難攻不落) : 공격하기에 어려울 뿐 아니라 결코 함락되지 않음을 뜻한다.
③ 빈천지교(貧賤之交) : 가난하고 어려울 때 사귄 사이 또는 벗을 일컫는 말이다.
⑤ 파죽지세(破竹之勢) : '대나무를 쪼개는 기세'라는 뜻으로, 곧 세력이 강대하여 대적을 거침없이 물리치고 쳐들어가는 기세를 뜻한다.

PART 4

**10** 내용 추론 정답 ⑤

제시문에서 설명하는 변혁은 4차 산업혁명으로 인한 변화이다. 다양한 연령대의 아동들을 혼합반으로 구성하는 것은 4차 산업혁명과 관련이 없을 뿐만 아니라 4차 산업혁명을 통해 교육 분야에서 개인 맞춤형 서비스를 제공할 수 있을 것이라는 예측과도 거리가 멀다.

**11** 자료 해석 정답 ⑤

글피인 15일에는 흐리지만 비는 내리지 않고, 최저기온은 영하이다.

[오답분석]
① 12 ~ 15일의 일교차(최고기온과 최저기온의 차)를 구하면 다음과 같다.
- 12일 : 11-0=11℃
- 13일 : 12-3=9℃
- 14일 : 3-(-5)=8℃
- 15일 : 8-(-4)=12℃

따라서 일교차가 가장 큰 날은 15일이다.
② 주어진 자료에서 미세먼지에 관한 내용은 확인할 수 없다.
③ 14일의 경우 비가 예보되어 있지만 낙뢰에 관한 예보는 확인할 수 없다.
④ 14일의 최저기온은 영하이지만 최고기온은 영상이다.

**12** 창의적 사고 정답 ④

기존의 정보를 객관적으로 분석하는 것은 논리적 사고 또는 비판적 사고와 관련이 있다. 창의적 사고에는 성격, 태도에 걸친 전인격적 가능성까지 포함되므로 모험심과 호기심이 많고 집념과 끈기가 있으며, 적극적·예술적·자유분방적일수록 높은 창의력을 보인다.

**13** SWOT 분석 정답 ④

ㄴ. 민간의 자율주행기술 R&D를 지원하여 기술적 안정성을 높이는 전략은 위협을 최소화하는 내용은 포함하지 않고 약점만 보완하는 전략이므로 ST전략이라 볼 수 없다.
ㄹ. 국내기업의 자율주행기술 투자가 부족한 약점을 국가기관의 주도로 극복하려는 내용은 약점을 최소화하고 위협을 회피하려는 WT전략의 내용으로 적합하지 않다.

[오답분석]
ㄱ. 높은 수준의 자율주행기술을 가진 외국 기업과의 기술이전협약 기회를 통해 국내외에서 우수한 평가를 받는 국내 자동차기업이 국내 자율주행자동차 산업의 강점을 강화하는 전략은 SO전략에 해당한다.
ㄷ. 국가가 지속적으로 자율주행차 R&D를 지원하는 법안이 본회의를 통과한 기회를 토대로 기술개발을 지원하여 국내 자율주행자동차 산업의 약점인 기술적 안전성을 확보하려는 전략은 WO전략에 해당한다.

**14** 명제 추론 정답 ③

네 번째와 다섯 번째 조건에 의해 A와 C는 각각 2종류의 동물을 키운다. 또한 첫 번째와 두 번째, 세 번째 조건에 의해 A는 토끼를 키우지 않는다. 따라서 A는 개와 닭, C는 고양이와 토끼를 키운다. 첫 번째 조건에 의해 D는 닭을 키우므로 C는 키우지 않지만 D가 키우는 종류의 동물은 닭이다.

[오답분석]
① 세 번째 조건에 의해 B는 개를 키운다.
② B는 토끼를 키우지 않지만, 고양이는 키울 수도 있다. 하지만 주어진 조건만 가지고 정확히 알 수 없다.
④ A, B, D 또는 B, C, D가 같은 종류의 동물을 키울 수 있다.
⑤ B 또는 D는 3가지 종류의 동물을 키울 수 있다.

## 15 명제 추론

정답 ⑤

E는 교양 수업을 신청한 A보다 나중에 수강한다고 하였으므로 목요일 또는 금요일에 강의를 들을 수 있다. 이때, 목요일과 금요일에는 교양 수업이 진행되므로 ⑤는 항상 참이 된다.

오답분석

① A가 수요일에 강의를 듣는다면 E는 교양2 또는 교양3 강의를 들을 수 있다.
② B가 수강하는 전공 수업의 정확한 요일을 알 수 없으므로 C는 전공1 또는 전공2 강의를 들을 수 있다.
③ C가 화요일에 강의를 듣는다면 D는 교양 강의를 듣는다. 이때, 교양 수업을 듣는 A는 E보다 앞선 요일에 수강하므로 E는 교양2 또는 교양3 강의를 들을 수 있다.

| 구분 | 월(전공1) | 화(전공2) | 수(교양1) | 목(교양2) | 금(교양3) |
|---|---|---|---|---|---|
| 경우 1 | B | C | D | A | E |
| 경우 2 | B | C | A | D | E |
| 경우 3 | B | C | A | E | D |

④ D는 전공 수업을 신청한 C보다 나중에 수강하므로 전공 또는 교양 수업을 들을 수 있다.


## 16 SWOT 분석

정답 ①

WT전략은 외부 환경의 위협 요인을 회피하고 약점을 보완하는 전략을 적용해야 한다. ①은 강점인 'S'를 강화하는 방법에 대해 이야기하고 있다.

오답분석

② WT전략은 외부 환경의 위협 요인을 회피하고 약점을 보완하는 전략이므로 옳다.
③ WO전략은 외부의 기회를 사용해 약점을 보완하는 전략이므로 옳다.
④ SO전략은 기회를 활용하면서 강점을 더욱 강화시키는 전략이므로 옳다.
⑤ ST전략은 외부 환경의 위협을 회피하며 강점을 적극 활용하는 전략이므로 옳다.


## 17 창의적 사고

정답 ②

'So What?' 기법은 제시된 정보로부터 항상 목적을 가지고 가치 있는 의미를 찾아내는 것이다. 따라서 상황을 모두 고려하면 '자동차 관련 기업의 주식을 사서는 안 된다.'는 결론이 타당하다.

오답분석

① 두 번째, 세 번째 상황은 고려하고 있지 않다.
③ 상황을 모두 고려하고 있으나, 자동차 산업과 주식시장이 어떻게 되는가를 전달하고 있지 않다.
④ 세 번째 상황을 고려하고 있지 않다.
⑤ 두 번째 상황을 고려하고 있지 않다.


## 18 규칙 적용

정답 ①

자동차의 용도별 구분을 보면 비사업용 자동차에 사용할 수 있는 문자 기호는 'ㅏ, ㅓ, ㅗ, ㅜ'뿐이다. 따라서 '겨'라고 한 ①은 옳지 않다.


## 19 규칙 적용

정답 ②

84배 7895는 사업용인 택배차량이다.

오답분석

① · ③ · ④ · ⑤ 비사업용 화물차량이다.

## 20 자료 해석

제시된 조건에 따라 최고점과 최저점을 제외한 3명의 면접관의 평균과 보훈 가점을 더한 총점은 다음과 같다.

| 구분 | 총점 | 순위 |
|------|------|------|
| A | $\dfrac{80+85+75}{3}=80$점 | 7위 |
| B | $\dfrac{75+90+85}{3}+5≒88.33$점 | 3위 |
| C | $\dfrac{85+85+85}{3}=85$점 | 4위 |
| D | $\dfrac{80+85+80}{3}≒81.67$점 | 6위 |
| E | $\dfrac{90+95+85}{3}+5=95$점 | 2위 |
| F | $\dfrac{85+90+80}{3}=85$점 | 4위 |
| G | $\dfrac{80+90+95}{3}+10≒98.33$점 | 1위 |
| H | $\dfrac{90+80+85}{3}=85$점 | 4위 |
| I | $\dfrac{80+80+75}{3}+5≒83.33$점 | 5위 |
| J | $\dfrac{85+80+85}{3}≒83.33$점 | 5위 |
| K | $\dfrac{85+75+75}{3}+5≒83.33$점 | 5위 |
| L | $\dfrac{75+90+70}{3}≒78.33$점 | 8위 |

따라서 총점이 가장 높은 6명의 합격자를 면접을 진행한 순서대로 나열하면 G − E − B − C − F − H 순이다.

## 21 근면

근면은 스스로 자진해서 행동하는 근면과 외부로부터 강요당한 근면이 있다. ⑤는 외부(상사의 지시)로부터 강요당한 근면이므로 다른 사례들과 성격이 다르다.

## 22 봉사

봉사의 사전적 의미는 자신보다는 남을 위하여 일하는 것으로, 현대 사회의 직업인에게 봉사란 자신보다는 고객의 가치를 최우선으로 하는 서비스 개념이다. MOT마케팅은 소비자와 접촉하는 극히 짧은 결정적 순간(MOT)이 브랜드와 기업에 대한 인상을 좌우하는 극히 중요한 순간이라는 것을 강조하며 전개하는 마케팅이다. 따라서 기업은 그 결정적 순간 동안 최대한의 봉사 역량을 동원하여 고객을 만족시켜 주어야 한다.

## 23 책임 의식

준법을 유도하는 제도적 장치가 마련된다 하더라도 반드시 개개인의 준법 의식이 개선되는 것은 아니다. 사회의 준법 의식을 제고하기 위해서는 개개인의 의식 변화와 제도적 보완을 동시에 추진하여야 한다.

## 24 　윤리
정답 ③

㉠과 ㉣은 윤리적인 문제에 대하여 제대로 인식하지 못한 채 취해야 할 행동을 취하지 않는 도덕적 타성에 속하고, ㉡과 ㉢은 자신의 행위가 나쁜 결과를 가져올 수 있다는 것을 모르는 도덕적 태만에 속한다.

> **비윤리적 행위의 유형**
> • 도덕적 타성 : 직면하는 윤리적 문제에 대하여 무감각하거나 행동하지 않는 것
> • 도덕적 태만 : 비윤리적인 결과를 피하기 위하여 일반적으로 필요한 주의나 관심을 기울이지 않는 것
> • 거짓말 : 상대를 속이려는 의도로 표현되는 메시지

## 25 　윤리
정답 ④

불법적으로 술을 소지하고 있던 교육생을 징계하는 대신 꾸짖음으로써 부정직을 눈감아 주고 타협하는 모습을 보였다. 이는 또 다른 부정을 일으키는 결과를 가져올 수 있다. 조그마한 구멍에 물이 새면 구멍이 점점 커지듯이 부정직과 타협이 결국 관행화되고 전체에게 피해를 주는 결과를 가져온다.

## 26 　윤리
정답 ③

군인은 하나의 직업으로, 직업을 가진 사람이라면 누구나 반드시 지켜야 할 직업윤리를 가진다. 직업윤리는 기본적으로 개인윤리를 바탕으로 성립되는 규범이기는 하나, 상황에 따라 개인윤리와 직업윤리는 서로 충돌하는 경우가 발생한다. 주어진 사례에서 타인에 대한 물리적 행사는 절대 금지되어 있다고 생각되는 K씨의 개인윤리와 군인의 입장에서 필요한 경우 물리적 행사가 허용된다는 직업윤리가 충돌하고 있다. 이러한 상황에서 직업인이라면 직업윤리를 개인윤리보다 우선하여야 한다는 조언이 가장 적절하다.

## 27 　윤리
정답 ①

업무의 공공성을 바탕으로 공사 구분을 명확히 하고, 모든 것을 숨김없이 투명하게 처리하는 원칙은 객관성의 원칙이다.

> **직업윤리의 5대 원칙**
> • 객관성의 원칙
> • 고객 중심의 원칙
> • 전문성의 원칙
> • 정직과 신용의 원칙
> • 공정경쟁의 원칙

## 28 　근면
정답 ③

직장에서는 업무시간을 지키는 것이 중요하다.

## 29 　윤리
정답 ⑤

[오답분석]
① '직장 내'란 공간의 개념이 아닌 사용자의 지휘·명령의 범위 안을 의미한다.
②·④ 직장 내 성희롱 피해자에는 사업주를 제외한 모든 남녀 근로자(협력업체 및 파견근로자 포함)와 모집·채용 과정에서의 구직자도 해당된다.
③ 업무시간 외에도 해당된다.

## 30   책임 의식

직업생활에서의 목표를 단지 높은 지위에 올라가는 것이라고 생각하는 것은 잘못된 직업관으로, 입사 동기들보다 빠른 승진을 목표로 삼은 D는 잘못된 직업관을 가지고 있다.

> **바람직한 직업관**
> • 소명 의식과 천직 의식을 가져야 한다.
> • 봉사 정신과 협동 정신이 있어야 한다.
> • 책임 의식과 전문 의식이 있어야 한다.
> • 공평무사한 자세가 필요하다.

## 02   개별 영역

# | 01 | 수리능력

| 01 | 02 | 03 | 04 | 05 | 06 | 07 | 08 | 09 | 10 |
|----|----|----|----|----|----|----|----|----|----|
| ④ | ② | ② | ④ | ③ | ⑤ | ⑤ | ② | ④ | ① |

## 01   수열 규칙

정답 ④

앞의 항에 $+2^0 \times 10$, $+2^1 \times 10$, $+2^2 \times 10$, $+2^3 \times 10$, $+2^4 \times 10$, $+2^5 \times 10$, …을 더하는 수열이다.
따라서 (  )$=632+2^6 \times 10=632+640=1,272$이다.

## 02   응용 수리

정답 ②

처음 사우회에 참석한 사람의 수를 $x$명이라 하자.

i ) $8x < 17 \times 10 \rightarrow x < \dfrac{170}{8} = 21.25$

ii) $9x > 17 \times 10 \rightarrow x > \dfrac{170}{9} \fallingdotseq 18.9$

iii) $8(x+9) \leq 10 \times (17+6) \rightarrow x \leq \dfrac{230}{8} - 9 = 19.75$

세 식을 모두 만족해야 하므로 처음 참석자 수는 19명이다.

## 03   응용 수리

정답 ②

구입한 제품 A의 개수를 $a$개, 제품 B의 개수를 $b$개라고 하자($a$, $b \geq 0$).
$600a + 1,000b = 12,000$
$\rightarrow 3a + 5b = 60$
$a$와 $b$를 $(a, b)$의 순서쌍으로 나타내면 다음과 같다.
$(0, 12)$, $(5, 9)$, $(10, 6)$, $(15, 3)$, $(20, 0)$
따라서 구하고자 하는 경우의 수는 5가지이다.

## 04  자료 이해

서비스 품질 5가지 항목의 점수와 서비스 쇼핑 체험 점수를 비교해 보면, 모든 대형마트에서 서비스 쇼핑 체험 점수가 가장 낮다는 것을 확인할 수 있다. 따라서 서비스 쇼핑 체험 부문의 만족도는 서비스 품질 부문들보다 모두 낮으며, 이때 서비스 쇼핑 체험 점수의 평균은 $\dfrac{3.48+3.37+3.45+3.33}{4} ≒ 3.41$점이다.

### 오답분석

① 인터넷쇼핑과 모바일쇼핑 만족도의 차를 구해 보면 A마트는 0.07점, B마트와 C마트는 0.03점, D마트는 0.05점으로, A마트가 가장 크다.

② 단위를 살펴보면 5점 만점으로 조사되었음을 알 수 있으며, 종합만족도의 평균은 $\dfrac{3.72+3.53+3.64+3.56}{4} ≒ 3.61$점이다.

이때 업체별로는 A마트 - C마트 - D마트 - B마트 순서로 종합만족도가 낮아짐을 알 수 있다.

③ 평균적으로 고객접점직원 서비스보다는 고객관리 서비스가 더 낮게 평가되었다.

⑤ 모바일쇼핑 만족도는 평균 3.85점이며, 인터넷쇼핑은 평균 3.8점이다. 따라서 모바일쇼핑이 평균 0.05점 높게 평가되었다.

## 05  응용 수리

A의 속도를 $x$m/분이라 하면 B의 속도는 $1.5x$m/분이다.

A, B가 12분 동안 이동한 거리는 각각 $12x$m, $12 \times 1.5x = 18x$m이고, 두 사람이 이동한 거리의 합은 1,200m이므로 다음 식이 성립한다.

$12x + 18x = 1,200$

$\therefore \ x = 40$

따라서 A의 속도는 40m/분이다.

## 06  자료 이해

### 오답분석

ⓒ 착공 후 방송에서 가장 많이 보도된 분야는 공정이다.

## 07  자료 이해

ㄷ. 청팀의 최종점수는 6,867점, 백팀의 최종점수는 5,862점으로 백팀은 청팀의 $\dfrac{5,862}{6,867} \times 100 ≒ 85.4\%$이다.

ㄹ. 백팀이 구기종목에서 획득한 승점은 육상종목에서 획득한 승점의 $\dfrac{2,780}{3,082} \times 100 ≒ 90.2\%$이므로 85% 이상이다.

### 오답분석

ㄱ. 전 종목에서 가장 높은 승점을 획득한 부서는 운영팀(2,752점)이나, 가장 낮은 승점을 획득한 부서는 지원팀(1,362점)이다.

ㄴ. 청팀이 축구에서 획득한 승점은 청팀이 구기종목에서 획득한 승점의 $\dfrac{1,942}{4,038} \times 100 ≒ 48.1\%$이므로 45% 이상이다.

## 08  수열 규칙

$+2.7$, $\div 2$가 반복되는 수열이다.

따라서 (    ) $= 10.2 \div 2 = 5.1$이다.

## 09   `자료 계산`

**정답** ④

5만 미만에서 10만 ~ 50만 미만까지의 투자건수 비율을 합하면 된다. 따라서 28+20.9+26=74.9%이다.


## 10   `자료 계산`

**정답** ①

100만 ~ 500만 미만에서 500만 미만까지의 투자건수 비율을 합하면 11.9+4.5=16.4%이다.


# | 02 | 조직이해능력

| 01 | 02 | 03 | 04 | 05 | 06 | 07 | 08 | 09 | 10 |
| --- | --- | --- | --- | --- | --- | --- | --- | --- | --- |
| ① | ④ | ③ | ② | ② | ④ | ③ | ② | ③ | ⑤ |


## 01   `조직 구조`

**정답** ①

사내 봉사 동아리이기 때문에 공식이 아닌 비공식조직에 해당한다. 비공식조직의 특징에는 인간관계에 따라 형성된 자발적인 조직, 내면적·비가시적, 비제도적, 감정적, 사적 목적 추구, 부분적 질서를 위한 활동 등이 있다.


## 02   `업무 종류`

**정답** ④

시스템 오류 확인 및 시스템 개선 업무는 고객지원팀이 아닌 시스템개발팀이 담당하는 업무이다.


## 03   `국제 동향`

**정답** ③

인도의 전통적인 인사법은 턱 아래에 두 손을 모으고 고개를 숙이는 것으로, 이 외에도 보편적인 악수를 통해 인사할 수 있다. 그러나 여성의 경우 먼저 악수를 청할 시에만 악수할 수 있으므로 유의해야 한다. 인도인의 대부분이 힌두교도이며, 힌두교는 남녀의 공공연한 접촉을 금지하고 있기 때문이다.


## 04   `경영 전략`

**정답** ②

경영활동을 구성하는 요소는 경영목적, 인적자원, 자금, 경영 전략이다. 봉사활동을 수행하는 일은 목적과 인력, 자금 등이 필요한 일이지만, 정해진 목표를 달성하기 위한 조직의 관리, 전략, 운영활동이라고 볼 수 없으므로 (나)는 경영활동이 아니다.


## 05   `조직 구조`

**정답** ②

K사는 기존에 수행하지 않던 해외 판매 업무가 추가될 것이므로 그에 따른 해외영업팀 등의 신설 조직이 필요하게 된다. 해외에 공장 등의 조직을 보유하게 됨으로써 이를 관리하는 해외관리팀이 필요할 것이며, 물품의 수출에 따른 통관 업무를 담당하는 통관물류팀, 외화 대금 수취 및 해외 조직으로부터의 자금 이동 관련 업무를 담당할 외환업무팀, 국제 거래상 발생하게 될 해외 거래 계약 실무를 담당할 국제법무팀 등이 필요하게 된다. 기업회계팀은 K사의 해외 사업과 상관없이 기존 회계를 담당하는 조직이라고 볼 수 있다.

## 06 경영 전략

**정답** ④

한정 판매 마케팅 기법은 한정판 제품의 공급을 통해 의도적으로 공급의 가격탄력성을 0에 가깝게 조정한 것이다. 이 기법은 판매 기업의 입장에서는 이윤 증대를 위한 경영 혁신이지만, 소비자의 합리적 소비를 저해할 수 있다.

## 07 경영 전략

**정답** ③

집단의사결정은 다수가 참여하기 때문에 결정이 느리고, 타협을 통해 결정되기 때문에 가장 적절한 방안을 채택하기 힘들고 특정 구성원들의 의견이 잘 반영되기가 어렵다. 또한 집단사고(Group Thinking)에 영향을 받아 잘못된 판단을 할 수 있으며, 특정 구성원에 의해 의사결정이 독점될 가능성이 있다.

## 08 업무 종류

**정답** ②

영업부의 주요 업무로는 견적 작성 및 제출, 시장분석, 판매 등을 들 수 있다. 금일 업무 내용 중 전사 공채 진행은 인사 업무이며, 명일 업무 내용 중 전사 소모품 관리는 총무 업무, 사원 급여 정산은 인사 업무로 볼 수 있다. 따라서 3가지가 적절하지 않다.

## 09 조직 구조

**정답** ③

백화점에 모여 있는 직원과 고객은 조직의 특징인 조직의 목적과 구조가 없고, 목적을 위해 서로 협동하는 모습도 볼 수 없으므로 조직의 사례로 적절하지 않다.

## 10 경영 전략

**정답** ⑤

㉠ 집중화 전략
㉡ 원가우위 전략
㉢ 차별화 전략

# | 03 | 대인관계능력

| 01 | 02 | 03 | 04 | 05 | 06 | 07 | 08 | 09 | 10 |
|----|----|----|----|----|----|----|----|----|----|
| ⑤ | ③ | ④ | ④ | ② | ② | ① | ④ | ② | ⑤ |

## 01 고객 서비스

**정답** ⑤

추후 고객에게 연락하여 고객이 약속 날짜 전에 옷을 받았는지 확인해야 하며, 확인 후 배송 착오에 대해 다시 한번 사과를 해야 한다.

[오답분석]
① "화내시는 점 충분히 이해합니다."라고 답변하며 공감 표시를 하였다.
② 배송 착오에 대해 "정말 죄송합니다."와 같이 사과 표시를 하였다.
③ "최대한 빠른 시일 내로 교환해 드릴 수 있도록 최선을 다하겠습니다."라고 말하며 해결 약속을 하였다.
④ 구매 내역과 재고 확인을 통해 정보를 파악하였다.

## 02   리더십                                                      정답 ③

'썩은 사과의 법칙'에 따르면 먼저 A사원에게 문제 상황과 기대하는 바를 분명히 전한 뒤 스스로 변화할 기회를 주어야 한다.

## 03   리더십                                                       정답 ④

스스로 하는 일이 없고, 제 몫의 업무를 제대로 수행하지 못하는 A사원은 수동형에 가깝다고 볼 수 있다.

**멤버십의 유형**

| 구분 | 자아상 | 동료 및 리더의 시각 | 조직에 대한 자신의 느낌 |
| --- | --- | --- | --- |
| 소외형 | • 자립적인 사람<br>• 일부러 반대 의견 제시<br>• 조직의 양심 | • 냉소적<br>• 부정적<br>• 고집이 셈 | • 자신을 인정해주지 않음<br>• 적절한 보상이 없음<br>• 불공정하고 문제가 있음 |
| 순응형 | • 기쁜 마음으로 과업 수행<br>• 팀플레이를 함<br>• 리더나 조직을 믿고 헌신함 | • 아이디어 없음<br>• 인기 없는 일은 하지 않음<br>• 조직을 위해서 자신과 가족의 요구를 양보함 | • 기존 질서를 따르는 것이 중요<br>• 리더의 의견을 거스르는 것은 어려운 일임<br>• 획일적인 태도 및 행동에 익숙함 |
| 실무형 | • 조직의 운영방침에 민감<br>• 사건을 균형 잡힌 시각으로 봄<br>• 규정과 규칙에 따라 행동함 | • 개인의 이익을 극대화하기 위한 흥정에 능함<br>• 적당한 열의와 평범한 수완으로 업무 수행 | • 규정준수 강조<br>• 명령과 계획의 빈번한 변경<br>• 리더와 부하 간 비인간적 풍토 |
| 수동형 | • 판단과 사고를 리더에게 의존<br>• 지시가 있어야 행동 | • 지시를 받지 않고 스스로 하는 일이 없음<br>• 제 몫을 하지 못함<br>• 업무 수행에는 감독이 필요 | • 조직이 자신의 아이디어를 원치 않음<br>• 노력과 공헌을 해도 아무 소용이 없음<br>• 리더는 항상 자기 마음대로 함 |
| 주도형 | • 우리가 추구하는 유형, 모범형<br>• 독립적 · 혁신적 사고<br>• 적극적 참여와 실천 | | |

## 04   갈등 관리                                                  정답 ④

**올바른 갈등해결방법**
- 다른 사람들의 입장을 이해한다.
- 사람들이 당황하는 모습을 자세하게 살핀다.
- 어려운 문제는 피하지 말고 맞선다.
- 자신의 의견을 명확하게 밝히고 지속적으로 강화한다.
- 사람들과 눈을 자주 마주친다.
- 마음을 열어놓고 적극적으로 경청한다.
- 타협하려 애쓴다.
- 어느 한쪽으로 치우치지 않는다.
- 논쟁하고 싶은 유혹을 떨쳐낸다.
- 존중하는 자세로 사람들을 대한다.

## 05   갈등 관리                                                  정답 ②

회식자리에서의 농담은 자신의 생각보다 받아들이는 사람이 어떻게 받아들이는가가 중요하다. 상사가 자신의 기분이 상할 수 있는 농담을 들었을 때, 회식과 같이 화기애애한 자리를 갑자기 냉각시킬 수는 없으므로 그 자리에서만 수용해 줄 수도 있는 것이다. 따라서 본인이 실수했다고 느낄 때 바로 사과하는 것이 적절하다.

## 06  고객 서비스

정답 ②

불만족 고객 중 빨리빨리 유형을 상대할 경우 여러 가지 일을 신속하게 처리하는 모습을 보이면 응대하기 쉽다.


## 07  리더십

정답 ①

리더는 조직구성원들 중 한 명일 뿐이라는 점에서 파트너십 유형임을 알 수 있다. 독재자 유형과 민주주의에 근접한 유형은 리더와 집단 구성원 사이에 명확한 구분이 있으나, 파트너십 유형에서는 그러한 구분이 희미하고, 리더가 조직에서 한 구성원이 되기도 하는 것을 볼 수 있다.

오답분석

② 민주주의에 근접한 유형 : 리더는 팀원들이 동등하다는 것을 확신시키고 경쟁과 토론, 새로운 방향의 설정에 팀원들을 참여시킨다. 비록 민주주의적이긴 하지만 최종 결정권은 리더에게 있음이 특징이다.

③ 독재자 유형 : 독재자에 해당하는 리더가 집단의 규칙하에 지배자로 군림하며, 팀원들에게 자신의 권위에 대한 도전이나 반항 없이 순응하도록 요구하고, 개개인에게 주어진 업무만을 묵묵히 수행할 것을 기대한다.

④ 변혁적 유형 : 변혁적 리더를 통해 개개인과 팀이 유지해 온 업무수행 상태를 뛰어넘으려 한다. 변혁적 리더는 특정한 카리스마를 통해 조직에 명확한 비전을 제시하고, 그 비전을 향해 자극을 주고 도움을 주는 일을 수행한다.

⑤ 자유방임적 유형 : 리더가 조직의 의사결정과정을 이끌지 않고 조직구성원들에게 의사결정 권한을 위임하는 리더십 유형이다. 자유로운 회의를 통해 다양한 의견을 제시할 수 있으나, 리더의 지시나 명령이 영향력을 발휘하지 못하고, 구성원의 역량이 낮을 때 의사결정을 내리기 어려운 단점을 볼 수 있다.


## 08  팀워크

정답 ④

효과적인 팀의 구성원들은 서로 직접적이고 솔직하게 대화한다. 이를 통해 팀원들은 상대방으로부터 조언을 구하고, 상대방의 말을 충분히 고려하며, 아이디어를 적극적으로 활용하게 된다.

오답분석

① 팀워크는 개인주의가 아닌 공동의 목적을 달성하기 위해 상호 관계성을 가지고 서로 협력하는 것이다.

② 어떤 팀에서든 의견의 불일치는 발생하며, 효과적인 팀워크는 이러한 갈등을 개방적으로 다루어 해결한다.

③ 팀워크에서는 강한 자신감을 통해 팀원들 간의 사기를 높일 필요가 있다.

⑤ 효과적인 팀은 절차, 방침 등을 명확하게 규정한 잘 짜여진 조직에서 시작된다. 따라서 팀워크를 위해서는 조직에 대한 이해가 무엇보다 필요하다.


## 09  협상 전략

정답 ②

K씨는 두 딸이 오렌지를 왜 원하는지에 대한 갈등 원인을 확인하지 못해 협상에 실패한 것으로 볼 수 있다. 따라서 협상하기 전에는 반드시 이해당사자들이 가지는 갈등 원인을 파악해야 한다.


## 10  팀워크

정답 ⑤

ㄷ. 객관적 평가를 위해 계획단계에서 설정한 평가지표에 따라 판단하는 것은 적절하다.

ㄹ. 개방적 의사소통은 조직목표 달성의 효과성 개선에 도움이 되므로 팀을 수평적 구조로 재구성하는 것은 적절하다.

오답분석

ㄱ. 책임 소재를 명확히 하는 것은 좋으나, 조직 목표 달성의 효과성 개선을 위해서는 절차보다 결과에 초점을 맞추어야 한다. 따라서 절차상 하자 제거를 최우선시하는 것은 적절하지 않다.

ㄴ. 내부 의견이 일치하지 않는 경우 단순히 주관적 판단인 부서장의 의견을 따르기보다는 의견 수렴을 통해 합리적이고 건설적으로 해결하여야 한다.

# | 04 | 기술능력

| 01 | 02 | 03 | 04 | 05 | 06 | 07 | 08 | 09 | 10 |
|----|----|----|----|----|----|----|----|----|----|
| ② | ⑤ | ③ | ⑤ | ③ | ④ | ② | ① | ⑤ | ② |

## 01 산업 재해
**정답** ②

근로자가 업무에 관계되는 건설물, 설비, 원재료, 가스, 증기, 분진 등에 의하거나 직업과 관련된 기타 업무에 의하여 사망 또는 부상하거나 질병에 걸리게 되는 것을 산업 재해로 정의하고 있다. 따라서 휴가 중에 일어난 사고는 업무와 무관하므로 산업 재해가 아니다.

## 02 기술 이해
**정답** ⑤

석유자원을 대체하고 에너지의 효율성을 높이는 것은 기존 기술에서 탈피하고 새로운 기술을 습득하는 기술경영자의 능력으로 볼 수 있다.

> **기술경영자의 능력**
> • 기술을 기업의 전반적인 전략 목표에 통합시키는 능력
> • 빠르고 효과적으로 새로운 기술을 습득하고 기존의 기술에서 탈피하는 능력
> • 기술을 효과적으로 평가할 수 있는 능력
> • 기술 이전을 효과적으로 할 수 있는 능력
> • 새로운 제품 개발 시간을 단축할 수 있는 능력
> • 크고 복잡하며 서로 다른 분야에 걸쳐 있는 프로젝트를 수행할 수 있는 능력
> • 조직 내의 기술 이용을 수행할 수 있는 능력
> • 기술 전문 인력을 운용할 수 있는 능력

## 03 기술 이해
**정답** ③

A역 에스컬레이터 역주행 사고는 모터 감속기의 노후화 등의 마모로 인한 것이라 추정하였으며, 이에 대해 정밀 감식을 진행할 예정이므로 사고예방대책 원리의 평가 및 분석 단계에 해당된다.

## 04 기술 이해
**정답** ⑤

승객들의 에스컬레이터에서 걷거나 뛰는 행위로 인해 부품에 이상이 생겨 사고로 이어졌다. 이는 반복적이고 지속적인 충격하중으로 인한 부품 이상을 사전에 충분히 점검 및 정비하지 않아 발생한 사고이므로 기계에 의한 물적 요인으로 볼 수 있다.

## 05 기술 적용
**정답** ③

가정에 있을 경우 전력수급 비상단계를 신속하게 극복하기 위해 전력기기 등의 전원을 차단하거나 사용을 중지하는 것이 필요하나, 4번 항목에 따르면 안전, 보안 등을 위한 최소한의 조명까지 모두 소등할 필요는 없다.

[오답분석]
① 가정에 있을 경우 TV, 라디오 등을 통해 재난상황을 파악하여 대처하라고 하였으므로, 전력수급 비상단계 발생 시 대중 매체를 통해 재난상황에 대한 정보를 파악할 수 있다는 것을 알 수 있다.
② 사무실에 있을 경우 즉시 사용이 필요하지 않은 사무기기의 전원을 차단하여야 한다.
④ 공장에서는 비상발전기의 가동을 점검하여 가동을 준비해야 한다.
⑤ 전력수급 비상단계가 발생할 경우 컴퓨터, 프린터 등 긴급하지 않은 모든 사무기기의 전원을 차단하여야 하므로, 한동안 사무실의 업무가 중단될 수 있다.

## 06   <sub></sub>기술 적용                                   정답 ④

ⓒ 사무실에서의 행동요령에 따르면 본사의 중앙보안시스템은 긴급한 설비로 볼 수 있다. 따라서 3번 항목의 예외에 해당하므로 중앙보안시스템의 전원을 즉시 차단해버린 이주임의 행동은 적절하지 않다고 볼 수 있다.
ⓔ 상가에서의 행동요령에 따르면 식재료의 부패와 관련 없는 가전제품의 가동을 중지하거나 조정하도록 설명되어 있다. 하지만 최사장은 횟감을 포함한 식재료를 보관 중인 모든 냉동고의 전원을 차단하였으므로 이는 적절하지 않은 행동이다.

[오답분석]
ⓐ 집에 있던 중 세탁기 사용을 중지하고 실내 조명을 최소화한 김사원의 행동은 행동요령에 따른 적절한 행동이다.
ⓑ 공장에 있던 중 공장 내부 조명 밝기를 최소화한 박주임의 행동은 행동요령에 따른 적절한 행동이다.

## 07   기술 적용                                   정답 ②

공기청정기를 약하고 기울어진 바닥에 두면 이상 소음 및 진동이 생길 수 있으므로 단단하고 평평한 바닥에 두어야 한다. 따라서 공기청정기를 부드러운 매트 위에 놓는 것은 적절하지 않다.

## 08   기술 적용                                   정답 ①

프리필터는 청소주기에 따라 1개월에 2회 이상 청소해야 한다.

[오답분석]
② · ③ 탈취필터와 헤파필터의 교체주기는 6개월 ~ 1년이지만 사용 환경에 따라 차이가 날 수 있으며, 필터 교체 표시등을 확인하여 교체해야 한다.
④ 프리필터는 반영구적으로 사용하는 것이므로 교체할 필요가 없다.
⑤ 냄새가 심하게 날 경우 탈취필터를 확인하여 교체해야 한다.

## 09   기술 적용                                   정답 ⑤

스마트에어 서비스 기기 등록 시 스마트폰의 Wi-Fi 고급설정 모드에서 '개방형 Wi-Fi' 관련 항목이 아닌 '신호 약한 Wi-Fi 끊기 항목'과 '신호 세기'와 관련된 기능을 확인해야 한다.

## 10   기술 이해                                   정답 ②

지속가능한 기술은 이용 가능한 자원과 에너지를 고려하고, 자원의 사용과 그것이 재생산되는 비율의 조화를 추구하며, 자원의 질을 생각하고, 자원이 생산적인 방식으로 사용되는가에 주의를 기울이는 기술이라고 할 수 있다. 즉, 지속가능한 기술은 되도록 태양 에너지와 같이 고갈되지 않는 자연 에너지를 활용하며, 낭비적인 소비 형태를 지양하고, 기술적 효용만이 아닌 환경효용(Eco - Efficiency)을 추구하는 것이다. ⓐ · ⓑ · ⓔ은 낭비적인 소비 형태를 지양하고, 환경효용도 추구하므로 지속가능한 기술의 사례로 볼 수 있다.

[오답분석]
ⓒ · ⓜ 환경효용이 아닌 생산수단의 체계를 인간에게 유용하도록 발전시키는 사례로, 기술발전에 해당한다.

# | 05 | 정보능력

| 01 | 02 | 03 | 04 | 05 | 06 | 07 | 08 | 09 | 10 |
|----|----|----|----|----|----|----|----|----|----|
| ② | ⑤ | ② | ① | ④ | ③ | ③ | ① | ③ | ② |

## 01 프로그램 언어(코딩)

정답 ②

증감 연산자(++, --)는 피연산자를 1씩 증가시키거나 감소시킨다. 수식에서 증감 연산자가 피연산자의 후의에 사용되었을 때는 값을 먼저 리턴하고 증감시킨다.

temp=i++;은 temp에 i를 먼저 대입하고 난 뒤 i 값을 증가시키기 때문에 temp는 10, i는 11이 된다. temp=i--; 역시 temp에 먼저 i 값을 대입한 후 감소시키기 때문에 temp는 11, i는 10이 된다.

## 02 정보 이해

정답 ⑤

데이터베이스(DB; Data Base)란 어느 한 조직의 여러 응용 프로그램들이 공유하는 관련 데이터들의 모임이다. 대학 내 서로 관련 있는 데이터들을 하나로 통합하여 데이터베이스로 구축하게 되면 학생 관리 프로그램, 교수 관리 프로그램, 성적 관리 프로그램은 이 데이터베이스를 공유하여 사용하게 된다. 이처럼 데이터베이스는 여러 사람에 의해 사용될 목적으로 통합하여 관리되는 데이터의 집합을 말하며, 자료 항목의 중복을 없애고 자료를 구조화하여 저장함으로써 자료 검색과 갱신의 효율을 높인다.

[오답분석]

① 와이파이 : 무선접속장치(AP; Access Point)가 설치된 곳에서 전파를 이용하여 일정 거리 안에서 무선인터넷을 할 수 있는 근거리 통신망 기술을 말한다.
② 유비쿼터스 : 사용자가 네트워크나 컴퓨터를 의식하지 않고 장소에 상관없이 자유롭게 네트워크에 접속할 수 있는 정보통신 환경을 의미한다.
③ RFID : 극소형 칩에 상품정보를 저장하고 안테나를 달아 무선으로 데이터를 송신하는 장치를 말한다.
④ NFC : 전자태그(RFID)의 하나로, 13.56MHz 주파수 대역을 사용하는 비접촉식 근거리 무선통신 모듈이며, 10cm의 가까운 거리에서 단말기 간 데이터를 전송하는 기술을 말한다.

## 03 엑셀 함수

정답 ②

RANK 함수는 범위에서 특정 데이터의 순위를 구할 때 사용하는 함수이다. RANK 함수의 형식은 「=RANK(인수, 범위, 논리값)」인데, 논리값의 경우 0이면 내림차순, 1이면 오름차순으로 나타나게 된다. 발전량이 가장 높은 곳부터 순위를 매기려면 내림차순으로 나타내야 하므로 (B) 셀에 입력해야 할 함수는 「=RANK(F5, $F$5:$F$12, 0」이다.

## 04 엑셀 함수

정답 ①

[오답분석]

② [D3] : =MID(B3, 3, 2)
③ [E7] : =RIGHT(B7, 2)
④ [D8] : =MID(B8, 3, 2)
⑤ [E4] : =RIGHT(B4, 2)

## 05 정보 이해

정답 ④

분산처리 시스템은 네트워크를 통해 분산되어 있는 것들을 동시에 처리하는 것으로, 분산 시스템에 구성 요소를 추가하거나 삭제할 수 있다.

**06** 프로그램 언어(코딩)  정답 ③

서식지정자 lf는 double형 실수형 값을 표시할 때 쓰이며, %.2lf의 .2는 소수점 둘째 자리까지 표시한다는 의미이다. 따라서 프로그램의 실행 결과는 11.30이다.

**07** 정보 이해  정답 ③

관리자가 설정해 놓은 프린터를 프린터 목록에서 제거하려면 [관리자 계정]으로 프린터 목록에 접근해야 한다.

**08** 엑셀 함수  정답 ①

LEN 함수는 문자열의 문자 수를 구하는 함수이므로 숫자를 반환한다. 「=LEN(A2)」은 '서귀포시'로 문자 수가 4이며 이때 -1을 하면 [A2] 열의 3번째 문자까지를 지정하는 것이므로 [C2] 셀과 같이 나온다. 따라서 텍스트 문자열의 시작지점부터 지정한 수만큼의 문자를 반환하는 LEFT 함수를 사용하면 「=LEFT(A2,LEN(A2)-1)」가 옳다.

**09** 정보 이해  정답 ③

정보의 공개성이 높을수록 경쟁성은 떨어지나, 정보의 활용 측면에서는 경제성이 높다. 따라서 반공개 정보는 비공개 정보에 비해 정보 활용상 경제성이 더 높다.

[오답분석]
① 정보의 핵심적 특성은 적시성으로, 정보는 우리가 원하는 시간에 제공되어야 하며, 적시성을 잃으면 가치가 떨어진다.
②·④ 정보는 일반적으로 공개된 이후 가치가 급락하므로 가치 있는 정보는 독점성이 특징이다. 따라서 비공개 정보는 반공개 정보에 비해, 반공개 정보는 공개 정보에 비해 더 높은 경쟁성을 가진다.
⑤ 비공개 정보의 경쟁성과 공개 정보의 정보 활용 측면의 경제성을 고려하여 양자 중 택일하는 것이 아니라, 필요에 따라 적절하게 구성해야 한다.

**10** 엑셀 함수  정답 ②

RIGHT는 오른쪽에서부터 문자를 추출하는 함수이다. RIGHT(문자열,추출할 문자 수)이므로 「=RIGHT(A3,4)」가 옳다.

PART 4

## | 06 |  자원관리능력

| 01 | 02 | 03 | 04 | 05 | 06 | 07 | 08 | 09 | 10 |
|----|----|----|----|----|----|----|----|----|----|
| ① | ④ | ① | ② | ⑤ | ③ | ③ | ⑤ | ④ | ② |

### 01   품목 확정

정답 ①

조건에 따라 가중치를 적용한 각 후보 도서의 점수를 나타내면 다음과 같다.

(단위 : 점)

| 도서명 | 흥미도 점수 | 유익성 점수 | 1차 점수 | 2차 점수 |
|--------|-----------|-----------|---------|---------|
| 재테크, 답은 있다 | 6×3=18 | 8×2=16 | 34 | 34 |
| 여행학개론 | 7×3=21 | 6×2=12 | 33 | 33+1=34 |
| 부장님의 서랍 | 6×3=18 | 7×2=14 | 32 | − |
| IT혁명의 시작 | 5×3=15 | 8×2=16 | 31 | − |
| 경제정의론 | 4×3=12 | 5×2=10 | 22 | − |
| 건강제일주의 | 8×3=24 | 5×2=10 | 34 | 34 |

1차 점수가 높은 3권은 '재테크, 답은 있다', '여행학개론', '건강제일주의'이다. 이 중 '여행학개론'은 해외저자의 서적이므로 2차
선정에서 가점 1점을 받는다. 1차 선정된 도서 3권의 2차 점수가 34점으로 모두 동일하므로, 유익성 점수가 가장 낮은 '건강제일주
의'가 탈락한다. 따라서 최종 선정될 도서는 '재테크, 답은 있다'와 '여행학개론'이다.

### 02   인원 선발

정답 ④

제시된 조건을 정리하면 다음과 같다.
- 최소비용으로 가능한 많은 인원 채용
- 급여는 희망임금으로 지급
- 6개월 이상 근무하되, 주말 근무시간은 협의가능
- 지원자들은 주말 이틀 중 하루만 출근하길 원함
- 하루 1회 출근만 가능

위 조건을 모두 고려하여 근무스케줄을 작성해 보면 다음과 같다.

| 시간 | 토요일 | 일요일 |
|------|--------|--------|
| 11 ~ 12시 | 최지홍(7,000원)<br>최소 3시간 | 박소다(7,500원)<br>최소 3시간 |
| 12 ~ 13시 | | |
| 13 ~ 14시 | | |
| 14 ~ 15시 | | 우병지(7,000원)<br>최소 3시간 |
| 15 ~ 16시 | | |
| 16 ~ 17시 | | |
| 17 ~ 18시 | | |
| 18 ~ 19시 | 한승희(7,500원)<br>최소 2시간 | |
| 19 ~ 20시 | | |
| 20 ~ 21시 | | 김래원(8,000원)<br>최소 2시간 |
| 21 ~ 22시 | | |

이때 김병우 지원자의 경우에는 희망근무기간이 4개월이므로 채용하지 못한다. 따라서 총 5명의 직원을 채용할 수 있다.

## 03  품목 확정

과목별 의무 교육이수 시간은 다음과 같다.

| 구분 | 글로벌 경영 | 해외사무영어 | 국제회계 |
|---|---|---|---|
| 의무 교육 시간 | $\dfrac{15점}{1점/h}=15시간$ | $\dfrac{60점}{1점/h}=60시간$ | $\dfrac{20점}{2점/h}=10시간$ |

이제까지 B과장이 이수한 시간을 계산해 보면, 글로벌 경영과 국제회계의 초과 이수 시간은 2+14=16시간이며, 해외사무영어의 부족한 시간은 10시간이다. 초과 이수 시간을 점수로 환산하여 부족한 해외사무영어 점수 10점에 16×0.2=3.2점을 제외하면 6.8점이 부족하다. 따라서 미달인 과목은 해외사무영어이며, 부족한 점수는 6.8점임을 알 수 있다.


## 04  비용 계산

초등학교의 경우에는 4호가 적절하며, 중·고등학교는 5호가 적절하다. 따라서 ○○축구사랑재단에서 구매할 축구공의 총액은 (30,000×300×2)+(35,000×300×4)=6천만 원이다. 5천만 원 이상 대량구매 시 10% 할인, 3천만 원 이상 구매 시 무료 배송을 제공한다고 하였으므로 총매출액은 6천만×(1-0.1)=5,400만 원이다.


## 05  인원 선발

신입사원 채용시험 영역별 점수에 가중치를 적용하여 총점을 구하면 다음과 같다.

(단위 : 점)

| 구분 | 언어 | 수리 | 정보 | 상식 | 인성 | 총점 |
|---|---|---|---|---|---|---|
| A | 90×0.3=27 | 80×0.3=24 | 90×0.1=9 | 80×0.1=8 | 90×0.2=18 | 86 |
| B | 80×0.3=24 | 90×0.3=27 | 80×0.1=8 | 90×0.1=9 | 90×0.2=18 | 86 |
| C | 90×0.3=27 | 70×0.3=21 | 100×0.1=10 | 90×0.1=9 | 80×0.2=16 | 83 |
| D | 80×0.3=24 | 90×0.3=27 | 100×0.1=10 | 100×0.1=10 | 80×0.2=16 | 87 |
| E | 100×0.3=30 | 80×0.3=24 | 70×0.1=7 | 80×0.1=8 | 90×0.2=18 | 87 |

따라서 가장 높은 점수를 받은 D와 E가 합격자임을 알 수 있다.


## 06  인원 선발

변경된 가중치를 적용하여 총점을 계산하면 다음과 같다.

(단위 : 점)

| 구분 | 언어 | 수리 | 정보 | 상식 | 인성 | 총점 |
|---|---|---|---|---|---|---|
| A | 90×0.3=27 | 80×0.2=16 | 90×0.1=9 | 80×0.1=8 | 90×0.3=27 | 87 |
| B | 80×0.3=24 | 90×0.2=18 | 80×0.1=8 | 90×0.1=9 | 90×0.3=27 | 86 |
| C | 90×0.3=27 | 70×0.2=14 | 100×0.1=10 | 90×0.1=9 | 80×0.3=24 | 84 |
| D | 80×0.3=24 | 90×0.2=18 | 100×0.1=10 | 100×0.1=10 | 80×0.3=24 | 86 |
| E | 100×0.3=30 | 80×0.2=16 | 70×0.1=7 | 80×0.1=8 | 90×0.3=27 | 88 |

따라서 가장 높은 점수를 받은 A와 E가 합격자임을 알 수 있다.

## 07 시간 계획 정답 ③

우선 대화 내용을 살펴보면, 16:00부터 사내 정기 강연으로 2시간 정도 소요된다는 것을 알 수 있다. 또한 B사원은 강연 준비로 30분 정도 더 일찍 가야 하므로, 15:30부터는 가용할 시간이 없다. 그리고 기획안 작성은 두 시간 정도 걸릴 것으로 예상되는데, A팀장이 먼저 기획안부터 마무리 짓자고 하였으므로, 11:00부터 업무를 시작하는 것으로 볼 수 있다. 그런데 중간에 점심시간이 껴 있으므로, 기획안 업무는 14:00에 완료될 것으로 볼 수 있다. 따라서 A팀장과 B사원 모두 여유가 되는 시간은 14:00~15:30이므로 가장 적절한 시간대는 ③이다.

## 08 시간 계획 정답 ⑤

사람들은 마감 기한보다 결과의 질을 중요하게 생각하는 경향이 있으나, 어떤 일이든 기한을 넘겨서는 안 된다. 완벽에 가깝지만 기한을 넘긴 일은 완벽하지는 않지만 기한 내에 끝낸 일보다 인정을 받기 어렵다. 따라서 시간관리에 있어서 주어진 기한을 지키는 것이 가장 중요하다.

오답분석
① A사원 : 시간관리는 상식에 불과하다는 오해를 하고 있다.
② B사원 : 시간에 쫓기면 일을 더 잘한다는 오해를 하고 있다.
③ C사원 : 시간관리는 할 일에 대한 목록만으로 충분하다는 오해를 하고 있다.
④ D사원 : 창의적인 일을 하는 사람에게는 시간관리가 맞지 않는다는 오해를 하고 있다.

## 09 비용 계산 정답 ④

라벨지와 1단 받침대, 블루투스 마우스 가격을 차례대로 계산하면 $(18,000 \times 2) + 24,000 + (27,000 \times 5) = 195,000$원이다. 그리고 블루투스 마우스를 3개 이상 구매하면 건전지 3SET를 무료로 증정하기 때문에 AAA건전지는 2SET만 더 구매하면 된다. 따라서 총 주문 금액은 $195,000 + (4,000 \times 2) = 203,000$원이다.

## 10 비용 계산 정답 ②

라벨지는 91mm로 사이즈 변경 시 SET당 5%를 가산하기 때문에 가격은 $18,000 \times (1+0.05) \times 4 = 75,600$원이다. 3단 받침대의 가격은 1단 받침대에 2,000원을 추가하므로, $(24,000 + 2,000) \times 2 = 52,000$원이다. 그리고 블루투스 마우스의 가격은 $27,000 \times 3 = 81,000$원이고, 마우스 3개 이상 구매 시 AAA건전지 3SET를 무료로 증정하기 때문에 따로 주문하지 않는다. 마지막으로 탁상용 문서수동세단기 가격인 36,000원을 더해 총 주문 금액을 계산하면 $75,600 + 52,000 + 81,000 + 36,000 = 244,600$원이다.

# 강원랜드 필기전형 답안카드

성명

지원분야

문제지 형별기재란

( )형   Ⓐ Ⓑ

수험번호

| | | | | | | | |
|---|---|---|---|---|---|---|---|
| ⑩ | | ⑩ | ⑩ | ⑩ | ⑩ | ⑩ | ⑩ |
| ① | ① | ① | ① | ① | ① | ① | ① |
| ② | ② | ② | ② | ② | ② | ② | ② |
| ③ | ③ | ③ | ③ | ③ | ③ | ③ | ③ |
| ④ | ④ | ④ | ④ | ④ | ④ | ④ | ④ |
| ⑤ | ⑤ | ⑤ | ⑤ | ⑤ | ⑤ | ⑤ | ⑤ |
| ⑥ | ⑥ | ⑥ | ⑥ | ⑥ | ⑥ | ⑥ | ⑥ |
| ⑦ | ⑦ | ⑦ | ⑦ | ⑦ | ⑦ | ⑦ | ⑦ |
| ⑧ | ⑧ | ⑧ | ⑧ | ⑧ | ⑧ | ⑧ | ⑧ |
| ⑨ | ⑨ | ⑨ | ⑨ | ⑨ | ⑨ | ⑨ | ⑨ |

감독위원 확인

(인)

| 문번 | 1 | 2 | 3 | 4 | 5 |
|---|---|---|---|---|---|
| 1 | ① | ② | ③ | ④ | ⑤ |
| 2 | ① | ② | ③ | ④ | ⑤ |
| 3 | ① | ② | ③ | ④ | ⑤ |
| 4 | ① | ② | ③ | ④ | ⑤ |
| 5 | ① | ② | ③ | ④ | ⑤ |
| 6 | ① | ② | ③ | ④ | ⑤ |
| 7 | ① | ② | ③ | ④ | ⑤ |
| 8 | ① | ② | ③ | ④ | ⑤ |
| 9 | ① | ② | ③ | ④ | ⑤ |
| 10 | ① | ② | ③ | ④ | ⑤ |
| 11 | ① | ② | ③ | ④ | ⑤ |
| 12 | ① | ② | ③ | ④ | ⑤ |
| 13 | ① | ② | ③ | ④ | ⑤ |
| 14 | ① | ② | ③ | ④ | ⑤ |
| 15 | ① | ② | ③ | ④ | ⑤ |
| 16 | ① | ② | ③ | ④ | ⑤ |
| 17 | ① | ② | ③ | ④ | ⑤ |
| 18 | ① | ② | ③ | ④ | ⑤ |
| 19 | ① | ② | ③ | ④ | ⑤ |
| 20 | ① | ② | ③ | ④ | ⑤ |

| 문번 | 1 | 2 | 3 | 4 | 5 |
|---|---|---|---|---|---|
| 21 | ① | ② | ③ | ④ | ⑤ |
| 22 | ① | ② | ③ | ④ | ⑤ |
| 23 | ① | ② | ③ | ④ | ⑤ |
| 24 | ① | ② | ③ | ④ | ⑤ |
| 25 | ① | ② | ③ | ④ | ⑤ |
| 26 | ① | ② | ③ | ④ | ⑤ |
| 27 | ① | ② | ③ | ④ | ⑤ |
| 28 | ① | ② | ③ | ④ | ⑤ |
| 29 | ① | ② | ③ | ④ | ⑤ |
| 30 | ① | ② | ③ | ④ | ⑤ |
| 31 | ① | ② | ③ | ④ | ⑤ |
| 32 | ① | ② | ③ | ④ | ⑤ |
| 33 | ① | ② | ③ | ④ | ⑤ |
| 34 | ① | ② | ③ | ④ | ⑤ |
| 35 | ① | ② | ③ | ④ | ⑤ |
| 36 | ① | ② | ③ | ④ | ⑤ |
| 37 | ① | ② | ③ | ④ | ⑤ |
| 38 | ① | ② | ③ | ④ | ⑤ |
| 39 | ① | ② | ③ | ④ | ⑤ |
| 40 | ① | ② | ③ | ④ | ⑤ |

| 문번 | 1 | 2 | 3 | 4 | 5 |
|---|---|---|---|---|---|
| 41 | ① | ② | ③ | ④ | ⑤ |
| 42 | ① | ② | ③ | ④ | ⑤ |
| 43 | ① | ② | ③ | ④ | ⑤ |
| 44 | ① | ② | ③ | ④ | ⑤ |
| 45 | ① | ② | ③ | ④ | ⑤ |
| 46 | ① | ② | ③ | ④ | ⑤ |
| 47 | ① | ② | ③ | ④ | ⑤ |
| 48 | ① | ② | ③ | ④ | ⑤ |
| 49 | ① | ② | ③ | ④ | ⑤ |
| 50 | ① | ② | ③ | ④ | ⑤ |

※ 본 답안지는 마킹연습용 모의 답안지입니다.

# 강원랜드 필기전형 답안카드

| | | | |
|---|---|---|---|
| 1 | ① ② ③ ④ ⑤ | 21 | ① ② ③ ④ ⑤ | 41 | ① ② ③ ④ ⑤ |
| 2 | ① ② ③ ④ ⑤ | 22 | ① ② ③ ④ ⑤ | 42 | ① ② ③ ④ ⑤ |
| 3 | ① ② ③ ④ ⑤ | 23 | ① ② ③ ④ ⑤ | 43 | ① ② ③ ④ ⑤ |
| 4 | ① ② ③ ④ ⑤ | 24 | ① ② ③ ④ ⑤ | 44 | ① ② ③ ④ ⑤ |
| 5 | ① ② ③ ④ ⑤ | 25 | ① ② ③ ④ ⑤ | 45 | ① ② ③ ④ ⑤ |
| 6 | ① ② ③ ④ ⑤ | 26 | ① ② ③ ④ ⑤ | 46 | ① ② ③ ④ ⑤ |
| 7 | ① ② ③ ④ ⑤ | 27 | ① ② ③ ④ ⑤ | 47 | ① ② ③ ④ ⑤ |
| 8 | ① ② ③ ④ ⑤ | 28 | ① ② ③ ④ ⑤ | 48 | ① ② ③ ④ ⑤ |
| 9 | ① ② ③ ④ ⑤ | 29 | ① ② ③ ④ ⑤ | 49 | ① ② ③ ④ ⑤ |
| 10 | ① ② ③ ④ ⑤ | 30 | ① ② ③ ④ ⑤ | 50 | ① ② ③ ④ ⑤ |
| 11 | ① ② ③ ④ ⑤ | 31 | ① ② ③ ④ ⑤ | | |
| 12 | ① ② ③ ④ ⑤ | 32 | ① ② ③ ④ ⑤ | | |
| 13 | ① ② ③ ④ ⑤ | 33 | ① ② ③ ④ ⑤ | | |
| 14 | ① ② ③ ④ ⑤ | 34 | ① ② ③ ④ ⑤ | | |
| 15 | ① ② ③ ④ ⑤ | 35 | ① ② ③ ④ ⑤ | | |
| 16 | ① ② ③ ④ ⑤ | 36 | ① ② ③ ④ ⑤ | | |
| 17 | ① ② ③ ④ ⑤ | 37 | ① ② ③ ④ ⑤ | | |
| 18 | ① ② ③ ④ ⑤ | 38 | ① ② ③ ④ ⑤ | | |
| 19 | ① ② ③ ④ ⑤ | 39 | ① ② ③ ④ ⑤ | | |
| 20 | ① ② ③ ④ ⑤ | 40 | ① ② ③ ④ ⑤ | | |

성 명

지원 분야

문제지 형별기재란 Ⓐ Ⓑ

( 형 )

수 험 번 호

⓪ ① ② ③ ④ ⑤ ⑥ ⑦ ⑧ ⑨
⓪ ① ② ③ ④ ⑤ ⑥ ⑦ ⑧ ⑨
⓪ ① ② ③ ④ ⑤ ⑥ ⑦ ⑧ ⑨
⓪ ① ② ③ ④ ⑤ ⑥ ⑦ ⑧ ⑨
⓪ ① ② ③ ④ ⑤ ⑥ ⑦ ⑧ ⑨
⓪ ① ② ③ ④ ⑤ ⑥ ⑦ ⑧ ⑨
⓪ ① ② ③ ④ ⑤ ⑥ ⑦ ⑧ ⑨

감독위원 확인

(인)

※ 본 답안지는 마킹연습용 모의 답안지입니다.

## 2025 최신판 시대에듀 강원랜드
## NCS + 한국사 + 영어 + 모의고사 4회 + 무료NCS특강

| | |
|---|---|
| **개정7판1쇄 발행** | 2025년 02월 20일 (인쇄 2024년 11월 11일) |
| **초 판 발 행** | 2018년 05월 15일 (인쇄 2018년 05월 03일) |
| **발 행 인** | 박영일 |
| **책 임 편 집** | 이해욱 |
| **편 저** | SDC(Sidae Data Center) |
| **편 집 진 행** | 김재희 |
| **표지디자인** | 박수영 |
| **편집디자인** | 장하늬 · 장성복 |
| **발 행 처** | (주)시대고시기획 |
| **출 판 등 록** | 제 10-1521호 |
| **주 소** | 서울시 마포구 큰우물로 75 [도화동 538 성지 B/D] 9F |
| **전 화** | 1600-3600 |
| **팩 스** | 02-701-8823 |
| **홈 페 이 지** | www.sdedu.co.kr |
| **I S B N** | 979-11-383-8259-5 (13320) |
| **정 가** | 25,000원 |

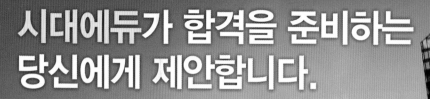

시대에듀가 합격을 준비하는
당신에게 제안합니다.

결심하셨다면 지금 당장 실행하십시오.
시대에듀와 함께라면 문제없습니다.

성공의 기회!
시대에듀를 잡으십시오.

# NEXT STEP!

기회란 포착되어 활용되기 전에는 기회인지조차 알 수 없는 것이다.  — 마크 트웨인 —